Das große Buch des feinen Geschmacks
KÄSE

Das große Buch des feinen Geschmacks

KÄSE

JULIET HARBUTT
mit Rezepten von
ROZ DENNY

Bechtermünz Verlag

Für meine Mutter, die in mir die Leidenschaft für das Essen und den Wunsch weckte,
mehr darüber zu wissen. J. H.

Diese Ausgabe erschien erstmals 1998 bei Lorenz Books
Lorenz Books ist ein Imprintverlag von
Anness Publishing Limited, London
Originaltitel: The World Encyclopedia of Cheese

Deutsche Erstausgabe
© der englischen Originalausgabe by Anness Publishing Limited, London 1998
© der deutschen Ausgabe und Übersetzung by Weltbild Verlag GmbH, Augsburg 1998

Alle Rechte vorbehalten. Ohne die vorherige schriftliche Genehmigung des Urhebers darf
kein Teil dieser Veröffentlichung reproduziert, in einem System zur Datenrückgewinnung
gespeichert oder auf irgendeine Weise und mit Hilfe elektronischer oder mechanischer Mittel,
durch Fotokopieren, Aufzeichnung o. a. übertragen werden.

LEKTORATSLEITUNG: Linda Fraser
MANUSKRIPTBEARBEITUNG: Jenni Fleetwood
GESTALTUNG: Nigel Partridge
FOTOGRAFIE: John Heseltine und William Lingwood
ABTEILUNG HAUSWIRTSCHAFT: Carole Handslip (Rezepte) und Carol Tennant (Käse)
PRODUKTION: Neumann & Nürnberger, Leipzig
ÜBERSETZUNG: Regina van Treeck, Leipzig
UMSCHLAGGESTALTUNG: Studio Höpfner-Thoma, München
UMSCHLAGMOTIV: Käsestilleben mit Emmentaler, Brie und Trauben, © StockFood / Studio Trizeps
GESAMTHERSTELLUNG: Johnson Editorial LTD, Bergamo

Printed in Italy

ISBN 3-8289-1024-6

ANMERKUNG

Die Mengenangaben beziehen sich stets auf gestrichene TL (Teelöffel) bzw. EL (Eßlöffel).
1 TL = 5 ml, 1 EL = 15 ml

Falls nicht anders angegeben, werden für die Rezepte stets mittelgroße Eier verwendet.

INHALT

Einführung	6
Das Herstellen von Käse	7
Die Käsearten und ihre Herstellung	8
Wein und Käse – eine ideale Verbindung	12
Das perfekte Käsebrett	13
Käsesorten aus aller Welt	14
Französischer Käse	16
Italienischer Käse	46
Englischer Käse	58
Irischer Käse	82
Schottischer Käse	86
Walisischer Käse	90
Spanischer Käse	94
Portugiesischer Käse	101
Schweizer Käse	102
Holländischer Käse	106
Deutscher Käse	109
Belgischer Käse	112

Dänischer Käse	114
Norwegischer Käse	117
Finnischer Käse	118
Schwedischer Käse	119
Griechischer Käse	121
Türkischer Käse	124
Käse aus Zypern	125
Käse aus Osteuropa	126
Käse aus Indien und dem Nahen Osten	129
Käse aus den USA	130
Mexikanischer Käse	141
Australischer Käse	142
Neuseeländischer Käse	150
Rezepte	156
Suppen, pikante Vorspeisen und Snacks	158
Salate und Gemüsegerichte	170
Hauptgerichte mit Käse	184
Vegetarische Gerichte	196
Pasteten, Pizzen und Nudelgerichte	214
Desserts und Gebäck	234
Käse einkaufen/Bibliographie	250
Stichwortverzeichnis	252

EINFÜHRUNG

In Geschäften und auf Märkten überall in der Welt gibt es Tausende von Käsesorten, die unsere Augen verlocken und unseren Geschmackssinn herausfordern. Runzlig und mit Schimmel bedeckt, glatt und sonnengelb, orangefarben und stark duftend oder von leuchtend weißer Farbe – sie alle werden als Käse bezeichnet, und ihre Form und Größe, ihr Aroma und ihre Textur reichen vom Verfeinerten bis hin zum wirklich Ungewöhnlichen. Und doch sind sie alle aus demselben Rohstoff – aus Tiermilch – hergestellt. Was nun verwandelt dieses einfache Produkt in etwas so Komplexes und in eine solche Vielfalt?

UNTERSCHIEDLICHE MILCHSORTEN

Zunächst einmal ergibt sich ein Unterschied daraus, von welcher Tierart und -rasse die Milch stammt. Die Kuhmilch, die wir trinken, hat ein leicht süßes und mildes, zartes Aroma. Den größten Teil liefern die Kühe der Rasse Holstein-Friesian; doch es gibt mehr als fünfzig verschiedene Rinderrassen, deren Milch zur Käseherstellung geeignet ist. Die Milch des Guernseyrinds beispielsweise ist gehaltvoll, hat eine blaßgelbe Farbe und enthält größere Fettkügelchen als die meisten anderen Sorten. Sie schmeckt daher milder und voller. Wasserbüffelmilch – in Italien zur Herstellung von Mozarella verwendet – ist elfenbeinweiß und hat einen erdigen und leicht nußartigen Geschmack.

Schafmilch ist ebenfalls mild, doch sie hat einen Unterton von Lammbraten und Wollfett. Sie ist etwas süßer im Geschmack als Kuhmilch. Beim Reifen eines Käses aus Schafmilch verstärken sich diese Merkmale, was solche Hartkäsesorten wie der berühmte italienische Pecorino oder die spanischen und französischen Käse aus dem Baskenland oder den Pyrenäen beweisen. Typisch für sie ist das ausgeprägt nußartige Aroma – als ob man mit der frischen Milch gemahlene Wal- oder Paranüsse aufgegossen hätte. Ihre Süße erinnert an Karamelzucker, süße Fudge oder an karamelisierte Zwiebeln. Auch der Lanolinduft, der wie der Geruch feuchter Wolle ist, trägt zur geschmacklichen Eigenart des fertigen Käses bei.

Zu Unrecht am wenigsten gewürdigt ist Käse aus Ziegenmilch. Das Mißtrauen, mit dem man dem Ziegenkäse im allgemeinen begegnet, hat einen Grund: Wenn nämlich die Milch, die an sich einen milden Geschmack mit einem leicht aromatischen Hintergrund hat, unsachgemäß behandelt wird, dann platzen die mikroskopisch kleinen Fettkügelchen und geben ihren Inhalt rasch an die Milch ab, die davon ein bitteres, unangenehmes »Ziegenbock«aroma erhält. Und

OBEN: Die Milch der Kühe hat ein mildes, zartes und schwach süßes Aroma.

wer den Geruch eines Ziegenbocks kennt, wird ihn wohl kaum jemals vergessen. Bei einer sorgfältigen Behandlung der Milch lösen sich die Fettkügelchen allmählich auf und verleihen dem Käse einen köstlichen Geschmack. Vor dem Hintergrund eines trockenen, spritzigen Weißweins schmeckt ein guter Ziegenkäse, als habe die Milch das ätherische Öl und den Duft von Estragon, Thymian oder Majoran aufgesogen.

Schaf- und Ziegenrassen gibt es nicht weniger als Rinderrassen. In einigen Ländern wird Käse auch aus der Milch von Lamas, Kamelen und sogar von Rentieren hergestellt, was die ohnehin schon reiche Vielfalt der Käsesorten noch vergrößert.

Um den Menschen überhaupt Milch liefern zu können, müssen die Tiere mindestens einmal ein Junges zur Welt gebracht haben. Vor jeder weiteren Geburt stehen die Muttertiere dann einige Wochen lang trocken und geben erst dann Milch, wenn wieder ein Junges gesäugt werden muß. Anders als die Menschen sind die Tiere nur einmal im Jahr paarungsbereit. Obwohl die Bauern die natürlichen Triebe ihrer Tiere lenken und beeinflussen können, sind Schafe und Ziegen schwieriger als Rinder dazu zu bringen, sich außerhalb der üblichen Zeit fortzupflanzen. Dazu kommt, daß sie eine kürzere Laktationsperiode als die Kühe haben, so daß es Zeiten gibt, in denen sie uns keine Milch liefern. Um das ganze Jahr über ihren ausgezeichneten Käse herstellen zu können, frosten manche Erzeuger Ziegen- oder Schafmilch ein. Andere halten sich an die althergebrachten Methoden und melken ihre Tiere in dieser Zeit einfach nicht mehr. Ihre Käse sind deshalb nur zu bestimmten Zeiten im Jahr zu bekommen. Die Tierart bzw. die Tierrasse, die die Milch liefert, ist nur einer der Faktoren, die den Geschmack und das Aroma des Käses beeinflussen.

WEIDELAND, BODEN UND JAHRESZEIT

Eine ebenso große Bedeutung hat das Futter der Tiere. Selbst der unaufmerksamste Beobachter unter uns wird den Duft von frischem Gras, wildem Klee, unberührten Wiesen und gepreßtem Viehfutter, Silage, Rübenschnitzeln und Stroh unzweifelhaft unterscheiden können.

Sie brauchen nur einmal die großartigen Bergkäsesorten Europas zu kosten (wo die Herden von Rechts wegen nur auf Naturweiden grasen oder mit dem duftenden Heu der Almwiesen gefüttert werden dürfen), um den Unterschied festzustellen. Die Milchleistung dieser Kühe mag geringer sein als bei den Tieren, die mit saftigem Gras oder sorgfältig zubereiteter, ausgewogen zusammengestellter Nahrung aus getrockneten Futterzusätzen und Vitaminen gefüttert werden, doch die Milch ist gehaltvoll und dick und hat ein konzentriertes Aroma.

Auch die jeweilige Jahreszeit beeinflußt den Geschmack und selbst die Textur des Käses, der aus der Milch von Tieren gemacht ist, die sich ihr Futter selbst suchen und nicht von ihren Haltern abhängig sind. Im Frühjahr, wenn alles sprießt, ist das Gras frisch, feucht und grün; im Frühsommer liefert das Weideland üppiges und abwechslungsreiches Futter; im Mitt- und Spätsommer dagegen, wenn die Erde ausgetrocknet ist, überleben nur robuste Gräser. Mit den herbstlichen Regenfällen beginnt das Gras noch einmal kräftig zu wachsen, bevor die Kälte viele Tiere in die Ställe treibt, wo sie in den Wintermonaten von dem Heu leben, das der Bauer gemacht hat. All diese Unterschiede und Veränderungen spiegeln sich im Aroma der Milch wider.

Auch der Boden und die geologische Beschaffenheit einer Region beeinflussen das Aroma der Milch und können sogar über die Käseart bestimmen, die aus der Milch hergestellt wird. Eine Decke aus basischem Ton oder Kalkstein läßt auf sauren vulkanischen Böden und auf Granit Gräser wachsen, die verschiedene Mineralien aufnehmen, von denen jedes einen winzigen, aber bedeutungsvollen Einfluß auf das Aroma der Milch hat. Auch Regen, Feuchtigkeit und Temperatur bestimmen, welche Pflanzen wachsen und welche Tiere wo gedeihen.

Das Herstellen von Käse

Hat man die Milch erst einmal, dann bedarf es der Kunst des Käsemachers, um sie in ein Nahrungsmittel zu verwandeln, das tage- oder sogar jahrelang haltbar ist. Dazu muß die Milch zunächst in die festen Bestandteile, Proteine und Fette – den Bruch – und die hauptsächlich aus Wasser bestehende Molke getrennt werden. Diesen Prozeß bezeichnet man als Gerinnung.

Der Starter

Läßt man Milch an einem warmen Platz stehen, dann gerinnt sie von selbst. Dieser Säuerungsprozeß ist auf Millionen winziger Milchsäurebakterien zurückzuführen, die Laktose (Milchzucker) »fressen« und dabei in Milchsäure umwandeln. Um den Vorgang zu beschleunigen und die Milch nicht bitter und unangenehm sauer werden zu lassen, gibt man frischer Rohmilch etwas warme »gereifte« oder schwach saure, vom Vorabend stammende Milch zu. Sie wird als Starter oder Starterkultur bezeichnet und beschleunigt den Gerinnungsprozeß oder bringt ihn in Gang. Ähnliches geschieht, wenn man Joghurt eine Starterkultur zugibt. Manche Käsehersteller verwenden als Starter auch hausgemachten Joghurt.

In pasteurisierter Milch sind all diese Bakterien nicht mehr vorhanden und müssen ersetzt werden, um die Milch sauer werden und gerinnen zu lassen. Der Ersatz besteht aus einer Kombination von Kulturen, die in Labors gezüchtet wurden. Manche gibt der Käsehersteller direkt in die Käsewanne; andere stellen eine Mischung dar, die die Käserei speziell anfordert und die in einem Brutapparat gezüchtet werden müssen, ehe sie der Milch zugegeben werden. Diese Kulturen sind zwar wertvoll, können jedoch die zahllosen verschiedenen Bakterien, die die Rohmilch von Natur aus enthält, nie ersetzen.

Bestimmte Käsearten brauchen ganz spezielle Bakterienkulturen, wenn man das gewünschte Ergebnis erreichen will. Für das bloße Auge unsichtbar, wirken diese Kulturen zusammen mit den zahlreichen Enzymen in den verschiedenen Stadien der Käseherstellung auf den Milchzucker, das Eiweiß und das Fett ein. Jede Bakterienart gedeiht bei »ihrer« Temperatur und einem bestimmten Säuregrad und trägt ihren Teil zu Aroma und Textur des fertigen Käses bei. Da der Säuregrad der Milch (und später des Käsebruchs) sich ändert, sterben manche Bakterienarten ab oder fallen in einen Ruhezustand, während andere, die das neue Klima bevorzugen, in Aktion treten. Ihre einzigartigen Eigenschaften verbinden sich, um ein Kaleidoskop von Aromen zu schaffen, das auch noch so viele Nachahmungsversuche nicht erreichen können.

Das Labferment

Obwohl die Starterkultur das Sauerwerden der Milch beschleunigt und die Milch schließlich gerinnen läßt, erzeugt sie allein doch einen recht scharfen, sauren Käse. Eine solche Kultur eignet sich also nur zur Herstellung von Käse, der jung und ohne Reifung verzehrt wird. Der Einsatz von Labferment hingegen verbessert das Verfahren zur Käseherstellung deutlich. Dank der Jahrhunderte zurückliegenden Entdeckung des Labs konnten die Schäfer härteren Käse herstellen, der sich den Winter über hielt, wenn ihre Tiere keine Milch lieferten und der Boden nichts hergab.

Der Magen eines jungen Säugetiers enthält von Geburt an ein Enzym, das die Milch in Feststoffe, die das Jungtier verdauen kann, und in Flüssigkeit aufspaltet, die größtenteils ungenutzt ausgeschieden wird. Die wandernden Hirten bewahrten ihre Milch in Beuteln aus den Mägen junger Ziegen oder Schafe auf und entdeckten wahrscheinlich auf diese Weise die Wirkung des Enzyms – des Labs: Die warme Milch war in den Behältnissen leicht sauer und in Käsebruch und Molke aufgespalten worden.

Wird zu viel Labferment eingesetzt, besteht die Gefahr, daß der fertige Käse zu hart, trocken und bröckelig wird und – besonders wenn die Säuerung ungenügend ist – einen ausgeprägt bitteren Geschmack bekommt. Soll die Milch für die Käseherstellung schnell gerinnen, dann muß mehr Lab zugesetzt werden.

Das Labferment dient auch dazu, dem Käsebruch eine glatte, gleichmäßige Konsistenz zu geben. Es beeinflußt damit die Textur und das Aroma des fertigen Käses.

Die Verwendung des tierischen Produkts hat zur Folge, daß viele Vegetarier nur ungern Käse essen. Glücklicherweise haben Käsehersteller und Chemiker erkannt, daß Vegetarismus keine vorübergehende Mode ist, sondern daß ein immer größer werdender Anteil der Bevölkerung diese Ernährungsweise bevorzugt, und haben entsprechende Alternativen geschaffen.

Über 85 Prozent der britischen und 60 Prozent der neuseeländischen Käsesorten werden mit einem für Vegetarier geeigneten Laberzatz hergestellt.

Bei einigen traditionellen Sorten, die es bereits vor Tausenden von Jahren gab, werden bestimmte Schimmelpilze oder pflanzliche Labaustauschstoffe verwendet, um die Milchgerinnung auszulösen. Zu diesen Stoffen gehören die Säfte oder das Zellgewebe bestimmter Pflanzen wie beispielsweise der Distel, des Echten Labkrauts oder des Feigenbaums.

OBEN: Mit einem Käsetuch wird eine frische Parmesankugel aus der Molke herausgehoben.

UNTEN: Der Käsemacher rührt gerinnende Milch für Parmesan um.

DIE KÄSEARTEN UND IHRE HERSTELLUNG

Die Art, der ein Käse zugeordnet wird, hängt von der Flüssigkeitsmenge, die man dem Bruch entzieht, und von der Größe des Käses ab, der hergestellt werden soll. Der Molkeanteil im Käsebruch entscheidet auch darüber, welche Art Rinde oder Schimmel sich auf dem Käse entwickelt. Das Vorhandensein einer Rinde hat für den Verbraucher einen großen Vorteil. Man mag vielleicht nicht in der Lage sein, einen Wein anhand der Flasche oder ein Buch an seinem Einband zu erkennen, doch die wesentlichen Eigenschaften eines Käses lassen sich mit Bestimmtheit nach dessen Rinde beurteilen.

Nach einem kurzen Blick auf die Rinde und dann auf die Textur eines Käses, den man noch nicht kennt, läßt sich ungefähr sagen, welche Textur, welchen Geschmack und welche Aromastärke der Käse etwa erwarten läßt.

Mit etwas Praxis – und dem gelegentlichen Probedrücken und Schnuppern – kann man sogar lernen, die Beschaffenheit und die Reife eines Käses zu bestimmen. Die Rinde gibt Auskunft über den Charakter, den Lebenslauf und die wahrscheinlichen Eigenarten und Schwächen faktisch jedes Käses, auf den Sie stoßen und setzt Sie in den Stand, vor Freunden und Familienmitgliedern mit Ihrem Expertenwissen glänzen zu können.

MAGERKÄSE

Die alten Käsesorten wie Parmesan oder Single Gloucester wurden traditionell aus Magermilch hergestellt. Man schöpfte den Rahm von der Milch ab, um ihn zum Kochen oder zum Buttern zu verwenden. Heute, da die Idee von der fettarmen Ernährung immer mehr um sich greift, stellt man eine wachsende Zahl Käsesorten als Magerstufen-Varianten her. Es ist jedoch gerade das Fett, das dem Käse seine Textur und sein intensives Aroma gibt. Diesen Magerformen traditioneller Käsesorten fehlt es folglich oftmals an Geschmacksfülle und Textur. Es ist viel besser, eine kleinere Menge einer traditionellen Käsesorte als viel von einem milden, mageren Surrogat zu verwenden.

Versuchen Sie es einmal mit Weichkäse; diese Sorten besitzen einen höheren Wassergehalt und weisen deshalb einen geringeren Fettanteil auf als härterer Käse. Wenn es dennoch ein reiferer Hartkäse mit kräftigerem Geschmack sein soll, dann nehmen Sie einfach weniger davon.

FRISCHKÄSE
(KEINE SICHTBARE RINDE ODER SCHIMMELBILDUNG)
BEISPIELE: *Ricotta, Feta, Myzithra, Mozarella, Cream Cheese, ungereifter Chèvre*

Zur Herstellung von Frischkäse wird eine Starterkultur in die erwärmte Milch gegeben, und die Säuerung beginnt. Für manche Käsesorten wie Fromage Frais reicht der Starter allein aus. Sie gehören zur Art der FRISCHKÄSE. Die meisten Käsesorten benötigen jedoch einen Labzusatz. Dieser Hilfsstoff wird in die Milch eingerührt. Das Ganze läßt man dann einige Stunden lang stehen, bis die Milch gerinnt und zu Gallerte, einer gelartigen Masse wird. Der Molkenanteil, der darin verbleibt, ist entscheidend dafür, wie weich oder hart der fertige Käse sein wird.

Frischkäse hat einen hohen Wassergehalt. Der Käsebruch wird vorsichtig in Mullsäckchen oder perforierte Käseformen abgeschöpft, aus denen dann einige Stunden lang langsam Molke abläuft. Damit viel Feuchtigkeit verbleibt, wird die Masse nicht gepreßt. Ist genügend Molke abgelaufen, wird die Käsemasse entweder mit Salz vermischt oder nur damit bestreut. Der Käse ist dann genußfertig. Manche Frischkäse läßt man reifen und einen weißen oder bläulich-grauen Schimmel ansetzen. Sie gehören dann in eine andere Kategorie.

Für die Hirten und ihre Familien war Milch ein wertvolles Gut. Nichts davon durfte vergeudet werden, und so stellte man Käse auch aus Molke her, die noch geringe Mengen Fett, Vitamine und Proteine enthielt. Der berühmteste Molkenkäse ist der Ricotta. Um ihn herzustellen, kocht man die Molke. Dadurch steigen die festen Stoffe an die Oberfläche, wo sie abgeschöpft, zum Ablaufen in Körbchen gefüllt und innerhalb einiger Tage verkauft werden. Molkenkäse werden wie die meisten anderen Frischkäse eher zum Kochen als zum Frischverzehr verwendet. In Skandinavien läßt man die Molke stundenlang langsam kochen, bis sie zu einer zähen, toffeeartigen Substanz eingedampft ist, die wir unter der Bezeichnung Gjetost oder Mesost kennen.

Eine weitere Art Frischkäse sind die KNETKÄSE. Sie haben eine unwiderstehliche faserige Struktur. Die eigentliche Heimat dieses Käses ist der Nahe Osten, doch das bekannteste Beispiel dafür ist heute der Mozarella aus Italien. Der Bruch wird in der Molke erhitzt, ehe man ihn knetet, bis die Fasern beim Langwirken nicht mehr reißen. Der geschmeidige, faserige Teig wird dann zu Kugeln geformt oder geflochten und in heißes Wasser geworfen, um den Käse zu versiegeln.

ALLGEMEINE EIGENSCHAFTEN: Frischkäse sind stets mild, besitzen einen hohen Wassergehalt und sind daher fettarm. Ihr Geschmack ist schwach sauer oder milchartig. Die meisten finden als Zutat in der Küche Verwendung; manche jedoch werden in Blätter gewickelt oder mit Paprikapulver, Holzkohle oder frischen Kräutern bestreut und als Tafelkäse serviert.

ACHTUNG: Ein schwach bitterer Geruch, der normalerweise zusammen mit gräulich-braunem oder dünnem dunklem Schimmel auftritt, zeigt an, daß der Käse nicht mehr frisch ist und bitter schmeckt.

WEICHKÄSE
(WEISSE, FASERIGE EDELSCHIMMELRINDE)
BEISPIELE: *Camembert, Brie, Bonchester, Pencarreg, Chaource*

Zur Herstellung dieses Käses wird der gelartige Bruch vorsichtig in perforierte Formen geschöpft. Die Formen werden zum Ablaufen in einer Umgebung mit hoher Luftfeuchtigkeit aufgestellt, damit die Masse nicht zuviel Molke verliert. Nach einigen Stunden werden die Käse aus den Formen genommen, um dann einige Wochen lang zu reifen. Ihr hoher Wassergehalt und die hohe Luftfeuchtigkeit fördern die Bildung des klassischen Weißschimmels, wie man ihn auf dem Brie- und dem Camembertkäse überall auf der Welt findet.

Die Weißschimmelpilzkulturen (Penicillium candidum) lassen den Bruch reifen und verleihen dem Käse seine charakteristische Textur und sein typisches Aroma.

Das Ergebnis ist ein cremiges, glattes Inneres, das im Idealfall aussieht, als würde es fast zerfließen.

Ursprünglich waren diese Edelschimmelpilze zusammen mit anderen wilden Schimmeln und Hefen von Natur aus in der Luft enthalten. Heute muß man sie in die Reifungsräume der Käserei bringen. Die handwerklichen Käsereien fördern das Wachstum der wilden Kulturen. Bei ihrem Käse ist die Rinde meist mit roten, gelben, grauen oder rosafarbenen Schimmelpilzkulturen bestäubt oder imprägniert, die allesamt die Fülle und Einmaligkeit des Aromas hervorheben. Diese wilden Kulturen entsprechen jedoch nicht den neuzeitlichen Hygienebestimmungen, die in den großen Käsereibetrieben gelten. Hier müssen die Schimmelpilzsporen, die ein eher »eindimensionales« Aroma erzeugen, immer wieder in den Reifungsräumen versprüht oder sogar in die Käselaibe injiziert werden.

Allgemeine Eigenschaften: Der Brie mit seiner gehaltvollen, fließenden, cremigen Textur ist ein klassisches Beispiel für Weichkäse. Sein Geschmack erinnert an Suppe aus Waldpilzen mit einem winzigen Spritzer Sherry. Briekäse aus pasteurisierter Milch bleiben weiß und riechen mehr nach Heu und jungen Pilzen und haben einen butterähnlichen, pilzartigen Geschmack.

Achtung: Ein starker Ammoniakgeruch zeigt an, daß der Käse in die zweite Fermentation eingetreten ist oder zu feucht gehalten wurde. Weichkäse mit langer Haltbarkeit sind stabilisiert, damit sie nicht zerfließen. Sie schmecken daher süßer und butterähnlicher und sind eher elastisch als fließend. Weichkäse aus Milch, die vor der Gerinnung mit Rahm angereichert wurde, besitzt einen höheren Fettgehalt, ist fester und hat einen vollen Rahmgeschmack, entwickelt aber nur selten ein volles Aroma. Sie schmelzen jedoch auf der Zunge wie Butter oder Eiscreme und schmecken köstlich.

Ausnahmen: In diese Kategorie gehören blaue Briekäse und andere aromatisierte Käse nach Brie-Art, da die Einteilung nach der Rinde und nicht nach dem Inneren des Käses vorgenommen wird. So können Sie schon vom Anschauen eines weichen flachen Käses nach Brie-Art feststellen, daß sein Gesamtcharakter dem eines Weichkäses entspricht, selbst wenn erst ein entsprechendes Etikett oder ein scharfes Messer enthüllen, was sich unter der Rinde verbirgt.

Käse mit Naturrinde
(Rinde mit blaugrauem Schimmelüberzug, meist aus Ziegenmilch)
Beispiele: Crottin de Chavignol, Saint-Marcellin, Selles-sur-Cher

In diese Kategorie der Frischkäse, die zum Ablaufen länger und in einer trockeneren Atmosphäre stehen als die Frischkäse, gehört die Mehrzahl der französischen Bauernkäse aus Ziegenmilch, die auf den Märkten verkauft werden. Die jungen Käse haben eine leicht runzlige, cremefarbene Rinde. Mit der Zeit trocknen sie aus, die Runzeln erscheinen deutlicher, der Charakter und das Aroma prägen sich stärker aus, und auf der Rinde entwickelt sich ein bläulich-grauer Schimmel.

Allgemeine Eigenschaften: Der Geschmack ist anfangs frisch, fast fruchtig und kaum merklich ziegenartig. Wenn der Käse aus-

Oben: Regale mit Brie de Meaux aus Rohmilch in einem speziellen Reifungsraum, wo die Käse allmählich ihre charakteristische Rinde entwickeln.

trocknet, verstärkt sich das Aroma, wird kräftig und nußartig, und der Käse nimmt einen unverkennbaren Ziegengeschmack an. Der Schimmel erscheint zunächst an einzelnen Stellen und bedeckt in gräulich-blauen Flecken nach und nach den ganzen Käse. Von dieser Art gibt es in Großbritannien, Amerika und Australien nur wenige Sorten, da die meisten Verbraucher in diesen Ländern Schimmelpilzen mit Argwohn begegnen.

Achtung: Zum Reifen und Altern müssen die Käse trocken gelagert werden. Sammelt sich an der Oberfläche Nässe, dann sollte sie sofort aufgetrocknet werden, da der Käse sonst feucht wird und seinen strengen, reinen Geschmack verliert.

Käse mit gewaschener Rinde
(orangebraune klebrige Rinde)
Beispiele: Epoisses, Herve, Milleens, Stinking Bishop, Munster

Der Bruch wird geschnitten oder ungeschnitten – je nachdem, wie weich der fertige Käse sein soll –, in Formen geschöpft, aus denen die Molke ablaufen kann. Der hohe Wassergehalt des Käsebruchs und die Feuchtigkeit in den Reifungsräumen läßt einen bitter schmeckenden grauen, haarigen Schimmel wachsen, den man »Katzenfell« nennt. Um das zu unterbinden, wird der frisch geformte Käse mit Salzwasser abgerieben oder in ein Bad aus Salzwasser, aus Wein oder einer ähnlichen alkoholischen Flüssigkeit getaucht. Das erzeugt einen ziemlich kräftigen Käse und fördert die Entwicklung orangefarbener klebriger Bakterien, die nicht nur eine Haut bilden, sondern den Bruch von außen reifen lassen und nach und nach zu einem wesentlichen Bestandteil des Inneren des Käses werden.

Dieser Käse wurde von Trappistenmönchen erfunden, die damit ihre ansonsten recht magere Kost an Fastentagen bereicherten. Man findet ihn überall in Europa, hauptsächlich jedoch in Frankreich, Belgien und (neuerdings) in Irland.

Allgemeine Eigenschaften: Diese Käse mit ihrem recht würzigen bis äußerst pikanten Geschmack und Aroma (derentwegen sie einst in den öffentlichen Verkehrsmitteln Frankreichs verboten waren) können heftig riechen oder fast fleischartig sein. Der Teig kann an Brie erinnern oder geschmeidiger und elastischer sein.

Achtung: Eine mattbräunliche Rinde kann darauf hinweisen, daß der Käse zu lange gelagert wurde oder ausgetrocknet ist. Das Aufplatzen läßt sich, sofern man die Anzeichen rechtzeitig bemerkt, mit durchsichtiger Folie verhindern, in die der Käselaib einpackt wird, damit seine Feuchtigkeit erhalten bleibt.

Halbfester Käse
(rosafarbene/braune bis dunkelgraue Rinde, die sich geschmeidig und elastisch anfühlt)
Beispiele: Raclette, Desmond, Gubbeen, Edam, Sonoma Jack, Fontina

Um einen festeren Käse zu erhalten, wird der Bruch geschnitten. So gibt er schon etwas Molke ab, bevor man ihn in Formen schöpft. Um das Ablaufen zu beschleunigen, wird die Käsemasse dann unter leichtem Druck gepreßt. Nach etwa einem Tag wird der Käse

DIE KÄSEARTEN

OBEN: *Frischer, in ein Tuch gewickelter Käsebruch für Gruyère wird in eine feste, traditionelle runde Holzform gelegt.*

OBEN: *Hunderte Cheddarkäse reifen in den raumhohen Regalen der Reifungsräume des Quickeschen Gutes in der englischen Grafschaft Devon.*

aus der Form genommen und in Salzlake gewaschen. Das versiegelt die Rinde, bevor der Käse in Keller oder in Reifungsräume kommt, wo das Wachstum weiterer Schimmelpilze gefördert wird. Damit sich keine Rinde bildet, können die Käse mit einer Plastikhülle versiegelt werden; ansonsten wird der Schimmel, der sich auf ihrer Oberfläche bildet, öfter abgebürstet, wodurch er allmählich eine lederartige Rinde bildet, die so fein sein kann, daß man sie vom Inneren des Käses kaum unterscheiden kann, und die orangebraun wie die Rinde vom Raclette oder dick, graubraun und zäh wie die vom Tomme de Savoie ist.

ALLGEMEINE EIGENSCHAFTEN: Wegen des niedrigeren Wassergehalts verläuft der Fermentationsprozeß langsamer, und es entstehen Käse mit einem nicht so sehr starken, sondern eher abgerundeten und vollen Aroma. Oftmals ist ihr Geschmack von den Ölen und Estern der wilden Bergblumen Europas geprägt. Junge halbfeste Käse haben eine feste, noch federnde, radiergummiartige Textur, die später elastisch und geschmeidig wird.

ACHTUNG: Käse, die in Wachs getaucht wurden, damit die Laibe nicht austrocknen oder reißen, können Feuchtigkeit absondern, die unter der Rinde Schimmel entstehen läßt.

AUSNAHMEN: Manche halbfeste Schnittkäse werden nur unter leichtem Druck gepreßt und sind schon nach wenigen Tagen verzehrfertig. Mitunter läßt man auf dem Käse auch eine weiße Rinde wachsen, die allerdings langsam von den bei dieser Käseart üblichen Schimmelpilzen verdorben wird.

HARTKÄSE
(DICKE RINDE, OFT GEWACHST, GEÖLT ODER IN TÜCHER GEBUNDEN)
BEISPIELE: *Cheddar, Manchego, Cantal, Gruyère, Cheshire, Parmigiano-Reggiano, Pecorino*

Zur Herstellung von Hartkäse muß der Bruch feiner geschnitten werden – von kleinen Würfeln bis zu reiskorngroßen Stücken –, denn je kleiner der Bruch, um so mehr Molke fließt daraus ab. Der Bruch wird dann in einer Wanne leicht erwärmt, damit noch mehr Wasser abgesondert wird, bevor man die Molke ablaufen läßt. Dann wird der Bruch gesalzen; er erinnert nun an elastischen, körnigen Hüttenkäse. Der Bruch kann nun nochmals geschnitten werden (das Verfahren ist für die verschiedenen Arten von Hartkäse unterschiedlich), bevor er in große perforierte Formen gefüllt wird, in die häufig ein bestimmtes Symbol, ein Firmenzeichen, Muster oder ein Name eingeprägt sind, die den fertigen Käse oder seinen Hersteller bezeichnen.

Die meisten alten britischen Hartkäsesorten sind in Tuch eingehüllt, mit Schweinefett versiegelt und reifen wochen- oder gar jahrelang. Andere europäische Hartkäse werden meist über Nacht (oder wie im Fall von Parmigiano-Reggiano bis zu 21 Tage lang) in Salzlake eingelegt, um die Rinde zu versiegeln. Dann werden sie genau wie ihre britischen Gegenstücke zum Reifen in »Höhlen« oder Reifungsräume gelegt. Die meisten Hart-

LINKS: *Parmigiano-Reggiano – einer der klassischen Hartkäse.*

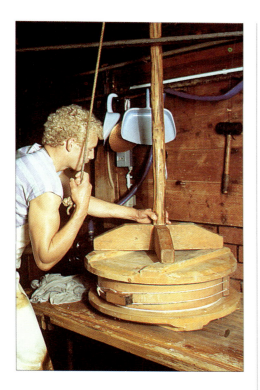

OBEN: Ein frisch geformter Gruyère wird in regelmäßigen Abständen gepreßt und gewendet und dann über Nacht in der Presse gelassen.

käse brauchen dazu mindestens einige Wochen, wenn nicht gar Jahre, wie es bei einem guten, auf dem Bauerngut hergestellten Cheddar, Emmentaler oder Cantal der Fall ist. Den Bruch für die harten Blockkäse preßt man in Form und packt ihn zum Reifen in spezielle Kunststoffhüllen, die den Käse dann altern lassen, ohne daß sich Schimmel oder eine Rinde entwickelt. Auch die Feuchtigkeit, die während der Reifung normalerweise verlorengeht, wird zurückgehalten. Der Käse reift auf diese Weise schneller, seine Textur hingegen ist weicher als bei traditionell gereiftem, in Tuch eingebundenem Käse. Das Verfahren ist jedoch wirtschaftlicher, da ein Hartkäse wie der Cheddar ohne Hülle bis zu 15 Prozent seines ursprünglichen Gewichts verlieren kann.

ACHTUNG: Hartkäse sind verbraucherfreundlich. Sie mögen oberflächlich vielleicht etwas Schimmel ansetzen, doch der läßt sich leicht abkratzen. Man sollte stets daran denken, die Schnittfläche eines Hartkäses mit Alu- oder Plastikfolie abzudecken (und dabei eine Öffnung zu lassen, damit der Käse atmen kann), um zu verhindern, daß der Käse im Kühlschrank Fremdgerüche annimmt. Fetthaltige Substanzen, besonders Käse und Fett, absorbieren Gerüche sehr schnell – eine Eigenschaft, die nur von Vorteil ist, wenn das jeweilige Aroma beabsichtigt und erwünscht ist.

BLAUSCHIMMELKÄSE
(DIE RINDE VARIIERT VON FEINEM REIF BIS ZU EINER DICKEN KÖRNIGEN RINDE WIE BEIM STILTON; BLAUSCHIMMELKÄSE SIND JEDOCH MEIST IN FOLIE VERPACKT.)
BEISPIELE: *Stilton, Roquefort, Gorgonzola, Cabrales, Maytag Blue, Danish Blue*

Blauschimmelkäse werden weder gepreßt noch gekocht. Damit viel Molke abfließen kann, wird der Bruch meist zerkleinert und in zylindrische Formen aus rostfreiem Stahl geschöpft, die mit einer runden hölzernen Platte abgedeckt werden. Die Masse bleibt 1–2 Wochen in den Formen und wird in dieser Zeit regelmäßig gedreht, damit das Gewicht des Bruches weitere Molke herauspreßt. Sind die Rohkäse fest genug, daß sie nicht mehr auseinanderfallen, werden sie aus der Form genommen, mit Salz eingerieben und danach in den Keller gebracht.

Der Blauschimmel ist eine Penicilliumart, die der Milch vor der Zugabe von flüssigem Labextrakt oder Lab in Pulverform zugesetzt wird. Der Käse verfärbt sich jedoch nur blau, wenn man die Pilzkulturen mit genügend Luft versorgt. Er wird deshalb mit Stichkanälen versehen. Die von den Pilzsporen stammende blaue Farbe breitet sich in den Kanälen aus, geht weiter in die Winkel und Spalten der lockeren Rohkäsemasse und verleiht dem Blauschimmelkäse ein typisches Aussehen wie zersprungenes Porzellan.

Bei einem nach Brie-Art hergestellten Käse wird das Blau in die Bruchmasse injiziert, da der Wassergehalt hier so hoch ist, daß sich die Stichkanäle sofort schließen würden und keine Luft in den Bruch eindringen könnte.

ACHTUNG: Die meisten Blauschimmelkäse werden in Folie gehüllt, um sie vor dem Austrocknen zu schützen. Deshalb sammelt sich die von den Bakterien während der Fermentation herausgeholte Feuchtigkeit auf der Rinde. Sie wird vor dem Servieren des Käses einfach abgeschabt.

KÄSE MIT ZUSÄTZEN
(ÄHNELN DER ORIGINALSORTE, DIE ALS BASIS DIENT)
BEISPIELE: *Gouda mit Kümmel, Sage Derby, Cheddar mit Datteln und Walnüssen, Red Leicester mit Pekannüssen, Raclette mit Pfefferkörnern*

Diese Käse werden aus bekannten halbfesten oder harten Käsesorten hergestellt, denen man Würzstoffe oder andere Zutaten – Nüsse, Obst, Gewürze, Kräuter und sogar Fisch – zusetzt. Als Würzstoffe dienten seit alters her meist Kümmel, Gewürznelken oder Kräuter.

OBEN: Die Bruchmasse für den Bleu d'Auvergne bleibt eine oder zwei Wochen in Formen aus rostfreiem Stahl, aus denen die Molke ablaufen kann.

Während der letzten fünf Jahre ist besonders in Großbritannien der Anteil aromatisierter Käse am einschlägigen Markt gewachsen. Manche dieser Käsekreationen erweisen sich als erfolgreich, andere erscheinen außergewöhnlich und einige sind wirklich absurd.

DIE KUNST DES GENIESSENS

Die effektivste Methode, Ihr neuerworbenes Wissen zu testen, ist eine Käseverkostung. Wählen Sie dazu am besten eine Sorte je Käseart aus, kaufen Sie dazu Brot und Wein und laden Sie ein paar Freunde zu sich ein, um gemeinsam mit ihnen Aroma und Textur der unterschiedlichen Käsesorten zu vergleichen. Die Käse sind hier grob nach ihrer Geschmacksstärke gegliedert. Orientieren Sie sich an dieser Einteilung, und probieren Sie zuerst die milden und zuletzt die kräftigen Sorten. Doch gibt es wie bei allen Regeln auch hier Ausnahmen und Gründe, sich darüber hinwegzusetzen. Verlieren Sie bei all dem nicht den Gegenstand der Übung aus den Augen, und erfreuen Sie sich an der edlen Kunst des Genießens und an der Erfahrung, daß man »lebt, um zu essen und nicht ißt, um zu leben«.

UNTEN: Nach dem Herausnehmen aus der Form wird der Bleu d'Auvergne mit Salz eingerieben.

Wein und Käse – eine ideale Verbindung

Ganz allgemein gilt: Je weißer und frischer der Käse, desto spritziger und fruchtiger sollte der Wein sein. Für die gehaltvolleren, schwereren Weichkäse ist ein großer Weißwein wie der Chardonnay oder ein leichter Rotwein ein guter Partner. Je härter und dunkler der Käse, desto schwerer und kräftiger kann der Wein sein. Zu den meisten Blauschimmelkäsesorten wiederum passen ausgezeichnet süße Weine.

Parfümierte oder blumige Rotweine sind zu dominant. Dasselbe gilt für schwere, tanninreiche Weine – das Tannin nimmt dem Käse die Geschmacksfülle. Um die Auswahl einer zum Käsebrett bevorzugten Traubensorte gebeten, würde die Autorin nach einem Pinot Noir aus der Neuen Welt oder einem weichen burgundischen Pinot Noir Ausschau halten. Unerwartet gute Partner für einen Käse sind indes oftmals Weißweine. Eine solche Zusammenstellung läßt beide – Käse und Wein – gleichermaßen zur Wirkung kommen und ihren Charakter zeigen, was mit einem Rotwein häufig mißlingen mag.

Frischkäse

Probieren Sie zu dieser Art frische, leichte und spritzige Weißweine wie den Sauvignon oder den Chenin Blanc; auch Frascati, Soave oder die weißen Loireweine sollten in die engere Wahl kommen. Rotweine sind zu schwer – es sei denn, der Käse ist Zutat zu einem würzigen Gericht wie etwa zu einer Pizza.

Unten: Rotwein, besonders einer aus Trauben der Sorte Pinot Noir, ist ein idealer Partner für Käse.

Weichkäse

Zur milden, leicht scharfen, salzigen Art der Weichkäse paßt ein Wein mit leichter Süße. Käse mit einem kräftigeren, süßeren und cremigeren Geschmack brauchen einen fruchtigeren Wein, dessen Aroma und Säure gut ausbalanciert sind. Ein neuseeländischer oder chilenischer Sauvignon Blanc wären ideal dazu. Die mehr fleischartigen Brie-Sorten bevorzugen einen vollmundigen, fruchtigen Rotwein wie Pinot Noir oder auch einen reichen Weißwein wie den Chardonnay.

Halbfester Schnittkäse

Probieren Sie dazu einen vollmundigen weißen oder einen leichten fruchtigen roten Wein. Die festeren Schnittkäse mit ihrem ausgeprägteren Aroma brauchen einen Chianti, Rioja oder Merlot.

Käse mit gewaschener Rinde

Zu den kräftigen Käsesorten mit gewaschener Rinde ist Bier ein passendes Getränk. Möchten Sie einen Wein dazu servieren, dann nehmen Sie einen Gewürztraminer oder einen kräftigen Rotwein.

Hartkäse

Die Hartkäse reichen von den milden bis zu den äußerst scharfen Sorten. Deshalb kann zu ihnen nahezu jeder Wein geeignet sein. Eine allgemeine Regel besagt jedoch: Je kräftiger der Käse, desto größer der dazu passende Wein.

Zu milden Käsesorten: Ein roter, fruchtiger Wein – Fitou, Merlot oder ein chilenischer Rotwein.

Zu mittelscharfen Sorten: Versuchen Sie es mit einem Côtes du Rhône oder einem neuseeländischen Cabernet Sauvignon.

Zu scharfen Sorten: Ein kalifornischer Cabernet Sauvignon oder auch ein australischer Shiraz.

Zu extrascharfen Sorten: Sie vertragen sich mit der kräftigen Süße von Portwein, Madeira oder anderen gespriteten Weinen.

Blauschimmelkäse

Die milderen Sorten verlangen einen leichten, fruchtigen Weißwein wie Vouvray, Chenin Blanc oder einen Rosé, während die pikanteren Blauschimmelkäse kräftige, würzige Rotweine wie den Monbazillac oder einige der süßeren Weine aus der Neuen Welt bevorzugen.

Das klassische Paar ist Roquefort mit einem Sauterne. Der Wein mildert den scharfen, salzigen Beigeschmack des Käses, während er die Süße der Schafmilch unterstreicht.

DAS PERFEKTE KÄSEBRETT

Wenn Sie das nächstemal Käse kaufen, dann verwenden Sie am besten die Aufzählung der Käsearten im Einführungsteil als Orientierung. Lernen Sie herauszufinden, welche Kategorie Sie bevorzugen und wie man ein ausgewogen sortiertes Käsebrett zusammenstellt.

Dazu gehören nicht nur mehrere Sorten, sondern Käse unterschiedlicher Formen und mindestens ein Käse aus Ziegen- oder Schafmilch.

BEILAGEN ZUM KÄSEBRETT

BROT: Es gibt fast so viele Brotsorten wie Käsesorten. Die besten sind die hausgemachten Brote oder die Landbrote. Manche essen gern Walnuß- oder Rosinenbrot zum Käse, doch oftmals paßt zum Käse besser etwas Einfaches.

NÜSSE: In Europa wird der Käse häufig mit frischen Walnüssen, Mandeln oder Haselnüssen in der Schale serviert. Von der Schale befreite Nüsse besitzen selten die gleiche Süße.

PICKLES: In England reicht man zum Käse häufig Pickles oder ein Chutney. Diese Beilagen passen zu hartem, ausgereiftem Käse wie Cheddar; sie können allerdings auch den Geschmack und das Aroma eines Käse überdecken. Am besten sind daher nicht die scharfen und würzigen, sondern die selbstgemachten, süß schmeckenden Pickles.

FRISCHES OBST: Reichen Sie zum Käse Obst, das zur Jahreszeit paßt und vorzugsweise aus der näheren Umgebung stammt. Zitrusfrüchte sind zu sauer, und Obst aus den Tropen ist meist zu süß. Äpfel, Birnen und Feigen passen ausgezeichnet.

TROCKENOBST: Getrocknete Feigen, Backpflaumen und Rosinen sind zu jedem Käse köstlich. Die Spanier stellen eine ganze Anzahl Obstpasten oder »Käse« aus Quitten, Feigen, Mandeln und Rosinen her. Sie schmecken ausgezeichnet zu den spanischen Käsesorten, besonders aber zu den Hartkäsen aus Schafmilch.

GEMÜSE: Frühlingszwiebeln, Oliven, Sellerie, frische Hülsenfrüchte und knackiges Grün wie Rauke oder Blattsalate können auf einer gesonderten Platte zum Käsebrett gereicht werden.

HONIG: Einige Tropfen von wildem Honig auf Blauschimmelkäse heben dessen Geschmack noch hervor.

OBEN: Stellen Sie für das Käsebrett eine Auswahl verschiedener Käsesorten zusammen und bieten Sie als Beilagen Brot und Obst an.

◆ Am besten gelingt eine Käseplatte, wenn die Zutaten mit Sorgfalt und Enthusiasmus ausgewählt und zusammen mit nicht zu kleinen Brotstücken auf einem derben Holzbrett angerichtet werden. Dazu gehören reichlich Wein und gute Freunde, mit denen Sie all das genießen.

◆ Ein ganzer, prachtvoller Käse ist besser als drei oder vier kleine Ecken.

◆ Wählen Sie mehrere Käse unterschiedlicher Arten, dann haben Sie eine Vielfalt an Texturen, Rinden- und Teigfarben, die Sie beim Anrichten geschickt einsetzen können.

◆ Auf dem Käsebrett sollen nicht Trauben oder anderes Obst, sondern der Käse farblich dominieren. Wenn Sie das Käsebrett garnieren wollen, dann verwenden Sie dazu Walnuß- oder Eichenblätter, frische Kräuter oder Wildblumen. Bieten Sie mehrere Brotsorten an.

◆ Cracker oder ähnliches Gebäck lenken von der Struktur der Käse ab und sind oftmals sehr salzig. Nehmen Sie statt dessen frisches, knuspriges Landbrot.

◆ Frisches Obst wird gesondert gereicht.

◆ Es gibt einige schöne Alternativen zu der üblichen runden Holz- oder Marmorplatte. Versuchen Sie es einmal mit einem Tablett aus Weidengeflecht, mit flachen Körben, einem Stück Treibholz oder einem mit Leinenservietten und Weinblättern belegten Tablett.

◆ Unterschiedliche Formen bringen Abwechslung auf Ihr Käsebrett. Wenn möglich, dann vermeiden Sie, Käse von ein und derselben Form auszusuchen. Bieten Sie statt dessen Käse an, die es in Form von Pyramiden, Stangen, Vierecken oder Rollen gibt. Als Alternative dazu können Sie den Käse auch in unregelmäßige Stücke schneiden.

◆ In Frankreich wird vor dem Dessert Käse gereicht, um damit den Hauptgang, zu dem Rotwein getrunken wurde, abzuschließen. Der Süßwein kann dann zusammen mit Blauschimmelkäse (der zuletzt gegessen werden sollte, da er das stärkste Aroma besitzt) serviert und auch noch als Getränk zum Dessert genossen werden.

◆ Ein Käsebrett kann auch als Hauptgang zum Mittagessen angeboten werden. Servieren Sie dazu mehrere Käsesorten mit einem leicht angemachten gemischten Blattsalat, mit Pickles oder Chutney, frischem Obst, Nüssen und Landbrot, und wenn Sie möchten, mit einer Auswahl verschiedener Weine.

KÄSESORTEN AUS ALLER WELT

Alle Käsesorten der Welt kosten und registrieren zu wollen, wäre ein unmögliches, wenn auch unendlich vergnügliches Vorhaben. Daher enthält dieser Nachschlageteil nur eine Auswahl all der Käsesorten, die es in den unterschiedlichen Ländern gibt. Einige werden in großen Molkereien hergestellt, doch die meisten kommen aus kleinen Genossenschaften oder Familienbetrieben. Manche Käse wie der Roquefort und der Cheddar sind überall auf der Welt zu finden. Sorten wie der Aorangi aus Neuseeland, der Yerba Santa Shepherd's Cheese aus den USA oder der Cooleeney aus Irland sind Neuschöpfungen, doch es gibt auch Käse, die nach Rezepturen hergestellt werden, die seit Jahrhunderten unverändert geblieben sind. Diese Käse werden Sie jedoch nur selten außerhalb der Ortschaft finden, in der sie das erstemal produziert wurden.

FRANZÖSISCHER KÄSE

Viele – genauer gesagt 750 – der faszinierendsten Käsesorten der Welt kommen aus Frankreich. Bei den meisten handelt es sich um traditionelle Sorten, die gepflegt und deren Rezepturen eifersüchtig gehütet werden.

Der älteste erwähnte französische Käse ist der Roquefort. Plinius der Ältere, ein römischer Schriftsteller aus dem ersten Jahrhundert n. Chr., beschrieb ihn als »den Käse, der in Rom, wo man stets bereit ist, gute Dinge aus aller Herren Länder zu vergleichen und zu würdigen, den Preis davonträgt«. Der Roquefort wird, und zwar in aller Welt, bis auf den heutigen Tag geschätzt.

Im Mittelalter führten die Klöster in Frankreich die Tradition der Käseherstellung fort. Die Mönche lehrten die Bauern, wie sie ihre Tiere gesund und die Milch rein hielten. Sie waren es auch, die den Bauern zeigten, wie man Käse reifen läßt, der für gewöhnlich der wichtigste Eiweißlieferant in der Ernährung der Bauern war. Die zahlreichen Fastentage regten die Mönche an, neue Rezepturen zu erfinden, und im Jahre 960 n. Chr. wurde in einer Abtei in der nordfranzösischen Region Thiérache der Maroilles, der erste Klosterkäse, kreiert. Die Mönche entdeckten, daß das Einreiben der Oberfläche kleiner weicher Käse mit Salz einen strengen und fleischartigen Geschmack erzeugte. Damit war der erste Trappistenkäse aus der Taufe gehoben, dem der Munster, der Pont l'Evêque, der Epoisses und andere Sorten folgten. Die französischen Käse haben ihren individuellen Charakter bewahrt; die Launen der Natur, kombiniert mit der Erfindungsgabe des Menschen, bestimmen Art, Größe, Aroma und Geschmack des Endprodukts. In den Tälern und im Flachland wur-

OBEN: *Chevrotin des Aravis (links) und Chèvre Feuille (rechts)*
UNTEN RECHTS: *Carré de l'Est*

den kleine Frischkäse hergestellt, die entweder für den eigenen Bedarf oder für den alsbaldigen Verkauf bestimmt waren; in den Bergen, wo die Käse gelagert werden mußten, bis die Schäfer sie zum Markt bringen konnten, machte man große Käseräder, die viele Monate oder sogar Jahre brauchten, um zu reifen. Die zahlreichen Kalksteinhöhlen wie die von Cambalou, wo der Roquefort produziert wird, erwiesen sich als ideal für die Herstellung von Blauschimmelkäse. Zwar handelt es sich bei den meisten Käsesorten, die man heute in Frankreich erzeugt, um traditionelle Sorten, doch auch die Franzosen konnten der Versuchung nicht widerstehen, neue Sorten zu entwickeln. Die meisten davon stammen aus den großen Molkereiunternehmen, die heute den französischen Markt beherrschen. Einige – besonders die standardisierten, aus pasteurisierter Milch hergestellten Bries und Camemberts – sind traurige, geschmacksneutrale Spielarten der traditionellen Käsesorten. Andere, zu denen der Chaumes, der Saint-Agur und Le Roulé gehören, werden nach althergebrach-

UNTEN:
Vignotte

ten Methoden hergestellt, die man den modernen Produktionsbedingungen angepaßt hat. Sie sind für den Verbraucher gewissermaßen das Sprungbrett zu den aus kleinen Käsereien stammenden, komplexeren Käsesorten, die sie sonst möglicherweise mit Mißtrauen betrachten und nicht probieren würden.

Der populärste Käse in Frankreich ist überraschenderweise nicht der Camembert. Diese Ehre gebührt dem Comté (oder Comté Jura), einem wunderbaren, harten, fruchtigen Bergkäse aus dem Nordwesten Frankreichs.

Den zweiten Rang nimmt der Roquefort ein. Der Camembert verdankt seinen Platz als der außerhalb Frankreichs bekannteste französische Käse zwei Tatsachen, die scheinbar nichts miteinander zu tun hatten. Die erste war die Fertigung kleiner Holzschachteln, die sich als ideale Verpackung für die weichen, zerbrechlichen Käse aus der Normandie erwiesen. Die zweite war die Erfindung der Eisenbahn. Ordentlich verpackt und schnell nach Paris und weiter transportiert, wurde der Camembert bald ein Verkaufsschlager.

Die feinste Art, französischen Käse zu entdecken, ist eine Reise durch Frankreich, bei der man auf Märkten, in Käsereien und Käsehandlungen haltmacht, um einige Kostproben zu nehmen. Haben Sie dazu keine Möglichkeit, dann machen Sie zu Hause einen guten Käsehändler ausfindig und vervollständigen Sie Ihre Kenntnisse über Käse, indem sie ihn einfach probieren.

ABBAYE DE BELLOC (A. O. C.)

HERKUNFT: *Pays Basque*
ART: *Traditionelle Hartkäsesorte aus Rohmilch; individuell produziert*
MILCH: *Schafmilch (Manech u. a.)*
BESCHREIBUNG: *5 kg schweres Rad mit überkrusteter bräunlicher Naturrinde, die rote, orangefarbene und gelbe Flecke aufweist. Die Rinde ist von winzigen Kratern gezeichnet.*
VERWENDUNG: *Als Tafelkäse, als Reibekäse, zum Grillen und für Saucen*

Der Name der Käsesorte ist von der Abbaye de Notre Dame de Belloc abgeleitet, die von Benediktinermönchen gegründet wurde. Hier stellen die Mönche seit Jahrhunderten ihren Käse aus Milch her, die aus der näheren Umgebung stammt. Im Sommer folgen die Schäfer der alten Tradition, ihre Herden auf die Bergweiden zu treiben. Der Abbaye de Belloc trägt zusammen mit anderen Hartkäsen aus Schafmilch, die aus dieser Gegend kommen, das A. O. C.-Gütesiegel. Der Käse hat eine feste, dichte, kräftige und cremige Textur und weist ein charakteristisches Lanolinaroma auf. Der Geschmack erinnert an Karamel.

AISY CENDRÉ

HERKUNFT: *Bourgogne (Burgund)*
ART: *Traditionelle halbfeste Sorte aus Rohmilch; individuell produziert*
Milch: *Kuhmilch*
BESCHREIBUNG: *200–250 g schwerer Rundkäse mit Naturrinde, die einen dicken Überzug aus Asche hat*
VERWENDUNG: *Als Tafelkäse*

Um diese Spezialität herzustellen, wird ein Käse aus der Umgebung (für gewöhnlich ein junger Epoisses) für mindestens einen Monat in Asche eingebettet. Der beste Käse dieser Sorte, den die Autorin gekostet hat, war von einem Winzer gemacht, der den Käse vor dem Einlegen ins Aschebett in Marc de Bourgogne aus eigener Produktion wusch. Einige Tage vor dem Verzehr des Käses bürstet der Winzer die Asche ab, weicht den Käse über Nacht in seinem kostbaren Branntwein ein, um ihn dann zusammen mit dem Rest des Flascheninhalts zu servieren. Der langsam reifende Aisy Cendré hat eine weiße, salzige, pulverartige Mitte, die von einer weicheren, erdig schmeckenden äußeren Schicht umgeben ist. Falls Sie nicht gerade ein Mensch sind, der beim Picknick gern auf Sandkörnchen beißt, dann bürsten Sie die Ascheschicht vor dem Servieren des Käses ab.

Ähnliche Käsesorte: Olivet Cendré.

ARDI-GASNA

HERKUNFT: *Pays Basque*
ART: *Traditionelle Hartkäsesorte aus Rohmilch*
MILCH: *Schafmilch*
BESCHREIBUNG: *3–5 kg schweres Rad mit überkrusteter gelber Naturrinde, die einen gräulichen Schimmel aufweist.*
VERWENDUNG: *Als Tafelkäse, als Reibekäse, für Snacks, als Dessert*

Ardi-Gasna bedeutet in der baskischen Sprache »Schafkäse«. Dieser Käse ist jahrhundertelang faktisch unverändert geblieben. Es gibt in der Region noch einige Schäfer, die sich mit ihren Herden auf den langen Weg zu den Hochgebirgsweiden machen. Hier stellen sie im späten Frühjahr und im Frühsommer in steinernen Hütten ihre Käse her. Der Ardi-Gasna ist nur selten außerhalb der Region zu finden und hat daher einen hohen Preis. Er hat eine harte Textur, fühlt sich auf der Zunge jedoch gehaltvoll an. Das Aroma ist rein und frisch vom Duft der Gebirgsblumen und bei altem Käse nußartig. Im Nachgeschmack zeigt der Käse einen Hauch Schärfe, die sich beim Reifen verstärkt.

Ähnliche Käsesorten: Laruns und Esbareich.

ARÔMES AU GÈNE DE MARC

HERKUNFT: *Lyonnais*
ART: *Traditionelle Käsesorte aus Rohmilch mit Naturrinde; individuell produziert*
MILCH: *Kuh- und Ziegenmilch*
BESCHREIBUNG: *80–120 g schwere, kleine runde Käse. Die weißliche Rinde, in die die Rückstände von der Destillation des Tresterbranntweins gepreßt werden, zeigt etwas Schimmel.*
VERWENDUNG: *Als Tafelkäse*

Um diesen Käse herzustellen, werden in verschiedenen Weinanbaugebieten zwei oder drei Monate nach dem Pressen der Trauben kleine, nicht ausgereifte Käse wie der Rigotte oder der St. Marcellin in Fässern mit Trester (gärende Traubenschalen und -kerne) eingelegt. Vor dem Verkauf wälzt man sie nochmals in Trester. Die Käse, die sicher nicht für die Zaghaften unter uns bestimmt sind, haben einen kräftigen, bittersüßen, hefigen Geschmack. Der feuchte, sahnige Geschmack noch nicht gereifter Käse bietet einen Ausgleich dafür. Mit zunehmendem Alter wird der Käse hart und flockig und bekommt einen sehr strengen Geschmack, der von Uneingeweihten nicht unbedingt geschätzt wird.

Ähnliche Käsesorten werden in anderen Dörfern der Region erzeugt.

A. O. C.

Um die Traditionen und Erfahrungen aus Jahrhunderten französischer Käseherstellung zu erhalten und zu schützen, wurde das A. O. C.-System (A. O. C., Appellation d'Origine Contrôlée – kontrollierte Ursprungsbezeichnung) eingerichtet, wie es in Frankreich bereits für bestimmte Weine eingeführt ist. Jede Käsesorte, die dadurch geschützt wird, muß strengen Vorschriften zu folgenden Punkten genügen:

◆ Weidegebiet der Tiere
◆ Herkunft und Art des Futters
◆ Rasse der Milchtiere
◆ Herstellungszeit des Käses (Jahreszeit)
◆ Herstellungsverfahren
◆ Form und Größe des Käses
◆ Lagerung des Käses

Nach diesen Vorschriften dürfen die Tiere oftmals nur auf Weiden grasen, die auf ursprüngliche Weise bewirtschaftet und nicht umgepflügt und jedes Jahr neu angelegt werden. Das Füttern mit Silage oder anderem Gärfutter oder von Menschen zusammengestellter Tiernahrung ist verboten.

Die A. O. C.-Regeln garantieren die Qualität der berühmten Käse Frankreichs, indem sie diese Sorten vor Nachahmungen schützt, so daß der Verbraucher darauf vertrauen kann, auch wirklich Rohmilchkäse zu kaufen. Ganz gleich, ob die Käse mit dem A. O. C.-Gütesiegel aus industrieller oder individueller Produktion, d. h. aus den großen Molkereien oder von winzigen Bauernhöfen kommen – ihre Hersteller halten die Traditionen der Region mit stolzem Respekt aufrecht.

UNTEN: *Abbaye de Belloc*

FRANZÖSISCHER KÄSE

OBEN: Banon

UNTEN RECHTS: Beaufort

BAGUETTE LAONNAISE
HERKUNFT: *Île-de-France*
ART: *Traditionelle Käsesorte mit gewaschener Rinde; industriell produziert*
MILCH: *Kuhmilch*
BESCHREIBUNG: *500 g schwerer, länglicher Laib mit glänzender, aber überkrusteter orangebrauner Rinde*
VERWENDUNG: *Als Tafelkäse*

Der nach dem zweiten Weltkrieg kreierte Baguette Laonnaise ist zum Favoriten der Liebhaber kräftiger Käse geworden. Unter der klebrigen, mit Furchen durchzogenen orangebraunen Rinde verbirgt sich ein geschmeidiges, doch dichtes Inneres.

Mit zunehmendem Alter entwickelt der Käse ein sehr strenges, würziges Aroma und einen Nachgeschmack, der an Bauernhof erinnert. Gelangt der Käse in die falschen Hände (oder in einen Kühlschrank), kann die Rinde austrocknen, der Käse wird bitter und unangenehm im Geschmack.

Ähnliche Käsesorten: Maroilles, Herve und Limburger.

BANON
HERKUNFT: *Provence*
ART: *Traditionelle Rohmilchkäsesorte mit Naturrinde; individuell oder industriell produziert*
MILCH: *Kuh-, Schaf- oder Ziegenmilch oder eine Milchmischung*
BESCHREIBUNG: *100 g schwerer kleiner Rundkäse, traditionell in Eßkastanienblätter gehüllt und mit Naturbast zugebunden*
VERWENDUNG: *Als Tafelkäse*

Dieser Käse ist nach dem idyllischen Marktflecken Banon benannt, wo sich mit Kopfsteinen gepflasterte Wege an kleinen alten Steinhäusern vorbei bis zur Kirche winden. Eßkastanienbäume spenden willkommenen Schatten und liefern auch die Blätter zum Einwickeln des Käses. Die Blätter halten den jungen, leicht sauren Käse feucht und geben ihm ein frisches Aroma wie von Gemüse und einer Spur Wein. Mit zunehmendem Alter bildet sich auf und unter den Blättern blauer und grauer Schimmel, der den Geschmack des Käses bereichert. Banonkäse können ganz unterschiedlich sein – von fest, mild und nach Milch schmeckend bis weich, sahnig und herb mit nußartigem Aroma. Obwohl traditionell aus Ziegen- oder Schafmilch oder aus einer Milchmischung hergestellt, werden in den großen Molkereien die meisten Käse dieser Sorte heute aus Kuhmilch erzeugt. Auf den Wochenmärkten in Banon bekommt man Frischkäse und ausgereifte alte Käsesorten aus der örtlichen Produktion zu kaufen.

Die Spezialität dieser Gegend, der Fromage Fort du Mont Ventoux, entsteht, indem man einen jungen Banonkäse (ohne Eßkastanienblätter) in einen irdenen Krug legt, reichlich mit Salz und Pfeffer würzt und mit Essig oder Branntwein aus der Gegend begießt. Das Gefäß wird dann in einen kühlen Keller gestellt, wo der Käse bei gelegentlichem Umrühren des Kruginhalts fermentieren kann. Je länger er dort bleibt, desto intensiver wird sein Geschmack.

BEAUFORT (A. O. C.)
HERKUNFT: *Savoie*
ART: *Traditionelle Hartkäsesorte aus Rohmilch; individuell produziert*
MILCH: *Kuhmilch*
BESCHREIBUNG: *Großes konkaves Rad von etwa 60 cm Durchmesser, das bis zu 75 kg wiegt. Die harte, bräunlich-gelbe gebürstete Naturrinde ist leicht angerauht.*
VERWENDUNG: *Als Tafelkäse und Reibekäse, für Snacks, Fondues, in Pasteten*

Diese alte Sorte geht bis auf die Zeit des Römischen Reiches zurück. Sie gehört zur Familie des Gruyère, weist jedoch einen höheren Fettgehalt auf. Der in den Sennhütten hergestellte Käse ist trotz seines harten Aussehens unwiderstehlich glatt und sahnig. Sein herrliches Aroma verdankt er den Blumen, den süßen Gräsern und Kräutern der hochgelegenen Weiden, wo die Kühe nach den A. O. C.-Bestimmungen grasen müssen. Der Name des Gruyère stammt aus der Zeit, da die Könige ihre Steuereintreiber, die »agents gruyèrs«, ausschickten, um von den Käsemachern Abgaben einzusammeln. Die Sorte wird auch Gruyère de Beaufort genannt.

Bleu d'Auvergne (A. O. C.)
Herkunft: *Auvergne*
Art: *Traditionelle Blauschimmelkäsesorte; individuell oder industriell produziert*
Milch: *Kuhmilch*
Beschreibung: *1–3 kg schwerer kurzer Zylinder. Die feuchte Naturrinde zeigt grauen und blauen Schimmel.*
Verwendung: *Als Tafelkäse und zerbröckelt in Salaten (mit Nüssen)*

Diese Sorte ist nach der herrlichen Bergregion benannt, aus der er kommt. Der feuchte, sahnige Käse erinnert an Roquefort, obgleich er nicht aus Schaf-, sondern aus Kuhmilch hergestellt wird. Er hat einen würzigen Geruch und einen reinen Geschmack mit einer Andeutung von Kräutern und geschmolzener Butter. Der bläulich-graue Schimmel bildet im Käseteig zahlreiche Taschen und Fäden. Mit zunehmendem Alter wird die Kruste klebrig, und es entwickeln sich rötlich-orangefarbene Schimmelpilze. Sie lassen das Innere reifen, das allmählich zusammenfällt, und verstärken das würzige Aroma.

Obwohl der Bleu d'Auvergne heute von großen Molkereibetrieben produziert wird, sichern die A. O. C.-Bestimmungen, daß die Tradition und das zu seiner Herstellung notwendige handwerkliche Können bewahrt werden.

Ähnliche Käsesorten: Bleu des Causses und Bleu de Laqueuille.

Bleu de Laqueuille
Herkunft: *Auvergne*
Art: *Traditionelle Blauschimmelkäsesorte aus Rohmilch; industriell hergestellt*
Milch: *Kuhmilch*
Beschreibung: *800 g–2,5 kg schwerer Zylinder mit blaßorangefarbener Naturrinde, auf der die vorherrschenden weißen Penicilliumkulturen mit dem für Blauschimmelkäse üblichen gräulichen Schimmel konkurrieren.*
Verwendung: *Als Tafelkäse*

In Laqueuille erinnert eine Statue die Besucher des Dorfes an Antoine Roussel, der diesen Käse 1850 kreierte. Er hatte ungereiften Quark mit Blauschimmel bestreut, der auf einem Roggenbrot gewachsen war. Der Käse wurde in der näheren Umgebung und in Paris schnell populär. Wie eine kleinere Version des Fourme d'Ambert entwickelt er meist einen weichen, weißen Schimmel, der die Rinde teilweise oder ganz überzieht. Seine Konsistenz tendiert zu der des Brie. Das Blau tritt eher klumpig als in Streifen auf, sein Aroma ist würzig, frisch und sahnig und zeigt eine schwach salzige Spur. Die kleinere Variante ist für das Käsebrett eine reizvolle Ergänzung.

Unten: *Im Uhrzeigersinn unten links beginnend: Bleu de Laqueuille, Bleu d'Auvergne, Bleu des Causses und Bleu de Gex*

Bleu des Causses (A. O. C.)
Herkunft: *Auvergne*
Art: *Traditionelle Blauschimmelsorte aus Rohmilch; industriell produziert*
Milch: *Kuhmilch*
Beschreibung: *2,25–3 kg schwerer flacher Zylinder. Die klebrige elfenbeinfarbene Rinde trägt feinen rötlich-orangefarbenen und grauen Schimmel.*
Verwendung: *Als Tafelkäse, für Salate*

Der scharfe Käse wurde in der ehemaligen südfranzösischen Grafschaft Rouergue und deren Umgebung jahrhundertelang aus Kuh- oder Schafmilch hergestellt. Seit 1947 jedoch darf er entsprechend den A. O. C.-Regeln nur noch aus Kuhmilch erzeugt werden, damit man ihn vom Roquefort unterscheiden kann, der aus derselben Gegend kommt. Der Bleu des Causses reift wie der Roquefort in Kalksteinhöhlen. Deren Gesteinsrisse und -spalten sorgen dafür, daß frische Luft oder »fleurines« zirkulieren kann, die die natürlich vorhandenen Schimmelpilze zu dem reifenden Käse trägt. Das Ergebnis ist ein Käse mit fester Textur, der jedoch feuchter und würziger ist als andere französische Blauschimmelkäse. Er schmeckt frisch, hat einen scharfen Nachgeschmack und ist damit eine ausgezeichnete, weniger salzige Alternative zum Roquefort.

Käse der Sorte Bleu des Causses, die die Qualitätsstandards erreichen, werden vor dem Verpacken in Silberfolie mit dem A. O. C.-Symbol gestempelt.

Bleu de Haut Jura (A. O. C.)
Herkunft: *Franche-Comté*
Art: *Traditionelle Blauschimmelkäsesorte aus Rohmilch; individuell oder in Genossenschaften hergestellt*
Milch: *Kuhmilch*
Beschreibung: *7,5 kg schweres Rad mit nach außen gewölbtem Rand. Die Naturrinde ist trocken, rauh und dünn und mit pudrigem gelbem bis rotem Schimmel bedeckt.*
Verwendung: *Als Tafelkäse, für Salate*

Anders als die meisten Blauschimmelkäse wird dieser Käse in Form eines großen, flachen Rades hergestellt. Diese Form fördert den Reifungsprozeß. Das Ergebnis ist ein Käse, der geschmeidiger und weniger cremig ist als andere Blauschimmelkäse und der einen milden Geschmack mit einer Andeutung von Pilzen, Estragon und frischer Milch besitzt. 1977 wurde ihm das A. O. C.-Prädikat verliehen. Andere Blauschimmelkäse aus dieser Region wie der Bleu de Gex oder der Bleu de Septomoncel heißen heute offiziell Bleu de Haut Jura.

Bougon

HERKUNFT: *Poitou-Charentes*
ART: *Traditionelle Weichkäsesorte; industriell produziert*
MILCH: *Ziegenmilch*
BESCHREIBUNG: *80 g schwerer Rundkäse mit feiner Rinde aus weißem Penicilliumschimmel*
VERWENDUNG: *Als Tafelkäse*

Ähnliche Käsesorten in unterschiedlichen Formen gibt es in Frankreich bereits seit Generationen. Der Bougon wird erst seit kurzem industriell produziert. »Bougon« bedeutet im Französischen zwar »sauertöpfisch«, doch die Bezeichnung spiegelt nicht die Eigenschaften des Käses wider; der Name ist einfach vom Herstellungsort abgeleitet. Bei dieser Sorte handelt es sich um einen glatten, sinnlichen Käse mit einem Geschmack, der einer Mischung aus Estragon, Thymian und Weißwein ähnelt.

Boulette d'Avesnes

HERKUNFT: *Nord-Pas-de-Calais*
ART: *Traditionelle Frischkäsesorte; individuell oder industriell produziert*
MILCH: *Kuhmilch*
BESCHREIBUNG: *150–180 g schwerer Kegel mit Naturrinde, die durch Annattofarbstoff oder Paprika eine dunkelrote Farbe erhält*
VERWENDUNG: *Als Tafelkäse*

Dieser ungewöhnliche Käse wurde ursprünglich als Nebenprodukt aus Buttermilch hergestellt, die beim Buttern anfiel. Heute verwenden die Molkereien für diesen Käse unreifen Maroilles oder Dauphin. Der weiche Bruch wird geknetet und mit Petersilie, Estragon, Pfeffer und Paprika vermengt. Der Käse besitzt eine ziemlich teigige Textur und ein sehr würziges Aroma.

OBEN: *Boulette d'Avesnes*

Boursault

HERKUNFT: *Île-de-France*
ART: *Neuere Weichkäsesorte; industriell produziert*
MILCH: *Kuhmilch*
BESCHREIBUNG: *200 g schwerer kleiner, flacher Zylinder mit dünner Weißschimmelrinde, die rosafarbene Töne aufweist*
VERWENDUNG: *Als Tafelkäse, für Appetithäppchen*

Dieser Käse mit seiner weichen weißen Rinde, der etwa zur gleichen Zeit wie der Boursin auf den Markt kam, wurde 1953 von Henri Boursault kreiert. Er wurde fast über Nacht zu einem Erfolg. Das Unternehmen ist heute im Besitz des Käseriesen Van den Bergh. Das Herstellungsverfahren erinnert an das für den Brie, doch im Unterschied zu diesem besitzt der Boursault eine weichere und dünnere Rinde. Das beschleunigt die Reifung des Käses, der ein frisches, pilzartiges Aroma ausströmt. Der hohe Rahmgehalt läßt den Käse glatt und fast butterartig schmecken. Das Innere ist eher fest als geschmeidig und fließend, der Nachgeschmack ist nußartig. Die Schwere des Rahms wird von einer erfrischenden Zitrusnote ausgeglichen.

Der Boursault, einer der besten angereicherten Käse, ist auch unter dem Namen Lucullus bekannt. Eine größere Variante von ihm ist der Délice de Saint-Cyr.

Boursin

HERKUNFT: *Île-de-France und Normandie*
ART: *Neuere Frischkäsesorte; industriell produziert*
MILCH: *Kuhmilch*
BESCHREIBUNG: *80 g schwerer kleiner, flacher Zylinder ohne Rinde, der in einer attraktiven geriffelten Folieverpackung verkauft wird*
VERWENDUNG: *Als Tafelkäse, zum Backen, als Brotaufstrich*

Diesen feuchten, sahnigen Käse mit seinem frischen, kräftigen Aroma, das eine Andeutung von Säure zeigt, stellte 1957 ein gewisser Monsieur Boursin her. Heute wird er in einem der größeren französischen Käsereiunternehmen (Van den Bergh) erzeugt. Der Käse zergeht auf der Zunge wie Eiscreme. Die Qualität sowohl des Originals als auch der beiden wohlbekannten Varianten – eine mit Knoblauch und Kräutern und eine, bei der der Käse in feurig-scharfen, grob zerkleinerten Pfefferkörnern gewälzt wird – ist durchweg gut.

Der Boursin war der erste Käse, für den es eine Fernsehwerbung gab und der zu einem sensationellen Erfolg wurde. Die Werbung zeigte einen berühmten Schauspieler, der von seinem Verlangen nach Boursin, der im Kühlschrank auf ihn wartete, aus dem Bett getrieben wird. Der Boursin und das Schlagwort »du pain, du vin, du Boursin« (Brot, Wein und Boursin) wurden zu einem Teil der französischen Kultur.

Der Käse, dessen Basis einzig und allein die gehaltvolle Milch aus der Normandie und Rahm sind, wird ohne Labzusatz hergestellt. Der Milch wird nur eine Starterkultur zugegeben. Ein Großteil des Verarbeitungsprozesses ist noch immer nur halbautomatisiert, um die Textur und die gewohnte Qualität des Produkts zu sichern. Seit Van den Bergh die Herstellung übernommen hat, sind drei exotischere Varianten entwickelt worden, doch diese schmecken nicht annähernd so gut und echt wie die drei berühmten Käse.

OBEN: *Boursin*

LINKS: *Boursault*

FRANZÖSISCHER KÄSE

OBEN: Bresse Bleu

BRESSE BLEU
HERKUNFT: *Rhône-Alpes*
ART: *Neuere Blauschimmelkäsesorte; industriell produziert*
MILCH: *Kuhmilch*
BESCHREIBUNG: *125–500 g schwerer Zylinder mit weicher Weißschimmelrinde*
VERWENDUNG: *Als Tafelkäse*

Dieser Käse wurde während des zweiten Weltkrieges entwickelt. Heute stellt ihn das große Milchverarbeitungsunternehmen Bongrain her. Der Bresse Bleu wurde als Alternative zu den kräftigeren Blauschimmelkäsesorten in den fünfziger Jahren zunehmend populär. Das Innere des Käses ist gehaltvoll und butterartig. Wie der Brie, so zergeht auch dieser Käse mit seinem süßen, schwach würzigen Beigeschmack auf der Zunge. Die glatte, weiche Rinde hat das Aroma von jungen Pilzen. Wegen seiner dichten, cremigen Natur kann man die Schimmelpilzkulturen nicht wie sonst der Milch vor der Gerinnung zusetzen; der Käse muß statt dessen damit geimpft werden. Im Käse entstehen mit blaugrauem Schimmel gefüllte »Taschen«, seltener feine Schimmelstreifen. Beim Impfen des Käses können winzige Schimmelpilzsporen von der Rinde ins Innere gelangen, wo sie Flecken aus flaumigem weißem Schimmel bilden.

Die einzelnen Käse sind klein, so daß man sie besser im Ganzen als in Stücken verkauft. Nicht allein deshalb, sondern auch wegen seiner praktischen Verpackung läßt sich der Käse gut transportieren und ist folglich auch über die Grenzen seines Ursprungslandes erhältlich.

Ähnliche Käsesorten: Blue Brie und Cambazola.

BRIE DE MEAUX (A. O. C.)
HERKUNFT: *Île-de-France*
ART: *Traditionelle Weichkäsesorte aus Rohmilch; individuell produziert*
MILCH: *Kuhmilch*
BESCHREIBUNG: *2,5–3 kg schweres Rad. Die weiße Penicilliumschimmelrinde zeigt rötlich-braune Fermente. An seiner Oberfläche ist die charakteristische Musterung der Strohmatte zu erkennen, auf der der Käse reift.*
VERWENDUNG: *Als Tafelkäse*

Dieser Käse gilt als der Vater aller Weichkäse oder Käse mit »blühender« Rinde. Der Brie de Meaux wurde erstmals im Jahre 774 n. Chr. erwähnt, als Karl der Große ihn in Brie, einer Landschaft zwischen Seine und Marne, probierte und daraufhin zwei Partien bestellte, die ihm jedes Jahr nach Aachen geschickt werden sollten. Sie werden es merken, wenn Sie den vollkommenen Meaux gefunden haben – er ist glatt, sinnlich und nicht völlig fließend. Sein Aroma ist pilzartig und zeigt eine Andeutung von Ammoniak. Sein Geschmack ähnelt dem einer Cremesuppe aus Waldpilzen mit einer Spur Sherry.

Obwohl der Käse jetzt durch die A. O. C.-Bestimmungen geschützt ist, bemängeln einige Kritiker, daß die Vorschriften nicht weit genug gehen. Bedauerlicherweise werden die alten einheimischen Rinderrassen auch weiterhin durch Holstein-Friesians ersetzt. Die Ergiebigkeit und der Charakter der Milch sind daher nicht immer so, wie sie sein sollten. Doch zum Glück gibt es einige hervorragende Meaux, die auf Bauernhöfen von talentierten Affineuren zu höchster Perfektion gebracht werden.

BRIE DE MELUN (A. O. C.)
HERKUNFT: *Île-de-France*
ART: *Traditionelle Weichkäsesorte aus Rohmilch; individuell produziert*
MILCH: *Kuhmilch*
BESCHREIBUNG: *1,5–8 kg schweres Rad mit Penicilliumschimmel, der eine feine weiße Rinde mit einer Mischung aus gelben und roten Gärungserregern bildet*
VERWENDUNG: *Als Tafelkäse*

Der Brie de Melun ist schärfer und salziger als der aus derselben Region kommende Brie de Meaux. Während beim Meaux ein Labzusatz als Gerinnungsmittel verwendet wird, kann sich der Melun völlig auf das Wirken von laktoseliebenden Bakterien verlassen. Die obliegt der Kunst des Affineurs, die Käse zu höchster Perfektion zu bringen. Er wacht über ganze Reihen von Brie, die sich in unterschiedlichen Reifungsstadien befinden, und von denen jeder auf einem mit einer Strohmatte ausgelegten, abgenutzten Holzregal liegt. Der Käse gilt als reif, wenn der gelbe Schimmel dominiert und einen Hauch Rot zeigt. Um seine vollkommene Ausgewogenheit zu erreichen, drehen der Affineur und seine Mitarbeiter zwei Monate lang nicht weniger als 18 000 Käse zweimal pro Woche um. Dabei bemühen sie sich, keine Fingerspuren zu hinterlassen und zu garantieren, daß keine Bakterien von ihren Händen auf die Käse gelangen.

Ein vollkommener Melun besitzt eine geschmeidige Textur mit den Düften und Aromen von Wiesen, die denen eines unreifen Brie ähneln, jedoch mehr Tiefe haben.

UNTEN: Brie de Meaux

FRANZÖSISCHER KÄSE

Unten: Butte

BRILLAT-SAVARIN
HERKUNFT: *Normandie*
ART: *Neuere Frisch- oder Weichkäsesorte; industriell produziert*
MILCH: *Kuhmilch*
BESCHREIBUNG: *450–500 g schwerer runder Käse. Er kann eine weiße weiche Rinde haben. Der Käse entwickelt schließlich eine dicke, samtige weiße Kruste.*
VERWENDUNG: *Als Tafelkäse, für Appetithäppchen*

Der Käse ist nach dem französischen Beamten, Feinschmecker und Autoren des Buch *La physiologie du Goût* (Die Physiologie des Geschmacks) benannt. Dieses Buch legt Zeugnis von einem Leben ab, das dem guten Essen verpflichtet war. Dieser gehaltvolle, dreifach fette Rahmkäse wäre bei Brillat-Savarin sicher auf Anerkennung gestoßen. Andere, gleichermaßen gehaltvolle Käse sind Le Saulieu, der Lucullus und der Boursault.

BROCCIU/BROCCIO (A. O. C.)
HERKUNFT: *Korsika*
ART: *Traditionelle Molkenkäsesorte aus Rohmilch; individuell produziert*
MILCH: *Schaf- und Ziegenmilch*
BESCHREIBUNG: *500 g–1 kg schwere Käse in unterschiedlichen Formen und ohne Rinde*
VERWENDUNG: *Zusammen mit Kräutern als Snack oder mit Obst zum Frühstück*

Dieser Frischkäse wird im Winter aus Schafmilch und im Sommer aus Ziegenmilch hergestellt. Obwohl man heute oftmals entrahmte Milch verwendet, wird er traditionell aus Molke gemacht. Zum Ablaufen kommt der Käse in Flechtkörbe. Der Brocciu besitzt ein mildes Aroma. Einige Käse werden gesalzen und sechs Monate lang getrocknet; dann entwickelt sich ein sehr scharfes und deutlich hervortretendes Aroma.

BÛCHETTE D'ANJOU
HERKUNFT: *Loire*
ART: *Traditionelle Käsesorte aus Rohmilch, mit Naturrinde; individuell produziert*
MILCH: *Ziegenmilch*
BESCHREIBUNG: *80–100 g schwere Stange mit Naturrinde, die mit Salz und Holzkohlestaub bestreut ist*
VERWENDUNG: *Als Tafelkäse, zum Aufschneiden und Grillen, in Salaten*

Diese köstlichen einfachen oder mit Asche überzogenen Käse werden seit Jahrhunderten in der Loireregion hergestellt. Die jungen Käse sind fest und körnig und haben einen milden, frischen Zitrusgeschmack. Unter aufmerksamer Beobachtung durch einen guten Affineur reift das Innere und wird weich bis zum Schmelzen, und es bildet sich ein Geschmack heraus, der an frischen Spargel und Wildkräuter erinnert.

Ähnliche Käsesorte: Bûchette de Banon.

BUTTE
HERKUNFT: *Île-de-France*
ART: *Neuere Weichkäsesorte; industriell produziert*
MILCH: *Kuhmilch*
BESCHREIBUNG: *350 g schwerer ziegelförmiger Käse mit dicker, glatter, samtiger Weißschimmelrinde*
VERWENDUNG: *Als Tafelkäse*

Der Name ist von der Form des Käses abgeleitet, die an einen kleinen Hügel erinnert. Seine butterartige Textur verdankt der Käse dem Rahm, der der Milch vor der Gerinnung zugegeben wird. Der junge Käse zergeht auf der Zunge.
Er hat ein pilzartiges Aroma und einen salzigen, bitteren Beigeschmack. Läßt man ihn reifen, dann entwickelt die Rinde eine rötliche Pigmentierung; das Innere zerfließt an den Kanten, das Aroma wird streng und der Geschmack schärfer und (für manche) köstlicher.

Ähnliche Käsesorten: Grand Vatel und Explorateur.

CABÉCOU DE ROCAMADOUR (A. O. C.)
HERKUNFT: *Midi-Pyrénées*
ART: *Traditionelle Rohmilchkäsesorte mit Naturrinde; individuell produziert*
MILCH: *Schaf- und Ziegenmilch*
BESCHREIBUNG: *30–40 g schwere Scheibe. Die weiche Naturrinde ist rahmfarben und runzlig. Auf ihr entwickelt sich blaßblauer Schimmel.*
VERWENDUNG: *Als Tafelkäse, zum Backen und Grillen.*

Diese winzigen runden Scheiben mit ihrer rahmweißen Rinde werden schon jahrhundertelang in dieser Region hergestellt – seit der Zeit, da die ansässige Bevölkerung die wilden Ziegen- und Schafherden domestiziert hatte, die einst durch das Bergland gestreift waren. Heute werden die Käse in flachen hölzernen Lattenkästchen verkauft, die in den Marktbuden hoch gestapelt und mit Eßkastanienzweigen bedeckt sind. Die Käse sind gelegentlich mit winzigen Wildkräutern garniert oder werden fertig zum Grillen oder als Zutat zu einem Friséesalat in Schinkenstreifen gehüllt. Grillt man den dichten, cremigen Käse (vielleicht auf einem knusprigen Baguette), dann verstärken sich der nußartige Geschmack und das charakteristische Ziegenaroma. Mit einem Wein aus der Umgebung wird das Ganze zu einem wunderbaren Geschmackserlebnis. Mitunter wird der Käse auch aus Schafmilch gemacht, die ihm dann einen ausgeprägteren nußartigen Geschmack mit einer Andeutung von Butterscotch verleiht.

Der Käse ist auch einfach als Romadur bekannt.

Rechts: Von oben: Cabécou de Rocamadour; Camembert und Brillat-Savarin

FRANZÖSISCHER KÄSE

CAMEMBERT DE NORMANDIE (A. O. C.)

HERKUNFT: *Normandie*
ART: *Traditionelle Weichkäsesorte aus Rohmilch; individuell oder industriell hergestellt*
MILCH: *Kuhmilch*
BESCHREIBUNG: *250 g schwerer runder Käse mit dünner Weißschimmelkruste, die mit zunehmender Reife von roten, braunen und gelben Pigmenten durchsetzt ist*
VERWENDUNG: *Als Tafelkäse; alles andere wäre ein Sakrileg*

Den Camembert gibt es etwa seit dem Ende des achtzehnten Jahrhunderts. Damals war er ein trockener, gelbbrauner Käse, der von Marie Harel, einer Bauersfrau, für den eigenen Bedarf hergestellt wurde. Das war um die Zeit der Französischen Revolution, und bei der Familie hatte ein Priester aus der Brie Zuflucht gefunden. Er wußte von seinen Gemeindemitgliedern, wie sie ihren Käse herstellten, und konnte die Gastfreundschaft der Harels nun mit diesen Kenntnissen vergelten. Der Käse geriet der Bäuerin von da an weicher und bekam einen erdigeren Geschmack, doch es vergingen noch einige Jahre, ehe er den Namen erhielt, unter dem wir ihn heute kennen.

Im Jahre 1855 verehrte eine von Marie Harels Töchtern Napoleon einen der Käse und erzählte ihm, daß er aus Camembert stamme. Der Käse hieß von nun an Camembert. Allerdings wäre er relativ unbekannt geblieben, wenn es nicht drei Dinge gegeben hätte, die das verhinderten.

Zum ersten erschloß der Aufbau eines Eisenbahnnetzes neue Märkte. Zum zweiten erwiesen sich die kleinen hölzernen Käseschachteln als ideale Verpackung, die die Camemberts auf den langen Transportwegen schützten. Schließlich wurde in den zwanziger Jahren entdeckt, wie man die weißen Penicilliumkulturen isolieren und in die Reifungsräume bringen konnte.

Diese Schimmelpilze waren in der Lage, sich gegen die weniger aggressiven grauen und blauen Schimmel zu behaupten, die früher die unreifen Käse verdorben hatten. Zudem schützten sie das Innere der Käse vor dem Austrocknen. Die Textur und das Pilzaroma des klassischen Camembert war endlich erreicht.

Heute haben Hunderte von Erzeugern die Genehmigung, Camembert mit dem A. O. C.-Prädikat herzustellen. Die feinsten Käse haben ein angenehmes Aroma und schmecken schwach hefig, fast fleischartig und nach Waldpilzsuppe.

OBEN: *Cantal*

UNTEN: *Caprice des Dieux*

CANTAL (A. O. C.)

HERKUNFT: *Auvergne*
ART: *Traditionelle Hartkäsesorte aus Rohmilch; individuell oder industriell produziert*
MILCH: *Kuhmilch*
BESCHREIBUNG: *35–45 kg schwerer hoher Zylinder mit natürlicher strohgelber bis grauer Kruste, die mit grauen und roten Pigmenten überstäubt ist*
VERWENDUNG: *Als Tafelkäse und Reibekäse, in Suppen und Saucen*

Der Cantal ist eine der ältesten französischen Käsesorten. Er wurde ursprünglich erzeugt, indem man den Bruch in *le fromage*, einen hölzernen Zylinder gab. Die Bezeichnung für diesen Zylinder hält man für den Ursprung des französischen Wortes für Käse – *fromage*. Der Cantal Fermier wird während der Sommermonate in den Sennhütten hergestellt, während der Cantal Laitier das ganze Jahr über und aus pasteurisierter Milch gemacht wird, die den A. O. C.-Vorschriften entsprechend von Bauernhöfen aus der näheren Umgebung stammt. In die Rinde jedes Käses wird ein Metallsiegel eingebettet und mit dem offiziellen A. O. C.-Logo gestempelt.

Der junge Cantal ist feucht, hat eine offene und elastische Textur und einen Beigeschmack von Käsesauce, der dem Lancashire ähnelt. Mit zunehmendem Alter sieht er eher wie ein reifer Cheddar aus. Ist der Käse mindestens 30 Tage alt, dann wird er als *jeune* (jung) verkauft.

Hat er ein Alter von über sechs Monaten erreicht und seinen robusten Charakter entwickelt, dann fällt er unter die Kategorie *vieux* (alt). Ein zwei bis sechs Monate alter Käse gilt als *entre-deux* (mittelalt).

CAPRICE DES DIEUX

HERKUNFT: *Champagne-Ardenne*
ART: *Neuere Weichkäsesorte; industriell produziert*
MILCH: *Kuhmilch*
BESCHREIBUNG: *120 g schwerer ovaler Käse mit einer glatten, samtigen reinweißen Penicilliumrinde*
VERWENDUNG: *Als Tafelkäse*

Das Äußere dieses milchigen und recht milden Käses ist interessanter als dessen Geschmack. Auch die eher elastische als geschmeidige Textur ist etwas enttäuschend. Aufgrund der Nachfrage sind die kleinen ovalen Schachteln jedoch nach wie vor in den Regalen der Supermärkte zu finden. Dieser Käse wird viele zukünftige Kenner zweifellos zu anderen Sorten führen.

CARRÉ DE L'EST

HERKUNFT: *Champagne und Lorraine*
ART: *Traditionelle Weichkäsesorte oder Käse mit gewaschener Rinde; individuell oder industriell produziert*
MILCH: *Kuhmilch*
BESCHREIBUNG: *300 g schwerer quadratischer Käse mit orangeroter gewaschener Rinde oder mit einer Kruste aus Penicilliumschimmel*
VERWENDUNG: *Als Tafelkäse*

Der Carré de l'Est wird seit Generationen in diesem Gebiet hergestellt. Er reift in Kellern, wo das Wachstum einer weißen weichen Kruste gefördert wird, oder wird in Salzlake oder Branntwein gewaschen, um eine scharfe gefurchte Rinde zu erzeugen. Jeder Käse wird von Hand gewendet und gewaschen, um die farbigen Bakterien über den Käse zu verteilen. Die Käse mit gewaschener Rinde haben ein zerfließendes Inneres mit einem Aroma wie von geräuchertem Schinken. Die weißen Käse besitzen eine Rinde, die der des Camembert ähnelt, und ein Aroma, das an geschmolzene Butter und warme Pilze erinnert.

FRANZÖSISCHER KÄSE

OBEN: Chaource

CHABICHOU DU POITOU (A. O. C.)
HERKUNFT: *Poitou-Charentes*
ART: *Traditionelle Rohmilchkäsesorte mit Naturrinde; individuell oder industriell produziert*
MILCH: *Ziegenmilch*
BESCHREIBUNG: *120 g schwerer Zylinder mit schönem bläulich-grauem Schimmel, der den dünnen weißen Schimmel überlagert, wenn der Käse reif ist.*
VERWENDUNG: *Als Tafelkäse, zum Grillen*

Die Textur dieses Käses ist fest und eher cremig als körnig. Der Käse hat ein Aroma wie von frischgemahlenen Nüssen.

Ähnliche Käsesorten: Mothais, Saint-Maixent und Sainte-Maure.

LINKS: *Chabichou du Poitou – ein Rohmilchkäse mit Naturrinde, der aus Ziegenmilch hergestellt wird.*

CHAOURCE (A. O. C.)
HERKUNFT: *Champagne*
ART: *Traditionelle Weichkäsesorte; industriell produziert*
MILCH: *Kuhmilch*
BESCHREIBUNG: *250–450 g schwerer Zylinder mit sanft gewellter Weißschimmelrinde.*
VERWENDUNG: *Als Tafelkäse*

Einige Käsekenner bevorzugen den jungen Käse, der kaum eine Rinde gebildet hat und milchig, schwach sauer und salzig schmeckt. In diesem Stadium ist das Innere eher körnig und grob als glatt. Andere Käseliebhaber warten lieber, bis die Rinde dick ist und rote Fermente entwickelt. Die Rinde des reifen Käses hat ein leicht bitteres Aroma mit einer Andeutung von Pilzen, und das Innere ist butterartig und sehr pikant, fruchtig und scharf.

Ähnliche Käsesorten: Ervy-le-Châtel und Neufchâtel.

CHAUMES
HERKUNFT: *Dordogne*
ART: *Neuere Käsesorte mit gewaschener Rinde; industriell produziert*
MILCH: *Kuhmilch*
BESCHREIBUNG: *2 kg schweres abgeplattetes Rad. Die weiche, dünne Rinde ist tief orangefarben und mit einer Hülle aus dünnem Papier versehen.*
VERWENDUNG: *Als Tafelkäse, zum Grillen*

Dieser Käse, der auf den traditionellen Trappistenkäsesorten basiert, gehört zu den populärsten neuen französischen Sorten. Die weiche Rinde hat eine leuchtend orange Farbe, und das Innere ist glatt, geschmeidig und elastisch.

Obwohl der Käse aussieht, als würde er fast zerfließen, ist er in Wirklichkeit recht fest und fühlt sich auf der Zunge wunderbar gehaltvoll und cremig an. Der nußartige und meist fleischartige Geschmack und das Aroma sind milder, als Sie vielleicht vermuten würden.

Ähnliche Käsesorte: Port Salut.

OBEN: *Chaumes*

CHÈVRE-STANGE
HERKUNFT: *Loire*
ART: *Neuere Weichkäsesorte; industriell hergestellt*
MILCH: *Ziegenmilch*
BESCHREIBUNG: *3 kg schwere Stange mit weißer samtiger Rinde, die feucht und scharf werden und sich vom Käse lösen kann.*
VERWENDUNG: *Als Tafelkäse, für Vorspeisen*

Die Chèvre-Stange (oder Bûcheron), die erstmals von einer großen Genossenschaft produziert wurde, ist jetzt unter verschiedenen Sortennamen überall in Europa erhältlich. Ist der Käse zwei Tage alt, dann hat er einen lieblichen, süßsauren, fruchtigen Geschmack, der, wenn die Textur dicht und feinkörnig ist, einen Hauch vom Mandelcharakter der Ziegenmilch zeigt. Nach zehn Tagen ist der Käse fest, aber noch immer zerbrechlich, und fühlt sich auf der Zunge leicht klebrig an. Er behält seine frische Säure bei, und der Ziegengeschmack wird intensiver. Der Käse läßt sich leicht in Scheiben schneiden und ist daher ideal zum Grillen.

UNTEN: *Chèvre-Stange*

Chevrotin des Aravis

Herkunft: *Rhône-Alpes*
Art: *Traditionelle Rohmilchkäsesorte mit gewaschener Rinde; individuell produziert*
Milch: *Kuh- und Ziegenmilch*
Beschreibung: *250–300 g schwerer Rundkäse mit gelblich-orangefarbener, mehlig-gewaschener Rinde*
Verwendung: *Als Tafelkäse, für Snacks*

Der Chevrotin ist einer der wenigen Ziegenkäse mit gewaschener Rinde. Er wird auf die gleiche Weise hergestellt wie der Reblochon, dem er mit seinem Äußeren und seiner Textur – glatt, auf der Zunge zergehend, gehaltvoll und sinnlich – ähnelt. Er hat ein mildes Ziegenaroma und einen wunderbar komplexen Charakter. Sein Geschmack ist nußartig und recht würzig.

Cîteaux/Abbaye de Cîteaux

Herkunft: *Bourgogne (Burgund)*
Art: *Traditionelle Rohmilchkäsesorte mit gewaschener Rinde; individuell produziert*
Milch: *Kuhmilch (Montbéliard)*
Beschreibung: *700 g schweres Rad. Die feine, lederartige Kruste ist blaß gelborangefarben und mit verschiedenartigen Schimmeln überstäubt.*
Verwendung: *Als Tafelkäse*

Im Jahre 1098 gründeten Benediktinermönche in Cîteaux bei Beaune die Abtei L'Abbaye de Notre Dame, das zum Geburtsort des Zisterzienserordens wurde. Der Begriff »Trappist«, der auf das Zisterzienserkloster La Trappe in der Dordogne zurückgeht, entstand erst im 18. Jahrhundert und wird heute verwendet, um die Käse vom Typ der in den Klöstern hergestellten Sorten zu beschreiben.

Im Herzen des Weinlandes gelegen, besitzt die Abtei eine Herde von rund 200 rot und weiß gescheckten Montbéliard-Milchkühen. Die Käseproduktion wird gering gehalten und größtenteils in der nahen Umgebung verkauft. Der Käse erinnert an den Reblochon, doch da Boden und Weideland verschieden sind, unterscheiden sich beide auch im Geschmack. Ein so berühmter Käseliebhaber des 20. Jahrhunderts wie Patrick Rance beschreibt ihn folgendermaßen: »Der Cîteaux hat einen köstlichen, auf der Zunge zergehenden, erfrischenden Charakter, der von seiner feinen Kruste, die glatter als die des Reblochon ist, noch hervorgehoben wird. Wie die Kruste eines guten Brotes, mit dem serviert zu werden der Käse verdient hat, verkörpert auch sie für den Gaumen einen wichtigen Teil des Geschmacks und der Konsistenz des Käses und sollte niemals weggeschnitten und unbeachtet weggeworfen werden.«

Coeur de Camembert au Calvados

Herkunft: *Normandie*
Art: *Neuere Weichkäsesorte; individuell produziert*
Milch: *Kuhmilch*
Beschreibung: *250 g schwerer Rundkäse mit gewaschener Rinde, der in Calvados eingeweicht und mit feinen Brotkrumen bedeckt wurde und mit einer Walnußhälfte garniert ist.*
Verwendung: *Als Tafelkäse*

Für all diejenigen, die sich mit dem köstlichen Geschmack eines reifen Camembert nicht zufriedengeben, gibt es eine Variante dieses Käses. Um sie herzustellen, wird die Rinde von einem halbreifen Käse abgeschnitten und der Käse in Calvados einweicht. Dann werden frische Brotkrumen in den Käse gedrückt und darauf die Walnußgarnitur gesetzt. Der Käse absorbiert den berauschenden Alkohol. Das schwache Apfelaroma scheint die fettreiche, cremige Textur des Käses noch zu verbessern.

Comté/Gruyère de Comté (A. O. C.)

Herkunft: *Franche-Comté*
Art: *Traditionelle Hartkäsesorte aus Rohmilch; industriell hergestellt*
Milch: *Kuhmilch*
Beschreibung: *35–55 kg schweres Rad mit konvexen Seiten. Die harte, dicke Naturrinde hat eine goldgelbe bis braune Farbe.*
Verwendung: *Als Tafelkäse, für Snacks, Appetithäppchen, Fondues und Gratins*

Die Franzosen erzeugen zwei Gruyères – den Beaufort und den Comté, beide als herrlich große und beeindruckende Käseräder. Der Comté ist süßer als der Beaufort und hat eine eher konvexe als konkave Rinde. Wie es auch bei ihren Gegenstücken aus der Schweiz der Fall ist, wird ihre Qualität nach der Größe, Form und Beschaffenheit ihrer Löcher beurteilt. Ein erfahrener Affineur kann ihre Beschaffenheit anhand der Resonanz feststellen, die ein leichter Schlag mit einem speziellen Hammer im Käse erzeugt. Bei einem vollkommenen Käse dieser Sorte werden Sie in den Löchern gelegentlich winzige Tropfen oder »Tränen« finden.

Der Comté ist ein großartiger, ursprünglicher Käse, der in Sennhütten hergestellt wird. Er ist sehr sahnig und hat ein pikantes, doch süßes, fruchtiges Aroma. Sein Biß ist fest, trocken und leicht körnig, während die Säure fruchtig ist und der gärender Birnen gleicht.

Die gewaltigen Käseräder werden seit Jahrhunderten in Genossenschaften der Region Franche-Comté produziert. Die Schäfer verbringen den Sommer mit ihren kleinen Herden seit jeher in den Bergen, wo sie in entlegenen Hütten wohnen. Wegen der großen Entfernung zu den nächstgelegenen Märkten mußten sie einen Käse herstellen, der Monate zum Reifen brauchte. So taten die Schäfer die Milch ihrer Herden zusammen und kreierten die riesigen Käse, die häufig erst zum Saisonende ins Tal gebracht wurden.

Wenn die Rinder am Ende des Sommers in die Täler zurückkehren, wird die Produktion des Comté eingestellt. Statt dessen produziert man den gleichermaßen köstlichen, doch ganz anders gearteten Vacherin Mont d'Or, der heute unter der Bezeichnung Mont d'Or bekannt ist. Beide Sorten werden nach den A. O. C.-Vorschriften hergestellt.

Ähnliche Käsesorten: Gruyère, Emmentaler und Beaufort.

Oben: *Coeur de Camembert au Calvados*

Crème fraîche
HERKUNFT: *Verschieden*
ART: *Traditionelle, gereifte Rahmsorte; individuell oder industriell produziert*
MILCH: *Kuhmilch*
BESCHREIBUNG: *Eher ein gereifter Rahm als ein Käse, wird in Gefäßen verkauft*
VERWENDUNG: *Sehr gut zum Kochen geeignet, da er beim Erhitzen weniger leicht gerinnt als doppelt fette Sahne*

Crème fraîche ist kein echter Käse. Es handelt sich hierbei um gereiften Rahm, der entsteht, wenn man frischem Rahm eine Schimmelkultur zusetzt. Die Bakterien ähneln denen, die zur Joghurtherstellung eingesetzt werden. Sie lassen den Rahm dick werden und reifen.

Das Ergebnis ist ein wirklich köstlicher und außerordentlich glatter Rahm, der gehaltvoll und nußartig schmeckt und eine Andeutung von Zitronensäure spüren läßt.

OBEN LINKS: *Crème fraîche*

OBEN RECHTS: *Crottin de Chavignol*

Coulommiers
HERKUNFT: *Île-de-France*
ART: *Traditionelle Weichkäsesorte aus Rohmilch; individuell produziert*
MILCH: *Kuhmilch*
BESCHREIBUNG: *400–500 g schwere Scheibe mit weißem Penicilliumschimmel*
VERWENDUNG: *Als Tafelkäse, für Appetithäppchen*

Der Coulommiers, der kleiner als der Brie ist, reift schneller. Manche bevorzugen ihn mit kaum wahrnehmbarem Schimmel, andere wiederum lieben ihn affiné (wenn das Aroma stärker ist und mehr dem des reifen Brie ähnelt). Die industriell hergestellten Varianten sind angenehm, doch ihnen fehlt die Geschmackstiefe eines Rohmilchkäses.

Der Käse ist auch unter dem Namen Brie de Coulommiers oder Petit Brie bekannt.

Crottin de Chavignol (A. O. C.)
HERKUNFT: *Loire*
ART: *Traditionelle Rohmilchkäsesorte mit Naturrinde; individuell oder industriell hergestellt*
MILCH: *Ziegenmilch*
BESCHREIBUNG: *60–100 g schwerer Zylinder mit Naturrinde von elfenbeinweißer bis fast schwarzer Färbung*
VERWENDUNG: *Als Tafelkäse, für Snacks, zum Grillen und für Salate*

Der junge Käse besitzt eine gelbliche, leicht runzlige Rinde mit Andeutungen von weißem und blauem Schimmel. Ist der Käse acht Tage alt, dann hat er einen sanften aromatischen, hefigen Geschmack und eine feine, feuchte Textur. Nach elf Tagen Reifezeit wird das Innere weich; der Geschmack ist nun mehr nußartig und vollmundig. Nach zwanzig Tagen ist der Käse dichter und cremiger und hat einen leichten fruchtigen Beigeschmack. Das Aroma wird intensiver, wenn man den Käse grillt. Gegrillter Crottin ist die Basis für einen köstlichen Ziegenkäsesalat, der in ganz Frankreich populär ist. Läßt man den Käse weiter reifen, dann entwickelt sich blauer und grauer Schimmel, der dem Käse Feuchtigkeit entzieht. Das Ergebnis ist eine kleine harte, dunkelgraue Scheibe, die den Namen des Käses rechtfertigt: Crottin bedeutet im Französischen nämlich »Pferdeapfel«. Das Innere des Käses entwickelt im Alter einen fruchtigen, bitteren Geschmack. Die meisten Crottins werden jedoch jung verkauft.

OBEN: *Coulommiers*

Dauphin

HERKUNFT: *Nord-Pas-de-Calais*
ART: *Traditionelle halbfeste Rohmilchkäsesorte; individuell oder industriell produziert*
MILCH: *Ziegenmilch*
BESCHREIBUNG: *300–350 g schwerer, wie ein Delphin oder ein Ziegel geformter Käse mit ziegelroter gewaschener Rinde*
VERWENDUNG: *Als Tafelkäse*

Seinen Namen soll der Käse wegen seiner ungewöhnlichen Form bekommen haben. In der Regel erinnert diese an einen Delphin oder Fisch, doch den Käse gibt es auch in kleinen »Ziegeln« zu kaufen. Eine wahrscheinlichere Erklärung lautet, daß die Bewohner der Region ihren Käse »Dauphin« nannten und ihm die entsprechende Form gaben, nachdem der König Louis XIV. und der Dauphin die Region besucht und sich lobend über den dort hergestellten Käse geäußert hatten.

Unter der ziegelroten Rinde verbirgt sich ein festes, doch geschmeidiges Inneres. Dem Käsebruch wird vor dem Ablaufen und Reifen Estragon und Pfeffer zugesetzt. Der Käse schmeckt würzig und hat ein heftiges Aroma.

Dreux à la Feuille

HERKUNFT: *Île-de-France*
ART: *Traditionelle Weichkäsesorte aus Rohmilch; individuell produziert*
MILCH: *Kuhmilch*
BESCHREIBUNG: *300–350 g schwerer Rundkäse mit Weißschimmelrinde, der mit einem Eßkastanienblatt umwickelt ist.*
VERWENDUNG: *Als Tafelkäse*

Mit seiner Größe und Textur erinnert dieser geschmeidige Käse, der in reifem Zustand fast zerfließt, an den Coulommiers. Das Eßkastanienblatt verleiht ihm einen nußartigen, leicht aromatischen Geschmack. Mit diesem Käse macht man immer einen guten Kauf.

Epoisses de Bourgogne (A.O.C.)

HERKUNFT: *Bourgogne (Burgund)*
ART: *Traditionelle Rohmilchkäsesorte mit gewaschener Rinde; individuell produziert*
MILCH: *Kuhmilch*
BESCHREIBUNG: *250 g schwerer Rundkäse mit einer glatten, schimmernden ziegelroten Rinde*
VERWENDUNG: *Als Tafelkäse*

Jeder Käse dieser Sorte wird von Hand »gewaschen«. Mit einer kleinen Bürste werden die Bakterien über und in die Rinde hinein verteilt. Zum Schluß kommt der Käse in ein Alkoholbad, das für gewöhnlich aus Marc de Bourgogne besteht.

Wie viele von den beliebtesten französischen Käsesorten, so wird auch der Epoisses je nach Geschmack der Verbraucher in unterschiedlichen Reifestadien verzehrt. Der dreißig Tage alte Epoisse Frais ist mehr ein Schatten seines alten, ausgereiften Gegenstückes; er ist fest, feucht und körnig, doch noch cremig, hat eine frische Säure und einen milden heftigen Nachgeschmack.

Nach vierzig Tagen Reifungszeit ist die Rinde orangebraun und sehr klebrig. Wenn die Ränder des Käses fast zusammenfallen, dann zerfließt auch das Innere bald. Das strenge, würzige Aroma paßt zu dem kräftigen und eigenartig fleischigen Geschmack des Käses.

Der unglaublich gute Käse verdient einen feinen Burgunder oder einen aromatischen Weißwein. Ähnliche Käsesorten: Carré de l'Est, Chambertin, Langres und Soumaintrain.

OBEN: *Epoisses de Bourgogne*

UNTEN: *Dauphin*

OBEN: *Etorki*

Etorki

HERKUNFT: *Aquitaine*
ART: *Neuere Hartkäsesorte; industriell produziert*
MILCH: *Schafmilch*
BESCHREIBUNG: *4 kg schweres, dickes Rad mit rötlich-brauner dünner Naturrinde*
VERWENDUNG: *Als Tafelkäse, Reibekäse und zum Schmelzen*

Bis 1984 ging die meiste Schafmilch, die in dieser Region produziert wurde, an die Hersteller des Roquefort. Die strengen A.O.C.-Vorschriften zum Weidegebiet und zur Schafzucht ließen jedoch diese Milch zur Herstellung von Roquefort nicht mehr zu. Glücklicherweise hatte die Fromagerie des Chaumes, die vor allem wegen des gleichnamigen Käses bekannt ist, vorgesorgt. 1979 hatte sie einen Betrieb errichten lassen, der heute den größten Teil der Schafmilch aus der Umgebung zu Etorki verarbeitet. Die Rezeptur basiert auf einem Käse, der bereits seit Jahrhunderten von den dort ansässigen Schäfern hergestellt wird.

Dieser Molkereikäse hat ein hellgelbes Inneres, eine kräftige Textur und einen nußartigen Nachgeschmack. Er ist dichter und geschmeidiger als das in Handarbeit hergestellte Original, doch er ist nichtsdestoweniger gut und hat die Süße von Karamel und eine für Käse aus Schafmilch typische Textur.

Da Schafmilch nur vom Winter bis zum Frühsommer reichlich vorhanden ist, stellt der Betrieb in der übrigen Zeit des Jahres Käse aus Kuhmilch – den Lou Palou – her.

FRANZÖSISCHER KÄSE

OBEN: *Explorateur*

EXPLORATEUR
HERKUNFT: *Île-de-France*
ART: *Neuere Weichkäsesorte; industriell produziert*
MILCH: *Kuhmilch*
BESCHREIBUNG: *250 g schwerer Zylinder mit weicher weißer Rinde*
VERWENDUNG: *Als Tafelkäse*

Dieser Käse wurde in den fünfziger Jahren entwickelt und erhielt seinen Namen nach Explorer, dem ersten Satelliten der USA. Der Explorateur ist ein fester, cremiger Käse, der sich auf der Zunge leicht körnig anfühlt. Er besitzt ein köstliches Aroma und hat einen schwach salzigen, pilzartigen Beigeschmack.

Ähnliche Käsesorten: Excelsior, Boursault, Brillat-Savarin und Magnum.

FIGUE
HERKUNFT: *Aquitaine*
ART: *Traditionelle Frischkäsesorte aus Rohmilch; individuell produziert*
MILCH: *Ziegenmilch*
BESCHREIBUNG: *160–200 g schwere Halbkugel*
VERWENDUNG: *Als Tafelkäse, zum Grillen*

Der Käse, der nach seiner feigenähnlichen Form benannt wurde, ähnelt in Geschmack und Textur dem wunderbaren Ziegenkäsesorten, die in den Regionen Pays de la Loire, Aquitaine und im Périgord zu finden sind. Der milde und reine Käse mit seiner zitronenartigen Säure wird normalerweise mit Salz und Asche, mit Paprika oder Kräutern bestreut.

FLEUR DU MAQUIS
HERKUNFT: *Korsika*
ART: *Traditionelle Sorte aus Rohmilch; Frischkäse oder Käse mit gewaschener Rinde; individuell produziert*
MILCH: *Schafmilch*
BESCHREIBUNG: *575–675 g schwerer quadratischer Käse mit abgerundeten Ecken. Die natürliche Rinde ist mit Pfeffer, Wacholderbeeren, Bohnenkraut und Rosmarin bedeckt.*
VERWENDUNG: *Als Tafelkäse*

Wenn man die Autorin bitten würde, ihren Lieblingskäse zu nennen, dann stünde der Fleur du Maquis an einer der vorderen Stellen ihrer Aufzählung. Der Grund dafür ist nicht so sehr seine Hülle aus Kräutern, Pfeffer und Wacholderbeeren oder sein aromatischer Duft, sondern vor allem die Tatsache, daß er nie derselbe ist.

Die meisten korsischen Käsesorten sind dank der unterschiedlichen Schaf- und Ziegenrassen und der Naturweiden ausgezeichnet. Die Insel ist mit wildem Thymian, Majoran und Maquis, dem immergrünen, aromatisch duftenden Buschwald, bedeckt, in dem die Schafe grasen und der diesem außergewöhnlichen Käse seinen Namen gab.

Der junge Fleur du Maquis schmeckt mild, süß und zitronenartig. Das Alter verleiht dem Käse eine reichen Charakter (und eine ganze Reihe von Superlativen): Er wird süß, nußartig, aromatisch und cremig und zergeht auf der Zunge.

OBEN: *Fleur de Maquis*

LE FOUGERUS
HERKUNFT: *Île-de-France*
ART: *Traditionelle Weichkäsesorte aus Rohmilch; individuell produziert*
MILCH: *Kuhmilch*
BESCHREIBUNG: *1 kg schwere dicke Scheibe mit Weißschimmelrinde, die mit einem Stück Adlerfarn garniert ist*
VERWENDUNG: *Als Tafelkäse*

Der in Größe und Textur dem Coulommiers ähnlichen Käse ist geschmeidig, im reifen Zustand fast zerfließend und erinnert an den Dreux à la Feuille. Die Garnierung aus Adlerfarn verleiht dem Käse einen sinnlichen Reiz.

UNTEN: *Figue*

FRANZÖSISCHER KÄSE

FOURME D'AMBERT
HERKUNFT: *Auvergne*
ART: *Traditionelle Blauschimmel-käsesorte; individuell oder in Genossenschaften produziert*
MILCH: *Kuhmilch*
BESCHREIBUNG: *1,5–2 kg schwerer Zylinder. Auf der natürlichen weißen Kruste bilden sich rote und blaue Schimmelflecken.*
VERWENDUNG: *Als Tafelkäse*

Der Fourme d'Ambert (»Käse von Ambert«) ist geschmeidiger und dichter als die meisten Blauschimmelkäse. Der Schimmel entwickelt sich mehr in auffälligen Flecken als in den üblicheren Streifen, und das Aroma ist würzig und nußartig. Der Käse ist leicht an seiner ungewöhnlich hohen zylindrischen Form zu erkennen. Ähnliche Käsesorten: Fourme de Montbrison, Bleu de Montbrison, Bleu de Gex und Bleu de Septmoncel.

FRINAULT
HERKUNFT: *Orléanais*
ART: *Traditionelle Weichkäsesorte aus Rohmilch; industriell produziert*
MILCH: *Kuhmilch*
BESCHREIBUNG: *120–150 g schwerer Rundkäse mit Naturrinde, die mit Asche bedeckt ist*
VERWENDUNG: *Als Tafelkäse*

Dieser Käse wurde 1848 bei Chécy erfunden und nach Monsieur Frinault, seinem Schöpfer, benannt. Er ähnelt dem Camembert, wird jedoch im Unterschied zu diesem zum Reifen in Holzasche gelegt. Er hat eine etwas festere und weniger sinnliche Textur und einen kräftigen und recht würzigen Geschmack. Die Qualität ist jedoch unterschiedlich, und der Käse kann bitter werden, wenn man ihn zu stark austrocknen läßt. Der Frinault ist recht schwer zu bekommen. Er ist auch unter dem Namen Chécy bekannt und ähnelt dem Olivet Cendré.

LINKS: *Fourme d'Ambert*

RECHTS: *Fromage frais*

FROMAGE CORSE
HERKUNFT: *Korsika*
ART: *Traditionelle halbfeste Käsesorte aus Rohmilch; individuell produziert*
MILCH: *Schaf- und Ziegenmilch*
BESCHREIBUNG: *500 g schwerer Rundkäse. Die krustige gewaschene Rinde ist mit orangefarbenem und gelbem Schimmel bedeckt.*
VERWENDUNG: *Als Tafelkäse*

Dieser Käse wurde von den Korsen jahrhundertelang ausschließlich für den Bedarf der Inselbewohner produziert. Auf diese Weise ist die Rezeptur unverändert geblieben. Selbst das Lab wird noch heute auf die traditionelle Weise gewonnen, indem man die getrockneten Mägen junger Ziegen zerschneidet und zwei Tage, bevor das Ferment benötigt wird, in Wasser einweicht. Dieses alte Verfahren, das schon vor mehr als 2000 Jahren von Nomadenstämmen angewendet wurde, verleiht dem Käse zusätzliche Geschmackstiefe.

Das rauhe Äußere ist scharf und zeigt orangefarbene und gelbe Fermente auf blassem gelb-beigefarbenem Untergrund. Das Innere ist geschmeidig, mitunter fast zerfließend, und weist kleine Löcher auf. Es hat ein kräftiges Aroma, das an den wilden Buschwald und die Kräuter erinnert, die auf den zerklüfteten Bergen der Insel wachsen. Den Fromage Corse findet man – außer in Paris – nur selten außerhalb Korsikas. Er erinnert an den Niolo.

RECHTS:
Fromage Corse

FROMAGE FRAIS
HERKUNFT: *Verschieden*
ART: *Traditionelle Frischkäsesorte aus Rohmilch; individuell oder industriell produziert*
MILCH: *Kuh-, Ziegen- und Schafmilch*
BESCHREIBUNG: *Feuchter, cremiger weißer Frischkäse, der abgefüllt verkauft wird.*
VERWENDUNG: *Zu frischem Obst, zum Frühstück, als Brotaufstrich*

Fromage Frais ist eine der ersten Käsesorten, die die Menschen hergestellt haben. Er besteht einfach aus Milch, die man mit Hilfe von Bakterienkulturen und ohne Labzusatz zum Gerinnen bringt. Der Käse besitzt einen hohen Wassergehalt. Seine Varianten *maigre*, *allégé* und *triple crème* unterscheiden sich durch ihren Fettgehalt. Die Bakterienkulturen ähneln denen, die zur Joghurtproduktion verwendet werden, doch da sie langsamer wirken, erzeugen sie eher einen schwach zitrusähnlichen als einen säuerlichen Geschmack. Die Milch bleibt etwa zwölf Stunden zum Gerinnen stehen, dann läßt man die Molke ablaufen. Vor dem Abfüllen wird der Fromage Frais zwei Stunden lang passiert.

GAPERON
HERKUNFT: *Auvergne*
ART: *Traditionelle Weichkäsesorte; individuell und in Genossenschaften produziert*
MILCH: *Kuhmilch*
BESCHREIBUNG: *250–350 g schwerer Käse, der wie eine kleine umgedrehte Schüssel aussieht und mit Naturbast umwickelt ist. Er hat eine weiche, mit weißem Schimmel überstäubte Rinde.*
VERWENDUNG: *Als Tafelkäse, für Snacks*

Traditionell wurden diese und andere Käsesorten kaum von professionellen Käsemachern, sondern individuell in den Haushalten hergestellt. Man verwendete dazu ursprünglich Buttermilch; heute wird dazu öfter entrahmte Milch genommen. Der Bruch wird mit Knoblauch und Pfefferkörnern geknetet, bevor er in schüsselähnliche Formen gepreßt, mit Bast umwickelt und in der Küche oder im Keller zum Trocknen aufgehängt wird. Der milde und milchige Käse besitzt eine leichte Säure und eine schwammige Textur. Das Aroma des Knoblauchs und der Pfefferkörner ist dominierend.

GRATARON D'ARÈCHES
HERKUNFT: *Savoie*
ART: *Traditionelle Rohmilchkäsesorte mit gewaschener Rinde; individuell produziert*
MILCH: *Ziegenmilch*
BESCHREIBUNG: *300–400 g schwerer dicker Zylinder mit glatter beigefarbener Rinde*
VERWENDUNG: *Als Tafelkäse*

Der Grataron d'Arèches gehört zu den wenigen Ziegenkäsesorten mit gewaschener Rinde, die im Département Savoie hergestellt werden. Es lohnt sich, nach ihm Ausschau zu halten. Die lederartige, hellbeigefarbene Rinde bedeckt ein offen texturiertes, weißes Inneres, das wunderbar nach Mandeln und Blumen duftet.

Rechts: Gris de Lille

GRATTE-PAILLE
HERKUNFT: *Île-de-France*
ART: *Neuere Weichkäsesorte; individuell produziert*
MILCH: *Kuhmilch*
BESCHREIBUNG: *300–350 g schwerer ziegelförmiger Käse mit natürlicher Weißschimmelrinde*
VERWENDUNG: *Für Käsebretter, zum Backen in Pasteten mit Hühnerfleisch und Gemüse*

Dieser Käse wurde in den siebziger Jahren in einer Molkerei in Seine-et-Marne erfunden. Seine Name ist von *gratte* (kratzen) und *paille* (Stroh) abgeleitet und bezieht sich auf die Tatsache, daß im Sommer beim Transport der Strohballen durch die engen Straßen unterwegs Strohhalme an den Häuserwänden hängenblieben. Daran erinnern manche Käse, die in kleinen Strohmatten verkauft werden. Der Käse ist sehr gut – gehaltvoll und außerordentlich cremig, mit einem angenehmen pilzartigen Aroma. Mit zunehmendem Alter entwickelt er eine leichte Schärfe.

Links: Gaperon

Rechts: Gratte-Paille

GRIS DE LILLE
HERKUNFT: *Nord-Pas-de-Calais*
ART: *Traditionelle Rohmilchkäsesorte mit gewaschener Rinde; individuell oder industriell produziert*
MILCH: *Kuhmilch*
BESCHREIBUNG: *700 g–1 kg schwerer quadratischer Käse mit klebriger, rosagrauer gewaschener Rinde*
VERWENDUNG: *Als Tafelkäse, für Snacks*

Der Gris de Lille ist auch unter den Namen Puant de Lille und Puant Macéré bekannt. Das Wort *puant* bedeutet soviel wie anrüchig oder stinkend und klingt für diejenigen, die das kräftige, charakteristische Bauernhofaroma dieses Käses lieben, wie ein Kosewort. Obgleich sein Reifungsprozeß anders verläuft, ähnelt der Käse dem Maroilles.

La Taupinière

Herkunft: *Poitou-Charentes*
Art: *Traditionelle Rohmilchkäsesorte mit Naturrinde; individuell produziert*
Milch: *Ziegenmilch*
Beschreibung: *225–250 g schwerer kuppelförmiger Käse. Die runzlige Naturrinde hat einen zarten blauen Schimmel.*
Verwendung: *Als Tafelkäse, zum Grillen*

La Taupinière bedeutet Maulwurfshügel. Dieser Name beschreibt treffend die ungewöhnliche Form des Käses. Der dichte Käse reift zwei oder drei Wochen lang, ist köstlich nußartig und hat einen frischen, zitronenartigen Beigeschmack.

La Vache qui rit

Herkunft: *Verschieden*
Art: *Neuere Schmelzkäsesorte; industriell produziert*
Milch: *Kuhmilch*
Beschreibung: *Kleine runde Scheibe mit hellroter, gewachster Rinde*
Verwendung: *Für Snacks und zum Picknick*

Das etwas hochmütige Gesicht von La Vache qui rit – der lachenden Kuh – ist an den Wänden der Metro und in den Supermärkten von ganz Frankreich zu sehen. Die Kuh hat gut lachen, denn es erscheint kaum glaubhaft, daß in einem Land, das für seine großartigen, kräftigen Käse berühmt ist, der Name dieses süßen, milden und butterartigen Schmelzkäses so geläufig und alltäglich geworden sein soll. Die winzigen runden Scheiben sind bei Kindern und Erwachsenen gleichermaßen ein beliebter Snack.

Laguiole (A. O. C.)

Herkunft: *Auvergne*
Art: *Traditionelle Hartkäsesorte aus Rohmilch; individuell produziert*
Milch: *Kuhmilch*
Beschreibung: *30–50 kg schwerer Zylinder. Die harte, marmorierte braungraue Naturrinde trägt die charakteristische Aufschrift, die den A. O. C.-Status des Käses anzeigt.*
Verwendung: *Als Tafelkäse, Reibekäse, für Snacks, zum Grillen*

Der Laguiole hat eine lange Geschichte. Er wurde bereits im vierten Jahrhundert v. Chr. hergestellt und von Plinius dem Älteren beschrieben. Seine Textur ist geschmeidig bis fest. Er ist nicht so kompakt wie der klassische englische Cheddar und hat ein leichtes muffiges Aroma, das recht durchdringend sein kann, wenn der Käse gealtert und voll ausgereift ist. Das strohgelbe Innere fühlt sich cremig an, und sein Geschmack erinnert an eine Käse-Zwiebel-Quiche.

Oben: Laguiole

Mit der Zeit haben wirtschaftliche Erwägungen und die Abneigung der Jungen, in die Fußstapfen ihrer käseherstellenden Väter zu treten, zu Veränderungen in der Herstellung des Käses geführt. Die Holstein-Friesian-Kuh mit ihrer hohen Milchleistung wurde ins Land gebracht, um die einheimische Rasse der Aubrac-Rinder zu ersetzen. Die Zahl der Käsemacher oder *buronniers*, die nach traditionellen Verfahren arbeiten, hat sich stark verringert. Zu Beginn des zwanzigsten Jahrhunderts gab es noch mehr als tausend *buronniers*; heute sind es nur noch vier oder fünf, die diesen Käse herstellen.

Der Laguiole ist noch immer ein großartiger Käse, besonders wenn Sie einen zu kaufen bekommen, der aus der Milch von Kühen gemacht ist, die von Ende Mai bis Mitte Oktober auf Almen weiden, die von Enzian, Veilchen und wilden Kräutern bedeckt sind. Es ist zu hoffen, daß das wachsende Bewußtsein für die Erhaltung der alten Herstellungsverfahren, gekoppelt mit etwas Unterstützung durch die A. O. C.-Bestimmungen, dazu führt, daß der Charakter dieser wunderbaren alten französischen Käsesorte nicht dem Fortschritt zum Opfer fällt.

Langres (A. O. C.)

Herkunft: *Champagne-Ardennes*
Art: *Traditionelle Rohmilchkäsesorte mit gewaschener Rinde; individuell und in Genossenschaften produziert*
Milch: *Kuhmilch*
Beschreibung: *180 oder 800 g schwerer konkaver Kegel oder Zylinder mit gewaschener Rinde, die orangefarben und klebrig bis ziegelrot und trocken sein kann*
Verwendung: *Als Tafelkäse, auch gebacken*

Dieser Käse wurde wahrscheinlich von Mönchen mitgebracht, die im Mittelalter durch die Region kamen. Seine Form – ein Kegel oder Zylinder mit einer Vertiefung in der Oberseite – ist ungewöhnlich. Um diese Vertiefung entstehen zu lassen, wird der Bruch während des Ablaufens nur zweimal gewendet. Das Gewicht der Molke und ihre Bewegung durch den Bruch führen dazu, daß sich die Mitte des Käses senkt.

Die leuchtend gefärbte Rinde ist das Ergebnis des ständigen Waschens; auf der Oberfläche wachsen orangefarbene Bakterien sowie etwas weiße Flora und Hefen.

Der Käse ist wegen seines kräftigen, wie von geräuchertem Schinken kommenden Aromas bemerkenswert. Junger Langres hat eine feste und körnige Textur. Bei altem Käse beginnt die Rinde aufzubrechen und glattfließend und cremig zu werden. Dann verstärkt sich auch das Aroma. Manche Affineure gießen in die Vertiefung Branntwein, der allmählich in den Käse einsickert und dem ohnehin schon starken Aroma eine neue Dimension hinzufügt.

Rechts: Langres

OBEN: Laruns

LARUNS
HERKUNFT: *Pyrenäen*
ART: *Traditionelle Hartkäsesorte aus Rohmilch; individuell produziert*
MILCH: *Schafmilch*
BESCHREIBUNG: *5–6 kg schwerer abgeflachter, runder Laib mit glatter, dünner gelber oder ockerfarbener Naturrinde*
VERWENDUNG: *Als Tafelkäse, für Snacks, zum Kochen (alter Käse)*

Dieser Käse, der nach einem Marktflecken benannt ist, wurde über Generationen von Schäfern hoch in den Bergen hergestellt. Heute produziert ihn Ossau Valley. Der junge Käse hat eine geschmeidige Textur und ist mild und nußartig. Mit zunehmendem Alter wird er hart und brüchig und bekommt ein schärferes Aroma. Sechs Monate alter Käse eignet sich am besten zum Reiben und Kochen.

LE FIUM'ORBO
HERKUNFT: *Korsika*
ART: *Traditionelle halbfeste Käsesorte aus Rohmilch; individuell produziert*
MILCH: *Schaf- und Ziegenmilch*
BESCHREIBUNG: *400–500 g schwerer runder Käse mit Naturrinde*
VERWENDUNG: *Als Tafelkäse*

Dieser Käse stellt eine auf Bauernhöfen produzierte Version des Fromage Corse dar. Er hat ein kräftiges Aroma, doch einen köstlicheren Geschmack, der an Kräuter und Blumen denken läßt. Bei diesem Käse handelt es sich um eine alte Sorte, die schon seit Jahrhunderten von den Schäfern hergestellt wird.

LE BRIN
HERKUNFT: *Savoie*
ART: *Neuere, vegetarische halbfeste Käsesorte; industriell produziert*
MILCH: *Kuhmilch*
BESCHREIBUNG: *150 g schwerer kleiner, sechseckiger Käse mit dünner, rötlich-orangefarbener Naturrinde, die mit Penicilliumschimmel überstäubt ist*
VERWENDUNG: *Als Tafelkäse*

Le Brin wurde in den achtziger Jahren von der Fromagerie Guilloteau als eine mildere Variante der alten französischen Käsesorten mit gewaschener Rinde kreiert. Um die Molke vom Bruch zu trennen, verwendet man keinen Labzusatz, sondern nutzt das Ultrafiltrationsverfahren. Damit erzielt man eine höhere Ausbeute an Feststoffen je Liter Milch, was im Vergleich zu den traditionellen Methoden der Käseherstellung die Produktionskosten verringert. *Brin* bedeutet Faser, Hauch oder Zweig, also etwas Kleines oder Helles. Der Käse ist samtig glatt wie englischer Pudding und ist in Geschmack und Aroma mild, süß und fast wie parfümiert. Er ähnelt dem Pavé d'Affinois, seinem Verwandten von der Art der Weichkäse.

Ähnliche Käsesorte: Le Terroir.

OBEN: Le Roulé

LE ROULÉ
HERKUNFT: *Loire*
ART: *Neuere Frischkäsesorte; industriell produziert*
MILCH: *Kuhmilch*
BESCHREIBUNG: *Stangen unterschiedlicher Größe, die in frischen Kräutern gewälzt wurden*
VERWENDUNG: *Als Tafelkäse, zum Backen, als Brotaufstrich*

Die heute überall bekannten Stangen der Sorte Le Roulé mit ihrem charakteristischen grünen Wirbel aus Kräutern und Knoblauch wurden Mitte der achtziger Jahre erstmals von der Fromagerie Triballat mit dem Ziel vorgestellt, die Aufmerksamkeit der Kunden auf die Käsetheken in den Delikatessenabteilungen der Supermärkte zu lenken. Sie wurden über Nacht ein Erfolg und bekamen schnell Gesellschaft durch Roulé Light und die Le Roulé-Miniaturstangen mit zahlreichen exotischen Zusammenstellungen: Käse mit Lachs und Dill, Schnittlauch und sogar mit Erdbeeren. Sie mögen zwar nicht nach jedermanns Geschmack sein, doch die Qualität und eine ausgezeichnete Werbekampagne sicherten den Erfolg dieser neuen Käsesorte.

Ihre schmelzende Textur und die erfrischende Kräuter-Knoblauch-Schicht garantieren praktisch, daß jeder, der den Käse einmal probiert hat, wiederkommen wird, um mehr davon zu kaufen.

OBEN: Le Brin

FRANZÖSISCHER KÄSE

RECHTS: Livarot

LIVAROT (A. O. C.)
HERKUNFT: *Normandie*
ART: *Traditionelle halbfeste Käsesorte aus Rohmilch; individuell oder industriell produziert*
MILCH: *Kuhmilch*
BESCHREIBUNG: *250 g schwerer Rundkäse. Die glatte, schimmernde braune Rinde weist etwas weißen und gelegentlich auch blauen Schimmel auf.*
VERWENDUNG: *Als Tafelkäse, für Snacks*

Dieser glatte Käse mit seiner geschmeidigen Textur wird gewaschen, um die orangefarbenen Fermente zum Wachstum anzuregen. Heute besteht das »Bad« aus einem aromalosen natürlichen Färbemittel, dem Annattofarbstoff, was einer der Gründe dafür sein mag, daß der Käse nun weniger kräftig ist als früher. Er hinterläßt einen würzigen Nachgeschmack im Mund.

Der Livarot wird wegen der Streifen aus Riedgras, die rund um den Käse verlaufen (und die heute häufiger aus orangefarbenem Plastikmaterial bestehen), scherzhaft »Oberst« genannt. Ursprünglich von den Mönchen aus der Gegend hergestellt, wird der größte Teil der Produktionsmenge heute industriell erzeugt; die A. O. C.-Bestimmungen sollten jedoch dazu beitragen, den originalen Charakter des Käses zu erhalten.

RECHTS: Maroilles

MÂCONNAIS
HERKUNFT: *Bourgogne (Burgund)*
ART: *Traditionelle Rohmilchkäsesorte mit Naturrinde; individuell oder in Genossenschaften produziert*
MILCH: *Kuh- und Ziegenmilch*
BESCHREIBUNG: *50–60 g schwerer Kegelstumpf mit feiner weißer bis blaßblauer Schimmelrinde*
VERWENDUNG: *Als Tafelkäse, zum Grillen, für Salate*

Dieser kleine und elegante Käse kann je nach Saison aus Kuh- oder Schafmilch hergestellt werden. Der junge Käse hat ein dichtes, blätteriges Inneres und eine Rinde aus blauem und weißem Schimmel. Die zarte Andeutung von Estragon in seinem Aroma erinnert an den fruchtigen Geschmack eines jungen Chardonnay. Der Käse ist ein idealer Partner für einen weißen Mâcon. Die Einheimischen bevorzugen den Käse, wenn er brüchig und schon fast ranzig ist und würzen ihn mit einem großen Glas Burgunder oder Beaujolais.

MAMIROLLE
HERKUNFT: *Franche-Comté*
ART: *Neuere Käsesorte mit gewaschener Rinde; industriell produziert*
MILCH: *Kuhmilch*
BESCHREIBUNG: *500–675 g schwerer ziegelförmiger Käse. Die fein gerillte orangefarbene Rinde kann leicht feucht sein.*
VERWENDUNG: *Als Tafelkäse, zum Grillen*

Die Autorin probierte den Mamirolle zum erstenmal bei Besançon zusammen mit dem Hersteller, einem Studenten an der École Nationale d'Industrie Laitière de Besançon-Mamirolle, wo der Käse im Rahmen der Praxisausbildung gemacht wird. Sie berichtet folgendes: »Das geschmeidige, glatte Innere ist von einer feinen orangefarbenen Rinde mit einem süßsauren, schwach rauchigen Aroma und Geschmack umhüllt, obwohl die gelegentlich hergestellten Chargen auch so kräftig und enthusiastisch sein können wie die Studenten sind, besonders wenn der Käse zum Ende ihres Studienjahres hergestellt wird.«

Der dem Limburger ähnelnde Käse wird im Département Doubs produziert.

MAROILLES (A. O. C.)
HERKUNFT: *Flandern*
ART: *Traditionelle halbfeste Käsesorte aus Rohmilch; industriell produziert*
MILCH: *Kuhmilch*
BESCHREIBUNG: *700 g schwerer quadratischer Käse mit ziegelroter glatter, gewaschener Rinde*
VERWENDUNG: *Als Tafelkäse, für Snacks und Pasteten*

Dieser Käse wird als der Vorfahre aller Trappistenkäse angesehen. Er wurde das erstemal im zehnten Jahrhundert in der Abbaye de Maroilles in Nordfrankreich hergestellt, wo St. Hubert, der Schutzheilige des Käses, begraben liegt.

Der Käse hat eine dickliche, feuchte ziegelrote Rinde mit feinen Rillen. Das Innere ist blaßgelb, elastisch und porös und nicht so geschmeidig und dicht wie bei manchen ähnlichen Sorten. Der Duft – kräftig und würzig mit einer Spur von gärendem Obst – ist stärker als das Flavour, das einen süßsauren Charakter und vielleicht eine Andeutung von geräuchertem Schinken zeigt. Die Käse reifen bis zu vier Monate lang; viele werden jedoch zu jung verkauft, wenn sie in der Mitte noch kreidig sind und eine bittere Rinde haben.

Ähnliche Käsesorten: Baguette Laonnaise, Dauphin und Gris de Lille.

Mimolette Française

HERKUNFT: *Flandern*
ART: *Alte Hartkäsesorte; industriell produziert*
MILCH: *Kuhmilch*
BESCHREIBUNG: *2–4 kg schwere Kugel Die Naturrinde ist gelb-orange bis hellbraun und narbig, trocken und hart.*
VERWENDUNG: *Als Tafelkäse, für Snacks, Appetithäppchen, zum Reiben*

Dieser Käse hat seinen Ursprung in Holland. Er gelangte wahrscheinlich nach Frankreich, als Flandern noch ein Teil dieses Landes war. Im Grunde genommen ist er ein alter Edamer, den man sechs bis neun Monate reifen läßt und der in dieser Zeit so hart und brüchig wird, daß er wie Granit in Stücke gebrochen werden muß. Der Mimolette ist intensiv fruchtig und hat einen bitteren, den Mund zusammenziehenden Beigeschmack. Er wird gern zum Kochen verwendet und mit einem Glas Bier als Snack genossen. Der junge, vier bis sechs Monate alte Käse ist fest, kompakt und leicht ölig, hat ein feines, fruchtiges Aroma und einen abgerundeten, nußartigen Geschmack. Der Mimolette wird meist jedoch verzehrt, wenn er alt und gereift (*vieux* oder *étuvé*) ist. Die leuchtende tieforange Farbe des Käses stammt vom Annattofarbstoff.

Die Sorte Mimolette Française ist auch unter dem Namen Boule de Lille bekannt.

UNTEN: *Mimolette*

Mont d'Or/Vacherin Haut-Doubs (A. O. C.)

HERKUNFT: *Franche-Comté*
ART: *Traditionelle Rohmilchkäsesorte mit gewaschener Rinde; individuell oder in Genossenschaften produziert*
MILCH: *Kuhmilch (Montbeliard und Pie Rouge de l'Est)*
BESCHREIBUNG: *500 g–1 kg schwerer runder Käse mit runzliger, blasser bräunlich-rosafarbener Rinde, die mit feinem weißem Schimmel bestäubt ist. Der Käse ist mit einem Streifen aus Fichtenrinde umgeben und in einer Holzschachtel verpackt.*
VERWENDUNG: *Als Tafelkäse, für Snacks, Appetithäppchen, zum Reiben*

In der Zeit, als die Grenzen zwischen Frankreich und der Schweiz weniger genau festgelegt waren, hieß der Käse Vacherin Mont d'Or – ganz gleich, von welcher Seite des Berges er kam. Später beanspruchte die Schweiz, in der die Variante aus pasteurisierter Milch hergestellt wurde, diesen Namen, und aus dem französischen Vacherin aus Rohmilch wurde einfach der Mont d'Or oder Vacherin Haut-Doubs.

Ein guter Mont d'Or hat einen Duft wie von frisch gehacktem Holz und Bergblumen, das eine schwache Andeutung von Gärung und Harz zeigt. Seine Textur ist voll und cremig, und das Flavour erinnert an Wildkräuter. Seine Produktion beginnt stets am 15. August, wenn die Kühe von den Bergweiden zurückkehren. Den Käse bekommt man nur von Ende September bis zum 31. Mai zu kaufen. Exportiert werden darf er derzeit nicht.

Die Sommermilch wird in eine der ansässigen Genossenschaften gebracht, die daraus einen anderen großartigen französischen Käse – den Gruyère de Comté – macht.

Der Reifezustand des Käses läßt sich durch einen leichten Druck auf die Rinde feststellen. Wenn der weiche, zerfließende Käse von der Druckstelle wegläuft, muß eine leichte Welle zu sehen sein. Dann wird der »Deckel« oder die Rinde mit einem scharfen Messer vorsichtig entfernt und zurückgeschlagen und noch anhaftender Käse davon abgeschabt. Schöpfen Sie einen Klumpen Käse auf ein Stück Landbrot und genießen Sie die Köstlichkeit mit einem Glas guten Wein.

Weitere französische Vacherinkäse sind Vacherin d'Abondance und Vacherin des Beauges.

UNTEN: *Morbier*

Morbier

HERKUNFT: *Franche-Comté*
ART: *Traditionelle halbfeste Käsesorte aus Rohmilch; individuell oder industriell produziert.*
MILCH: *Kuhmilch*
BESCHREIBUNG: *5–9 kg schweres Rad. Die gelbbraune oder blaßgraue Rinde ist dick, feucht und lederartig.*
VERWENDUNG: *Als Tafelkäse, für Snacks, zum Grillen und Aufschneiden*

Der Morbier wird während der Wintermonate in den niedrigeren Vorgebirgsgegenden des Jura hergestellt.

Mitten durch das Innere des Käses zieht sich ein dünner horizontaler Streifen aus Holzasche und Salz. Diese Mischung wurde ursprünglich über den aus der Morgenmilch hergestellten Bruch gestreut, der den Tag über stehenblieb und dann mit Käsebruch von der Abendmilch bedeckt wurde. Heute ist die Ascheschicht wahrscheinlich Lebensmittelfarbe und dient einem rein dekorativen Zweck.

Der Käse ist elastisch und gummiartig. Er hat ein kräftiges hefiges Aroma und einen süßen, fruchtigen Geschmack. Traditionell wird ein halbes Rad vom Morbier ans Feuer gestellt. Sobald der Käse zu schmelzen beginnt, wird er auf ein Stück knuspriges Brot oder auf heiße Kartoffeln gestrichen.

Die industriell hergestellten Varianten sind meist mild und geruchlos, eignen sich jedoch ausgezeichnet zum Schmelzen.

RECHTS: *Munster (unten) und der kleinere Munster Géromé (oben)*

MUNSTER/MUNSTER GÉROMÉ (A. O. C.)
HERKUNFT: *Alsace (Elsaß)*
ART: *Traditionelle Rohmilchkäsesorte mit gewaschener Rinde; individuell oder industriell produziert*
MILCH: *Kuhmilch (Vosgiennes)*
BESCHREIBUNG: *120 g, 450 g oder 1,5 kg schwere Rundkäse. Die klebrige, gewaschene Rinde ist gelborange bis rostbraun.*
VERWENDUNG: *Als Tafelkäse, für Snacks, zum Grillen*

Die Vogesen sind das Rückgrat des Elsaß und die Heimat eines der am stärksten riechenden und köstlichsten Käse der Welt. Die im Elsaß hergestellten Käse werden Munster genannt, während die kleineren Varianten aus der Region Lorraine unter der Bezeichnung Géromé bekannt sind.

Seinen einzigartigen Charakter verdankt der Käse den unberührten und ursprünglichen Weiden des Elsaß und den Kühen der Rasse Vosgiennes, die für ihre proteinreiche Milch berühmt sind.

Der Käse wird zwei oder drei Monate lang ständig mit Branntwein eingerieben. Dadurch entwickelt die Rinde ihre satte Farbe, und gleichzeitig verstärkt sich das Aroma des Käses.

Lassen Sie sich nicht von dem starken Geruch des Käses abschrecken; denn der Käse ist wunderbar – geschmeidig, mit einem Aroma, das süß und pikant (fast hefig) zugleich ist, und mit einem intensiven, würzigen und aromatischen Nachgeschmack. Diesen Käse genießt man traditionell mit gekochten Kartoffeln, Kümmel und einem Glas Wein, der aus der Umgegend stammt.

Eine bekannte Abart dieses Käses ist der Munster au Cumin.

Ähnliche Käsesorten: Langres und natürlich der Géromé.

MUROL
HERKUNFT: *Auvergne*
ART: *Traditionelle halbfeste Käsesorte; industriell produziert*
MILCH: *Kuhmilch*
BESCHREIBUNG: *450–500 g schwerer Ring. Die dünne, glatte gewaschene Rinde ist rosagelb gesprenkelt.*
VERWENDUNG: *Als Tafelkäse, für Blätterteigstücke mit Käsefüllung*

Dieser Käse wurde in den dreißiger Jahren von Jules Bérioux, einem Affineur, erfunden. Bérioux nahm junge Käse der Sorte Saint Nectaire und stanzte in ihre Mitte ein Loch. Die so entstandenen Käseringe ließ er reifen und nannte sie nach einem der in der Umgebung liegenden Dörfer Grand Murols. Der Käse ist einfach und unkompliziert. Er ist geschmeidig, cremig und sehr glatt und besitzt die Süße frischer Milch. Sein Aroma und sein Geschmack sind nußartig und köstlich. Seine einzigartige Form verleiht jeder Käseplatte das gewisse Etwas, und der Geschmack wird jedem Gaumen zusagen.

Die ausgestanzten Käsestücke werden zu Murolait oder Le Trou de Murol verarbeitet. Diese winzigen, wie Korken geformten Köstlichkeiten sind sehr weich; sie werden von einem leuchtendroten Wachsüberzug zusammengehalten.

Sie ähneln der Sorte La Vache qui rit, besitzen jedoch mehr Aroma.

NANTAIS
HERKUNFT: *Bretagne*
ART: *Traditionelle Käsesorte mit gewaschener Rinde; industriell produziert.*
MILCH: *Kuhmilch*
BESCHREIBUNG: *175–200 g schwerer quadratischer Käse mit glatter, strohbis ockerfarbener gewaschener Rinde.*
VERWENDUNG: *Als Tafelkäse*

Die Bretagne hat keine einheimischen Käsesorten; erst gegen Ende des achtzehnten Jahrhunderts machte ein junger Priester, der auf der Flucht vor der Französischen Revolution war, die Bretonen mit dem Verfahren zur Käseherstellung bekannt. Diese Tatsache wird mit dem Namen des Käses – Curé de Nantais oder Fromage de Curé – gewürdigt. Der kleine, klebrige Käse hat eine pikante, hefige Rinde. Das sinnliche, cremige Innere hat einen kräftigen Geschmack wie von geräuchertem Schinken und einen würzigen Nachgeschmack. Der Nantais kann recht gut sein; er verdient einen schweren Pinot Noir oder einen kräftig schmeckenden Gewürztraminer als Gesellschaft.

Ähnliche Käsesorte: Carré de l'Est Lavée.

NEUFCHÂTEL (A. O. C.)
HERKUNFT: *Normandie*
ART: *Traditionelle Weichkäsesorte; individuell oder industriell produziert.*
MILCH: *Kuhmilch*
BESCHREIBUNG: *100–200 g schwere Käse in unterschiedlichen Formen, mit natürlicher, sanft gewellter weißer Rinde, die eine rötliche Pigmentierung entwickelt.*
VERWENDUNG: *Als Tafelkäse, für Snacks.*

Im Unterschied zu anderen Weichkäsesorten hat der Neufchâtel eine körnige Textur. Obwohl er das Aroma und den Geschmack von Pilzen besitzt, ist er auch recht scharf und salzig. Manche Liebhaber des Käses genießen ihn erst, wenn die Rinde eine rötliche Pigmentierung zeigt und nach Ammoniak riecht. In diesem Stadium ist sein Geschmack bitter, salzig und streng.

Der Neufchâtel ist in unterschiedlichen Formen erhältlich – als Quadrat oder runde Scheibe, als Stange, Herz, Laib oder Zylinder. Manche Käse werden auch aus Rohmilch hergestellt.

Ähnliche Käsesorte: Gournay.

LINKS: *Neufchâtel – ein Weichkäse mit einer angenehmen, körnigen Textur*

Olivet au Foin
HERKUNFT: *Orléanais*
ART: *Neuere Weichkäsesorte aus Rohmilch; individuell produziert.*
MILCH: *Kuhmilch*
BESCHREIBUNG: *250 g schwerer Rundkäse mit weicher, trockener Rinde, die mit feinen Heuhalmen garniert ist.*
VERWENDUNG: *Als Tafelkäse.*

Der Oliver au Foin ähnelt dem Camembert, ist jedoch milder und im reifen Zustand nicht so weich. Er ist mit feinen Heuhalmen *(foin)* verziert, deren Duft in den Käse einzieht.

Olivet Bleu
HERKUNFT: *Orléanais*
ART: *Traditionelle Blauschimmelkäsesorte aus Rohmilch; individuell produziert.*
MILCH: *Kuhmilch*
BESCHREIBUNG: *300 g schwere Scheibe mit blau-weißer Naturrinde*
VERWENDUNG: *Als Tafelkäse*

Der Olivet ist leicht körnig, hat ein charakteristisches Aroma, einen pilzartigen Geschmack und einen salzigen Abgang. Er ähnelt einem milden Camembert. Das Wort »Bleu« bezieht sich auf die Rinde, die so weiß ist, daß sie blau überhaucht scheint – wie Wäsche, die »weißer als weiß« gewaschen ist.

Olivet Cendré
HERKUNFT: *Orléanais*
ART: *Traditionelle Weichkäsesorte aus Rohmilch; individuell produziert.*
MILCH: *Kuhmilch*
BESCHREIBUNG: *250–300 g schwerer Rundkäse mit aschgrauer Naturrinde*
VERWENDUNG: *Als Tafelkäse, für Snacks*

Dieser Käse ähnelt dem Olivet au Foin, wird zum Reifen jedoch drei Monate lang in die Asche von Rebholz gelegt. Das verleiht dem Käse eine geschmeidigere Textur und ein ziemlich pikantes, würziges Aroma.

Ähnliche Käsesorten: Cendré aus Vendôme und die Cendrés aus der Champagne und den Ardennen.

Ossau-Iraty-Brebis Pyrénées (A. O. C.)
HERKUNFT: *Pyrenäen*
ART: *Traditionelle halbfeste Käsesorte aus Rohmilch; individuell produziert*
MILCH: *Schafmilch*
BESCHREIBUNG: *2–7 kg schweres Rad mit Naturrinde*
VERWENDUNG: *Als Tafelkäse, Reibekäse und für Suppen*

Zu den Käsesorten mit dem A. O. C.-Gütesiegel gehören eine ganze Reihe, die auf den Bauernhöfen, in kleinen Käsereien, in Genossenschaften und in großen Betrieben im französischen Baskenland und im Pyrenäenvorland hergestellt werden. Die Bestimmungen besagen, daß die Ablagerungsdauer für kleine Käse aus Schafmilch mindestens 60 Tage und für größere Käse 90 Tage betragen muß. Der Milch darf zum Gerinnen nur Lab zugesetzt werden, und die Milch eines Muttertieres darf erst zwanzig Tage nach dem Lammen zur Käseherstellung verwendet werden. Diese und weitere Bedingungen muß ein Käse erfüllen, um das A. O. C.-Siegel zu erhalten. Käse, die den Vorschriften nicht entsprechen, kommen als einfache Fromages de Brebis in den Handel.

Die Herden im späten Frühjahr auf die Bergweiden zu treiben, gehört auch heute noch zur Lebensweise der Schäfer in dieser Region. Die Käse werden noch immer in den *kaiolar*, den kleinen Sennhütten, hergestellt, und die Berge hallen vom Läuten der Glocken wider, die die schwarzgesichtigen Schafe beim Umherstreifen in der schönen Landschaft tragen.

Zu dieser Gruppe von Käsesorten gehören auch der Matocq, der Ardi-Gasna und der Abbaye de Belloc.

OBEN: *Ossau-Iraty-Brebis Pyrénées*

Palet de Baligny
HERKUNFT: *Loire*
ART: *Traditionelle Weichkäsesorte aus Rohmilch; individuell produziert.*
MILCH: *Kuhmilch*
BESCHREIBUNG: *100 g schwerer ovaler Käse mit feiner Weißschimmelrinde.*
VERWENDUNG: *Als Tafelkäse*

Dieser winzige Käse verkörpert eine ganze Menge bemerkenswerter Eigenschaften. Er besitzt eine harte und blätterige Textur, hat ein Aroma wie ein überreifer Cheddar, zergeht jedoch auf der Zunge wie Schokolade und zeigt eine Andeutung von Chèvre.

OBEN: *Olivet au Foin (links) und Olivet Cendré (rechts)*

FRANZÖSISCHER KÄSE

OBEN: *Pavé d'Affinois*

RECHTS: *Pélardon*

PAVÉ D'AFFINOIS
HERKUNFT: *Lyonnais*
ART: *Neuere vegetarische Weichkäsesorte; industriell produziert.*
MILCH: *Kuhmilch*
BESCHREIBUNG: *150 g schwerer quadratischer Käse mit gerillter Penicilliumrinde.*
VERWENDUNG: *Als Tafelkäse*

Der Pavé d'Affinois war einer der ersten Käse, die industriell nach dem Verfahren der Ultrafiltration hergestellt wurden. Mit Hilfe dieser Methode werden die in der Milch enthaltenen Feststoffe von der Flüssigkeit getrennt und konzentriert. Es ermöglicht eine höhere Ausbeute als die traditionellen Mittel. Für diese Art der Käseherstellung wird kein Labzusatz benötigt; der Milch wird lediglich eine Bakterienkultur zugesetzt, um die Milchsäuregärung zu fördern. Dieses Verfahren, eine ansprechende Verpackung und die Werbung für den Pavé d'Affinois und seine Gefährten Le Brin und Chèvre d'Affinois haben zwar ausgezeichnete Verkaufszahlen gebracht, doch es ist zu hoffen, daß diese Herstellungsmethode nicht auch bei den traditionellen Käsesorten Europas angewendet wird.

Der junge Pavé d'Affinois ist körnig, mild duftend und – abgesehen von einer schwachen Andeutung von Pilzgeschmack, der von der Rinde kommt – eigentlich geschmacklos. Läßt man aber den Käse in einem warmen, feuchten Keller zwei oder drei Wochen lang reifen, dann schmilzt sein Inneres buchstäblich und zurück bleibt eine feste, leicht kreidige Mitte von der Größe eines Wachteleies. Sein Geschmack ähnelt dem des Brie und läßt eine Andeutung von Äpfeln der Sorte Granny Smith spüren.

RECHTS: *Pavé d'Auge, benannt nach seiner Form, die einem »pavé«, der in Frankreich üblichen Art von Pflastersteinen ähnelt.*

PAVÉ D'AUGE
HERKUNFT: *Normandie*
ART: *Traditionelle halbfeste Rohmilchkäsesorte; individuell produziert.*
MILCH: *Kuhmilch*
BESCHREIBUNG: *675–800 g schwerer quadratischer Käse. Die rostgelbe Rinde kann trocken oder gewaschen sein. Sie ist mitunter von weißem Schimmel bedeckt.*
VERWENDUNG: *Als Tafelkäse*

Als »pavé« werden die fast quadratischen Steine bezeichnet, mit denen die alten französischen Marktplätze gepflastert sind. Pavé ist ein reizender Name für diesen geschmeidigen, cremigen Käse mit seiner rötlichen Rinde. Das Aroma erinnert an kühle Keller. Das Aroma ist erdig und würzig, kann jedoch etwas bitter sein.

PÉLARDON
HERKUNFT: *Languedoc-Roussillon*
ART: *Traditionelle Frischkäsesorte aus Rohmilch; individuell produziert.*
MILCH: *Ziegenmilch*
BESCHREIBUNG: *60–100 g schwere runde Scheibe. Die dünne, runzlige Naturrinde ist mit weißem und blaßblauem Schimmel bedeckt.*
VERWENDUNG: *Als Tafelkäse, zum Grillen*

Der Pélardon ist weicher und mousseähnlicher als die meisten jungen Ziegenkäse. Sein Aroma erinnert an Sauerrahm mit Walnußöl und wird von einem leichten salzigen Nachgeschmack ausgeglichen. Ist der Käse alt, dann hat die runzlige, schimmelbedeckte Rinde ein charakteristisches Ziegenaroma und einen intensiven Wohlgeschmack wie von Paranüssen. Die Textur ist ein wenig trockener, doch der Käse schmeckt noch immer sehr cremig.

Der Pélardon wird in verschiedenen Gegenden der Region Languedoc hergestellt. Gegenwärtig wird er für die Aufnahme in die Reihe französischer Käsesorten, die das A.O.C.-Gütesiegel tragen, in Betracht gezogen.

Ähnliche Käsesorten: Pélardon des Cevennes, Pélardon d'Altières und Pélardon des Corbières.

FRANZÖSISCHER KÄSE

UNTEN: *Pérail*

PÉRAIL
HERKUNFT: *Rouergue*
ART: *Traditionelle Rohmilchkäsesorte mit Naturrinde; individuell produziert.*
MILCH: *Schafmilch*
BESCHREIBUNG: *80–120 g schwere runde Scheibe. Die weiche, runzlige Naturrinde hat eine blasse strohgelbe Farbe mit einer leichten rosafarbenen Tönung.*
VERWENDUNG: *Als Tafelkäse*

Dieser Käse wird auf Bauernhöfen und in kleinen Handwerksbetrieben hergestellt. Die Rinde mit ihrem nußartigen Aroma ist die weichste und köstlichste von allen. Darunter verbirgt sich eine noch weichere, toffeeartige Mitte, die die Frische von Wiesenblumen hat. Der süße Geschmack der Schafmilch wird in Ihnen den Wunsch wecken, Sie hätten lieber zwei oder gar drei Käse von dieser Sorte gekauft.

UNTEN: *Picodon*

PETIT-SUISSE
HERKUNFT: *Verschieden*
ART: *Traditionelle Frischkäsesorte; individuell oder industriell produziert.*
MILCH: *Kuhmilch*
BESCHREIBUNG: *30 g schwerer Zylinder ohne Rinde.*
VERWENDUNG: *Als Snack zusammen mit Obst, Honig oder Nüssen; auch als Grundlage für verschiedene traditionelle französische Desserts.*

Diese mousseartigen Frischkäse werden normalerweise in Abpackungen zu sechs Stück verkauft. Die Sorte wurde gegen Ende des neunzehnten Jahrhunderts von Charles Gervais, einem schweizerischen Käsemacher, erfunden. Er hatte damals die Absicht, eine Abart einer einheimischen Käsesorte, des Neufchâtel, herzustellen, indem er dem Bruch Rahm zusetzte und das Ergebnis in den Verkauf brachte, ehe der Käse eine Rinde bilden konnte. Die leichte, doch cremige Textur und die reizende Form machten den Petit-Suisse zu einem großen Erfolg. Der Käse wird heute in ganz Frankreich produziert, obgleich sein Fettgehalt und die Qualität so unterschiedlich wie die Rezepturen für seine Herstellung sind.

PICODON DE L'ARDÈCHE/PICODON DE LA DRÔME (A. O. C.)
HERKUNFT: *Rhône-Alpes*
ART: *Traditionelle Rohmilchkäsesorte mit Naturrinde; individuell oder industriell produziert*
MILCH: *Ziegenmilch*
BESCHREIBUNG: *50–100 g schwerer Rundkäse mit Naturrinde, deren Farbe von hellem Elfenbein bis zu gedämpftem Weiß oder blassem Blaugrau reicht.*
VERWENDUNG: *Als Tafelkäse, zum Grillen, Backen, für Fromage Fort*

Für den Weinanbau ist das untere Rhônetal zwar zu trocken, doch es ist ideal für die robusten Ziegen, die mit einem Enthusiasmus über die Grasbüschel und das duftende Strauchwerk herfallen, den wir Menschen vielleicht bei einem Festessen zeigen würden. Ihre Milch ist die Grundlage für einen Käse, der zwar von Gegend zu Gegend verschieden ist, doch nur selten enttäuscht. Die dünne Rinde hat den Geruch von Steinkellern; das harte, kompakte Innere ist aromatisch. Die Käse verkauft man gelegentlich zusammen mit Kräutern in Krügen mit grünem Olivenöl, das in der Umgebung erzeugt wird.

Die Picodon-Käse ähneln denen der Sorte Pélardon aus der weiter südlich gelegenen Region Languedoc-Roussillon.

OBEN: *Pithiviers*

PITHIVIERS AU FOIN
HERKUNFT: *Orléanais*
ART: *Alte Weichkäsesorte aus Rohmilch; individuell produziert*
MILCH: *Kuhmilch*
BESCHREIBUNG: *300 g schwerer Rundkäse mit weicher weißer Rinde, der in Gras- oder Heuhalmen gewälzt wird.*
VERWENDUNG: *Als Tafelkäse*

Der Pithiviers au Foin ähnelt dem Camembert. Er hat ein mildes, milchiges Karamelflavour. Die feine weiße Rinde ist in Gras- oder Heuhalmen gewälzt. Damit ähnelt der Käse dem Olivet au Foin.

FRANZÖSISCHER KÄSE | 39

POIVRE D'ANE
HERKUNFT: *Provence-Alpes-Côte d'Azur*
ART: *Traditionelle Rohmilchkäsesorte mit Naturrinde; individuell produziert*
MILCH: *Kuh-, Schaf- oder Ziegenmilch*
BESCHREIBUNG: *100–120 g schwerer Rundkäse. Die Naturrinde ist weiß und zeigt eine Spur Blau oder Gelb. Sie ist traditionell mit einem Zweig von wildem Bohnenkraut garniert.*
VERWENDUNG: *Als Tafelkäse, zum Grillen, für Fromage Fort*

Der Duft dieses dichten, feinkörnigen Käses ist lieblich und aromatisch. Die Varianten unterscheiden sich voneinander durch die Milch, aus der sie hergestellt wurden: Im Frühling und im Frühsommer verwendet man Schafmilch und vom Ende des Frühlings bis zum Beginn des Herbstes Ziegenmilch; Kuhmilch steht faktisch das ganze Jahr hindurch zur Verfügung.

Ähnliche Käsesorte: Banon

PONT L'EVÊQUE (A. O. C.)
HERKUNFT: *Normandie*
ART: *Traditionelle halbfeste Käsesorte aus Rohmilch; individuell oder industriell hergestellt.*
MILCH: *Kuhmilch*
BESCHREIBUNG: *350–400 g schwerer quadratischer, fein gerillter Käse mit gräulich-gelber gewaschener Rinde.*
VERWENDUNG: *Als Tafelkäse*

Pont l'Evêque ist wahrscheinlich eine der ältesten Käsesorten der Normandie, eines Gebietes im Nordwesten Frankreichs, das für seine üppigen Weiden bekannt ist. Aus der Milch der Normanner Kühe werden einige der großartigsten französischen Käsesorten – Camembert, Livarot, Pavé d'Auge und Boursin – hergestellt.

Obwohl es anscheinend keinen Beweis dafür gibt, soll der Pont l'Evêque seinen Ursprung in einem Kloster haben. Obwohl ihm 1976 der A. O. C.-Status verliehen wurde, um seine Geschichte und seinen guten Namen zu schützen, werden nur etwa zwei bis drei Prozent der Produktionsmenge dieses Käses individuell, d. h. auf Bauernhöfen hergestellt; der größte Teil kommt von zwei Großproduzenten. Um den A. O. C.-Bestimmungen zu genügen und einen Geschmack und eine Textur zu erreichen, die authentisch sind, muß der Käse regelmäßig gewaschen, gebürstet und gewendet werden, um die Spezialbakterien auf der Rinde zum Wachstum anzuregen. Die Milch für diesen Käse muß aus der Umgebung kommen, und der Bruch muß vor dem Ablaufen geknetet werden.

Das Aroma des Käses wurde schon mit feuchter Wäsche, schimmeligen Kellern und mit Bauernhöfen verglichen, doch sein Geschmack ist auf köstliche Weise würzig und pikant, zeigt nur eine Spur von Süße und einen kräftigen Nachgeschmack. Die Textur ist elastisch und offen, und der Käse glänzt dank der gehaltvollen Milch.

RECHTS: *Der Pouligny-Saint-Pierre. Mit seiner Form hat sich dieser elegante traditionelle Ziegenkäse schon mehrere Spitznamen erworben. Die zwei am häufigsten benutzten sind »pyramide« (Pyramide) und »Tour d'Eiffel« (Eiffelturm).*

POULIGNY-SAINT-PIERRE (A. O. C.)
HERKUNFT: *Berry*
ART: *Traditionelle Rohmilchkäsesorte mit Naturrinde; individuell oder industriell produziert*
MILCH: *Ziegenmilch*
BESCHREIBUNG: *250 g schwerer Pyramidenstumpf mit weicher und runzliger elfenbeinfarbener Naturrinde. Trocknet die Rinde aus, dann vertiefen sich die Runzeln und sie setzt grauen, weißen und blauen Schimmel an. Ein rotes Etikett zeigt an, daß der Käse in einer Molkerei hergestellt wurde; Käse mit einem grünen Etikett kommt aus individueller Produktion.*
VERWENDUNG: *Als Tafelkäse, zum Grillen, für Salate.*

Der Käse ist zwar nach einem Dorf gleichen Namens benannt, doch er hat wegen seiner Form inzwischen verschiedene Spitznamen, von denen »la pyramide« wohl am häufigsten gebraucht wird. Vielen erscheint er wie eine gedrängte Darstellung des Chèvre: wunderbar rustikal, doch elegant. Bei dem jungen Käse ist die Rinde weich und elfenbeinfarben. Wenn er alt und trocken wird, nimmt die Rinde eine rötlich-orange Färbung an und bedeckt sich mit schönen Schimmelflecken, die einen großartigen Kontrast zum festen, reinweißen, leicht körnigen Inneren des Käses bilden. Der erste Eindruck ist der von einer berauschenden Mischung aus Ziege, frischem Heu und Schimmel. Beim Kosten des Käses enthüllt sich eine Vielfalt von Aromen, darunter das von Kräutern, besonders Estragon, und von Weißwein und eine Textur, die cremig und nußartig ist. Wie einen guten Wein, so bleibt auch der Pouligny-Saint-Pierre unvergeßlich, wenn man ihn erst einmal probiert hat.

OBEN: *Pont l'Evêque*

FRANZÖSISCHER KÄSE

Raclette
HERKUNFT: *Savoie*
ART: *Traditionelle halbfeste Käsesorte aus Rohmilch; individuell oder industriell produziert*
MILCH: *Kuhmilch*
BESCHREIBUNG: *7–8 kg schwerer runder oder quadratischer Käse mit glatter rosafarbener bis tieforangefarbener, leicht klebriger Naturrinde*
VERWENDUNG: *In Scheiben geschnitten und gegrillt auf Kartoffeln oder blanchiertem Gemüse*

Der Raclette ist eine alte Bergkäsesorte, der im französischen Département Savoie und im schweizerischen Kanton Wallis produziert wird. Obwohl der Käse ein ausreichend angenehmes Flavour besitzt, ist an ihm nichts Besonderes, solange er nicht vor dem Feuer oder unter einem heißen Grill erhitzt wird. Dann verstärkt sich sein volles nußartiges, süßes und schwach fruchtiges Aroma, und die Elastizität des schmelzenden, fadenziehenden Käses macht den Raclette wirklich großartig. Die Rinde besitzt ein Bauernhofaroma. Sie wird beim Grillen richtig knusprig und herrlich pikant.

Früher wurde üblicherweise ein großer Käse halbiert und mit der Schnittfläche in

Richtung Feuer an einen Stein gelehnt. Sobald der Käse runzlig wurde und seine Farbe änderte, kam eine Schüssel mit dampfenden Kartoffeln zum Vorschein, die mit einer dicken Schicht von dem blasigen Käse zugedeckt wurden. Das unwiderstehliche, kräftige, nußartige und süße Aroma war eine ideale Ergänzung zu den Kartoffeln. Der Käse für dieses Gericht läßt sich auch in Scheiben schneiden und unter dem Grill erhitzen.

Ähnliche Käsesorten: Bagnes und Conches.

OBEN: *Raclette*

RECHTS: *Rigotte*

RECHTS: *Reblochon*

Reblochon (A. O. C.)
HERKUNFT: *Haute-Savoie*
ART: *Traditionelle halbfeste Käsesorte aus Rohmilch; individuell oder industriell produziert*
MILCH: *Kuhmilch*
BESCHREIBUNG: *240 g schwerer Rundkäse Die gelbe bis orangefarbene Naturrinde trägt einen feinen weißen, pudrigen Schimmel.*
VERWENDUNG: *Als Tafelkäse, zum Schmelzen.*

Dem Saint-Nectaire oder dem Tamie nicht unähnlich, besitzt der Reblochon einen geschmeidigen, cremigen Teig, der zerfließt und dem Gaumen schmeichelt. Der Käse, der in Betrieben oder von Genossenschaften (*fruitières*) produziert wird, hat ein warmes, hefiges Aroma und das Flavour von frisch zerdrückten Walnüssen; der auf Bauernhöfen hergestellte Käse ist intensiver und komplexer in seinem Charakter und hat ein charakteristisches Aroma wie von jungem Gras und wilden Hochgebirgsblumen. Lassen Sie sich jedoch nicht vom Bauernhofaroma seiner Rinde abschrecken.

Rigotte
HERKUNFT: *Auvergne und Lyonnais*
ART: *Traditionelle Frischkäsesorte aus Rohmilch; industriell produziert*
MILCH: *Kuh- oder Ziegenmilch*
BESCHREIBUNG: *70–90 g schwerer Zylinder Die Rinde ist sehr hell mit Annatto gefärbt.*
VERWENDUNG: *Als Tafelkäse, zum Grillen, für Salate und Fromage Fort.*

Der Rigotte ist nach einigen Wochen Reifungszeit fest und körnig, zitronenartig frisch und im Nachgeschmack schwach bitter. Läßt man ihn trocken werden, dann wird der Rigotte recht sauer. Manche trockenen Käse werden in Öl mariniert, das mit Pfeffer und Kräutern aromatisiert ist. Der Käse nimmt die Aromen auf und wird cremiger. Das Ergebnis erinnert seltsam an Salami.

Rigotte, der in einem feuchten Raum gereift ist, entwickelt den klassischen blaßblauen Schimmel. Er nimmt einen stärker nußartigen Charakter an, doch behält eine schwach bittere Note in seinem Geschmack bei.

FRANZÖSISCHER KÄSE 41

OBEN: Rollot

ROLLOT
HERKUNFT: *Picardie*
ART: *Traditionelle halbfeste Rohmilchkäsesorte; individuell oder industriell produziert*
MILCH: *Kuhmilch*
BESCHREIBUNG: *280–300 g schwerer runder oder herzförmiger Käse mit körniger, orangefarbener gewaschener Rinde*
VERWENDUNG: *Als Tafelkäse*

Dieser Käse wurde nach dem Dorf Rollot benannt. Unter seiner kräftigen, klebrigen Rinde verbirgt sich ein blaßgelbes Inneres, das fest, aber geschmeidig ist und ein recht strenges hefiges Aroma hat und im Nachgeschmack fruchtig ist. Es kann sehr salzig und bitter sein, wenn man die Rinde austrocknen läßt.

UNTEN: Roquefort

ROQUEFORT (A. O. C.)
HERKUNFT: *Rouergue*
ART: *Traditionelle Blauschimmelkäsesorte aus Rohmilch; individuell oder industriell produziert*
MILCH: *Schafmilch (Lacaune, Manech, Baso-bernaise; auch von korsischen Rassen)*
BESCHREIBUNG: *2,5–3 kg schwerer Zylinder mit klebriger, blaßelfenbeinfarbener Naturrinde. Gelangt in Folie verpackt in den Handel.*
VERWENDUNG: *Als Tafelkäse, für Dressings mit Blauschimmelkäse, für Salate.*

2000 Jahre hindurch ließen die Schäfer ihre Käse in den tiefen Kalksteinhöhlen von Cambalou reifen, die für ihre natürlich vorkommenden Blauschimmelpilze berühmt sind.

Die traditionelle Methode, die Pilze in die Höhlen zu bringen, bestand darin, neben die Käse Roggenbrote zu legen, auf denen die Schimmelpilze wachsen konnten. Einige Käsehersteller praktizieren noch heute eine Variante dieses Verfahrens. Zu Beginn der Saison werden zu diesem Zweck herkömmliche Roggenbrote gebacken. Das Brot bleibt siebzig Tage lang liegen, um trocken und schimmlig zu werden. Dann wird es gemahlen. Vom Mahlgut werden winzige Mengen auf den Käsebruch gestreut, bevor dieser in die Formen kommt.

Der Roquefort hat einen charakteristischen Duft und ein Aroma, das den süßen karamelähnlichen Geschmack mit dem scharfen, metallischen Beigeschmack des Blauschimmels kombiniert. Krümelig, auf der Zunge zergehend, erfrischend, sauber – mit all diesen Worten hat man diesen großartigen Käse beschrieben.

ROUY
HERKUNFT: *Bourgogne (Burgund)*
ART: *Neuere Käsesorte mit gewaschener Rinde; industriell hergestellt*
MILCH: *Kuhmilch*
BESCHREIBUNG: *250 g schwerer quadratischer Käse mit abgerundeten Ecken. Die glatte, wie Terrakotta gefärbte Rinde ist leicht klebrig und kann mit etwas weißem Schimmel bedeckt sein.*
VERWENDUNG: *Als Tafelkäse*

Bei diesem Käse handelt es sich um eine industriell hergestellte Kopie der kräftigeren und würzigeren alten französischen Käsesorten mit gewaschener Rinde, zu denen unter anderem Langres oder Epoisses gehören. Der Rouy ist dennoch ein guter Kauf.

SALERS (A. O. C.)
HERKUNFT: *Auvergne*
ART: *Traditionelle Hartkäsesorte aus Rohmilch; individuell hergestellt*
MILCH: *Kuhmilch*
BESCHREIBUNG: *30–50 g schwerer Zylinder mit harter brauner Naturrinde, die mit dem Alter rauh und krustig wird*
VERWENDUNG: *Als Tafelkäse, Reibekäse, zum Grillen, für Saucen*

Der Salers oder Fourme de Salers ist die Bauernkäseversion des Cantal. Die dicke, bräunlich-gelbe Rinde wird von Tausenden von Milben bevölkert, die die Oberfläche rauh und uneben wie Gestein machen. Das Aroma ist sehr fleischähnlich, und das sattgelbe Innere erinnert stark an Löwenzahn und andere Wildblumen und an frisches grünes Gras. Darüber liegt ein nußartiger Geschmack und eine kräftige, würzige Schärfe wie von rohen Zwiebeln.

Ähnliche Käsesorte: Languiole

OBEN: Salers

SANCERRE
HERKUNFT: *Loire*
ART: *Traditionelle Rohmilchkäsesorte mit Naturrinde; individuell hergestellt*
MILCH: *Ziegenmilch*
BESCHREIBUNG: *120–150 g schwerer runder Käse. Die Naturrinde ist cremefarben und hat weiche Runzeln.*
VERWENDUNG: *Als Tafelkäse, zum Grillen, für Salate*

Dieser klassische Ziegenkäse hat eine feine, runzlige Rinde, die mit der Zeit hart wird. Er hat einen schwachen Ziegengeruch und eine leicht körnige Textur, die dicht und glatt wird. Der junge Käse besitzt eine frische Fruchtigkeit wie von Weißwein; alter Sancerre hat einen kräftigen, nußartigen Ziegengeschmack. Der Weißwein aus dieser Region ist ein idealer Partner für den Käse.

Ähnliche Käsesorten: Crottin de Chavignol und Santranges.

SELLES-SUR-CHER (A. O. C.)
HERKUNFT: *Loire*
ART: *Traditionelle Rohmilchkäsesorte mit Naturrinde; individuell oder industriell hergestellt*
MILCH: *Ziegenmilch*
BESCHREIBUNG: *150–200 g schwerer Rundkäse. Auf der mit Asche bedeckten Rinde entwickeln sich nach und nach Flecken von grauem und blauem Schimmel.*
VERWENDUNG: *Als Tafelkäse, zum Grillen, für Salate*

Das Loire-Gebiet ist berühmt für seine Ziegenmilchkäse. Diese Käse gibt es in einer Reihe unterschiedlicher Formen – als Pyramiden, rund, als Kegelstümpfe, Herzen, Stangen und Zylinder – doch sie haben alle die gleiche blaugraue Naturrinde; manche sind mit Holzasche bestreut.

Der Selles-sur-Cher ist ein klassisches Beispiel. Über den Käse wird mit grob gemahlenem Salz vermischte Asche gestreut, was das Ablaufen der Molke fördert und das ansprechende Äußere des fertigen Käses verstärkt. Das Verfahren gelangte wahrscheinlich im achtzehnten Jahrhundert in diese Gegend, als die Sarazenen von Spanien aus die südlichen Ufer der Loire erreichten. Ein Großteil der Eindringlinge wurde später wieder verjagt, doch einige blieben mit ihren Ziegen und legten so den Grundstein für die berühmten Ziegenkäse.

SOUMAINTRAIN
HERKUNFT: *Bourgogne (Burgund)*
ART: *Traditionelle Rohmilchkäsesorte mit gewaschener Rinde; individuell oder industriell produziert*
MILCH: *Kuhmilch*
BESCHREIBUNG: *350 g schwerer Rundkäse mit gewaschener Rinde. Durch den leuchtend rötlich-braunen Schimmel ist das Weiß des quarkartigen Inneren zu erkennen.*
VERWENDUNG: *Als Tafelkäse, für Fromage Fort.*

Der junge Soumaintrain ist sehr körnig und hat ein mildes, erfrischendes Zitronenaroma. Nach sechs Wochen Reifungszeit in einem feuchten Keller, wo er öfter in Branntwein gewaschen wird, beginnt er seinem kräftigeren Cousin, dem Epoisses, zu ähneln. Die Rinde wird schärfer, entwickelt einen starken würzigen Beigeschmack und fühlt sich cremiger an. Der Soumaintrain wird manchmal in Asche gebettet, um Aisy Cendré, eine Spezialität der Gegend, herzustellen.

Ähnliche Käsesorte: Saint Florentin.

UNTEN: *Sancerre (links) und Selles-sur-Cher (rechts)*

OBEN: *Der Soumaintrain wird häufig für eine traditionelle Köstlichkeit, den »fromage fort« (alkoholreicher Käse) verwendet, bei der der Käse vor dem Verzehr in Wein aus der Umgebung eingeweicht wird.*

SAINT-AGUR
HERKUNFT: *Auvergne*
ART: *Neuere Blauschimmelkäsesorte; industriell hergestellt*
MILCH: *Kuhmilch*
BESCHREIBUNG: *2 kg schwerer achteckiger Zylinder mit cremegelber Naturrinde, auf der blaugrauer Schimmel wächst*
VERWENDUNG: *Als Tafelkäse, für Salate und Dressings*

Der Saint-Agur wurde 1986 von dem großen französischen Käsehersteller Bongrain kreiert. Er wird aus pasteurisierter Milch hergestellt. Seine Textur ist feucht und cremig, und er hat den würzigen Geschmack eines Blauschimmelkäses. Er ist weit milder als die meisten anderen französischen Käse dieser Art. Die blauen Schimmelansammlungen sind gleichmäßig im Käseteig verteilt. Durch seine achteckige Form läßt er sich sehr leicht in gefällig aussehende Stücke schneiden.

OBEN: *Saint-Agur*

FRANZÖSISCHER KÄSE

OBEN: *Saint-Marcellin*

SAINT-ALBRAY
HERKUNFT: *Aquitaine*
ART: *Neuere Weichkäsesorte; industriell hergestellt*
MILCH: *Kuhmilch*
BESCHREIBUNG: *2 kg schwerer Rundkäse mit einem Loch in der Mitte. Auf der rötlichbraunen Rinde wächst weißer Penicilliumschimmel.*
VERWENDUNG: *Als Tafelkäse, für Snacks*

Der Saint-Albray wurde 1976 vorgestellt, um damit die Käsegenießer anzusprechen, denen das Aroma des Camembert zu stark ist, die jedoch diese Art Käse lieben. Heute, zwanzig Jahre danach, gibt es ihn noch immer in den Supermärkten überall auf der Welt. Mit seiner stabilen Natur übersteht der Käse die Hitze auf langen Transporten und die Kälte der Lagerräume.

Der Saint-Albray reift nur zwei Wochen. Er entwickelt eine feuchte, gummiartige Textur und hat ein mildes, cremiges und anspruchsloses Aroma. Wegen seiner Form läßt er sich einfach und ansprechend servieren. Auf dem Käsering werden in gleichmäßigen Abständen Einschnitte markiert.

OBEN: *Saint-Albray*

SAINT-MARCELLIN
HERKUNFT: *Rhône-Alpes*
ART: *Traditionelle Rohmilchkäsesorte mit Naturrinde; individuell oder industriell produziert*
MILCH: *Kuh- oder Ziegenmilch*
BESCHREIBUNG: *80 g schwerer Rundkäse mit runzliger Naturrinde, die einen Überzug aus weißer Hefe hat. Mit zunehmendem Alter entwickeln sich ein köstlicher blauer Schimmel sowie rote und gelbe Pigmente.*
VERWENDUNG: *Als Tafelkäse, für Fromage Fort à la Lyonnaise*

Der Saint-Marcellin wurde bekanntermaßen bereits im Jahre 1461 der Königsfamilie serviert. In jenen Tagen stellte man ihn wahrscheinlich aus Ziegenmilch her; heute wird dafür häufig Kuhmilch verwendet. Der Teig des jungen Käses ist fest bis zerfließend und hat ein mildes, leicht salziges Aroma. Der reife Saint-Marcellin hat einen schwach hefigen Geschmack und ist unwiderstehlich.

SAINT-NECTAIRE (A. O. C.)
HERKUNFT: *Auvergne*
ART: *Traditionelle halbfeste Rohmilchkäsesorte; individuell oder industriell produziert*
MILCH: *Kuhmilch (Salers)*
BESCHREIBUNG: *1,5 kg schwerer Rundkäse. Die lederartige Naturrinde ist leicht rosafarben und mit blaßgrauem Schimmel überzogen.*
VERWENDUNG: *Als Tafelkäse*

Dieser weiche, sinnliche Käse reift acht Wochen lang auf einem Bett aus Stroh. Er scheint dabei etwas vom erdigen, ländlichen Aroma seines Lagers in sich aufzunehmen. Der cremige und gehaltvolle Saint-Nectaire erinnert stark an frisch gemähtes Gras, duftendes Heu, Wildblumen und Kräuter. Er ist wie eine große Version vom Reblochon, einem Käse aus dem Département Savoie.

Achten Sie beim Kauf eines Saint-Nectaire auf das grüne ovale Etikett, das darauf hinweist, daß es sich um einen Rohmilchkäse aus individueller Herstellung handelt. Industriell produzierte Käse, die in der Regel aus pasteurisierter Milch gemacht werden, tragen ein grünes quadratisches Etikett.

UNTEN: *Saint-Nectaire*

Saint-Paulin
HERKUNFT: *Verschieden*
ART: *Neuere halbfeste Käsesorte; individuell oder industriell produziert*
MILCH: *Kuhmilch*
BESCHREIBUNG: *500 g–1,5 kg schweres Rad. Die dünne gewaschene Rinde ist glatt und lederartig. Ihre Farbe reicht von Blaßgelb bis zu leuchtendem Orange.*
VERWENDUNG: *Als Tafelkäse, zum Schmelzen, für Snacks*

Grundlage für diese Sorte ist der Trappistenkäse Port-du-Salut. Der Saint-Paulin wurde erstmals 1930 hergestellt und ist seit dieser Zeit populär. Er war der erste französische Käse, den man aus pasteurisierter Milch erzeugte. Daraus wird er auch heute noch hergestellt. Allerdings ist seit 1990 ein Produzent mit einer Rohmilchvariante dieser Sorte auf dem Käsemarkt vertreten, um gegen den Trend anzugehen, zur Herstellung von Käse pasteurisierte Milch zu verwenden. Geschmack und Aroma des Saint-Paulin sind leicht rauchig und süßsauer.

Sainte-Maure de Touraine (A. O. C.)
HERKUNFT: *Loire*
ART: *Traditionelle Sorte, Frischkäse oder Käse mit Naturrinde; individuell oder industriell produziert*
MILCH: *Ziegenmilch*
BESCHREIBUNG: *250 g schwere, in Holzasche gewälzte Stange. Der Käse entwickelt im Alter eine fleckige blaugraue Rinde.*
VERWENDUNG: *Als Tafelkäse, zum Grillen und Backen.*

Der Saint-Maure wird sowohl auf kleinen Bauernhöfen als auch in großen Betrieben überall im Gebiet Touraine hergestellt. Der Sortenschutz, den die A. O. C.-Bestimmungen bieten, garantiert jedoch eine gleichbleibend gute Qualität. Der frische Bruch wird von Hand in stangenförmige Mulden geschöpft. Bei der individuellen Herstellung wird mitten in den Käse ein Stäbchen gelegt, das zum Aufnehmen des Käses gedacht ist; doch zieht man daran, dann bricht der Käse oftmals in große Klumpen zusammen.

Der Ascheüberzug erzeugt einen großartigen farblichen Kontrast, wenn der Käse beim Aufschneiden sein vollkommen weißes Inneres enthüllt. Der junge Saint-Maure ist feucht und körnig, doch wenn sich der Schimmel entwickelt, dann trocknet und härtet der Käse und wird dichter. Der Käse hat ein liebliches Zitrusaroma, das sich mit zunehmendem Alter verstärkt.

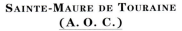

OBEN: *Tomme d'Abondance*

Tamie
HERKUNFT: *Haute-Savoie*
ART: *Traditionelle halbfeste Käsesorte aus Rohmilch; individuell produziert*
MILCH: *Kuhmilch (Montbéliard, La Tarine)*
BESCHREIBUNG: *500 g schwerer Rundkäse. Die feine, lederartige gewaschene Rinde ist rosabraun bis orangerosa.*
VERWENDUNG: *Als Tafelkäse*

Der Tamie, den die Mönche der Abbaye de Tamie herstellen, hat eine schön anzusehende Rinde mit süßem, erdigem Aroma. Innen ist der Käse cremefarben. Sein Geschmack ist anfangs süß, kräuterartig und erinnert schwach an Nüsse, doch diesem Eindruck folgt ein kräftiger Beigeschmack. Die Rinde muß weich und geschmeidig sein; ist sie hart und fest, dann ist der Käse wahrscheinlich zu lange oder bei zu niedrigen Temperaturen gelagert worden, und der Käse ist überaltert. Einem solchen Käse fehlt die ausgleichende Süße, und er schmeckt erfahrungsgemäß sehr sauer.

Ähnliche Käsesorten: Reblochon und Chambarand.

Tomme d'Abondance (A. O. C.)
HERKUNFT: *Savoie*
ART: *Traditionelle Hartkäsesorte aus Rohmilch; individuell hergestellt*
MILCH: *Kuhmilch*
BESCHREIBUNG: *5–15 kg schweres Rad mit gebürsteter grauer Naturrinde*
VERWENDUNG: *Als Tafelkäse, zum Schmelzen*

Dieser satt goldgelbe Käse wird seit Jahrhunderten in den Sennhütten nahe der Grenze zwischen Frankreich und der Schweiz hergestellt. Er hat einen charakteristischen fruchtigen Beigeschmack, in dem eine Spur Hefe angedeutet ist. Er ist fest, doch geschmeidig und leicht körnig und wird aus entrahmter Milch gemacht.

OBEN: *Tamie*

FRANZÖSISCHER KÄSE

TOMME DE ROMANS
HERKUNFT: *Dauphine*
ART: *Traditionelle Rohmilchkäsesorte mit Naturrinde; individuell oder industriell hergestellt*
MILCH: *Kuhmilch*
BESCHREIBUNG: *200–300 g schwerer Rundkäse. Die Naturrinde ist mit flaumigem weißem und blaugrauem Schimmel bewachsen.*
VERWENDUNG: *Als Tafelkäse*

Diese attraktiven kleinen Käse werden nach traditioneller Art in kleinen, mit Stroh ausgelegten Holzkisten verkauft. Sie haben ein schwach saures, grasartiges Aroma und einen köstlichen nußartigen Nachgeschmack.

TOMME DE SAVOIE
HERKUNFT: *Savoie*
ART: *Traditionelle halbfeste Käsesorte aus Rohmilch; individuell oder industriell hergestellt*
MILCH: *Kuhmilch*
BESCHREIBUNG: *1,5–3 kg schweres Rad. Die dicke, pelzartige graue Naturrinde ist gelb und orange gefleckt.*
VERWENDUNG: *Als Tafelkäse, zum Reiben*

Der Tomme de Savoie ist eine alte Bergkäsesorte aus dem Gebiet Savoyen. Er wird im Winter hergestellt, wenn die Hirten mit den Viehherden von den Sommerweiden zurückgekehrt sind. Im Sommer wird die Milch von mehreren Herden zusammengetan, um daraus an Ort und Stelle Beaufort zu machen; wenn sich das Wetter dann verschlechtert und der Milchertrag sinkt, stellen die Hirten ihren Käse zu Hause her. Auf der Suche nach dem besten Tomme sollten Sie nach einem Etikett mit der Kennzeichnung »au lait cru«, nach einem Oval mit den Zahlen 73 oder 74, nach roter Kaseinplaque und nach einem Logo aus vier roten Herzen und dem Wort »Savoie« Ausschau halten. Lassen Sie sich jedoch nicht vom Aussehen der Rinde abschrecken. Innen ist der blaßgelbe Käse mit den wenigen kleinen Löchern fest, doch geschmeidig und zeigt ein sanftes Aroma mit einer Andeutung von Wiesenblumen, Milch und Walnüssen.

OBEN:
Valençay

OBEN:
Tourée de l'Aubier

TOURÉE DE L'AUBIER
HERKUNFT: *Normandie*
ART: *Neuere Käsesorte mit gewaschener Rinde; industriell hergestellt*
MILCH: *Kuhmilch*
BESCHREIBUNG: *200 g oder 2 kg schwerer Rundkäse. Klebrige, lederartige gewaschene Rinde mit pudrigem weißem Schimmel auf der orangeroten Oberfläche*
VERWENDUNG: *Als Tafelkäse*

Der Gürtel aus Fichtenrinde gibt dem Käse ein einzigartiges Aroma. Ist der cremige, süße, doch scharfe Käse gereift, dann zerfließt er fast. Der Tourée de l'Aubier wurde als eine aus pasteurisierter Milch hergestellte Kopie des großartigen französischen Mont d'Or kreiert. Er ist in reifem Zustand durchaus passabel.

LINKS: *Tomme de Savoie*

VALENÇAY
HERKUNFT: *Berry*
ART: *Traditionelle Rohmilchkäsesorte mit Naturrinde; individuell oder industriell produziert*
MILCH: *Ziegenmilch*
BESCHREIBUNG: *200–250 g schwerer Pyramidenstumpf mit weißer Naturrinde, die mit Holzkohlenasche überstäubt ist. Mit zunehmendem Alter entwickelt die Rinde einen blaugrauen Schimmel.*
VERWENDUNG: *Als Tafelkäse*

Diese elegante Pyramide ist mit feiner schwarzer Holzkohle überstäubt. Bei jungem Käse ist das weiße Innere durch die Asche zu erkennen. Die Farben verschmelzen jedoch allmählich miteinander, und es entwickelt sich ein blaugrauer Schimmel.

Der Geschmack ist zunächst frisch und zitrusähnlich, doch das Alter verleiht dem Käse ein stärker nußartiges Aroma und einen charakteristischen Ziegengeschmack. Die industriell hergestellte Version des Valençay ist unter der Bezeichnung »Pyramide« bekannt.

VIGNOTTE/LES VIGNOTTES
HERKUNFT: *Champagne oder Lorraine*
ART: *Traditionelle Weichkäsesorte; industriell hergestellt*
MILCH: *Kuhmilch*
BESCHREIBUNG: *150 g schwere starke Scheibe mit dicker, samtiger, glatter Penicilliumrinde*
VERWENDUNG: *Als Tafelkäse, zum Grillen*

Dieser sehr populäre Dreifachrahmkäse hat eine leichte, fast mousseähnliche Textur, die entsteht, wenn der Käsebruch mit Vorsicht in die Formen geschöpft wird. Das Aroma ist frisch und sahnig, leicht zitronenartig und salzig.

ITALIENISCHER KÄSE

Europa wurde mehr als sechs Jahrhunderte lang von den Römern beherrscht. Was im achten Jahrhundert v. Chr. als Ansammlung einiger Bauernsiedlungen begann, wuchs zu der gewaltigen Stadt Rom heran. Im sechsten Jahrhundert v. Chr. wurde Rom eine Republik, die vom Senat, einem Beratungsgremium aus Vertretern der einflußreichen Familien, beherrscht wurde. Die Römer begannen die Welt zu erobern, und im zweiten Jahrhundert n. Chr. erstreckte sich ihr Imperium von den Ländern rund um das Mittelmeer bis zum Persischen Golf im Osten, bis nach England, Frankreich und Spanien im Westen und bis zu den Ländern Nordafrikas.

Käse spielte in der Ernährung der Römer eine große Rolle, weil er praktisch und kompakt war, sich gut als Reiseverpflegung eignete – selbst in den Tornistern der Legionäre fehlte er nicht – und in zahlreichen Formen vorkam. Eine der frühesten Erwähnungen des Käses stammt von Plinius dem Älteren. Plinius äußerte sich dabei über die Verfahren zur Käseherstellung, die die Schäfer in der Umgebung der Stadt Rom anwendeten, um aus Schafmilch einen Käse zu machen, der heute als der Ahn des Pecorino Romano gilt. In seinen Schriften über die Landwirtschaft beschäftigte sich Columella, ein römischer Autor aus dem ersten Jahrhundert n. Chr., auch mit Käse und der Käseherstellung und legte sein Wissen über den Einsatz von Lab dar, der einen Durchbruch auf diesem Gebiet darstellte.

Die Kenntnisse über die Bereitung von Käse wurden aufgezeichnet und an die Schäfer und Bauern in ganz Europa weitergegeben, die bis zur Ankunft der Römer nur unvollkommen mit diesem Prozeß vertraut gewesen waren und hauptsächlich weichen, fermentierten, in Öl und Salz haltbar gemachten Käse hergestellt hatten. Um die Mitte des ersten Jahrhunderts v. Chr. brachten die Legionen des Julius Caesar das Wissen über die Erzeugung von Hartkäse in die Schweiz und schufen damit die Grundlage für ein Nahrungsmittel, das einmal zu den besten Käsesorten der Welt gehören sollte. Auch einige klassische englische und französische Hartkäse verdanken ihre Entstehung dem Können der Römer.

Der Roquefort gehört zu den frühesten Käsesorten, die um das Jahr 40 n. Chr. von Plinius erwähnt wurden. Es wird angenommen, daß die Knetkäse *(pasta filata)* wie der Provolone oder der Mozarella nicht in Italien, sondern bei den persischen Beduinenstämmen ihren Ursprung haben.

In einer unlängst erstellten Übersicht sind fast vierhundert italienische Käsesorten aufgeführt. Darunter befinden sich einige

LINKS: Bel Paese, einer der berühmtesten halbfesten Käse Italiens, wird jetzt auch in Lizenz in den USA hergestellt

Sorten, die durch das D. O. C.-Prädikat geschützt sind, während andere erst noch in diesen Kreis aufgenommen werden müssen. Italienischer Käse ist dem französischen in Qualität und Vielfalt ebenbürtig; doch während der Käse in Frankreich meist als eigenständiger Gang serviert wird, sind die großen italienischen Sorten durch Aroma, Stil und Charakter, die sie italienischen Gerichten als Zutat verleihen, berühmt geworden. Riesige Mengen Grana Padano, Parmigiano-Reggiano, Provolone und Pecorino werden ständig in alle Welt verschickt.

Es ist nur schade, daß die meisten Verbraucher diese herrlichen Hartkäse ausschließlich zum Kochen verwenden. Haben Sie erst einmal ein frisch abgeschnittenes Stück Parmigiano-Reggiano oder Pecorino Toscana mit frischen Feigen und Parmaschinken oder einfach pur gegessen und dazu ein Glas Barolo getrunken, dann werden Sie verstehen, weshalb die Italiener diese Sorten als Tafelkäse bezeichnen: Sie sollten am besten auch noch nach dem Essen auf dem Tisch stehenbleiben, damit man jederzeit davon essen kann.

Viele der größten italienischen Käsesorten sind nur selten außerhalb der Region zu finden, in der sie hergestellt werden; ganz zu schweigen von den Gegenden jenseits der italienischen Grenzen. Die beste Möglichkeit, diese Sorten für sich zu entdecken, ist also, eine Reise durch dieses herrliche Land zu machen.

LINKS: Parmigiano-Reggiano

ASIAGO (D. O. C.)

HERKUNFT: *Vicenza und Trient*
ART: *Traditionelle Hartkäsesorte aus Rohmilch; individuell oder industriell hergestellt*
MILCH: *Kuhmilch*
BESCHREIBUNG: *8–20 kg schweres Rad. Die glatte, schimmernde Naturrinde hat bei jungem Käse eine gelbe Farbe, die sich zu Rotorange vertieft.*
VERWENDUNG: *Als Tafelkäse, zum Reiben und als würzende Zutat*

Vor Jahrhunderten wurde dieser Käse von den Schäfern, die auf der Karsthochfläche um Asiago ihre Herden weideten, aus Schafmilch hergestellt. Als die Schafe mit der Zeit Rindern wichen, die einen höheren Milchertrag brachten, wurde dafür Kuhmilch verwendet. Vom Asiago gibt es zwei verschiedene Sorten. Bei der ersten handelt es sich um einen leicht gepreßten Käse, den kleine Molkereien aus Vollmilch produzieren. Er wird mitunter fälschlicherweise als Pressato bezeichnet oder mit diesem verwechselt – eine Tatsache, die die Hersteller des Asiago nicht gerade erfreut.

Zum Reifen braucht er zwanzig bis dreißig Tage. Mit seinem blaßgelben und elastischen Inneren, seinem zarten, süßen und

RECHTS: Asiago

anspruchslosen Aroma hat der Käse beim modernen Verbraucher einen beachtlichen Erfolg und verkauft sich gut.

Der Asiago d'Allevo ist gereift und nach Meinung der Einheimischen der Bessere von beiden. Obwohl er aus entrahmter Milch hergestellt wird, läßt der lange, langsame Reifungsprozeß einen fruchtigen, leicht scharfen Käse mit einem kompakten, körnigen Inneren voller kleiner Löcher entstehen. Nach zwölf Monaten hat er die Farbe von flüssigem Honig; nach zwei Jahren nimmt er eine toffeeähnliche Färbung an, wird brüchig und bekommt ein intensives Aroma. Geriebener Asiago kann wie der Parmesan als würzende Zutat verwendet werden.

BEL PAESE

HERKUNFT: *Lombardei*
ART: *Neuere halbfeste Käsesorte; industriell produziert*
MILCH: *Kuhmilch*
BESCHREIBUNG: *2 kg schweres Rad mit schimmernder, goldgelber gewachster Rinde*
VERWENDUNG: *Als Tafelkäse, zum Schmelzen; läßt sich anstelle von Mozarella verwenden.*

Dante sprach einst von Italien als »*bel paese*« – schönes Land. Das wurde später der Titel eines Buches, das wiederum Egidio Galbani inspirierte, der auf der Suche nach einem Namen für seinen weichen Käse war. Der Bel Paese ist elfenbeinfarben und hat ein köstlich süßes Aroma, das überall in der Welt die Herzen Tausender gewonnen hat. Der Käse braucht einen bis drei Monate zum Reifen. Eine Variante dieser Käsesorte wird in den USA in Lizenz produziert.

BRA (D. O. C.)

HERKUNFT: *Piemont*
ART: *Traditionelle Hartkäsesorte aus Rohmilch; individuell oder in Genossenschaften produziert*
MILCH: *Kuhmilch*
BESCHREIBUNG: *8 kg schwere Rolle. Die Naturrinde ist blaß strohgelb bis tief bräunlichgelb und zeigt etwas Schimmel an der Oberfläche.*
VERWENDUNG: *Als Tafelkäse, zum Reiben und Schmelzen*

Wie der Stilton, so ist auch der Bra nicht nach dem Herstellungsort, sondern nach dem Ort benannt, wo er zuerst verkauft wurde. Die Bewohner von Bra (Provinz Cuneo, Region Piemont) kauften früher von den Hirten aus den Hochgebirgstälern jungen Käse. Die ließen sie für den Bedarf ihrer Familien oder zum Verkauf in ihren eigenen Kellern reifen. Hatten die Käse dort lange genug gelegen, konnte man sie anstelle des teureren und nicht so einfach erhältlichen Pecorino verwenden.

Heute gibt es zwei Sorten vom Bra, die sich zwar äußerlich ähneln, jedoch auf unterschiedliche Weise reifen. Die traditionelle Hartkäsevariante ist noch immer sehr populär. Sie ist nach drei bis sechs Monaten, wenn die Farbe dunkler und das Aroma intensiver wird, reif.

Der Käse wird auch jung verkauft, d. h. nach fünfundvierzig Tagen Reifungszeit, wenn der Käseteig noch weich ist. Diese Variante wird in kleinen Molkereien und fast immer aus pasteurisierter Milch hergestellt. Käseproduzenten, die nach traditionellen Methoden arbeiten, lehnen diese Sorte ab.

D. O. C.

Wie in Frankreich, so gibt es auch in Italien ein System gesetzlicher Regelungen zum Schutz bestimmter einheimischer Käsesorten, das unter der Bezeichnung D. O. C. (Denominazione di origine controllata) bekannt ist. 1955 ging das Ministerium für Land- und Forstwirtschaft zusammen mit einem Konsortium von Käseproduzenten daran, für das D. O. C.-Prädikat geeignete Kandidaten festzustellen. Sie einigten sich auf Herstellungsstandards und legten Gebiete fest, in denen die betreffenden Käsesorten erzeugt werden konnten. Bisher wurde das Prädikat an 26 Sorten verliehen, denen zweifellos weitere folgen werden.

Einheimische Käsesorten auf diese Weise festzustellen und zu fördern, trägt einerseits dazu bei, diese vor Nachahmungen zu schützen, und garantiert andererseits dem Verbraucher ein bestimmtes Qualitätsniveau. Außerdem lenkt es die Aufmerksamkeit der Öffentlichkeit auf die in kleinen Handwerksbetrieben produzierten Käsesorten, die ansonsten vielleicht in Vergessenheit geraten und »ausgestorben« wären. Die Käsehersteller werden regelmäßig von Inspektoren aufgesucht. Entspricht ein Käse, der mit dem D. O. C.-Prädikat verkauft wird, nicht den Bestimmungen, kann der Produzent mit schweren Geldstrafen belegt und gerichtlich belangt werden. Das D. O. C.-Symbol ist jedoch mehr als ein gesetzliches Erfordernis. Es erkennt an, daß einheimische Käsesorten und ihre Erzeuger eine wichtige Rolle in der Nationalgeschichte spielen. Es ist auch eine Bestätigung für die Orte, in denen die Käse seit alters her produziert werden. Den D. O. C.-Status für sein Erzeugnis zu besitzen, erfüllt jeden Hersteller mit Stolz.

Das D. O. C.-Prädikat garantiert allerdings nicht, daß jeder Käse, der das Gütesiegel trägt, vollkommen (oder mit jedem anderen Käse seiner Sorte identisch) ist. Der Charakter des einzelnen Käses hängt von der Weide, auf der die Tiere grasen, von der Jahreszeit und vom Können der Käsemacher ab. Der D. O. C.-Status sichert jedoch einen umfassenden Standard.

Caciocavallo

Herkunft: *Süditalien*
Art: *Traditioneller Knetkäse; individuell oder industriell produziert*
Milch: *Kuhmilch*
Beschreibung: *2–3 kg schwerer, wie ein großer Flaschenkürbis geformter Käse, um den ein dünnes Stück Schnur zum Aufhängen gebunden ist. Die Rinde ist ölig und glatt.*
Verwendung: *Als Tafelkäse, zum Reiben, Grillen und Schmelzen*

Dieser Knetkäse ist typisch für den Süden Italiens. Über den Ursprung seines Namens hat man lange diskutiert. *Cavallo* bedeutet im Italienischen »Pferd«, und einige sind auch der Meinung, daß der Käse zuerst aus Stutenmilch gemacht worden sei. Eine besser nachvollziehbare, wenn auch weniger romantische Erklärung lautet, daß der Name von der Methode herrührt, jeweils zwei Käse über eine Stange wie auf einen Pferderücken zu hängen.

Der Käse wird für gewöhnlich auf Bauernhöfen hergestellt. Der Bruch wird gezogen und geknetet, bis er faserig ist, aber nicht mehr reißt. Dann teilt man die Masse in Portionen, knetet sie zu einer bestimmten Form zurecht und läßt sie reifen. Nach drei Monaten ist der Caciocavallo süß und geschmeidig und wird als Tafelkäse verzehrt. Manche Käse läßt man bis zu zwei Jahre lang reifen, um sie dann als Reibekäse zu verwenden. Das Innere ist goldgelb und hat eine geschlossene Textur, das Aroma ist intensiv und anhaltend und der Geschmack voll, aber mild. Der Caciocavallo wird manchmal mit einem Stückchen Butter in der Mitte versehen, das beim Aufschneiden dann langsam herausläuft. Von diesem Käse gibt es auch geräucherte Varianten.

Canestrato Pugliese (D. O. C.)

Herkunft: *Foggia*
Art: *Traditionelle Hartkäsesorte aus Rohmilch; individuell produziert*
Milch: *Schafmilch (Merino oder Apulische Rasse)*
Beschreibung: *7–14 kg schwerer Zylinder. In die beigefarbene oder goldgelbe Naturrinde ist das Muster des Korbes eingeprägt, in dem der Käsebruch zum Ablaufen stand.*
Verwendung: *Als Tafelkäse und zum Reiben*

Dieser Käse ist nach dem einfachen handgeflochtenen Schilfkorb benannt, in dem der Bruch zum Ablaufen und Pressen aufgestellt wird. Der Canestrato Pugliese ist ein würziger Pecorino. Läßt man ihn einen oder zwei Monate in einem Holzregal reifen, dann hat er ein Aroma, das an feuchte Wolle, Lanolin und Schimmel erinnert. Obwohl er hart und körnig ist, behält der Teig den kräftigen, cremigen Charakter und den für Schafkäse typischen karamelartigen Geschmack bei. Der Käse kann bis zu einem Jahr reifen. Er hat einen Fettgehalt von 45 Prozent.

Unten: *Casciotta di Urbino*

Oben: *Caciocavallo*

Casciotta di Urbino (D. O. C.)

Herkunft: *Toskana und Umbrien*
Art: *Traditionelle halbfeste Käsesorte aus Rohmilch; individuell produziert*
Milch: *Schafmilch (Sarde) mit etwas Kuhmilch*
Beschreibung: *1,2 kg schwerer Zylinder mit abgerundeten Kanten und dünner, glatter gelber bis orangefarbener Naturrinde*
Verwendung: *Als Tafelkäse, für Snacks, zum Kochen, in Salaten*

Der Name Casciotta bezeichnet die vielen kleinen Käse, die überall in Mittelitalien und in einigen Gegenden des Südens in kleinen Käsereien hergestellt werden. Sie können aus Kuh-, Ziegen- oder Schafmilch (oder aus einer Mischung) bestehen und sind bei Einheimischen und Touristen gleichermaßen beliebt. Manche Käse haben eine glatte, feste, ölige Rinde; andere dagegen zeigen die typischen Korbabdrücke der Pecorino-Käse.

Der Casciotta di Urbino soll einer der besten Käse sein. Unter seiner gelben Rinde verbirgt sich ein köstlich kompaktes, leicht zerreibbares Inneres von strohgelber Farbe. Er schmeckt süß, ist feucht, hat den Duft und das Aroma von warmer Milch. Er ist ein wohlschmeckender, feiner Käse mit den Aromen von jungem Gras, Nüssen und Wildblumen.

Die Hersteller des Casciotta di Urbino verarbeiten nur Rohmilch und machen ihren Käse nur in der Zeit zwischen April und September. Er ist nach fünfzehn bis dreißig Tagen reif und besitzt einen Fettgehalt von 45 Prozent. Der Käse kann mit Knoblauch, Zwiebel oder Trüffeln gewürzt sein.

CASTELMAGNO (D. O. C.)

HERKUNFT: *Cuneo*
ART: *Traditionelle Hartkäsesorte aus Rohmilch; individuell oder in Genossenschaften produziert*
MILCH: *Kuhmilch (mit Ziegen- oder Schafmilch)*
BESCHREIBUNG: *5–7 kg schwerer Zylinder. Die rötlich-gelbe Naturrinde ist krustig und zeigt etwas Schimmel und Hefepilze.*
VERWENDUNG: *Zum Abschluß eines Essens; für Gnocchi*

Die erste offizielle Erwähnung des Castelmagno datiert aus dem Jahre 1277. Darin wird der Käse als Zahlungsmittel aufgeführt. Seine Herstellung blieb jahrhundertelang unverändert, und manche Käse gelangten gar nach Paris und London, doch bis in die frühen fünfziger Jahre des zwanzigsten Jahrhunderts war die Nachfrage deutlich zurückgegangen. Um diesen Teil der Lokalgeschichte zu erhalten, bildete man zum Schutz des Castelmagno eine Assoziation, die 1982 unter dem D. O. C.-System einen offiziellen Charakter erhielt.

Der Castelmagno besteht aus teilweise entrahmter Kuhmilch und einem Zusatz von etwas Ziegen- oder Schafmilch. Man läßt Abendmilch über Nacht reifen und gießt am nächsten Tag Morgenmilch dazu. Daraus ergibt sich der kräftige Geschmack und die ungewöhnliche Textur des Käses, die schon mit Baumwolle verglichen wurde. Die Liebhaber des Castelmagno beschreiben sie lieber als flockig oder kompakt, jedoch nicht dicht und einem jungen Lancashire ähnelnd.

Die Käse reifen in feuchten Kellern und in Trockenräumen, werden gelegentlich gewendet und gewaschen, um die Entwicklung der natürlichen Mikroflora zu fördern, die zum scharfen, hefigen Duft des Käses beitragen. Die in den Kellern vorhandenen Blauschimmelpilze durchdringen mitunter die Rinde und bilden feine blaue Streifen, die das Aroma würziger machen.

Der Castelmagno reift bis zu fünf Monate lang. Die Verbraucher bevorzugen heute allerdings den jüngeren und milderen Käse.

CRESCENZA

HERKUNFT: *Lombardei*
ART: *Traditionelle Frischkäsesorte; individuell oder industriell produziert*
MILCH: *Kuhmilch*
BESCHREIBUNG: *1–2 kg schwerer quadratischer oder rechteckiger Käse*
VERWENDUNG: *Zum Backen und Grillen, in Saucen*

Die Textur dieses Käses vom Typ des Stracchino variiert von Hersteller zu Hersteller und bezüglich ihres Fettgehaltes beträchtlich. Die aus den Provinzen Milano oder Pavia stammenden Käse haben den besten Ruf. Sie werden innerhalb weniger Tage nach der Herstellung in einer Verpackung aus einfachem weißem, fettdichtem Papier verkauft und sind wirklich köstlich. Die Käse sind weich und sehr feucht und haben eine frische, reine Säure, die der des Joghurt ähnelt. Andere Käse dieser Sorte sind elastischer, gallert- oder breiartig und haben einen sauren, synthetischen Geschmack. Varianten mit niedrigem Fettgehalt können auch körnig sein.

Der Crescenza sollte nicht länger als zehn Tage reifen und dann möglichst bald verzehrt werden. Der Fettgehalt des Käses schwankt zwischen 48 und 50 Prozent.

DOLCELATTE

HERKUNFT: *Lombardei*
ART: *Neuere Blauschimmelkäsesorte; industriell hergestellt*
MILCH: *Kuhmilch*
BESCHREIBUNG: *1–2 kg schweres Rad. Die feuchte Naturrinde ist weiß und zeigt blaue und graue Schimmelflecke*
VERWENDUNG: *Als Tafelkäse, für Dressings, in Salaten und auf Pasta*

Der Dolcelatte hat, wie sein Name (»süße Milch«) schon sagt, einen delikaten süßen Geschmack. Der köstlich weiche Käse zergeht auf der Zunge wie Eiscreme. Er wurde von Galbani kreiert, einem Unternehmen, das bereits für seinen Bel Paese berühmt ist, und spricht diejenigen an, denen das Aroma der traditionellen Blauschimmelkäse wie Gorgonzola oder Roquefort zu stark, zu robust und zu würzig ist.

Das Herstellungsverfahren ähnelt dem des Gorgonzola; für den Dolcelatte wird jedoch nur Milch aus einem Melkvorgang verarbeitet. Der industriell produzierte Käse reift zwei oder drei Monate lang und hat einen Fettgehalt von etwa 50 Prozent. Er wird mitunter auch als Gorgonzola Dolce bezeichnet.

Ähnliche Käsesorten: Dolceverde und Torta Gaudenzio.

UNTEN: *Dolcelatte*

ITALIENISCHER KÄSE

LINKS: *Dolcelatte Torta*

DOLCELATTE TORTA
HERKUNFT: *Verschieden*
ART: *Neuere Blauschimmelkäsesorte; industriell produziert*
MILCH: *Kuhmilch*
BESCHREIBUNG: *2–3 kg schwerer rechteckiger Käse mit feuchter Naturrinde, die mit grauem und blauem Schimmel bedeckt ist.*
VERWENDUNG: *Als Tafelkäse, in Dips, als Brotaufstrich und auf Pasta*

Dieser Käse wurde in den sechziger Jahren kreiert. Er besteht aus dicken Schichten von Mascarpone, die sich mit mildem italienischem Blauschimmelkäse der Sorte Dolcelatte abwechseln. Der sahnige Frischkäse lockert den Blauschimmelkäse auf, so daß der Käse im Mund weich und zart ist und sich eher wie Eiscreme anfühlt. Er läßt sich vielfältig verwenden: Legen Sie ihn auf warmen Toast, lassen Sie ihn über Pasta schmelzen oder heben Sie ihn für ein Festessen auf. Dolcelatte Torta ist mit einem Fettanteil von 75 Prozent wirklich zu gehaltvoll, um mit einem einfachen Wein gereicht zu werden, doch er ist köstlich mit einem glatten Likörwein wie Madeira oder auch mit einem süßen italienischen Dessertwein, die die Schwere des Käses strecken.

In den USA wird der Käse mitunter auch unter dem Namen Gorgonzola Torta verkauft.

Nach dem Erfolg dieser Käsesorte wurden weitere *torti* kreiert, von denen einige gut und andere fast ungenießbar sind. Bei einer der besten Torten wechseln Schichten von leicht gerösteten Pinienkernen und Pesto mit Mascarpone. Einige Stücke dieser *torta* in heißen Pasta geschmolzen und mit frisch gehackten Basilikumblättchen bestreut, ergeben eine Vorspeise, der man nicht widerstehen kann.

FIORE SARDO (D. O. C.)
HERKUNFT: *Sardinien*
ART: *Traditionelle Hartkäsesorte aus Rohmilch; individuell und in Genossenschaften produziert*
MILCH: *Schafmilch*
BESCHREIBUNG: *1,5–4 kg schweres zylindrisches Rad. Die harte, gerillte Naturrinde ist goldgelb bis dunkelbraun.*
VERWENDUNG: *Als Tafelkäse, zum Reiben und Kochen, für Snacks*

Lassen Sie sich nicht vom sauren, feuchten Geruch der Rinde abschrecken. Dieser Käse ist der süßeste von den Pecorinos. Der körnige Hartkäse ist strohfarben und kompakt und hat ein herrlich reiches Aroma mit der Süße von Karamel, einem salzigen Beigeschmack, der einem das Wasser im Munde zusammenlaufen läßt, und einer Andeutung von Fruchtgeschmack.

Als Gerinnungsmittel wird der Milch Lab von Lämmer- oder Zickelmägen zugesetzt. Das Herstellungsverfahren unterscheidet sich von dem für den traditionellen Pecorino dadurch, daß der Bruch nicht in der Molke »gekocht« oder erhitzt wird. Der abgelaufene Bruch wird in heißem Wasser gebrüht, um die Rinde zu versiegeln. Dann werden die Käse in einem Regal aus Schilfgeflecht gelagert, das über dem Küchenherd hängt, und wo die Käse beim Trocknen den frischen Rauch absorbieren können. Sie reifen dann in einem anderen Raum oder auf dem Dachboden weiter und werden regelmäßig mit Olivenöl und Schaffett eingerieben, um ihre Feuchtigkeit zu erhalten und die Schimmelbildung zu verhindern. Der Fiore Sardo reift drei bis sechs Monate und hat einen Fettgehalt von 45 Prozent.

FONTINA (D. O. C.)
HERKUNFT: *Aostatal*
ART: *Traditionelle halbfeste Käsesorte aus Rohmilch; individuell oder industriell produziert*
MILCH: *Kuhmilch*
BESCHREIBUNG: *8–18 kg schweres Rad. Die dünne, ungleichmäßige hellbraune bis terrakottafarbene Rinde ist leicht geölt.*
VERWENDUNG: *Als Tafelkäse, zum Schmelzen und Grillen*

Auf den Weiden des Aostatales, das von den höchsten Bergen Europas beherrscht wird, bringen die sehr trockenen Sommer eine große Vielfalt ausgezeichneten Viehfutters. Seit dem elften Jahrhundert, als man den einheimischen Käse einfach unter der Bezeichnung »caseus« kannte, die besagte, daß er aus Kuhmilch gemacht war, wird die Käseherstellung hier in größerem Maßstab betrieben.

Heute wird der Name Fontina ausschließlich und mit Stolz für die im Aostatal erzeugten Käse verwendet. Die besten werden in der Zeit von Mai bis September, in der die Herden auf den Bergwiesen grasen, in den Sennhütten hergestellt.

Der Fontina ist dicht, glatt und leicht elastisch. Das strohfarbene Innere mit den kleinen runden Löchern hat einen köstlichen Nußgeschmack mit einer Andeutung von mildem Honig. Der Käse (der die Grundlage für das vorzügliche Fonduegericht Fonduta bildet) wird häufig geschmolzen. Sein Aroma ist dann erdig, zeigt eine Spur von Pilzen und eine frische Säure.

Jeder Käsehersteller hat einen bevorzugten Raum, in dem er seine Käse reifen läßt – Höhlen, Tunnel, ehemalige Militärbunker und sogar eine aufgegebene Kupfermine. Der Fontina reift etwa drei Monate und weist einen Fettgehalt von 45 Prozent auf.

OBEN: *Fontina*

GORGONZOLA (D. O. C.)

HERKUNFT: *Lombardei*
ART: *Traditionelle Blauschimmelkäsesorte; industriell oder
in Genossenschaften produziert*
MILCH: *Kuhmilch*
BESCHREIBUNG: *6–12 kg schwere Trommel
mit roter bis orangefarbener Rinde,
die mit pudrigen Flecken von grauem
und blauem Schimmel bedeckt ist*
VERWENDUNG: *Als Tafelkäse, für Dressings,
Salate, auf Pasta oder Gnocchi*

Es gibt mehrere Legenden, die erklären, wie aus einem im Winter hergestellten Stracchino-Käse einer der ersten Blauschimmelkäse der Welt wurde. Ihnen zufolge wurde der Käse von einem Gastwirt in Gorgonzola versehentlich entdeckt. Er hatte seinen jungen Stracchino einige Wochen lang im kühlen, feuchten Keller aufbewahrt und bemerkte dann, daß der Käse »blau« geworden war. Getrieben von dem Gedanken an den vermeintlichen Verlust beschloß er, den Käse einigen fremden Gästen vorzusetzen. Die verlangten, anstatt sich zu beschweren, noch mehr davon.

Der grünlich-blaue Penicilliumschimmel verleiht dem Käse ein scharfes, würziges Aroma und bildet einen ausgezeichneten Gegensatz zu dem gehaltvollen, cremigen Käse. Über achtzig große und kleine Produzenten in Norditalien stellen Gorgonzola her. Manche verarbeiten dazu Rohmilch und lassen den Bruch nach einem traditionellen Verfahren über Nacht hängen, so daß sich die Schimmelpilze von selbst darauf festsetzen können. Der größte Teil des Käses wird jedoch aus pasteurisierter Milch hergestellt, der man Schimmelpilzkulturen zusetzt. Nach etwa vier Wochen sticht man die Käse mit dicken Nadeln an, um die Ausbreitung des Schimmels zu fördern. Manche Käse werden zum Reifen noch immer in die Höhlen von Valsassina und Lodi gebracht, die ideale Bedingungen für die Entstehung des Schimmels bieten.

Der Gorgonzola reift drei bis sechs Monate und hat einen Fettgehalt von 48 Prozent. Um ihn vor dem Austrocknen zu schützen, ist er für gewöhnlich in Folie gewickelt.

LINKS: Grana Padano

GRANA (D. O. C.)

HERKUNFT: *Potal*
ART: *Traditionelle Hartkäsesorte aus
Rohmilch; industriell produziert*
MILCH: *Kuhmilch*
BESCHREIBUNG: *24–40 kg schwere
Trommel mit steinharter, glatter gelber
oder brauner Naturrinde*
VERWENDUNG: *Als Tafelkäse, zum Reiben,
in Saucen, als würzende Zutat*

Grana ist die allgemeine Bezeichnung für die harten, körnigen Käse, die zu Zeiten des Römischen Reiches aus dem Potal kamen. Der großartige fruchtige und aromareiche Grana muß mindestens zwölf Monate (wenn er der D. O. C.-Kontrolle unterliegt, noch länger) reifen. Die berühmtesten Vertreter des Grana sind der Grana Padano und der Parmigiano-Reggiano, die Sie in diesem Buch gesondert aufgeführt finden. Charakteristisch für den Grana Lodigiano ist ein schwach grünlicher Farbton. Sein Aroma ist sehr kräftig und sogar bitter. Er hat einen unglaublich hohen Preis.

GRANA PADANO (D. O. C.)

HERKUNFT: *Bestimmte Gegenden
in den Regionen Piemont, Lombardei,
Emilia-Romagna, Venetien
und Trentino*
ART: *Traditionelle Hartkäsesorte aus
Rohmilch; industriell oder in
Genossenschaften produziert*
MILCH: *Kuhmilch*
BESCHREIBUNG: *24–40 kg schwere
Trommel. Die glatte Naturrinde ist
extrem hart und dick.
Sie ist tiefgelb und häufig ölig und
trägt das offizielle Logo.*
VERWENDUNG: *Als Tafelkäse, zum Reiben,
für Vorspeisen und Saucen,
auf Pasta und Salaten*

Viele von uns kennen den Grana Padano und den Parmigiano-Reggiano einfach als »Parmesan«. Dieser Käse darf nie sauer oder matt, sondern muß frisch, fruchtig, süß und nach einer Spur Ananas schmecken. Das blaßgelbe Innere sollte hart, körnig und krümelig sein.

Diese Käse sind zwar teuer, doch reicht ein kleines Stück davon lange. Sie lassen sich sehr gut im Stück oder gerieben einfrieren. Der Käse kann, wenn Sie ihn aus dem Tiefkühlschrank nehmen, sofort gerieben werden und ist damit praktischer als der abgepackte, unangenehm schmeckende geriebene Parmesan, den man im Handel erhält.

Der Grana Padano reift zwölf bis achtundvierzig Monate und hat einen Fettgehalt von 32 Prozent.

LINKS: Gorgonzola

MASCARPONE
HERKUNFT: *Verschieden*
ART: *Traditionelle vegetarische Sorte, gereifter Rahm; individuell oder industriell produziert*
MILCH: *Kuhmilch*
BESCHREIBUNG: *Blaß cremefarben und schimmernd, wird in Gefäßen abgepackt verkauft*
VERWENDUNG: *Als Dessert, zum Backen, zu Pasta, in würzigen Vorspeisen*

Der Mascarpone ist genau genommen überhaupt kein Käse; er entsteht, wenn man dem Rahm, der von der Milch für die Parmesanproduktion abgeschöpft wurde, Milchsäurebakterien zugibt. Obwohl er auf fast die gleiche Weise wie Joghurt hergestellt wird, bezeichnet man ihn oft als Hüttenkäse.

Nach der Zugabe der Bakterienkultur wird der Rahm leicht erwärmt, dann läßt man ihn reifen und dick werden. Er entwickelt eine herrliche, dicke Textur, läßt sich mit dem Löffel essen und ist sehr vielseitig.

Mascarpone ist als Hauptzutat für Tiramisu, das sinnlichste aller italienischen Desserts, berühmt. Er läßt sich zudem in Süßspeisen und würzigen Vorspeisen sehr gut anstelle extrafetter Sahne verwenden. In Süditalien wird Mascarpone mitunter aus Büffelmilch hergestellt. Zum Reifen braucht er nur einige Tage. Sein Fettgehalt beträgt 75 Prozent.

MONTASIO (D. O. C.)
HERKUNFT: *Friaul und Venetien*
ART: *Traditionelle Hartkäsesorte aus Rohmilch; individuell oder industriell produziert*
MILCH: *Kuhmilch (mit etwas Schafmilch)*
BESCHREIBUNG: *5–10 kg schweres Rad. Die gelbbraune Rinde ist glatt und anfangs elastisch, wird mit zunehmendem Alter härter und nimmt eine dunklere braune Farbe an.*
VERWENDUNG: *Als Tafelkäse, zum Reiben und in Saucen*

Der Montasio wurde im dreizehnten Jahrhundert im Kloster Maggio entwickelt und ursprünglich nur aus Schafmilch hergestellt. Heute nimmt man Kuhmilch. Die Abendmilch wird teilweise entrahmt (sie liefert den Rahm für Mascarpone) und dann mit der fetteren Morgenmilch gemischt. Der Käse hat die gleiche Form wie der Fontina, doch seine Textur erinnert an einen jungen Asiago. Der Teig ist gelb oder strohfarben und fest und weist kleine Löcher auf. Ein guter Montasio ist cremig, gehaltvoll und fruchtig und zeigt eine Spur von Ananasgeschmack. Sein Nachgeschmack soll ähnlich wie bei einem mittelalten Cheddar sehr scharf sein. Während der Reifung wird die Rinde sehr hart, das Innere sehr körnig und sogar bröckelig, und der fruchtige Geschmack verstärkt sich.

Der Montasio reift drei bis achtzehn Monate und enthält 30–40 Prozent Fett.

OBEN: *Mozzarella*

MOZZARELLA DI BUFALA
HERKUNFT: *Verschieden*
ART: *Traditionelle Knetkäsesorte; individuell oder industriell produziert*
MILCH: *Wasserbüffelmilch*
BESCHREIBUNG: *Kugelige oder ovale Käse in verschiedenen Größen, feucht, schimmernd und reinweiß*
VERWENDUNG: *Frisch in Scheiben geschnitten für Salate, auf Pizzen gebacken, auch gegrillt*

Wie die meisten Frischkäse, so beeinflußt auch der Mozzarella nicht so sehr den Geschmack eines Gerichts, sondern verleiht ihm eher eine bestimmte Textur. Die Schichten aus mildem, feuchtem Käse nehmen die Säfte, Öle und Aromen der anderen Zutaten auf und verstärken sie. Diese Eigenschaft und die Tatsache, daß der Mozzarella beim Schmelzen wunderbar elastisch wird, haben den Käse so populär gemacht.

Der Käse kommt in Molke schwimmend in den Handel. Er sollte eher schlaff als gummiartig sein und zwischen den Schichten aus elastischem Teig noch Feuchtigkeit enthalten. Der aus Kuhmilch hergestellte Mozzarella hat kein so köstliches Aroma wie der aus Wasserbüffelmilch und keine so weiche Textur, doch er kann außerordentlich sein, wenn er gut gemacht ist. Da es sich bei Mozzarella um einen Frischkäse handelt, sollte er recht bald nach der Herstellung verzehrt werden.

Ist der Käse leicht geräuchert, dann wird er Mozzarella affumicata genannt. Ist er stärker geräuchert (ein Prozeß, der den Käse austrocknet), bezeichnet man ihn als Mozzarella scamorza. Der harte, gummiartige »Pizza«-Käse, der außerhalb Italiens verkauft wird, mag für die Textur einer Pizza gut sein, doch er kommt geschmacklich niemals einem frischen Mozzarella gleich. In Italien ist der im Handel erhältliche »Block«-Mozzarella als Pizzaiola bekannt.

UNTEN: *Mascarpone*

MURAZZANO (D. O. C.)

HERKUNFT: *Cuneo*
ART: *Traditionelle Frischkäsesorte aus Rohmilch; individuell oder industriell produziert*
MILCH: *Kuh- und Schafmilch im Verhältnis 60:40*
BESCHREIBUNG: *150–250 g schwerer Rundkäse mit feiner, glatter gelber Rinde.*
VERWENDUNG: *Als Tafelkäse, zum Grillen*

Dieser Käse ist nach dem Dorf benannt, in dem er hergestellt wird. Er ist ein für die Region Piemont typischer *robiola* – ein weicher, runder Käse, den man aus einer Mischung von Kuh- und Schafmilch macht. Seine Textur ist köstlich und geschmeidig; er schmeckt frisch und nach Milch und – wie jeder Käse aus Schafmilch – ganz leicht nach Karamel. Obwohl der Käse allein schon wohlschmeckend ist, läßt man ihn auf Pizzen oder Crostini schmelzen oder verwendet ihn in Saucen oder Pasteten. Der Murazzano ist nach vier oder fünf Tagen reif. Sein Fettgehalt beträgt 45 Prozent.

PARMIGIANO-REGGIANO (D. O. C.)

HERKUNFT: *Modena, Parma, Reggio nell'Emilia, Gegenden in Bologna und Mantua*
ART: *Traditionelle Hartkäsesorte aus Rohmilch; in Genossenschaften produziert*
MILCH: *Kuhmilch*
BESCHREIBUNG: *24–40 kg schwere Trommel mit dicker, harter gelber oder orangefarbener Rinde*
VERWENDUNG: *Als Tafelkäse, zum Reiben, in Saucen und Salaten, über Pasta und Risotto*

In Italien wird dieser wunderbare Käse in großen, derben, körnigen Stücken verkauft, die man von der schimmernden Trommel abspaltet. Seine Rinde ist mit dem Namen Parmigiano-Reggiano verziert. Das Aroma des Käses ist süß und fruchtig, das Innere zeigt eine frische gelbe Farbe, der Geschmack ist vorzüglich – fruchtig (wie frische Ananas), kräftig und voll, doch nie dominant oder intensiv. Der Käse hält sich monatelang im Kühlschrank; dabei kann die rauhe Oberfläche jedoch etwas Schimmel ansetzen. Haben Sie ein großes Stück gekauft und verbrauchen davon – was eigentlich unvorstellbar ist – nur selten etwas, dann frieren Sie den Käse ein. Aus dem Gefrierschrank herausgenommen, läßt sich der Käse sofort reiben. 1955 wurden die Re-

RECHTS: Murazzano

geln, nach denen der Parmigiano-Reggiano produziert werden konnte, verschärft, und das Herstellungsverfahren genau festgelegt. Die Kühe, deren Milch zu diesem Käse verarbeitet wird, dürfen nur frisches Gras, Heu oder Luzerne fressen. Die Durchsetzung dieser Bestimmungen erhöht zwar die Produktionskosten, doch im Ergebnis erhält man einen Käse, dessen Aroma und Qualität garantiert sind.

Das Geheimnis des anhaltenden Erfolges des Parmigiano-Reggiano ist die Bestimmung der regulierenden Körperschaft, daß die etwa achthundert lokalen Meiereien, die den Käse herstellen, erhalten werden müssen. Nur auf kleinen Höfen, wo der Weg der Milch

OBEN: Parmigiano-Reggiano

zum Käsemacher nicht weit ist, kann die Beziehung zwischen der Milch und deren individuellem Endprodukt erhalten bleiben. Überraschend an diesem köstlichen, kräftigen und vollmundigen Käse ist, daß er aus teilweise entrahmter Milch hergestellt wird. Man läßt dazu die Abendmilch über Nacht in Kesseln ruhen. Am nächsten Morgen wird der leicht gesäuerte Rahm abgeschöpft, um daraus Mascarpone zu machen, und der entrahmten Milch wird frische Morgenmilch zugegeben. Die Milch wird dann in konische Kupferkessel gegossen, und der Prozeß der Käseherstellung kann beginnen.

Um die Rinde zu versiegeln und während der nächsten achtzehn bis achtundvierzig Monate vor dem Austrocknen zu schützen, läßt man die Käse etwa einundzwanzig Tage lang in gewaltigen Salzlakebädern liegen. Dann werden sie in die Lagerräume gebracht. Während des gesamten Reifungsprozesses werden die Käse sorgfältig gebürstet, gewendet, geprüft und nochmals geprüft, ehe sie ein offizieller, für die Einhaltung der Qualität jedes einzelnen Käses verantwortlicher Vertreter des Konsortiums beurteilt. Das Warenzeichen »Parmigiano-Reggiano« wird überall auf der Rinde als Feuerprägemarke angebracht, so daß sich auch ein kleines Stück des Käses, der zu den besten der Welt gehört, leicht identifizieren läßt.

PECORINO ROMANO (D. O. C.)

HERKUNFT: *Latium und Sardinien*
ART: *Traditionelle Hartkäsesorte;*
individuell oder industriell produziert
MILCH: *Schafmilch*
BESCHREIBUNG: *22–33 kg schwere*
Trommel. Die glatte, harte
Rinde ist blaß strohfarben oder
dunkelbraun.
VERWENDUNG: *Als Tafelkäse, zum Reiben,*
in Saucen, auf Pasta

Pecorino ist der allgemeine Name für Käse, der aus reiner Schafmilch hergestellt wird. Jede Sorte ist typisch für ein bestimmtes Gebiet und eine bestimmte Schafrasse. Der Pecorino Romano wurde jahrhundertelang in den ländlichen Gegenden rund um Rom produziert, und er ist faktisch bis heute unverändert geblieben.

Dank seiner ausgezeichneten Lagerfähigkeit fand der Käse seit dem ersten Jahrhundert n. Chr. eine weite Verbreitung. Römische Legionäre erhielten ihn als Teil ihrer Verpflegung. Die Nachfrage stieg stetig, bis die römischen Erzeuger nicht länger Schritt halten konnten. In dieser Zeit dehnte sich die Produktion auf die Insel Sardinien aus, wo es heute mehr als sechzig große Betriebe oder Molkereien gibt – im Gegensatz zum Umland der Stadt Rom, in dem es nur zehn sind.

Der Käse wird in der Zeit zwischen November und Ende Juni hergestellt, wenn die Schafe über die Naturweiden ziehen und grasen. Der Pecorino Romano ist größer als die meisten Käse dieser Art und muß gepreßt werden. Er braucht zum Reifen acht bis zwölf Monate. Während dieser Zeit entwickelt er sein charakteristisches Aroma – salzig, mit einem fruchtigen Beigeschmack, der ständig stärker wird. Die Farbe der Rinde ist je nach Alter des Käses verschieden und kann einen Schutzüberzug aus Schweineschmalz oder Öl haben. Das kompakte Innere ist weiß bis blaßgelb und zeigt unregelmäßige kleine Löcher. Der Käse, der sich vorzüglich zum Reiben eignet, muß sich feucht, doch körnig anfühlen.

Weitere Romanos sind der Caprino Romano aus Ziegenmilch und der Vaccino Romano, der aus Kuhmilch gemacht wird. Beide sind Hartkäse und haben ihren eigenen, individuellen Charakter.

PECORINO SARDO (D. O. C.)

HERKUNFT: *Sardinien*
ART: *Traditionelle Hartkäsesorte aus*
Rohmilch; individuell produziert
MILCH: *Schafmilch*
BESCHREIBUNG: *1–4 kg schwerer Zylinder.*
Die Farbe der Naturrinde reicht von
blassem Strohgelb bis zu tiefem Rost.
VERWENDUNG: *Als Tafelkäse, zum Reiben,*
für Snacks, in Salaten und Saucen,
auf Pasta

Diese Käsesorte steht erst seit kurzem unter dem Schutz der D. O. C.-Bestimmungen. Es gibt ihn in zwei unterschiedlichen Arten. Der köstliche süße Pecorino Sardo Dolce reift zwanzig bis sechzig Tage lang und wiegt 1–2,3 kg. Sein Teig ist weiß und fest und weist einige verstreute Löcher auf.

Der Pecorino Sardo Maturo braucht zum Reifen zwölf Monate und wird in dieser Zeit hart, körnig und trocken. Er entwickelt eine kräftige Schärfe und einen salzigen Beigeschmack. Eine Fülle von Aromen – süß, nußartig und kräuterartig – wird freigesetzt, wenn man den Käse über Pasta oder andere heiße Gerichte reibt.

Jede Saison kann einen feinen Unterschied im Aroma des Käses bringen. Das hängt davon ab, welche Blumen, Gräser und Kräuter die an den bergigen Hängen der Insel umherstreifenden sardinischen Schafe, die Mufflons, bevorzugen.

UNTEN: *Pecorino Romano (links), Sardo*
(oben) und Toscano
(rechts)

PECORINO TOSCANO (D. O. C.)

HERKUNFT: *Toskana*
ART: *Traditionelle Hartkäsesorte aus*
Rohmilch; individuell oder
in Genossenschaften produziert
MILCH: *Schafmilch*
BESCHREIBUNG: *1–3 kg schweres Rad. Die*
Naturrinde hat eine blasse strohgelbe bis
braune oder schwarze Farbe.
VERWENDUNG: *Geschabt oder gerieben*
auf Pasta oder Risotto, in Saucen
und Salaten

Der junge Pecorino Toscano ist geschmeidig, fruchtig und duftet aromatisch. Sein komplexes Aroma erinnert an Walnüsse und kräftigen Karamel.

Bis vor kurzem bezeichnete dieser Name alle Käsesorten aus der Toskana, die aus Schafmilch oder einer Milchmischung hergestellt waren. Dank der neuen Bestimmungen ist dieser Name nun geschützt und darf nur für Käse aus reiner Schafmilch verwendet werden. Käse aus gemischter Milch sind unter der Bezeichnung Caciotta im Handel.

Die Käse der Sorte Toscano, die gewöhnlich kleiner als die anderen Pecorinos sind, reifen schneller. Die jungen Käse haben eine gelbe Rinde und sind fest, aber nicht hart. Die Rinde dunkelt nach zwei oder drei Monaten zu einem bräunlichen Rot. Der schwarzrindige Käse (Pecorino Toscano Crosta Nero) reift mindestens sechs Monate und hat ein intensives Aroma.

PRESSATO (D. O. C.)

HERKUNFT: *Vicenza und Trient*
ART: *Traditionelle Hartkäsesorte; in*
Genossenschaften produziert
MILCH: *Kuhmilch*
BESCHREIBUNG: *Verschiedene Größen und*
Formen mit blasser strohgelber
oder goldgelber Rinde
VERWENDUNG: *Als Tafelkäse,*
zum Schmelzen

Der Name Pressato bedeutet nichts anderes als »gepreßt« und ist eine allgemeine Bezeichnung für eine Reihe leicht gepreßter Käsesorten, die entweder aus entrahmter oder halbentrahmter Milch hergestellt werden. Diese süßsauren, milchigen Käse kommen jung in den Handel, wenn sie geschmeidig sind und eine offene Textur haben. Als Pressato wird manchmal (zum Ärger der Produzenten) irrtümlicherweise der Asiago bezeichnet.

ITALIENISCHER KÄSE | 55

OBEN: Provolone

PROVOLONE (D. O. C.)
HERKUNFT: *Lombardei*
ART: *Traditionelle Knetkäsesorte; industriell hergestellt*
MILCH: *Kuhmilch*
BESCHREIBUNG: *200 g–5 kg schwere Käse in unterschiedlichen Formen. Die dünne, harte Rinde ist goldgelb und schimmert. Gelegentlich ist sie gewachst.*
VERWENDUNG: *Als Tafelkäse, zum Grillen und Schmelzen*

Niemand weiß genau, wo der Käse seinen Ursprung hat, doch er gehörte gewiß zu den ersten Käsesorten, die die Römer kannten. Die lokaltypischen Namen für den Provolone widerspiegeln die Form oder Größe, die sich beträchtlich voneinander unterscheiden können. Der Käse kann kugelig, birnenförmig, zylindrisch oder sogar geflochten sein, und sein Gewicht hängt von der Lust und Laune der Käsemacher ab. Die Giganti (Riesenkäse), die oftmals für besondere Gelegenheiten oder für Handelsmessen hergestellt werden, können über drei Meter lang sein. Die bekannteste Form, die man oft in italienischen Feinkostläden hängen sieht, ist die mit Kordel verschnürte Käsewurst.

Der Dolce (ein milder Provolone) reift zwei oder drei Monate lang. Er ist geschmeidig und glatt und hat eine dünne gewachste Rinde. Er findet meist Verwendung als Tafelkäse. Der Picante entsteht aus Milch, der zum Gerinnen Lab aus Zickelmägen zugesetzt wird; das verleiht dem Käse ein stärkeres Aroma.

Er reift sechs Monate bis zwei Jahre, ist dunkler, hat kleine Löcher, eine harte Rinde und ein starkes, würziges Aroma.

Der Picante wird oft als würzende Zutat über ein Gericht gerieben.

QUARTIROLO LOMBARDO
HERKUNFT: *Lombardei*
ART: *Traditionelle halbfeste Käsesorte; individuell oder industriell produziert*
MILCH: *Kuhmilch*
BESCHREIBUNG: *1–3 kg schwerer quadratischer Käse. Die zarte blaßrosa Rinde wird mit zunehmendem Alter härter und setzt rötlich-grauen Schimmel an.*
VERWENDUNG: *Als Tafelkäse, zu Salaten und kaltem Fleisch serviert*

Das reichlich wachsende Gras in den Tälern der Lombardei wurde seit alters her dreimal im Sommer gemäht. Nach der letzten Mahd brachte man die Viehherden von den Bergweiden und ließ sie das süße neue Gras (erba quartirola) fressen, ehe sie für den Winter in ihre Ställe zurückkehrten. Das Produkt aus der gehaltvollen Milch, die die Tiere in dieser Zeit gaben, wurde Quartirolo Lombardo genannt. Für diesen Käse wurde die Milch entrahmt; den Rahm verarbeitete man zu Butter.

Heute wird der Käse das ganze Jahr hindurch und für gewöhnlich aus Vollmilch hergestellt. Er sieht wie ein junger Taleggio aus und hat eine leicht krümelige, klumpige Mitte. In den ersten Wochen besitzt er eine zitronenfrische Säure und einen köstlichen Duft; nach zwei Monaten wird er dicht, fast zerfließend, und sein fruchtiger Charakter ist stärker ausgeprägt. Käseliebhaber sind besonders an Quartirolo di Monte interessiert, der in den Bergen aus Rohmilch hergestellt wird und langsam reift. Seine Erzeuger versuchen gegenwärtig, die Sorte unter die Kontrolle des D. O. C.-Systems stellen zu lassen, um die Qualität und den Charakter des Käses zu schützen.

UNTEN: Raschera

RAGUSANO (D. O. C.)
HERKUNFT: *Sizilien*
ART: *Traditionelle Hartkäsesorte aus Rohmilch; individuell oder in Genossenschaften produziert*
MILCH: *Kuhmilch (Modicana)*
BESCHREIBUNG: *10–12 kg schwerer ziegelförmiger Käse. Die dünne, glatte gelbe Naturrinde ist poliert.*
VERWENDUNG: *Als Tafelkäse, zum Grillen*

Im Dialekt der Gegend wird der Ragusano (oder Caciocavallo Ragusano) als *scaluni* oder Stufe bezeichnet. Um ihn herzustellen, wird Käsebruch erwärmt und länggewirkt, bis er elastisch ist. Dann preßt man ihn in spezielle rechteckige Formen. Ist die Molke abgelaufen, wird der Käse mit Salz eingerieben und zum Reifen in Keller gebracht, wo er bis zu sechs Monate lang bleibt. Um die Insekten abzuwehren, werden die einzelnen Käse regelmäßig mit einer Mischung aus Öl und Essig eingerieben. Das blaßgelbe Innere ist weich und geschmeidig und hat einen würzigen Geschmack, der sich verstärkt, wenn der Käse hart wird und älter als sechs Monate ist.

RASCHERA (D. O. C.)
HERKUNFT: *Cuneo*
ART: *Traditionelle halbfeste Käsesorte; individuell oder in Genossenschaften produziert*
MILCH: *Kuhmilch (mit Schaf- oder Ziegenmilch)*
BESCHREIBUNG: *7–10 kg schwerer runder oder quadratischer Käse. Die dünne rötlich-gelbe Kruste ist mit weißem oder grauem Schimmel bedeckt.*
VERWENDUNG: *Als Tafelkäse, zum Grillen*

Dieser Käse ist nach dem See Raschera benannt, der am Fuße des Berges M. Mongioie liegt. Der Käse erinnert an den Toma, hat jedoch eine praktische quadratische Form, die noch aus der Zeit herrührt, als er auf dem Rücken von Maultieren transportiert wurde.

Der Raschera wird meist aus der süßen Milch von Piemonteser-Kühen hergestellt. Sein blaß elfenbeinfarbenes Inneres ist mit winzigen Löchern übersät, die gelegentlich einen Stich ins Bläuliche zeigen. Der junge Käse ist geschmeidig und elastisch und hat einen süßen Geschmack, der kräftiger, aromatischer und leicht herb wird. Das Aroma ändert sich von Saison zu Saison. Die im Frühjahr und Sommer erzeugten Käse sind süß und frisch, wogegen die im Winter hergestellten meist fester und kraftvoller sind. Als bester Käse wird der von den Bergweiden eingeschätzt; halten Sie also Ausschau nach einem Etikett mit der Bezeichnung »di alpessio«.

ITALIENISCHER KÄSE

RICOTTA
HERKUNFT: *Verschieden*
ART: *Traditionelle Molkenkäsesorte; individuell oder industriell produziert*
MILCH: *Kuhmilch*
BESCHREIBUNG: *1–2 kg schwerer schüsselförmiger Käse; reinweiß und feucht, jedoch nicht klebrig*
VERWENDUNG: *Als Dessertkäse mit Zucker und Obst, auch gebacken in Ravioli oder Pasteten*

Bei der Herstellung von Käse werden die in der Milch vorhandenen Feststoffe durch Gerinnung von der Flüssigkeit getrennt. Wie sorgfältig auch immer der Käsemeister arbeitet – es bleiben stets einige feste Bestandteile in der Molke zurück. Um diese wiederzugewinnen, erhitzt man die Milch, bis die Feststoffe als kleine weiße Klumpen an die Oberfläche steigen. Sie werden abgeschöpft und zum Ablaufen in geflochtene Körbe gefüllt, wo sie bleiben, bis der Bruch fest genug ist und nicht auseinanderbricht, wenn er aus der Form herausgeholt wird. Das Ergebnis ist ein weicher, feuchter, schüsselförmiger Käse. Ein guter Ricotta sollte stabil, aber nicht hart sein und aus einer Menge feiner feuchter, zarter Körner bestehen, die weder gesalzen noch gereift sind. Einer der feinsten Ricotta-Käse, der Fior di Maggio, besitzt eine Textur, die köstlichem Bread and Butterpudding ähnelt. Der nur undeutlich körnige Käse zergeht im Munde. Leider entsteht ein großer Teil der heute produzierten Ricotta-Käse aus halbentrahmter Milch anstatt aus Molke, was die Textur stark verändern kann. Sie wird sandig, klumpig oder gar feucht. Wird der Käse dann für ein Gericht nach traditionellem Rezept verwendet, dann kann er das Ergebnis verderben. In Italien gibt es Ricotta in verschiedenen Formen. Der Ricotta Romano wird aus Schafmilch gemacht und ist von November bis Juni erhältlich. Ricotta Salata ist eine gesalzene und getrocknete Variante, die an Feta erinnert, während es sich bei Ricotta Infornata um eine sizilianische Spezialität handelt, die gebacken wird, bis sie leicht gebräunt ist. Die Norditaliener mögen ihren Ricotta geräuchert. Der Ricotta braucht nur einen bis fünf Tage zum Reifen und besitzt einen Fettgehalt von 20 Prozent.

RECHTS: Ricotta Salata (links) und frischer Ricotta (rechts)

ROBIOLA DI ROCCAVERANO (D. O. C.)
HERKUNFT: *Lombardei*
ART: *Traditionelle Frischkäsesorte; individuell oder in Genossenschaften produziert*
MILCH: *Kuh- und Ziegenmilch*
BESCHREIBUNG: *200 g schwerer runder oder quadratischer Käse. Frisch hergestellt ist der Käse reinweiß; er wird später rosa- bis orangefarben und weist rötliche Fermente auf.*
VERWENDUNG: *Als Tafelkäse, zum Backen, als Brotaufstrich, in Saucen*

Der Käse, der aus Roccaverano kommt, war einst ausschließlich aus Ziegenmilch gemacht. Heute jedoch ist eine Mischung aus verschiedenen Milchsorten erlaubt; der Anteil von Kuhmilch kann bis zu 85 Prozent betragen. Der Robiola di Roccaverano wird zum Teil noch immer auf Bauernhöfen für den Eigenbedarf hergestellt, doch das Gros wird unter Verwendung von pasteurisierter Milch in kleinen Genossenschaften produziert. Den Käse kann man nach wenigen Tagen frisch verzehren, wenn er süß und feucht ist. Manche bevorzugen ihn, wenn er vorher bis zu zwanzig Tage lang reifen konnte. Der reife Käse ist schärfer, hat jedoch noch immer den zarten charakteristischen Geschmack von Ziegenmilch. Käse aus pasteurisierter Milch ist streichfähig und hat eine glatte Textur. Sein Aroma ist süßsauer, und sein Geschmack erinnert an Butter, kann aber sehr salzig sein. Der Käse aus Rohmilch besitzt ein viel komplexeres Aroma. Er ist gehaltvoll, schmeckt fleischartig und hat einen pikanten, hefigen Duft.

OBEN: Scamorza Affumicate

SCAMORZA
HERKUNFT: *Verschieden*
ART: *Traditionelle Knetkäsesorte; individuell oder industriell produziert*
MILCH: *Kuhmilch*
BESCHREIBUNG: *Glatter, schimmernder weißer Käse, der traditionell die Form eines Geldbeutels hat*
VERWENDUNG: *Zum Kochen*

Diesen Käse produzieren die Hersteller des Caciocavallo, wenn reichlich Milch zur Verfügung steht. Er ist innerhalb weniger Tage verzehrfertig und bietet so eine gute Möglichkeit, das Einkommen aufzubessern, während der Caciocavallo noch reift.

Der Scamorza ist ein Knetkäse und ähnelt dem Provolone. Er ist gummiartig, hat eine elastische Textur und ist trockener als der Mozzarella. Der junge, zwei oder drei Tage nach der Herstellung verkaufte Käse hat einen milden, schwach milchartigen Geschmack. Die geräucherte Variante, der Scamorza Affumicate, ist populärer als der einfache Käse und wird häufig in Pastagerichten verwendet. Man serviert ihn auch zusammen mit Schinken, Pilzen und Gemüse vom Holzkohlengrill.

STRACCHINO

HERKUNFT: *Lombardei*
ART: *Traditionelle halbfeste Käsesorte; individuell oder industriell produziert*
MILCH: *Kuhmilch*
BESCHREIBUNG: *Wird in verschiedenen Größen und Formen hergestellt. Die dünne Naturrinde ist blaß cremefarben bis rötlich-braun und kann klebrig sein*
VERWENDUNG: *Als Tafelkäse, zum Grillen und Schmelzen*

Stracchino ist die allgemeine Bezeichnung für eine Art von weichem Käse, der seit dem zwölften Jahrhundert in der Lombardei hergestellt wird. Die Qualität der Käse ist sehr unterschiedlich; kosten Sie ihn also besser vor dem Kauf. Ein guter Stracchino hat eine geschmeidige, nachgebende Textur und ein köstlich fruchtiges Aroma.

Bekannte Käsesorten nach Art des Stracchino: Crescenta, Quartirolo, Taleggio und Robiola.

TALEGGIO (D. O. C.)

HERKUNFT: *Lombardei*
ART: *Traditionelle halbfeste Käsesorte; individuell oder industriell produziert*
MILCH: *Kuhmilch*
BESCHREIBUNG: *2 kg schwerer quadratischer Käse mit charakteristischer Musterung. Die rauhe gelbbraune Kruste trägt den offiziellen Stempel des Konsortiums*
VERWENDUNG: *Als Tafelkäse, zum Grillen und Schmelzen (auf Polenta beliebt)*

Der Taleggio war ursprünglich nur eine von mehreren Käsesorten, die man als »Stracchino« bezeichnete. So nennt man noch immer die weichen quadratischen Käse der Lombardei. Heute ist durch die D. O. C.-Bestimmungen festgelegt, wie und wo der Taleggio hergestellt wird, und trotz der Tatsache, daß man die Mehrzahl der Käse nun in großen Betrieben aus pasteurisierter Milch erzeugt, wird seine Qualität (ebenso wie seine Form und das Herstellungsverfahren) bewahrt.

Die Käse ließ man seit alters her in natürlichen Höhlen reifen, in denen tiefe Felsspalten für eine natürliche Belüftung sorgten und die Ausbreitung der Schimmelsporen und Fermente förderten, die für das einzigartige Aroma und den Geschmack des Taleggio wichtig waren. Über 30 Prozent der Käse, die heute in den Handel kommen, werden zum Reifen noch immer in diese Höhlen gebracht, was sich zweifellos auf ihr Aroma auswirkt.

OBEN: *Stracchino*

In die Geschäfte kommt der Taleggio mit gelbbrauner Rinde. Er ist dann kurz vor dem Zerfließen, doch seine Mitte ist elastisch und weist einige Löcher auf. Das Aroma ist mild, aber eindringlich und erinnert stark an Mandeln und frisches Heu.

Bei einem talentierten Affineur wird die Rinde des Käses hart, und das elfenbeinfarbene Innere enthüllt dann beim Anschneiden seinen Zauber; es hat den Duft und den Geschmack einer gehaltvollen, cremigen Spargelsuppe.

Der Taleggio reift zwanzig bis fünfundzwanzig Tage und hat einen Fettgehalt von 48 Prozent.

TOMA (D. O. C.)

HERKUNFT: *Piemont*
ART: *Traditionelle halbfeste Käsesorte; individuell produziert*
MILCH: *Kuhmilch (oder gemischte Milch)*
BESCHREIBUNG: *Hergestellt in verschiedenen Formen und Größen. Die Naturrinde ist dünn und blaßgelb bis dick, grau und krustig.*
VERWENDUNG: *Als Tafelkäse, zum Kochen*

Der Toma wird seit Generationen in den Bergen der Region Piemont hergestellt. Formen und Größe der Käse sind verschieden. Obwohl er nun unter dem Schutz der D. O. C.-Bestimmungen steht, existieren von dieser Sorte so viele Variationen wie es kleine Milchhöfe im Aostatal gibt, woher der feinste Toma kommen soll. Der junge Käse ist süß und milchig. Läßt man ihn jedoch bis zu zwölf Monate lang reifen, dann wird sein Aroma oftmals scharf. Der auch außerhalb Italiens erhältliche Toma Piemontese hat eine weiche, lederartige Rinde und eine geschmeidige Textur. Er schmeckt frisch und cremig und zeigt eine Spur von Wiesenaroma.

UBRIACO

HERKUNFT: *Vicenza und Trient*
ART: *Traditionelle Hartkäsesorte aus Rohmilch; individuell produziert*
MILCH: *Kuhmilch*
BESCHREIBUNG: *8–12 kg schweres Rad. Die tief burgunderrote Naturrinde ist rauh und hart.*
VERWENDUNG: *Als Tafelkäse und zum Reiben*

Ubriaco bedeutet im Italienischen »betrunken«, und es ist leicht nachzuvollziehen, woher die Bezeichnung für diesen Käse kommt. Einer lokalen Sitte folgend, weicht man den jungen Ubriaco in Wein ein, bedeckt ihn mit zerdrückten Schalen von Weinbeeren, die beim Traubenpressen übrigbleiben und läßt ihn so sechs bis zehn Monate lang reifen. Es entsteht ein Käse mit dem berauschenden Aroma von gärendem Obst.

Der Ubriaco hat eine feste, krümelige, doch offene Textur und ist recht feucht (die Feuchtigkeit zeigt einen ausgeprägt alkoholischen und salzigen Geschmack), zieht einem beim Essen die Lippen zusammen und erinnert damit an eine reife Ananas.

Oben: *Taleggio läßt man noch immer in Höhlen reifen.*

Englischer Käse

Zwar hat es in England aus der Eisenzeit stammende Funde einfacher Gerätschaften und Hilfsmittel für die Käseherstellung gegeben, doch erst die Ankunft der Römer im ersten Jahrhundert n. Chr. – und die in der Folgezeit eingetretenen umfassenden Veränderungen in der Landwirtschaft – brachten Kenntnisse und Verfahren zur Herstellung von härterem, länger haltbarem Käse in das Land. Es ist möglich, daß Mönche aus Wales und Irland die Trappistenkäse in England einführten, doch bis zum Erscheinen Wilhelms des Eroberers, der im Jahre 1066 mit einem Heer in Sussex landete, gibt es keine Aufzeichnungen darüber. Wilhelm I. brachte Zisterziensermönche aus Cîteaux in Burgund mit, die die Schäfer der Yorkshire Dales in der Herstellung von Käse aus Schafmilch unterwiesen. Die Auflösung der Klöster während der Herrschaft Heinrichs VIII. zwang die Mönche, Schutz und Beschäftigung auf den Bauernhöfen der Umgebung zu suchen. Ihr Wissen über die Käseerzeugung breitete sich aus. Nach und nach wurden die Schafherden durch Rinder ersetzt, die viel mehr Milch lieferten und eine längere Laktationsperiode hatten.

England ist für den Betrieb von Molkereien wie geschaffen, und so hatte im sechzehnten Jahrhundert fast jede Grafschaft ihren eigenen Käse. Heute gibt es leider nur noch wenige von diesen Käsesorten. Die noch existierenden alten Sorten, deren bekanntestes Beispiel der Cheddar ist, bezeichnet man als »territorials«.

Die einzigartige Textur dieser Käse wird durch das traditionelle »Cheddarverfahren« erreicht, bei dem man den Bruch nach dem Ablaufen der Molke in Ziegel schneidet und dann viele Male preßt, bis der Käsemacher mit der Textur zufrieden ist. Eben diese mühsame Arbeit ist es, die den individuell hergestellten Cheddar so einzigartig macht.

Im Unterschied zu anderen großen Käsesorten Europas sind weder der Name des Cheddar noch das Herstellungsverfahren geschützt, und der Käse wird überall in der Welt nachgeahmt. Der Käse wird in riesigen Betrieben nach dem »Cheddarverfahren« produziert. Das bedeutet jedoch, daß eine ganze Generation von Käseessern ohne die leiseste Vorstellung davon aufgewachsen ist, wie dieser großartige Käse wirklich schmecken muß.

Obwohl um den Ursprung des Namens noch immer gestritten wird, war es fraglos der Wirt des Gasthauses Bell Inn in dem Dorf Stilton, der im neunzehnten Jahrhundert diesen Ortsnamen in der Welt bekannt machte, als er Reisenden, die auf der Great North Road von London nach Schottland unterwegs waren, den Käse vorsetzte.

Der im Doomesday Book erwähnte Cheshire gehört zu den ältesten Käsesorten Großbritanniens. Sein ausgeprägter Charakter rührt von den Salzmarschen her, auf denen das Vieh grast. Nach Aufzeichnungen der Hafenbehörde von 1770 wurden in jenem Jahr über fünftausend Tonnen Cheshire nach London verschifft. Dieser Käse galt als einer der hervorragendsten Käse Großbritanniens. In den dreißiger Jahren unseres Jahrhunderts gab es mehr als vierhundert Höfe, die Cheshire herstellten.

Double und Single Gloucester werden in Gloucestershire seit dem sechzehnten Jahrhundert produziert. Die Milch, die traditionell dazu verwendet wird, stammt von Kühen der einheimischen Rasse Old Gloucester.

Obwohl im Norden Englands noch populär, ist der Lancashire seit dem letzten Jahrhundert, als er zu den besten Käsesorten Englands gehörte, von seinem Wege abgekommen. Der Leicester – oder Red Leicester, wie man ihn heute nennt – wurde bis zum Ende des achtzehnten Jahrhunderts in großen Mengen hergestellt. Die Produktion individueller Varianten auf den Bauernhöfen kam vor dem zweiten Weltkrieg fast zum Erliegen. Dasselbe trifft auf die meisten englischen Bauernkäse zu, die nur in begrenzten Mengen hergestellt werden und die es nur noch selten gibt.

LINKS: *Heute entfallen 70 Prozent des Käseverbrauchs in Großbritannien auf den Cheddar*

OBEN: *Der Stilton gehört zu Englands beliebtesten Käsesorten*

Zum Rückgang und fast zum Niedergang dieser großen Käsesorten haben verschiedene Faktoren geführt. Das war zum ersten die Rinderepidemie im Jahre 1860, bei der Tausende Kühe geschlachtet und Tonnen von Cheddar aus amerikanischer Massenproduktion importiert wurden, die den Weg für die Industrialisierung der Käseherstellung ebneten. Die steigende Nachfrage nach Milch brachte die Bauern dazu, ihre Milch zu verkaufen, anstatt daraus weiterhin selbst Käse herzustellen, und so ging die Zahl der Käseproduzenten noch mehr zurück.

Der zweite Weltkrieg war auch für die Industrie verheerend. Nur wenige Männer waren zurückgeblieben, um die Höfe zu bewirtschaften, und es herrschte Mangel an Nahrungsmitteln. Viele Bauernfamilien hatten infolge des Krieges Väter und Söhne – und mit ihnen einen Teil ihres Broterwerbs, nämlich die Kenntnisse und Fertigkeiten zur Käseherstellung – verloren. Vor dem Krieg hatte es fünfzehntausend Käsemacher gegeben; bei Kriegsende waren es nur noch einhundertsechsundzwanzig. In den vergangenen fünfzehn Jahren hat eine Umwälzung stattgefunden. Die Blockkäse wurden besser, die Zahl der Bauernhöfe, auf denen Käse hergestellt wird, steigt wieder, man greift wieder auf alte Rezepturen zur Käseherstellung zurück, und als Milchlieferanten werden wieder alte Rinderrassen eingesetzt. Schaf- und Ziegenkäse haben wieder in die Regale der Supermärkte gefunden. England kann derzeit auf die stattliche Zahl von über dreihundert Käsesorten aus Kleinbetrieben verweisen. Für die neuen British Cheese Awards wurden fünfhundertsieben Käsesorten angemeldet. Darunter befanden sich vierundvierzig Schaf- und vierundsechzig Ziegenkäse – so verschieden und charakteristisch, wie man sie auch im übrigen Europa findet.

ENGLISCHER KÄSE

OBEN: *Bath Cheese, eine von vielen neueren britischen Käsesorten, die auf einer alten Rezeptur basieren.*

BASING
HERKUNFT: *Kent*
ART: *Neuere, naturbelassene vegetarische Hartkäsesorte aus Rohmilch; individuell produziert*
MILCH: *Ziegenmilch*
BESCHREIBUNG: *4 kg schwerer kleiner Zylinder. Die feine Naturrinde ist mit etwas Schimmel bewachsen.*
VERWENDUNG: *Als Tafelkäse und zum Reiben*

Diesen Käse nach Caerphilly-Art stellen Maureen und Bill Browning aus der Milch ihrer Ziegen auf der Lower Basing Farm her. Er ist leicht gepreßt, feucht und bröckelig. Der milde, angenehm säuerliche Käse mit einer Andeutung von Ziegenmilcharoma wird beim Reifen glatt und cremiger. Er reift innerhalb von zwei Monaten und hat einen Fettgehalt von 45 Prozent.

Der Basing errang bei den British Cheese Awards eine Silbermedaille.

BATH CHEESE
HERKUNFT: *Avon*
ART: *Neuere Weichkäsesorte aus Rohmilch; individuell produziert*
MILCH: *Kuhmilch (Friesian und Ayrshire)*
BESCHREIBUNG: *225 g schwerer quadratischer Käse mit glatter weißer Penicilliumrinde*
VERWENDUNG: *Als Tafelkäse*

Der junge Bath Cheese besitzt eine leicht körnige Textur; sein Aroma ist mild und leicht sauer, und er hat einen salzigen Nachgeschmack. Ist der Käse reif und vollkommen, dann sickert das weiche Innere durch die weiche, pelzartige weiße Rinde.

Das Aroma zeigt eine Spur von Pilzen und warmer Milch, die von einer pfeffrigen, löwenzahnartigen Schärfe ausgeglichen werden.

Die Hersteller G. und P. Padfield, die auch den York Cheese produzieren, entwickelten diesen Käse nach der von Patrick Rance stammenden Beschreibung eines ähnlichen Käses, der vor einem Jahrhundert in Bath gemacht wurde.

Der Bath Cheese reift drei oder vier Wochen lang. Er gewann bei den British Cheese Awards zweimal die Silbermedaille.

BEENLEIGH BLUE
HERKUNFT: *Devon*
ART: *Neuere, naturbelassene vegetarische Blauschimmelkäsesorte aus Rohmilch, individuell produziert*
MILCH: *Schafmilch*
BESCHREIBUNG: *3 kg schwerer Zylinder. Die rauhe, krustige Naturrinde ist leicht klebrig und zeigt einige blaue, graue und weiße Schimmelflecke.*
VERWENDUNG: *Als Tafelkäse*

Robin Congdon und Sari Cooper von Ticklemore Cheese sind begnadete Käsehersteller. Ihr Beenleigh Blue ist einer von nur drei Blauschimmelkäsesorten aus Schafmilch, die in Großbritannien hergestellt werden. Der Goldmedaillengewinner bei den British Cheese Awards ist feucht, jedoch bröckelig. Der Blauschimmel zieht sich in deutlichen blaugrünen Streifen durch sein weißes Inneres. Das Aroma ist stahlig-blauschimmelartig und weist die für einen feinen Schafkäse typische Karamelsüße auf. Der Käse zergeht am Gaumen und enthüllt seinen kräftigen, würzigen Charakter. Kochen sie ihn nicht, sondern verzehren Sie ihn so wie er ist. Er schmeckt herrlich zu Honigwein oder süßem Cider. Der Beenleigh Blue ist nach sechs Monaten reif. Sein Fettgehalt beträgt 45–50 Prozent. Der Käse ist von August bis Januar erhältlich.

Robin Congdon und Sari Cooper stellen auch den Harbourne, einen Blauschimmelkäse aus Ziegenmilch, und den Devon Blue, einen Käse aus Kuhmilch, her. Ihr Hartkäse aus Ziegenmilch hat eine glatte Textur und einen kräuterartigen Charakter. Diese und natürlich auch andere Käsesorten aus ganz England gibt es in einem Käsegeschäft zu kaufen, das die beiden Hersteller in Totnes betreiben.

UNTEN: Beenleigh Blue

ENGLISCHER KÄSE

BERKSWELL
HERKUNFT: *West Midlands*
ART: *Neuere vegetarische Hartkäsesorte aus Rohmilch; individuell produziert*
MILCH: *Schafmilch (Ostfriesisches Milchschaf)*
BESCHREIBUNG: *3,25 kg schwerer abgeplatteter Rundkäse. Die tief rotgelbe Naturrinde zeigt die Abdrücke der Korbform, in der der Käse hergestellt wird.*
VERWENDUNG: *Als Tafelkäse, zum Reiben und in Suppen*

Dieser prachtvoll aussehende Käse wird von Stephen Fletcher und seiner Mutter in Ram Hall, einem elisabethanischen Haus in Berkswell in der Nähe des Forest of Arden hergestellt. Die Milch dazu stammt von ihrer Herde Ostfriesischer Milchschafe.

Der Berkswell wird verkauft, wenn er etwa vier Monate alt ist und die harte, krustige, gerillte Rinde nach Lanolin und feuchter Wolle duftet. Der Käse ist hart und zäh, fast körnig, und besitzt einen Fettgehalt von 48 Prozent. Jeder Bissen enthüllt mehr von seinen komplexen Aromen, die an geröstete Nüsse, karamelisierte Zwiebeln und Wiesenblumen erinnern, und erzeugt einen prickelnden Nachgeschmack.

Der Berkswell gehört zu den großen neueren britischen Käsesorten.

OBEN: Berkswell

BLUE CHESHIRE
HERKUNFT: *Cheshire*
ART: *Traditionelle vegetarische Blauschimmelkäsesorte; individuell oder industriell produziert*
MILCH: *Kuhmilch*
BESCHREIBUNG: *9 kg schwerer kleiner Zylinder. Die Naturrinde ist rauh und krustig.*
VERWENDUNG: *Als Tafelkäse*

Der Cheshire hat eine offene, bröckelige Textur. Daher entwickelten sich während der monatelangen Reifungszeit in den Kellern feine Blauschimmelfäden in manchen Käselaiben. Geschah dies auf natürliche Weise, dann nannte man den Käse, der sich großer Wertschätzung erfreute, »blue fade«.

In den letzten Jahren ließ man – besonders bei den Herstellern des Stilton – diesen alten Begriff wieder aufleben. Um zu garantieren, daß die Blaufärbung auch wirklich auftritt, werden der Milch vor dem Gerinnen jedoch Schimmelkulturen zugegeben. Der junge Käse wird mit Einstichen versehen, die Luft in das Innere lassen und die Ausbreitung des Blauschimmels fördern, so daß er einen reizvollen Kontrast zu dem orangefarbenen Inneren des Käses bildet. Der Blue Cheshire, ein trockener, dichter und bröckeliger Käse, neigt dazu, sehr scharf zu sein und eine Andeutung von grünem Gras und Salz zu zeigen, was durch die Sahnigkeit der Milch aufgewogen wird. Die Färbung, die ursprünglich von Karotten oder Ringelblumen stammte, erreicht man heute durch natürlichen Annattofarbstoff. Der Blue Cheshire ist nach zwei oder drei Monaten reif.

LINKS: *Blue Wensleydale (vorn) und Blue Vinny (hinten)*

BLUE VINNY
HERKUNFT: *Dorset*
ART: *Traditionelle vegetarische Blauschimmelkäsesorte aus Rohmilch; individuell produziert*
MILCH: *Kuhmilch*
BESCHREIBUNG: *2–7 kg schwerer Zylinder. Die harte und krustige Naturrinde ist rötlich gefärbt und mit weißem Schimmel überstäubt.*
VERWENDUNG: *Als Tafelkäse*

Im Jahre 1982 ging Mike Davies daran, die alte Blauschimmelkäsesorte aus Dorset, den Blue Vinny, wieder aufleben zu lassen. Dieser Käse war schon fast verschwunden, obgleich es über ihn eine Unmenge von Gerüchten gab. Eines davon behauptete, der Käse erhalte seine spinnwebartige blaue Äderung, wenn man alte Lederstiefel neben die Kessel lege. Wie die meisten Gerüchte, so enthielt auch dieses ein Körnchen Wahrheit. »Vinny« ist das altenglische Wort für »Veining« (Äderung), und die blaue Farbe rührt von der Familie der Penicilliumschimmel her, die von Natur aus in der Luft enthalten sind. Sie dringen in den ungereiften entrahmten Bruch ein, begünstigt durch dessen offene Textur, und erzeugen die Blaufärbung. Diese Art von Schimmelpilzen siedelt sich auch gern auf altem Leder an, und so ist diese Geschichte entstanden.

Heute wird die Blaufärbung nicht dem Zufall überlassen; statt dessen gibt man den Penicilliumschimmel gleich zu Anfang direkt in die Milch. Der Blue Vinny ist nach drei bis fünf Monaten reif. Er besitzt einen Fettgehalt von 40 Prozent.

BLUE WENSLEYDALE
HERKUNFT: *North Yorkshire*
ART: *Traditionelle vegetarische Blauschimmelkäsesorte; industriell produziert*
MILCH: *Kuhmilch*
BESCHREIBUNG: *4 kg schwerer, zum Reifen in Tuch gebundener Zylinder mit harter, trockener, rauher braun-orangefarbener Rinde*
VERWENDUNG: *Als Tafelkäse*

Diese Käsesorte geht auf eine Originalrezeptur aus dem elften Jahrhundert zurück. Er wurde von mehreren Molkereibetrieben in den Yorkshire Dales vor kurzem wieder auf den Markt gebracht. Der Blue Wensleydale ist fester als die meisten Blauschimmelkäse und leicht bröckelig. Er hat einen würzigen, blauschimmelartigen Beigeschmack und einen leicht bitteren Nachgeschmack wie von Bitterschokolade und Zichorie. Er braucht neun bis zwölf Wochen zum Reifen und hat einen Fettgehalt von 45 Prozent.

BOSWORTH

HERKUNFT: *Staffordshire*
ART: *Neuere vegetarische Weichkäsesorte aus Rohmilch; individuell produziert*
MILCH: *Ziegenmilch*
BESCHREIBUNG: *150 g schwerer Rundkäse mit sehr dünner, samtiger Penicilliumrinde, die mit einer feinen Ascheschicht bestäubt ist*
VERWENDUNG: *Als Tafelkäse*

Dieser elegante Weichkäse wird von Hugh Lillington von Innes Cheese hergestellt. Er zeigt anstelle der üblichen brieähnlichen Weichheit eine überraschend feste, zerbrechliche Textur. Er zergeht im Mund wie Fudge und gibt dabei sein süßes, nußartiges Aroma ab, das einen Hauch von Ziegenmilch spüren läßt. Er ist nach drei oder vier Wochen reif und hat einen Fettgehalt von 45 Prozent.

Hugh Lillington und seine Mitarbeiter in der High Fields Dairy stellen verschiedene Ziegenkäse aus Rohmilch her. Darunter ist auch der Bosworth Leaf, dessen Name auf das Eßkastanienblatt zurückgeht, mit dem er umhüllt ist. Dieses Blatt bildet einen schönen Kontrast zu der flauschigen weißen Rinde des Käses. Der Bosworth Leaf hat eine feine körnige Textur, die weich und samtig glatt wird. Der Geschmack erinnert an Vanille und Butterscotch; der Nachgeschmack ist fein, aber ausgeprägt und fast mandelartig.

BUFFALO

HERKUNFT: *Hereford and Worcester*
ART: *Neuere vegetarische Hartkäsesorte aus Rohmilch; individuell produziert*
MILCH: *Wasserbüffelmilch*
BESCHREIBUNG: *2 kg schweres Rad mit dünner, lederartiger, glänzender Naturrinde*
VERWENDUNG: *Als Tafelkäse, zum Grillen*

Der Anblick von Wasserbüffeln in der hügeligen Gegend der Cotswold Hills ist zwar ungewohnt, doch die Tiere haben sich ihrer neuen Heimat außerordentlich gut angepaßt. Der Buffalo kam 1996 auf den Markt und gewann im selben Jahr bei den British Cheese Awards den Preis für den Best New or Experimental Cheese, den besten neuen oder experimentellen Käse. Er ist der einzige Hartkäse aus Büffelmilch, der in Großbritannien hergestellt wird, wo eigentlich der weiche italienische Mozzarella besser bekannt ist. Der feste, doch geschmeidige Buffalo, der sich auf der Zunge cremig anfühlt, hat ein leicht mandelartiges Aroma und einen zitrusähnlichen Beigeschmack.

RECHTS: *Buffalo – der einzige Hartkäse aus Büffelmilch, der in Großbritannien hergestellt wird*

BUTTON/INNES

HERKUNFT: *Staffordshire*
ART: *Neuere vegetarische Frischkäsesorte aus Rohmilch; individuell produziert*
MILCH: *Ziegenmilch*
BESCHREIBUNG: *50 g schwere Rolle*
VERWENDUNG: *Als Tafelkäse*

Der Button oder Innes Button wurde 1994 bei den British Cheese Awards zum Supreme Champion gewählt. Er ist weich, mousseartig und zart. Er zergeht einfach am Gaumen und hinterläßt eine Andeutung von Mandeln, Honig, Zitrone, Weißwein und Mandarine. Dieser Käse, der zu den vorzüglichsten Ziegenkäsesorten Großbritanniens gehört, ist auch mit Asche überstäubt, mit roten Pfefferkörnern, gehackten Nüssen oder Kräutern erhältlich. Der Button ist nach fünf bis zehn Tagen reif und hat einen Fettgehalt von 45 Prozent. Er wird wie der Bosworth von Hugh Lillington von Innes Cheese in Staffordshire hergestellt.

BUXTON BLUE

HERKUNFT: *Derbyshire*
ART: *Neuere vegetarische Blauschimmelkäsesorte; industriell produziert*
MILCH: *Kuhmilch*
BESCHREIBUNG: *8 kg schwerer, zum Reifen in Tuch gebundener Zylinder. Die Rinde ist orangebraun und krustig.*
VERWENDUNG: *Als Tafelkäse, in Suppen oder Salate gebröckelt, auch mit weichem Käse vermischt als Brotaufstrich*

In den achtziger Jahren des neunzehnten Jahrhunderts gründete der Duke of Devonshire eine der ersten Molkereien in England, in der er von seinen Pächtern gelieferte Milch verarbeiten ließ. Das Gebäude wurde gegen Ende des neunzehnten Jahrhunderts durch ein Feuer zerstört, und seine Überreste lagen verlassen, bis das Betriebsgelände von Thomas Nuttall, einem erfolgreichen Stilton-Hersteller, übernommen wurde. Die Molkerei, jetzt ein Teil von Mendip Dairy Crest, produziert noch immer hauptsächlich Stilton, doch hier wurde 1994 auch der Buxton Blue kreiert, um der wachsenden Nachfrage der Verbraucher und Supermärkte nach neuen Käsesorten zu entsprechen.

Der Buxton Blue ist fester als der Stilton und zeigt in seinem blaßorangefarbenen Inneren feine blaue Streifen. Mehr bröckelig als hart, ist er milder als die meisten Blauschimmelkäse und zeigt im Nachgeschmack eine Andeutung von Bitterschokolade und gebräunten Zwiebeln. Er reift zehn bis zwölf Wochen lang und weist einen Fettgehalt von 45 Prozent auf. Im selben Betrieb wird auch der Dovedale Blue produziert.

OBEN: *Buxton Blue ist eine von neun britischen Käsesorten, die den P.D.O.-Status der EU erhielt*

CAPRICORN GOAT
HERKUNFT: *Somerset*
ART: *Neuere vegetarische Weichkäsesorte; industriell produziert*
MILCH: *Ziegenmilch*
BESCHREIBUNG: *125 g schwerer Zylinder oder 1,2 kg schwerer quadratischer Käse mit reinweißer, weicher Rinde*
VERWENDUNG: *Als Tafelkäse*

Lubborn Cheese ist sehr bekannt für seinen Somerset Camembert und seinen Brie, doch sein Capricorn Goat hat viel dazu getan, das britische Publikum zu überzeugen, daß Ziegenkäse nicht scharf sein muß, sondern auch mild sein und einen ausgeprägten Charakter besitzen kann, ohne dominant zu erscheinen.

Die kleinere Variante dieses Käses wird in Form eines Zylinders hergestellt und hat eine zarte Weichkäserinde. Der junge Käse ist leicht kreidig wie unreifer Camembert, wird aber an den Kanten weicher und zerfließt mitunter fast. Seine frische, cremige Art mit einem Hintergrund von Zichorie und Nüssen ist sehr ansprechend. Der Käse braucht zum Reifen vier bis sechs Wochen und hat einen Fettgehalt von 26 Prozent. Der Capricorn Goat hat bei den British Cheese Awards zweimal die Bronzemedaille gewonnen.

CERNEY
HERKUNFT: *Gloucestershire*
ART: *Neuere vegetarische Frischkäsesorte aus Rohmilch; individuell produziert*
MILCH: *Ziegenmilch*
BESCHREIBUNG: *240 g schwere, mit Eichenholzasche und Salz bestreute Pyramide*
VERWENDUNG: *Als Tafelkäse*

Wie viele Käsehersteller Großbritanniens, die in kleinen Käsereien arbeiten, bringt auch Lady Angus, die Schöpferin dieses besonderen Käses, das Aroma auf ein Höchstmaß, indem sie für den Käse Rohmilch verarbeitet. Ihre Käse sind nach dem hübschen Dorf Cerney benannt, wo sie hergestellt werden. Jede Sorte hat einen milden, angenehmen Zitrusgeschmack und erzeugt einen köstlichen ziegenartigen Nachgeschmack. Die leichte, feuchte Textur erinnert an die von Fromage Frais. Die kleinen Kegelstümpfe sind alle von Hand gemacht. Mit den Jahren ist eine Reihe interessanter Varianten entstanden. Neben dem Original, das mit einer feinen Ascheschicht bestäubt ist, gibt es den Cerney Smoked, den Cerney Pepper und den Cerney Village. Die Variante Cerney Ginger ist besonders gut. Dieser Käse wird rundum mit frisch gehackten würzigen Ingwerstückchen bestreut. Der Cerney reift sieben bis zehn Tage und besitzt einen Fettgehalt von 43 Prozent.

UNTEN: *Capricorn Goat*.

CHEDDAR
HERKUNFT: *Somerset*
ART: *Traditionelle Hartkäsesorte aus Rohmilch; individuell produziert*
MILCH: *Kuhmilch*
BESCHREIBUNG: *26 kg schwerer Zylinder mit Naturrinde, zum Reifen in Tuch gebunden*
VERWENDUNG: *Als Tafelkäse; auch weithin zum Kochen traditioneller Gerichte*

Seit dem sechzehnten Jahrhundert ist der Käse, der in den Mendip Hills in der Nähe des Cheddar Gorge hergestellt wird, unter dem Namen Cheddar bekannt. Die Entstehung dieser Sorte reicht zweifellos bis in die ersten Jahrhunderte, vielleicht sogar bis in die Zeit der Römer zurück, die ja einst die Bewohner Englands mit der Herstellung von Hartkäse bekannt gemacht hatten. In den Jahrhunderten danach wurde die Rezeptur für den aus dem Südwesten Englands stammenden Käse von Auswanderern nach Kanada, in die USA, nach Australien, Südafrika und Neuseeland gebracht. Der Cheddar ist mehr als jeder andere Käse Großbritanniens kopiert und nachgeahmt worden, doch echt ist er nur, wenn er von den grünen Hügeln Somersets, Devons und Dorsets kommt.

Ein Stück von Hand hergestellter, zum Reifen in Tuch eingebundener Cheddar aus der rohen Milch von Kühen, deren tägliche Nahrung frisches grünes Gras und Butterblumen sind, hat etwas Magisches für den Gaumen. Man beißt wie in feste, nachgebende Schokolade, das Aroma ist frisch, nußartig und leicht scharf. Es unterscheidet sich von Hersteller zu Hersteller, hat jedoch stets die gehaltvolle Süße der Milch, einen klassischen sauren Beigeschmack und läßt ein lange verweilendes Kaleidoskop von Aromen spüren. Der Cheddar reift im allgemeinen zwischen neun und vierundzwanzig Monate lang und besitzt einen Fettgehalt von 50 Prozent (34,4 Prozent in der Trockenmasse). Im Unterschied zu den großen Käsesorten Europas ist der Name des Cheddar nicht geschützt und kann uneingeschränkt benutzt werden. Riesige Betriebe überall auf der Welt werfen unter diesem Namen Hunderte Tonnen von geschmacklosem Käse auf den Markt. Selbst in Großbritannien haben sich Verbraucher und Markt gegen die Kleinproduzenten des Cheddar verschworen. Heute gibt es nur noch sechs Hersteller, die den traditionellen, zum Reifen in Tuch gebundenen Cheddar erzeugen:

CHEWTON (Chewton, Grafschaft Somerset): Der Käse ist fest und bröckelt nicht. Er hat ein Aroma, das am Gaumen förmlich

ENGLISCHER KÄSE

OBEN: Traditioneller, zum Reifen in Tuch gebundene Cheddarkäse (von oben rechts): Green's, Keen's, Quicke's und Montgomery's.

explodiert. Die Rinde ist nußartig, das Innere erinnert an eine Mischung aus Käse und Zwiebeln mit einem Hauch Butter. Der reife Chewton aus Rohmilch hat bei den British Cheese Awards zweimal die Anerkennung als Best Cheddar erhalten. Dieser Käse wird auch aus pasteurisierter Milch hergestellt.

DENHAY (Bridport, Grafschaft Devon): Der Käse wird auf einem Bauernhof von Hand hergestellt. Der reife Denhay ist nußartig und gehaltvoll und hat einen kräftigen, würzigen Beigeschmack. Die Milch für diesen Käse kommt von der hofeigenen Herde.

GREEN'S (Glastonbury, Grafschaft Somerset): Der Green's wird von drei Generationen auf einem Bauernhof hergestellt. Er reift zwölf Monate oder länger. Die Käse werden einzeln von Hand gewendet, bis alle ihren besten Reifegrad erreicht haben. Der Green's ist zweifacher Gewinner der Goldmedaille bei den British Cheese Awards. Er ist würzig (erinnert stark an Käse und Zwiebeln) und hat einen scharfen Beigeschmack.

KEEN'S (Wincanton, Grafschaft Somerset): Der vollaromatische Keen's wird seit der Jahrhundertwende auf dem Bauernhof und nur aus der von der hofeigenen Herde gelieferten Milch hergestellt. Er ist komplex und zeigt eine Andeutung von Lakritze und einen Beigeschmack wie von frischem, ungereiftem Käse. Der nußartige, glatte und cremige Käse zergeht im Mund. Er wird zum Reifen in Tuch gebunden und mit Schweineschmalz eingerieben. Der Keen's erhielt bei den British Cheese Awards eine Silbermedaille.

MONTGOMERY'S (Yeovil, Grafschaft Somerset): Dieser Käse wurde bei den British Cheese Awards zweimal zum Best Cheddar gekürt. Er ist herrlich vollmundig, hat eine würzige Säure und einen vollen fruchtigen Nachgeschmack. Montgomery's stellt an einem Tag nur acht oder neun Käse her.

QUICKE'S (Exeter, Grafschaft Devon): Der einzige traditionelle Produzent des Cheddar in der Grafschaft Devon, die Familie Quicke, betreibt seit über vierhundertfünfzig Jahren in Newton St. Cyres Landwirtschaft. Ihr Cheddar gewinnt bei den British Cheese Awards regelmäßig Medaillen. Der Käse ist fest und kernig, hat eine butterartige Textur und ein herbes, nußartiges, komplexes Aroma. Beim Kosten erinnert der Käse an grünes Gras und frisches Heu. Von ihm gibt es eine Version aus Rohmilch und eine aus pasteurisierter Milch.

CHESHIRE

HERKUNFT: *Cheshire*
ART: *Traditionelle Hartkäsesorte aus Rohmilch; individuell produziert*
MILCH: *Kuhmilch*
BESCHREIBUNG: *900 g oder 20 kg schwerer hoher Zylinder mit grauschimmeliger Naturrinde, zum Reifen fest in Tuch gepackt*
VERWENDUNG: *Als Tafelkäse, zum Reiben und Grillen, für Snacks*

Es sind weniger als eine Handvoll Käsehersteller, die noch heute den traditionellen, zum Reifen in Tuch gebundenen Cheshire aus Rohmilch produzieren. Die meisten Käse sind industriell hergestellt; ihnen fehlt die richtige Ausprägung des Charakters. Die feine, feuchte Textur, die einen guten Cheshire kennzeichnet (die den Käse jedoch für das Reißen, Krümeln oder Blauwerden anfällig macht), wird von vielen Supermärkten zugunsten cremigerer und festerer Käse abgelehnt. Hier deuten sich jedoch Veränderungen an, und die kleineren Produzenten werden bestärkt, zu einem mehr traditionellen Stil zurückzukehren.

Zum Reifen in Tuch gebundener Cheshire wird von mehreren nach traditionellen Verfahren arbeitenden Käseherstellern erzeugt, zu denen die Applebys, H. S. Bourne und V. J. Hares gehören. Die Applebys produzieren den Cheshire bereits seit Generationen. Die jetzige Käsemeisterin, die über siebzigjährige Mrs. Appleby, erfreut sich besonderer Hochachtung. Ihr Cheshire hat eine bröckelige, flockige Textur, eine Frische, die an Seewind erinnert, und einen Beigeschmack wie von Orangenschale. Der Cheshire braucht zwei bis sechs Monate zum Reifen.

UNTEN: Cheshire

COQUETDALE

HERKUNFT: *Northumberland*
ART: *Traditionelle vegetarische Hartkäsesorte; individuell produziert*
MILCH: *Kuhmilch*
BESCHREIBUNG: *650 g oder 2,2 kg schwerer Rundkäse. Die feine, lederartige Naturrinde zeigt gelblich-grauen Schimmel.*
VERWENDUNG: *Als Tafelkäse*

Nachdem Mark Robinson ein Buch über Schafe und Käse aus Schafmilch gelesen hatte, beschloß er 1985, selbst unter die Käsehersteller zu gehen. Zu der Zeit besaß er auf seinem Hof in Northumberland über sechshundert Mutterschafe. In den darauffolgenden fünf Jahren erweiterte er die Herde, in die er nun Ostfriesische Milchschafe aufnahm, und hielt außerdem auch Milchkühe.

Auf einer Reise nach Frankreich stattete er den Produzenten des Saint-Nectaire einen Besuch ab und beschloß daraufhin, zu Hause in Northumberland einen ähnlichen Käse zu entwickeln. Nachdem der Käse zum Reifen in die großartigen alten Höhlen des Gutes gebracht worden war und mit der natürlichen Flora und mit den Sporen des Schimmels in Berührung kam, der an Wänden und Decken wuchs, begann sich die ursprüngliche Rezeptur zu verändern. Das Ergebnis war ein weicher, geschmeidiger Käse mit einer wunderbaren Ausgewogenheit zwischen süß-würzigen Aromen und einem nußartigen, leicht salzigen Nachgeschmack.

Der Coquetdale reift zehn bis zwölf Wochen und hat einen Fettgehalt von 55 Prozent. In Mark Robinsons Northumberland Cheese Company werden auch der Northumberland und der Redesdale hergestellt.

OBEN: *Cornish Yarg*

CORNISH PEPPER

HERKUNFT: *Cornwall*
ART: *Neuere vegetarische Frischkäsesorte; individuell produziert*
MILCH: *Kuhmilch*
BESCHREIBUNG: *500 g schwerer, mit zerdrückten Pfefferkörnern bedeckter Rundkäse*
VERWENDUNG: *Als Tafelkäse; auch auf Landbrot gestrichen oder gegrillt*

Lynher Valley Dairies produziert zwei Frischkäse – den Cornish Pepper und den Cornish Herb and Garlic. Beide sind gehaltvolle, feuchte Rahmkäse. Der erste ist mit zerdrückten Pfefferkörnern bestreut; der zweite ist mit Kräutern und Knoblauch vermischt und dann in gehackter Petersilie gewälzt.

Die Käse sind nach vier bis sechs Wochen reif. Ihr Fettgehalt beträgt 45 Prozent. Aus derselben Molkerei kommt auch der Cornish Yarg.

CORNISH YARG

HERKUNFT: *Cornwall*
ART: *Neuere vegetarische Hartkäsesorte; individuell produziert*
MILCH: *Kuhmilch (Friesian)*
BESCHREIBUNG: *900 g oder 2,75 kg schwere Rundkäse. Die Naturrinde ist mit frischen Nesseln bedeckt.*
VERWENDUNG: *Als Tafelkäse*

Der Cornish Yarg ist ein von Hand hergestellter Käse. Er wird nach einer traditionellen Rezeptur aus dem siebzehnten Jahrhundert bereitet, nach deren Entdeckung er zunächst von einem Ehepaar Gray hergestellt wurde. Auf der Suche nach einem echt kornischen Namen fand jemand, daß der rückwärts gelesene Name Gray einen sehr kornischen Klang habe. So wurde der Käse Yarg getauft.

Jetzt produziert Michael Horrell von der Molkerei Lynher Dairies diesen köstlichen Käse. Die Umhüllung aus Nesseln bildet einen ungewöhnlichen und reizvollen Kontrast zum weißen Inneren und verleiht dem Käse eine leichte Würze. Der feuchte, aber bröckelige Cornish Yarg ähnelt dem Caerphilly und besitzt eine liebliche Frische. Beim Reifen legt sich ein gräulicher Hauch über die Nesseln, das Innere wird weich, und der Geschmack erinnert an Wiesenblumen und Rahmspinat.

Zu den anderen Käsesorten, die von Michael Horrell hergestellt werden, gehören der Cornish Pepper und der Cornish Herb and Garlic.

COTHERSTONE

HERKUNFT: *Durham*
ART: *Traditionelle Hartkäsesorte aus Rohmilch; individuell produziert*
MILCH: *Kuhmilch*
BESCHREIBUNG: *900 g oder 3,5 kg schwerer Rundkäse. Die cremefarbene Naturrinde läßt etwas weißen oder grauen Schimmel erkennen.*
VERWENDUNG: *Als Tafelkäse, zum Grillen*

Dieser Käse wird von Joan und Alwyn Cross in Teesdale nach einer alten, aus der Gegend stammenden Rezeptur hergestellt. Der Cotherstone ist ein harter, bröckeliger Käse mit offener Textur. Er ist hefig, hat eine spritzige Weißweinsäure und einen frischen, zitronenartigen Beigeschmack. Er gehört zu den wenigen traditionellen Talkäsesorten, die in den wilden und schönen Penninen noch hergestellt werden.

Der Cotherstone ist nach zwei bis zehn Wochen reif und hat einen Fettgehalt von 45 Prozent.

OBEN: *Der Coquetdale reift in alten Höhlen in Northumberland*

ENGLISCHER KÄSE

COVERDALE
HERKUNFT: *North Yorkshire*
ART: *Traditionelle vegetarische Hartkäsesorte; industriell produziert*
MILCH: *Kuhmilch*
BESCHREIBUNG: *1,5 kg schwerer, zum Reifen in Tuch gebundener kleiner Zylinder mit blaßgelber Rinde*
VERWENDUNG: *Als Tafelkäse*

Der Coverdale ist ein milder, butterartiger Käse mit einem scharfen, reinen Geschmack. Seine Textur ist fest und offen. In den letzten Jahren hat man viele alte Rezepturen wieder hervorgeholt und nach deren Stil neue Käse kreiert. Auch der Coverdale ist so ein Erzeugnis. Er erschien 1987 zum erstenmal nach fünfzig Jahren wieder auf dem Markt. Ursprünglich in Coverdale hergestellt, wird er heute in der nahen Molkerei Fountains Dairy produziert.

Der Käse braucht zum Reifen vier oder fünf Wochen.

CURWORTHY
HERKUNFT: *Devon*
ART: *Traditionelle vegetarische Hartkäsesorte aus Rohmilch; individuell produziert*
MILCH: *Kuhmilch (Friesian)*
BESCHREIBUNG: *450 g und 1,4 kg schwerer kleiner Zylinder mit fester grauer Naturrinde*
VERWENDUNG: *Als Tafelkäse, zum Reiben und zum Grillen*

Im Herzen der Grafschaft Devon liegt die Stockbearne Farm. Hier stellt Rachel Stevens in Handarbeit Käse aus der Milch der hofeigenen Friesian-Kühe her. Der Curworthy, ihr erster Käse, basiert auf einer Rezeptur aus dem siebzehnten Jahrhundert. Er hat ein cremiges Inneres mit einer geschmeidigen, offenen Textur. Der vorzügliche Geschmack nach geschmolzener Butter wird mit dem Altern des Käses runder. Von diesem Käse gibt es zwei Varianten: Den Meldon (mit Chiltern Ale und Senfkörnern gewürzt) und den Belston. Der Curworthy reift drei bis vier Monate und hat einen Fettgehalt von 48 Prozent. Größer als dieser ist der Devon Oke. Ihn läßt man bis zu sechs Monate lang reifen. Er hat ein volleres Aroma.

DENHAY DORSET DRUM
HERKUNFT: *Dorset*
ART: *Traditionelle vegetarische Hartkäsesorte; individuell produziert*
MILCH: *Kuhmilch*
BESCHREIBUNG: *2 kg schwerer kleiner Zylinder mit Naturrinde.*
VERWENDUNG: *Als Tafelkäse, zum Reiben und zum Grillen*

Der Denhay Dorset Drum ist eine kleinere Variante des Denhay Cheddar. Er reift schneller, hat eine dichte, kernige Textur und ist zart nußartig. Die geringen Abmessungen dieses zylinderförmigen Käses machen ihn zu einem vortrefflichen Geschenk.

Der Denhay Dorset Drum wurde bei den British Cheese Awards mit einer Silbermedaille ausgezeichnet. Er braucht sechs bis neun Monate zum Reifen und hat einen Fettgehalt von 50 Prozent.

UNTEN: *Curworthy, ein vegetarischer Rohmilchkäse*

UNTEN: *Coverdale, eine der alten Käsesorten, die heute wieder hergestellt werden*

DERBY
HERKUNFT: *Derbyshire*
ART: *Traditionelle Hartkäsesorte; industriell produziert*
MILCH: *Kuhmilch*
BESCHREIBUNG: *4–13,5 kg schwerer Zylinder mit blaß primelgelber Naturrinde*
VERWENDUNG: *Als Tafelkäse, zum Grillen*

Der ursprünglich auf Bauernhöfen hergestellte Derby war der erste Käse in Großbritannien, der – erstmals 1870 – industriell produziert wurde. Damit war das Schicksal dieser Käsesorte vorerst besiegelt. Das wachsende Interesse an alten britischen Käsesorten jedoch könnte zu einer Renaissance des Derby führen. Der Derby hat eine ähnliche Textur wie der Cheddar, die jedoch offener ist. Sein Bruch ist weicher und flockiger, und der Geschmack erinnert an geschmolzene Butter. Falls überhaupt, dann gibt es nur wenige Käse dieser Sorte, die aus individueller Produktion kommen. Die Käse, die in den Handel gelangen, werden meist zu jung verkauft und haben zu wenig Aroma.

Der Derby reift einen bis sechs Monate lang und hat einen Fettgehalt von 45 Prozent.

Devon Blue
HERKUNFT: *Devon*
ART: *Neuere vegetarische Blauschimmelkäsesorte aus Rohmilch; individuell produziert*
MILCH: *Kuhmilch (Ayrshire)*
BESCHREIBUNG: *3 kg schwerer Zylinder mit rauher, krustiger Naturrinde, die mit grauem, weißem und braunem Schimmel gesprenkelt ist*
VERWENDUNG: *Als Tafelkäse*

Ticklemore Cheeses stellt drei ausgezeichnete Blauschimmelkäse her – je eine Sorte aus Kuh-, Ziegen- und Schafmilch. Der das ganze Jahr über erhältliche Devon Blue ist milder als die anderen und hat ein zartes Aroma wie von neuem Leder, über dem ein würziger Beigeschmack von Blauschimmel liegt. Der glatte, cremige, köstlich an Kräuter erinnernde Käse reift vier bis sechs Monate. Dann wird er zum Schutz vor dem Austrocknen in Folie gewickelt.

Devon Garland
HERKUNFT: *Devon*
ART: *Neuere vegetarische Spezialkäsesorte aus Rohmilch; individuell produziert*
MILCH: *Kuhmilch*
BESCHREIBUNG: *4 kg schweres Rad. Die Naturrinde ist fest und glatt und hat eine graubraune Kruste.*
VERWENDUNG: *Als Tafelkäse, zum Reiben und Grillen*

Diese alte Käsesorte aus dem Südwesten Englands wurde von Hilary Charnely wiederentdeckt und gehört jetzt zur Produktion der Peverstone Cheese Company Ltd. bei Cullompton in der Nähe von Exeter. Die »Girlande« oder Schicht aus frischen Kräutern, die dem Käse seinen Namen gibt, wird auf den Käse aufgebracht, bevor man ihn in die Keller bringt, wo er sechs bis acht Wochen reift. Das Aroma der Kräuter durchdringt den losen, zitronenfrischen Bruch, und der daraus resultierende Geschmack ist frisch, rein und würzig. Der Devon Garland besitzt einen Fettgehalt von 45 Prozent.

Double Gloucester
HERKUNFT: *Gloucestershire*
ART: *Traditionelle Hartkäsesorte aus Rohmilch; individuell oder industriell produziert*
MILCH: *Kuhmilch*
BESCHREIBUNG: *3,5–8 kg schwerer breiter Rundkäse. Die harte Naturrinde zeigt etwas graublauen Schimmel und die Abdrücke des Tuches, in das der Käse zum Reifen gebunden war.*
VERWENDUNG: *Als Tafelkäse, zum Reiben und Grillen, für Saucen*

Der Double Gloucester und der Single Gloucester werden beide seit dem sechzehnten Jahrhundert in der Grafschaft Gloucestershire hergestellt. Ursprünglich band man die runden, aus der Milch von Kühen der einheimischen Rasse Old Gloucester gemachten Käse zum Reifen in Tuch ein. Der Single Gloucester ist der kleinere von beiden. Er wird aus entrahmter Milch erzeugt und jung verzehrt. Der Double Gloucester erhält seinen charakteristischen vollen, butterartigen Geschmack und seine flockige Textur aus nicht entrahmter Vollmilch. Er ist bißfest wie harte Schokolade und blaß mandarinenfarben. Der Käse besitzt ein wunderbares würziges Aroma wie von Käse und Zwiebeln. Er ist nicht so fest wie der Cheddar und zeigt einen angenehmen nußartigen Charakter mit einem köstlichen Beigeschmack von Orangenschale. Heute stellt man nur wenige Käse dieser Sorte nach traditionellen Verfahren her, doch die sind sehr wohl wert, probiert zu werden. Zu den Produzenten, die nach den alten Herstellungsmethoden arbeiten, gehören Appleby, Quicke und Smart.

OBEN: *Devon Blue (hinten) und Devon Garland (vorn)*

Double Worcester
HERKUNFT: *Worcester*
ART: *Neuere Hartkäsesorte aus Rohmilch; individuell produziert*
MILCH: *Kuhmilch (Holstein-Friesian)*
BESCHREIBUNG: *4 kg schwerer Zylinder. Die harte Naturrinde ist gelb und zeigt etwas Schimmelbesatz.*
VERWENDUNG: *Als Tafelkäse, zum Grillen, für Saucen*

Der Double Worcester ist eine kleinere Variante des Double Gloucester. Er wird von Anstey's in der benachbarten Grafschaft Worcester hergestellt.

Der Käse entwickelt eine feste, zerbrechliche, flockige Textur und ein tief mandarinenfarbenes Inneres mit einem abgerundeten, angenehmen Charakter und einem Aroma, das an Zitrusschale erinnert. Daß die Kühe von Hand gemolken werden, trägt zum einzigartigen Aroma des Double Worcester bei.

Der Hof, auf dem der Käse produziert wird, befindet sich seit vier Generationen im Besitz der Familie Anstey. 1995 entschlossen sich Colin und Alyson Anstey, sich neben ihrer übrigen Arbeit auch mit dem Käsemachen zu beschäftigen. Sie gewannen im selben Jahr bei der Verleihung der British Cheese Awards eine Silbermedaille. Ihr Double Worcester braucht zum Reifen fünf bis sieben Monate und besitzt einen Fettgehalt von 45 Prozent.

Ein weiterer Käse, den die Ansteys kreiert haben, ist der mit Worcestersauce gewürzte Old Worcester. Sie betreiben einen hofeigenen Laden und bieten einen Mail-order-Service.

OBEN: *Double Gloucester*

DUDDLESWELL

HERKUNFT: *East Sussex*
ART: *Neuere vegetarische Hartkäsesorte aus Rohmilch; individuell produziert*
MILCH: *Schafmilch*
BESCHREIBUNG: *2 kg schwerer kleiner Zylinder mit harter, fein gerillter, glänzender Naturrinde*
VERWENDUNG: *Als Tafelkäse und zum Reiben (kann anstelle von Pecorino verwendet werden)*

Die Hersteller dieses Käses, die Sussex High Weald Dairy, haben ihren Sitz auf der Putlands Farm im Herzen des Ashton Forest, der seit 1372 Jagdrevier der englischen Könige ist. Mark Hardy und sein Vater stellen seit über zehn Jahren eine Reihe von Erzeugnissen aus dem Fleisch, der Wolle und der Milch von Schafen her. Dazu gehören Joghurt und ein Frischkäse mit dem Namen Sussex Slipcote, den es in verschiedenen Aromavarianten gibt.

Der Duddleswell hat eine hübsche flache Zylinderform. Seine feste, fast flockige Textur scheint auf der Zunge zu zergehen, wo er ein süßes Karamelaroma mit einer Andeutung von Paranüssen und frischem Heu hinterläßt.

Der Käse erhielt bei den British Cheese Awards eine Silbermedaille. Er reift zehn bis zwölf Wochen und hat einen Fettgehalt von 45 Prozent. Die Sussex High Weald Dairy produziert auch Halloumi und Feta.

EMLETT

HERKUNFT: *Avon*
ART: *Neuere Weichkäsesorte aus Rohmilch; individuell produziert*
MILCH: *Schafmilch*
BESCHREIBUNG: *150 g schwere Scheibe mit feiner krustiger Penicilliumrinde, die mit rötlich-braunen Fermenten getüpfelt ist*
VERWENDUNG: *Als Tafelkäse*

Der Emlett ist ein fester, glatter und cremiger Käse, den Mary Holbrook von der Sleight Farm herstellt. Mit zunehmendem Alter wird der Käse weich wie Eiscreme. Er ist sehr erdig im Geschmack und hat ein köstliches hefiges Aroma, das den Käse durchdringt und die frische Säure und den typisch nußartigen Charakter verstärkt. Zum Reifen braucht der Emlett vier bis sechs Wochen.

Der Little Rydings, ein weiterer Käse aus der Produktion von Mary Holbrooke, ist aus demselben Bruch gemacht. Da er größer ist, geht der Prozeß des Ablaufens und des Reifens jedoch mit anderer Geschwindigkeit vor sich, und es entsteht ein Käse, der im Vergleich zum Emlett einen deutlich anderen Charakter besitzt.

Weitere Erzeugnisse von der Sleight Farm sind Tyning, Tymsboro und Feta.

OBEN: *Exmoor Blue*

EXMOOR BLUE

HERKUNFT: *Somerset*
ART: *Neuere vegetarische Blauschimmelkäsesorte aus Rohmilch; individuell produziert*
MILCH: *Kuh-, Ziegen- oder Schafmilch*
BESCHREIBUNG: *Verschiedene Größen und Formen, alle mit Naturrinde*
VERWENDUNG: *Als Tafelkäse*

Allan Duffield stellt fünf Sorten Blauschimmelkäse aus Kuh-, Ziegen- und Schafmilch her, von denen jede ihren eigenen Charakter und Stil hat. Den Rohstoff für die Käse aus Kuhmilch – Somerset Blue und Jersey Blue (ein Weichkäse) – liefern zwei Jerseyrinderherden aus der nahen Umgebung. Diese beiden Käsesorten zeigen sich in einem Gelb, wie es Monet öfter auf seinen Bildern einsetzte. Die Ziegenmilch stammt aus derselben Region; die Schafmilch jedoch kommt von den Quantocks. Die Käse werden alle aus Rohmilch gemacht. Produktionsort ist die ursprüngliche Molkerei auf der Willet Farm.

FINN

HERKUNFT: *Hereford and Worcester*
ART: *Neuere vegetarische Weichkäsesorte aus Rohmilch; individuell produziert*
MILCH: *Kuhmilch*
BESCHREIBUNG: *225 g schwerer Rundkäse mit dicker weißer Penicilliumrinde*
VERWENDUNG: *Als Tafelkäse, zum Backen*

Der Finn, der einzige englische Dreifachrahmkäse, wird von Charlie Westhead von Neal's Yard Creamery hergestellt. Er ist fest und erstaunlich gehaltvoll und hat eine milde, frische, cremige Säure und zeigt eine winzige Andeutung von Pilzgeschmack. Der Finn ist nach zwei bis vier Wochen reif und hat einen Fettgehalt von 75 Prozent.

LINKS: *Duddleswell (unten) und Emlett (obenauf)*

ENGLISCHER KÄSE

FLOWER MARIE
HERKUNFT: *East Sussex*
ART: *Neuere vegetarische Weichkäsesorte aus Rohmilch; individuell produziert*
MILCH: *Schafmilch*
BESCHREIBUNG: *200 g oder 1,5 kg schwerer quadratischer Käse. Die dünne Weichkäserinde ist rosafarben überhaucht.*
VERWENDUNG: *Als Tafelkäse*

Der von Kevin und Alison Blunt von der Greenacres Farm produzierte Käse hat einen leichten Duft wie von frischen Pilzen und eine weiche Rinde, die das feste, doch feuchte Innere umschließt. Es schmilzt wie Eiscreme auf der Zunge, um unter der charakteristischen Süße der Schafmilch eine zitronenartige Frische zu enthüllen. Der Käse ist nach vier bis sechs Wochen reif.

FRIESLA
HERKUNFT: *Devon*
ART: *Neuere vegetarische Hartkäsesorte; individuell produziert*
MILCH: *Schafmilch*
BESCHREIBUNG: *2,5 kg schwerer, wie ein Steinbrocken geformter Käse mit harter Rinde*
VERWENDUNG: *Als Tafelkäse*

Der Friesla ist ein ausgezeichneter Hartkäse aus Schafmilch. Er ist süß und duftend, sein Aroma erinnert an Holunderblüten und eine Spur von schwarzen Johannisbeeren, und er hat einen köstlichen mandelartigen Nachgeschmack.

Er ist cremig und zergeht auf der Zunge; damit spricht er viele Verbraucher an und bietet ihnen eine Einführung in die Sortenvielfalt der Schafkäse. Der Friesla basiert auf der Originalrezeptur für den Gouda; er ist nach den Friesischen Inseln benannt, von denen die besten Milchschafe der Welt und dieser Käse stammen. Er reift sechs bis zehn Wochen und hat einen Fettgehalt von 45 Prozent.

GOLDEN CROSS
HERKUNFT: *East Sussex*
ART: *Neuere vegetarische Weichkäsesorte aus Rohmilch; individuell produziert*
MILCH: *Ziegenmilch*
BESCHREIBUNG: *225 g schwere Stange mit schimmelgereifter Rinde, die mit gesalzener Asche bestreut ist*
VERWENDUNG: *Als Tafelkäse*

Der leicht mit Asche bestreute Golden Cross basiert auf der traditionellen französischen Käsesorte Sainte-Maure, die in kleinen Käsereien hergestellt wird. Anfangs fest und leicht körnig, wird der Käse mit der Zeit weich und hat dann eine Textur, die eher Eiscreme ähnelt. Das Aroma ist eine sorgfältige Mischung aus Süße und Säure: Vanille und Karamel verbinden sich mit der Bitterkeit von Sellerie und grünem Gras, und es tritt ein kaum wahrnehmbarer ziegenartiger Nachgeschmack auf.

Der von Kevin und Alison Blunt produzierte Golden Cross reift vier bis sechs Wochen.

OBEN LINKS: *Flower Marie*

UNTEN: *Gospel Green (hinten) und Golden Cross (vorn)*

GOSPEL GREEN
HERKUNFT: *Surrey*
ART: *Neuere vegetarische Hartkäsesorte aus Rohmilch; individuell produziert*
MILCH: *Kuhmilch*
BESCHREIBUNG: *900 g–3,25 kg schwerer, zum Reifen in Tuch gebundener kleiner Zylinder. Die faszinierende Vielfalt der Schimmel auf der feinen, lederartigen Kruste ist wichtig für das endgültige Aroma.*
VERWENDUNG: *Als Tafelkäse, zum Reiben und Grillen, für Saucen*

Dieser kleine Gospel Green, ein Käse nach der Art des Cheddar, ist etwas weicher und weniger dicht als der klassische Cheddar und hat einen Geschmack, der an Wiesenblumen und saftiges Gras erinnert. Sein Name stammt von dem Dörfchen, in dem er von James und Cathy Lane hergestellt wird. Sie lassen den Käse vier bis acht Wochen reifen. Aroma und Textur des Käses reflektieren deutlich spürbar die jahreszeitlichen Veränderungen. Man sagt, daß der Käse im Spätsommer das fruchtige Aroma absorbiert, das von der alten Ciderpresse vor der Molkerei kommt, wenn darin Äpfel zerquetscht werden.

Der Gospel Green hat einen Fettgehalt von 48 Prozent.

HARBOURNE BLUE

HERKUNFT: *Devon*
ART: *Neuere vegetarische Blauschimmelkäsesorte aus Rohmilch; individuell produziert*
MILCH: *Ziegenmilch*
BESCHREIBUNG: *5 kg schwerer Rundkäse. Krustige Naturrinde mit etwas Schimmel*
VERWENDUNG: *Als Tafelkäse*

Dieser glatte, doch bröckelige Blauschimmelkäse gehört zu den großen neueren Käsesorten Großbritanniens. Wie der Beenleigh Blue wird auch er von Robin Congdon und Sari Cooper von Ticklemore Cheeses hergestellt. Er gewann bei den British Cheese Awards zweimal Medaillen.

Der Harbourne Blue ist das ganze Jahr über erhältlich. Er ist einer von nur drei englischen harten Blauschimmelkäsesorten aus Ziegenmilch. Sein Aroma erinnert an tropische Früchte, und er hat zum Schluß den scharfen, würzigen Beigeschmack, der für Blauschimmelkäse typisch ist. Der Harbourne Blue braucht zum Reifen drei bis vier Monate und hat einen Fettgehalt von 48 Prozent.

HEREFORD HOP

HERKUNFT: *Gloucestershire*
ART: *Traditionelle vegetarische Spezialkäsesorte; individuell produziert*
MILCH: *Kuhmilch*
BESCHREIBUNG: *2,2 kg schwerer Rundkäse. Die flockige Naturrinde aus geröstetem Hopfen ist gelb bis braun.*
VERWENDUNG: *Als Tafelkäse*

Diesen alten Hereford-Käse holte Charles Martell, ein für seine Liebe zur Tradition und zur Lokalgeschichte bekannter Käsehersteller, 1988 aus der Vergessenheit. Die Rezeptur stammte aus den örtlichen Archiven. Der Käse entsteht aus Hereforder Hopfen und Milch von Martells eigener Kuhherde. Er ist geschmeidig und ähnelt dem Caerphilly. Seine ungewöhnliche Rinde aus schwach gerösteten Hopfenblüten macht den Käse zu einem reizvollen Bestandteil jedes Käsebretts. Die Hopfenblüten sind crisp und haben einen leicht hefigen Geschmack, der an Bier erinnert, während der Käse selbst zart, süß und butterartig ist. Er braucht einen bis drei Monate zum Reifen und hat einen Fettgehalt von 45 Prozent.

Der Hereford Hop wird auch von Malvern Cheesewrights produziert; doch hat jeder Käse seine eigene ausgeprägte Art.

HERRIOT FARMHOUSE

HERKUNFT: *North Yorkshire*
ART: *Neuere vegetarische Hartkäsesorte; individuell produziert*
MILCH: *Schafmilch*
BESCHREIBUNG: *1,4 kg und 3,25 kg schwerer kleiner Zylinder. Die rauhe, trockene Rinde zeigt einige Schimmel und Hefen.*
VERWENDUNG: *Als Tafelkäse*

1988 begannen Judy Bell und ihr Ehemann Nigel, die bis dahin ausschließlich Landwirtschaft betrieben hatten, mit der Herstellung von Käse. Heute erzeugen sie eine Reihe von Käsesorten aus Schafmilch, zu denen auch der Herriot Farmhouse, ein auf einer Rezeptur aus dem neunzehnten Jahrhundert basierender Käse, gehört. Es handelt sich hierbei um einen ungepreßten »Hart«käse, der fest, feucht und bröckelig ist, einen würzigen Geschmack und eine weiche Süße hat und der an nebelige Hügel denken läßt. Der Herriot Farmhouse reift acht bis zwölf Wochen.

LANCASHIRE

HERKUNFT: *Lancashire*
ART: *Traditionelle Hartkäsesorte; individuell oder industriell produziert*
MILCH: *Kuhmilch*
BESCHREIBUNG: *4–18 kg schwerer, zum Reifen in Tuch gebundener Zylinder. Die harte, dünne Naturrinde ist blaß goldgelb. Sie zeigt die Abdrücke des Tuches und etwas graublauen Schimmel.*
VERWENDUNG: *Als Tafelkäse, für Snacks, zum Grillen und Reiben (ein ausgezeichneter Schmelzkäse)*

Von diesem historischen Käse wird heute nur noch wenig in Lancashire – und noch weniger auf Bauernhöfen – produziert. Während der industriellen Revolution war der Lancashire das Hauptnahrungsmittel der Fabrikarbeiter. Der erste industriell erzeugte Lancashire erschien 1913 auf dem Markt, und heute kommt der größte Teil dieses traditionellen Käses aus den Molkereien ganz Großbritanniens.

Der junge Käse wird als »Creamy Lancashire« bezeichnet. In diesem Reifestadium ist seine Textur feucht und bröckelig und ähnelt dann eher einem Rührei. Er zeigt eine vorzügliche Ausgewogenheit von Fett und Säure, und sein Nachgeschmack erinnert an Käse mit Schnittlauch. Während des Reifens verstärkt sich das Aroma; der Käse heißt dann »Tasty Lancashire«.

Zu den feinsten Lancashires gehört Kirkham's Tasty Lancashire, der bei den British Cheese Awards 1995 zum Supreme Champion ernannt wurde. Er ist ein ausgezeichnetes Beispiel für einen echten Bauernkäse der Sorte Lancashire; er reifte fast sechs Monate in Neals's Yard Dairy.

Mrs Kirkham's und Dew Lay sind die beiden einzigen Produzenten, die den Lancashire aus Käsebruch von drei aufeinanderfolgenden Tagen ansetzen – ein Verfahren, das dem Käse eine einzigartige, leicht gefleckt aussehende Textur verleiht. Da der Bruch zu unterschiedlichen Zeiten reift, bekommt der Käse gewissermaßen ein dreidimensionales Aroma, das scharf und pfeffrig ist, und einen Nachgeschmack, der einem beim Essen die Lippen zusammenzieht.

Der saure oder »bröckelige« Lancashire, der in den siebziger Jahren vorgestellt wurde, ist ein schneller reifender Käse. Er hat zwar den Biß von echtem Lancashire, doch es fehlt ihm an Geschmacksfülle.

OBEN: *Hereford Hop*

LINKS: *Mrs Kirkham's Tasty Lancashire*

LEAFIELD

HERKUNFT: *Oxfordshire*
ART: *Neuere vegetarische Hartkäsesorte; individuell produziert*
MILCH: *Schafmilch*
BESCHREIBUNG: *2 kg schweres Rad. In die harte Naturrinde ist ein Rillenmuster eingeprägt.*
VERWENDUNG: *Als Tafelkäse*

Bevor König Heinrich VIII. um 1530 die Klöster auflösen ließ, befand sich der Hof, auf dem Rodney Whitworth heute seinen Schafkäse herstellt, im Besitz der Mönche der Abtei Abingdon. In Aufzeichnungen wird berichtet, daß die Mönche damals jährlich drei Tonnen Schafkäse produzierten.

Die Geschichte der Klosterfarm fesselte offensichtlich Rodney Whitworths Phantasie, und gegen Ende der achtziger Jahre stellte er dann auch einen Käse – den Leafield – her, dessen Rezeptur aus dem sechzehnten Jahrhundert stammt.

Der Leafield ist ein harter, dichter und kerniger Käse mit einer köstlichen Mischung von Aromen. Darin ist eine bestimmte Fruchtigkeit (wie von frischer Ananas) enthalten, gepaart mit einem nußartigen Geschmack und Spuren von Weißdorn und Anis. Der Käse reift drei bis vier Monate und hat einen Fettgehalt von 48 Prozent.

Die Klosterfarm stellt auch den Tubney her, der die Größe und Form eines Kricketballs hat. Dieser glatte und cremige Käse hat ein süßes Aroma und einen Beigeschmack wie von Zitronenschale, der den rauchigen Hintergrund und das Karamelaroma der Schafmilch ausgleicht. Die kleinen Käse werden hauptsächlich für den Weihnachtsmarkt hergestellt.

UNTEN: *Lincolnshire Poacher (oben) und Leafield (unten)*

LINCOLNSHIRE POACHER

HERKUNFT: *Lincolnshire*
ART: *Neuere Hartkäsesorte aus Rohmilch; individuell produziert*
MILCH: *Kuhmilch (Holstein-Friesian)*
BESCHREIBUNG: *20 kg schwerer Zylinder. Die braune Rinde hat ein granitähnliches Aussehen.*
VERWENDUNG: *Als Tafelkäse, zum Reiben und Grillen*

Lincolnshire ist im allgemeinen für andere Wirtschaftszweige als für seine Milchwirtschaft bekannt. Diese Tatsache hielt Simon Jones jedoch nicht zurück, als er beschloß, die überschüssige Frühjahrsmilch seiner Herde aus Holstein-Friesian-Kühen zu Käse zu verarbeiten.

Eines Morgens kam der bekannte Dougal Campbell mit einer Flasche Lab auf Jones' Hof. Die beiden setzten zusammen die erste Partie vom Lincolnshire Poacher an. Am Tag darauf fand sich Simon als Verantwortlicher für die Käseherstellung auf seinem Hof. Das war 1992. Einige Jahre später wurde der Lincolnshire Poacher bei den British Cheese Awards unter vierhundertachtzig Mitbewerbern zum Supreme Champion ernannt.

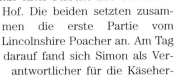

OBEN: *Little Rydings*

LITTLE RYDINGS

HERKUNFT: *Avon*
ART: *Neuere Weichkäsesorte aus Rohmilch; individuell produziert*
MILCH: *Schafmilch*
BESCHREIBUNG: *250 g schwerer Rundkäse mit feiner, unebener weißlicher Penicilliumrinde, die mit einer rotbraunen Färbung überzogen ist*
VERWENDUNG: *Als Tafelkäse*

Dieser unwiderstehliche Käse wird von Mary Holbrook, einer führenden britischen Käseproduzentin, von März bis November hergestellt. Die leicht unebene camembertähnliche Rinde umhüllt einen weichen, an den Kanten kräftig cremegelben Käse aus Rohmilch. Der junge Käse kann in der Mitte leicht kreidig und weiß sein.

Der Little Rydings zergeht wie ein guter Camembert einfach auf der Zunge, um ausgeprägte, doch feine Aromaschichten freizusetzen: Die Süße von Karamel, eine Andeutung von Paranüssen und einen schwachen »Schafgeschmack«, der an nasse Schafwollpullover oder Lanolin erinnert. Der Käse ist nach drei bis fünf Wochen reif und hat einen Fettgehalt von 48 Prozent.

Mary Holbrook stellt außerdem die Käsesorten Tyning, Emlett und Tymsboro her.

MALVERN
HERKUNFT: *Hereford and Worcester*
ART: *Neuere vegetarische Hartkäsesorte aus Rohmilch; individuell produziert*
MILCH: *Schafmilch (Ostfriesisches Milchschaf)*
BESCHREIBUNG: *2,5 kg schweres Rad mit glatter, glänzender gelber Rinde, die leicht fettig ist*
VERWENDUNG: *Als Tafelkäse, zum Reiben und Grillen*

Malvern Cheesewrights war der erste der neuen Generation englischer Käsehersteller, der einen Schafkäse in der für die Belieferung von Supermärkten ausreichenden Menge produzierte. Der Käsemacher Nick Hodgetts wandelte dazu die Rezeptur für den Wensleydale ab, der im siebzehnten Jahrhundert aus Schafmilch hergestellt wurde. Der Malvern ist ideal für Menschen, die unter einer Kuhmilchallergie leiden. Der Käse ist fest und trocken, doch dicht und cremig auf der Zunge und hat einen klaren süßen Butterscotchgeschmack, der von einer Spur Thymian durchdrungen ist. Der Nachgeschmack ist salzig, und der Käse hat ein Aroma wie von Wolle oder Lanolin. Er reift sechzehn Wochen und hat einen Fettgehalt von 50 Prozent. Bei den British Cheese Awards 1997 erhielt er eine Silbermedaille.

Malvern Cheesewrights stellt auch Hereford Hop, Buffalo und Duchy Originals Herb and Garlic her.

MENALLACK FARMHOUSE
HERKUNFT: *Cornwall*
ART: *Neuere vegetarische Hartkäsesorte aus Rohmilch; individuell produziert*
MILCH: *Kuhmilch*
BESCHREIBUNG: *2 kg schwerer kleiner Zylinder mit harter, krustiger gräulichbrauner Naturrinde*
VERWENDUNG: *Als Tafelkäse, zum Grillen, für Saucen*

Der zwei Monate alte Menallack ist mild, glatt und cremig. Mit vier Monaten ist seine Textur stabil und bißfest, hat sich die Farbe zu einem Goldgelb vertieft. Die Säure wird von einem wunderbaren vollen, würzigen Beigeschmack ausgeglichen. Der Käse hat einen Fettgehalt von 45 Prozent. 1995 errang der Menallack Farmhouse bei den British Cheese Awards eine Bronzemedaille. Als Varianten gibt es den Nanterrow und den Menallack mit Schnittlauch und Knoblauch.

LODDISWELL AVONDALE
HERKUNFT: *Devon*
ART: *Neuere vegetarische halbfeste Käsesorte aus Rohmilch; individuell produziert*
MILCH: *Ziegenmilch*
BESCHREIBUNG: *1,4 kg schwerer Rundkäse mit bräunlich-orangefarbener gewaschener Rinde*
VERWENDUNG: *Als Tafelkäse*

Mit diesem beeindruckenden Käse gewannen Jocelyn und Bill Martin 1994 bei den British Cheese Awards den Cheese Lover's Trophy (Preis des Käseliebhabers). Der feste, fast trockene Käse hat ein angenehmes mandelartiges Bouquet, das sich vollendet, wenn der Käse auf der Zunge zergeht, und eine ungewöhnliche Andeutung von Anis und eine süße, sorbetähnliche Würze hinterläßt. Der Loddiswell Avondale ist nach zwei Monaten reif und hat einen Fettgehalt von 45 Prozent.

Jocelyn und Bill Martin stellen verschiedene Käsesorten aus Ziegenmilch her, darunter den Hazelwood und den weichen frischen Loddiswell Bannon.

NORTHUMBERLAND
HERKUNFT: *Northumberland*
ART: *Neuere vegetarische Hartkäsesorte; individuell produziert*
MILCH: *Kuhmilch*
BESCHREIBUNG: *2,2 kg schwerer Rundkäse. Die feste Naturrinde ist blaßgelb und mit gräulichem Schimmel überstäubt.*
VERWENDUNG: *Als Tafelkäse*

1987 begann Mark Robertson mit der Produktion des Northumberland, der auf einer Rezeptur vom europäischen Festland beruht, nach der der Bruch gewaschen wird. Der Northumberland reift langsam in den alten steinernen Kellern einer Farm, wo seit dem Jahre 1296 Käse hergestellt worden sein soll. Er ist ein feuchter, fester Käse mit einem süßen, fruchtigen Bouquet. Sein Aroma ist kräftig und hinterläßt einen anhaltenden Eindruck von Schärfe. Der Käse ist nach zehn Wochen reif und hat einen Fettgehalt von 50–55 Prozent.

OLDE YORK
HERKUNFT: *North Yorkshire*
ART: *Neuere vegetarische Frischkäsesorte; individuell produziert*
MILCH: *Schafmilch*
BESCHREIBUNG: *450 g schwerer Rundkäse mit gewachster Rinde*
VERWENDUNG: *Als Tafelkäse, zum Grillen, in Salaten und auf gebackenen Kartoffeln*

Bei der Herstellung dieses Käses diente eine echte York-Rezeptur als Grundlage, nach der die Bauersfrauen ursprünglich ihren Käse herstellten, die nun jedoch etwas abgewandelt wurde. Der Olde York ähnelt dem Feta, hat aber nicht dessen salzigen Geschmack. Er ist feuchter als der Feta – fast naß – und zerfällt mehr in Schichten als daß er bröckelig ist. Der cremige, weiche und »säure«reiche Käse besitzt eine zitronenartige Würze, die von der feinen Süße der Schafmilch ausgeglichen wird. Bei den British Cheese Awards 1996 gewann der Olde York eine Silbermedaille. Der Käse ist nach zehn bis zweiundzwanzig Tagen reif und hat einen Fettgehalt von 45 Prozent. Die Käseherstellerin Judy Bell von Shepherd's Purse stellt verschiedene Varianten des Olde York her – Green Peppercorns (Olde York mit grünem Pfeffer), Garlic and Parsley (mit Knoblauch und Petersilie) und Mint (mit Minze) –, die bereits mit Medaillen ausgezeichnet wurden.

RECHTS: *Malvern*

ENGLISCHER KÄSE

ORANGE GROVE
HERKUNFT: *Leicestershire*
ART: *Neuere vegetarische Spezialkäsesorte; industriell produziert*
MILCH: *Kuhmilch*
BESCHREIBUNG: *2 kg schwerer Rundkäse, der mit seiner Garnitur aus kandierten Orangenscheiben eher wie eine Quarktorte aussieht*
VERWENDUNG: *Als Tafelkäse und Dessert*

Dieser Käse wurde 1964 von Millway Foods, einem Unternehmen, das für seinen Stilton bekannt ist, für all diejenigen kreiert, die nicht sicher sind, ob sie ein Essen mit einem Dessert oder mit Käse beenden sollen. Der mit dünnen kandierten Orangenscheiben garnierte Orange Grove hat eine Schicht aus feingehackter Orangenschale, die sich durch die Mitte des leicht sauren, cremigen Käses zieht. Er ist nach zwei bis sechs Wochen reif und hat einen Fettgehalt von 50 Prozent.

Der Orange Grove ist Gewinner einer Bronzemedaille bei den British Cheese Awards. Millway Foods stellt außer dem Orange Grove auch Pineapple Grove (Ananas-Grove) her.

UNTEN: *Perroche gibt es als einfache Variante (Mitte) und mit Dill (links) oder Rosmarin (rechts) gewürzt*

OXFORD BLUE
HERKUNFT: *Oxfordshire*
ART: *Neuere vegetarische Blauschimmelkäsesorte; industriell produziert*
MILCH: *Kuhmilch*
BESCHREIBUNG: *2,5 kg schwerer, in Silberfolie gewickelter Rundkäse. Die feuchte Rinde ist cremefarben und zeigt etwas graublauen Schimmel.*
VERWENDUNG: *Als Tafelkäse*

Baron Robert Pouget ist den Besuchern von Oxfords berühmtem Markt, wo er eine herrliche altmodische Käsehandlung betreibt, gut bekannt. Stets auf der Suche nach etwas Neuem, beschloß er, seinen eigenen Käse nach Art der französischen Blauschimmelkäse und als eine Alternative zum Stilton zu kreieren. Nach monatelangem Experimentieren zusammen mit einem bekannten Hersteller von Blauschimmelkäse wurde 1993 der Oxford Blue aus der Taufe gehoben. Drei Jahre später gewann er bei den British Cheese Awards eine Silbermedaille.

Der reife Oxford Blue ist ein köstlicher cremiger Blauschimmelkäse mit einem ausgeprägten, doch nicht starken Blauschimmelaroma. Er ist aromatisch und würzig und zeigt eine Andeutung von Bitterschokolade und Weißwein. Sein Nachgeschmack erinnert an Estragon. Der Käse ist nach vierzehn bis sechzehn Wochen reif und besitzt einen Fettgehalt von 30 Prozent.

UNTEN: *Orange Grove*

PERROCHE
HERKUNFT: *Hereford and Worcester*
ART: *Neuere vegetarische Frischkäsesorte aus Rohmilch; individuell produziert*
MILCH: *Ziegenmilch*
BESCHREIBUNG: *150 g schwerer Rundkäse oder 450–900 g schwere Stange*
VERWENDUNG: *Als Tafelkäse, zum Toasten und Grillen*

Der von Charlie Westhead in Neal's Yard Creamery hergestellte Perroche hat einen zarten Ziegengeschmack, der rein und leicht mandelartig ist. Der hohe Wassergehalt macht ihn leicht und fast flauschig, verkürzt jedoch seine Haltbarkeit. Er braucht zum Reifen weniger als zwei Wochen und hat einen Fettgehalt von 45 Prozent. Er wird auch mit Kräutern wie Estragon, Dill, Rosmarin und Thymian produziert.

ENGLISCHER KÄSE 73

OBEN: Red Leicester

RED LEICESTER
HERKUNFT: *Leicestershire*
ART: *Traditionelle Hartkäsesorte; individuell oder industriell produziert*
MILCH: *Kuhmilch*
BESCHREIBUNG: *4–18 kg schweres Rad. Die hellorangerote Rinde ist mit feinem, puderigem Schimmel besetzt.*
VERWENDUNG: *Als Tafelkäse, zum Grillen und Reiben*

Im späten achtzehnten Jahrhundert wurde der Leicester in großen Mengen produziert. Seine hellorangerote Färbung verdankt er dem natürlichen Annattofarbstoff. Während des zweiten Weltkrieges jedoch mußten alle Käseproduzenten National Cheese, einen feuchten, dem Cheddar ähnlichen Käse herstellen, und die Praxis, dem Leicester Annatto zuzusetzen, wurde verboten. Als schließlich wieder Farbe in die blasse Kriegsversion des Leicester kam, wurde dieser unter der Bezeichnung Red Leicester bekannt, um ihn von dem geschmacklosen Hochstapler-Käse zu unterscheiden.

Zu den traditionellen Herstellern von Red Leicester gehören Quicke und Overton Hall. Ein guter Red Leicester hat einen festen Teig und eine geschlossene, flockige Textur. Das Aroma ist köstlich süß und verbessert sich mit der Lagerdauer. Hinter den ausgeprägteren Aromen von Butterscotch und Nüssen steckt eine Spur von der Bitterkeit grünen Grases.

Der Red Leicester kann jung verzehrt werden; man sollte ihn jedoch idealerweise sechs bis neun Monate reifen lassen. Der Fettgehalt des Käses beträgt 48 Prozent.

RIBBLESDALE GOAT
HERKUNFT: *North Yorkshire*
ART: *Neuere vegetarische Hartkäsesorte aus Rohmilch; individuell produziert*
MILCH: *Ziegenmilch*
BESCHREIBUNG: *2 kg schweres Rad mit glatter Rinde, die mit einem weißen Wachsüberzug versehen ist.*
VERWENDUNG: *Als Tafelkäse, zum Reiben und Grillen*

Dieser Käse wurde 1982 von Iain und Christine Hill kreiert. Er ist wegen seines frischen, köstlichen Aromas sehr begehrt. Die Textur ähnelt eher der von jungem Gouda, und der Geschmack erinnert an Zichorie mit einer Spur von nebeligen Hügeln und Wildkräutern. Das klare Weiß des Käses wird von dem charakteristischen weißen Wachsüberzug noch verstärkt. Der Ribblesdale Goat gewann bei den British Cheese Awards 1996 eine Bronzemedaille. Er ist nach sechs bis acht Wochen reif und hat einen Fettgehalt von 45 Prozent. Der Ribblesdale wird auch aus Kuhmilch hergestellt.

UNTEN: Rosary Round (vorn rechts), Rosary Herb Log (hinten) und Rosary Dazel (vorn links)

OBEN: Ribblesdale Goat

ROSARY PLAIN
HERKUNFT: *Wiltshire*
ART: *Neuere vegetarische Frischkäsesorte; individuell produziert*
MILCH: *Ziegenmilch (Saanenziege)*
BESCHREIBUNG: *275 g schwere Stange oder 1 kg schwere Rolle von reinweißer Farbe und mit frischen Kräutern garniert*
VERWENDUNG: *Als Tafelkäse, zum Schmelzen, als Brotaufstrich*

Der von Claire Moody hergestellte Rosary Plain gewann bei den British Cheese Awards 1996 eine Bronzemedaille. Der köstliche feuchte, weiche und cremige Käse erhält von den frischen Kräutern, die als Garnierung dienen, ein zartes Aroma. Der Rosary Plain reift innerhalb von einer oder zwei Wochen und hat einen Fettgehalt von 45 Prozent. Gewürzte Varianten, zu denen Rosary Herb Log und Rosary Dazel gehören, gibt es ebenfalls.

ENGLISCHER KÄSE

OBEN: Shropshire Blue

SAGE DERBY
HERKUNFT: *North Yorkshire*
ART: *Traditionelle vegetarische Spezialkäsesorte; industriell produziert*
MILCH: *Kuhmilch*
BESCHREIBUNG: *4–13,5 kg schwerer, mit winzigen Salbeistücken gesprenkelter Zylinder*
VERWENDUNG: *Als Tafelkäse, zum Grillen*

Der Brauch, dem Derby Salbei (ein Kraut, das wegen seiner gesundheitsfördernden Eigenschaften geschätzt ist) zuzugeben, geht bis in das siebzehnte Jahrhundert zurück. Beim Reifen nahm der Käse die Würze des Krautes allmählich in sich auf. Heute besteht der größte Teil des im Handel angebotenen Sage Derby aus wiederaufbereitetem Käse, der mit Spinatsaft oder grünem Farbstoff von Gemüsepflanzen und farblosem getrocknetem Salbei gemischt wird. Dadurch erhält der Käse ein grün-weiß marmoriertes Aussehen.

Der Sage Derby ist nach einem bis drei Monaten reif und hat einen Fettgehalt von 45 Prozent.

SHARPHAM
HERKUNFT: *Devon*
ART: *Neuere vegetarische Weichkäsesorte aus Rohmilch; individuell produziert*
MILCH: *Kuhmilch (Jerseyrind)*
BESCHREIBUNG: *250 g, 500 g oder 1 kg schwerer runder oder quadratischer Käse mit glatter, weicher, samtweißer Rinde*
VERWENDUNG: *Als Tafelkäse*

Das Dauergrünland des Landgutes Sharpham gibt der Milch der Jerseykühe zweifellos ein außergewöhnliches Aroma.

Der Bruch für den Sharpham, einen Käse nach Brieart, wird von Hand in die Formen geschöpft, um die Weichheit der Milch, die so dick ist, daß sie sich eher wie Sauerrahm anfühlt, nicht zu zerstören. Der Käse zeigt nur eine Andeutung von Säure und einen Hauch von Pilzaroma. Er wird von März bis Dezember hergestellt, reift sechs bis acht Wochen und hat einen Fettgehalt von 45 Prozent.

SHROPSHIRE BLUE
HERKUNFT: *Nottinghamshire*
ART: *Traditionelle vegetarische Blauschimmelkäsesorte; industriell produziert*
MILCH: *Kuhmilch*
BESCHREIBUNG: *8 kg schwerer Zylinder. Die tief orangebraune Naturrinde ist von verschiedenfarbigen Schimmeln und Hefen überzogen.*
VERWENDUNG: *Als Tafelkäse*

Trotz seines Namens wurde dieser Käse zu Beginn dieses Jahrhunderts in Schottland erfunden und gelangte dann zu den Herstellern des Stilton. Er ähnelt in seiner Art dem Stilton, unterscheidet sich jedoch von ihm durch eine herrliche Orangefärbung, die entsteht, wenn man einige Tropfen Annattofarbstoff in die Milchwanne gibt. Das Blau des Schimmels sorgt für einen ausgeprägten Farbkontrast. Der Käse bewahrt seinen herrlichen Blauschimmelgeschmack, während der Annattofarbstoff eine Andeutung von vollem, butterartigem Karamel zu erzeugen scheint. Der Shropshire Blue reift zehn Wochen lang und hat einen Fettgehalt von 34 Prozent.

ANMERKUNG: Sieht ein Blauschimmelkäse schief aus oder ist dessen Boden größer als die Oberseite, dann hat er eine aufgeweichte Unterseite. Diese Anzeichen deuten darauf hin, daß der Käse während des Reifungsprozesses nicht genügend oft gewendet wurde. In diesem Fall setzt sich die Feuchtigkeit am Boden ab und läßt den oberen Teil des Käses austrocknen. Einen solchen Käse meiden Sie am besten.

UNTEN: *Eine Variante des Sage Derby mit einer Mittelschicht aus salbeigesprenkeltem Käse.*

ENGLISCHER KÄSE

SOMERSET BRIE
HERKUNFT: *Somerset*
ART: *Neuere vegetarische Weichkäsesorte; industriell produziert*
MILCH: *Kuhmilch*
BESCHREIBUNG: *2,5 kg schwerer Zylinder mit weicher, samtiger, glatter weißer Rinde*
VERWENDUNG: *Als Tafelkäse*

Der Somerset Brie ist wahrscheinlich der meistgekaufte britische Weichkäse. Er hat eine Textur wie stichfester Eierpudding. Sein Aroma und Geschmack erinnern an Pilze mit einem Hauch von grünem Gras. Etwas Säure verleiht dem Käse Geschmackstiefe. Der Somerset Brie will keinen französischen Brie vortäuschen, der aufgrund der unterschiedlichen Voraussetzungen – Klima, Boden, Tierrassen und Herstellungsmethoden – gehaltvoller und kräftiger ist. Der Somerset Brie ist nach sechs Wochen reif und hat einen Fettgehalt von 50 Prozent. Er wird von Lubborn Cheese Ltd produziert, die auch Somerset Camembert und Capricorn Goat herstellten.

SPENWOOD
HERKUNFT: *Berkshire*
ART: *Neuere vegetarische Hartkäsesorte aus Rohmilch; individuell produziert*
MILCH: *Schafmilch*
BESCHREIBUNG: *2 kg schwerer Rundkäse. Die gelblich-graue Naturrinde ist fest und krustig.*
VERWENDUNG: *Als Tafelkäse, zum Reiben und Grillen*

Der Spenwood wird von Anne Wigmore von der Firma Village Maid Cheese hergestellt. Er wurde bei den British Cheese Awards 1996 nicht nur mit einer Goldmedaille ausgezeichnet, sondern erhielt auch den Cheese Lover's Trophy. Der harte und scheinbar trockene Käse fühlt sich im Mund cremig an und zergeht, um sein charakteristisches süßes Karamelaroma freizusetzen, das auf vorzügliche Weise von der Säure des Käses ausgeglichen wird. Mit zunehmendem Alter wird das Aroma von gemahlenen Nüssen deutlicher. Der Spenwood ist nach sechs Monaten reif. Er hat einen Fettgehalt von 50 Prozent.

SINGLE GLOUCESTER
HERKUNFT: *Gloucestershire*
ART: *Traditionelle Hartkäsesorte aus Rohmilch; individuell oder industriell produziert*
MILCH: *Kuhmilch*
BESCHREIBUNG: *3,25 kg–5,5 kg schwere »Mühlsteine« oder 1,4 kg schwere kleine Zylinder. Die harte, glatte Naturrinde zeigt die Abdrücke des Käsetuchs*
VERWENDUNG: *Als Tafelkäse, zum Grillen*

Der Single Gloucester wird traditionell aus entrahmter Abendmilch hergestellt, die man dann mit vollfetter Milch vom Morgen mischt. Der Käse ist leichter, bröckeliger und magerer als der Double Gloucester. Es gibt nur zwei Käsehersteller, die diesen stabilen, bißfesten Käse nach der traditionellen Methode bereiten. Das butterartige Aroma läßt Andeutungen von Vanille und Eiscreme ahnen. Der milde, aber charaktervolle Käse hat etwas Süße im Nachgeschmack, die seine schwache Säure ausgleicht. Charles Martell stellt seinen Single Gloucester aus der Milch einer seltenen Rinderrasse – Old Gloucester – her. Die Variante von Smart ist kernig, hat die Fülle eines Sahnetoffees und einen Hauch von Lakritze. Seit 1997 darf der Single Gloucester nur in Gloucestershire hergestellt werden.

OBEN: *Spenwood*

RECHTS: *Somerset Brie*

ENGLISCHER KÄSE

OBEN: *Staffordshire Organic*

STAFFORDSHIRE ORGANIC

HERKUNFT: *Staffordshire*
ART: *Neuere vegetarische, naturbelassene Spezialkäsesorte aus Rohmilch; individuell produziert*
MILCH: *Kuhmilch*
BESCHREIBUNG: *3,5–18 kg schwerer Zylinder mit fester, cheddarähnlicher Rinde*
VERWENDUNG: *Als Tafelkäse, zum Grillen und Reiben*

Dieser glatte und cremige, doch feste Käse gehört zu den wenigen gepreßten naturbelassenen Hartkäsesorten, die in Großbritannien produziert werden. Von ihm gibt es Varianten mit Kräutern und Schnittlauch, doch die interessanteste ist die mit wildem Knoblauch. Während manche Bauern jegliche Spuren von wildem Knoblauch von ihren Feldern zu entfernen suchen, erntet Michael Deaville diese Pflanzen, zerkleinert sie und friert sie ein, damit ihre würzige Frische erhalten bleibt, wenn er sie an die Käsemasse gibt. Der Staffordshire Organic ist nach sechs bis acht Wochen reif. Sein Fettgehalt beträgt 48 Prozent.

RECHTS: *Der Schimmel eines vollkommenen Stilton breitet sich bis zur Rinde aus*

STILTON

HERKUNFT: *Nottinghamshire, Derbyshire, Leicestershire*
ART: *Traditionelle vegetarische Blauschimmelkäsesorte; industriell produziert*
MILCH: *Kuhmilch*
BESCHREIBUNG: *2,5 kg oder 8 kg schwere Trommel. Die rauhe, krustige Rinde, die von einer Vielzahl von Schimmeln gebildet wird, gibt dem Käse das Aussehen eines von Flechten überwachsenen Felsstückes.*
VERWENDUNG: *Als Tafelkäse, für Snacks und Suppen*

Seit Jahrhunderten ist man sich uneinig darüber, wer den Stilton als erster hergestellt hat. Doch dank der Voraussicht seiner Hersteller ist der Stilton noch immer einer der beliebtesten Käsesorten in Großbritannien. Zu Beginn des zwanzigsten Jahrhunderts bildeten die Produzenten eine Assoziation mit dem Ziel, das Herstellungsverfahren für den Stilton unter Kontrolle zu stellen. Wie es auch im Rahmen des A. O. C.-Systems in Frankreich gehandhabt wird, legten sie im einzelnen fest, wo der Stilton hergestellt werden konnte – nämlich in den drei Grafschaften Nottinghamshire, Derbyshire und Leicestershire. Die Rinde eines guten Stilton strömt die wunderbaren Aromen von Kellern, steinernen Mauern und Schimmel aus. Sie zeigt an den Einstichkanälen, durch die Luft ins Innere des Käses gelangen soll, winzige Löcher. Bei einem vollkommenen Stilton muß sich der blaue Schimmel bis zur Rinde hinziehen, so daß der Käse wie zersprungenes Porzellan aussieht. Der Geschmack muß an altes Leder, Bitterschokolade und an würzigen Blauschimmel erinnern und eine Spur von Weißwein und Kräutern andeuten. Er darf nicht trocken und bröckelig, sondern muß gehaltvoll und cremig sein und einen klaren, anhaltenden scharfen Nachgeschmack haben.

Manche Hersteller und Händler machen den Fehler, den Käse zu jung zu verkaufen, wenn er vielleicht noch bitter und trocken ist. Der Stilton braucht neun bis fünfzehn Wochen, um zu reifen. Sein Fettgehalt beträgt 55 Prozent. Mit den Jahren haben sich, was den Stilton betrifft, einige ungewöhnliche Sitten eingebürgert. Das ist insbesondere die Gewohnheit, mit einem Löffel Stücke aus dem Käse »auszugraben«. Diese Tradition entstand, als man bei Banketten oder im Pub ganze Käse aufzutragen pflegte, die in der Regel bald verzehrt waren. Wenn Sie einen ganzen oder auch nur einen halben Stilton haben, dann essen Sie ihn nicht auf diese Weise, falls der Käse nicht innerhalb einer Woche verbraucht werden soll; andernfalls würde er austrocknen. Genießen Sie ihn statt dessen so, daß seine Oberfläche möglichst flach und eben bleibt.

Zu den Herstellern von Stilton gehören folgende Molkereien: Colston Bassett Dairy, Millway, Long Clawson, Websters, Cropwell Bishop, Mendip Dairy Crest und Tuxford & Tebbutt.

STINKING BISHOP

HERKUNFT: *Gloucestershire*
ART: *Neuere vegetarische Käsesorte mit gewaschener Rinde; individuell produziert*
MILCH: *Kuhmilch*
BESCHREIBUNG: *1,8 kg schwerer Rundkäse mit glänzender orangegelber, leicht klebriger Rinde, die in Salzlake gewaschen ist*
VERWENDUNG: *Als Tafelkäse*

Dieser herrlich exzentrische Käse wurde von Charles Martell kreiert. Er sieht ein wenig wie der Munster aus. Während des Reifungsprozesses wird er gewaschen und mit Perry eingerieben. Perry ist ein alkoholisches Getränk, das aus Birnen der Sorte »Stinking Bishop« hergestellt wird. Der Käse ist wunderbar aromatisch, scharf, fast fleischartig und erscheint den meisten Leuten wahrscheinlich übertrieben. Bei den British Cheese Awards 1994 und 1996 wurde der Stinking Bishop mit einer Gold- bzw. einer Bronzemedaille ausgezeichnet; bei einer Verkostung, die kürzlich in Frankreich stattfand, begegnete man diesem samtweichen Käse, den man fast mit dem Löffel essen kann, mit Erstaunen. Es scheint, als litten die Franzosen noch immer unter dem Mißverständnis, daß die englischen Käseproduzenten nur Cheddar und Stilton kennen – eine Ansicht, die leider auch viele Briten teilen. Der Stinking Bishop braucht zum Reifen sechs bis acht Wochen. Er hat einen Fettgehalt von 48 Prozent.

SUSSEX SLIPCOTE

HERKUNFT: *Sussex*
ART: *Neuere vegetarische Frischkäsesorte aus Rohmilch; individuell produziert*
MILCH: *Schafmilch*
BESCHREIBUNG: *115 g schwere Stange oder 900 g schwere Rolle. Der reinweiße Käse kann eine feine, durchsichtige »Haut« bilden.*
VERWENDUNG: *Als Tafelkäse, zum Backen, als Brotaufstrich*

Die Rezeptur für diesen Käse stammt angeblich aus der Zeit Shakespeares. Der Bruch soll damals zu schnell gereift und aus dem Käsetuch herausgeglitten sein – daher auch der Name. Heute wird der Bruch vorsichtig in Formen geschöpft, so daß in der Masse genügend Molke zurückbleibt, die dem fertigen Käse seine leichte, mousseartige Textur und seine erfrischende Zitrussäure gibt. Den leichten und cremigen Sussex Slipcote, der an die Süße der Schafmilch erinnert, gibt es in drei Varianten: Einfach, mit Knoblauch und Kräutern und mit zerdrückten Pfefferkörnern. Der Käse braucht zehn Tage, um zu reifen. Er hat einen Fettgehalt von 45 Prozent.

SWALEDALE

HERKUNFT: *North Yorkshire*
ART: *Neuere vegetarische Hartkäsesorte; individuell produziert*
MILCH: *Kuh- oder Schafmilch*
BESCHREIBUNG: *2,5 kg schwerer Rundkäse. Die harte Naturrinde ist von graublauem Schimmel bedeckt*
VERWENDUNG: *Als Tafelkäse*

Der Swaledale ist ein klassischer Yorkshire-Käse, den David Reed auf seinem Hof im Tal des Swale herstellt. Der Käse wird in Salzlake eingeweicht, ehe man ihn zum Reifen in feuchte Keller bringt. Dort erhält die Rinde ihren attraktiven Schimmelbelag, der das Innere vor dem Austrocknen schützt. Der Käse ist weicher und etwas feuchter als der Wensleydale, hat die Frische der nebeligen Yorkshire Dales und des wilden Adlerfarns und daneben die typische Säure der Dale-Käse.

Der Swaledale hat bei den British Cheese Awards wiederholt Medaillen errungen. Der Käse ist nach einem Monat reif. Sein Fettgehalt beträgt 48 Prozent. Der Swaledale wird auch aus Kuhmilch hergestellt. Davon gibt es mehrere Varianten, die mit frischem Schnittlauch, Knoblauch und Rundblättriger Minze gewürzt sind, sowie einen Käse, der in Old Peculiar eingeweicht wird.

OBEN RECHTS:
Stinking Bishop

OBEN: *Swaledale Cow*

TALA

HERKUNFT: *Cornwall*
ART: *Neuere vegetarische Hartkäsesorte aus Rohmilch; individuell produziert*
MILCH: *Schafmilch (Kreuzung von Dorset und Ostfriesischem Milchschaf)*
BESCHREIBUNG: *400 g und 1,8 kg schwere Trommel. Die glatte, harte gebürstete Rinde ist gelblichgrau und zeigt mitunter schönen rosafarbenen Schimmel*
VERWENDUNG: *Als Tafelkäse*

Nachdem Hans White, ein ehemaliger Lehrer, 1989 in Pension gegangen war, begannen er und seine Frau Heather damit, Käse herzustellen. Ihr köstlicher kleiner Käse hat bei den British Cheese Awards bereits eine Bronzemedaille errungen. Obwohl er fest ist, zergeht der Tala auf der Zunge. Er ist cremig und vollmundig, hat einen süßen, aromatischen Karamelgeschmack und erinnert an Lanolin und würzigen Rosmarin, was für Schafmilch so typisch ist. Leichtes Räuchern scheint die süße Karamelnatur des Käses noch hervorzuheben. Die geräucherte Version des Tala wurde mit einer Goldmedaille ausgezeichnet.

Der Tala ist nach fünf Monaten reif. Sein Fettgehalt beträgt 48 Prozent.

TORVILLE

HERKUNFT: *Somerset*
ART: *Neuere Rohmilchkäsesorte mit gewaschener Rinde; individuell produziert*
MILCH: *Kuhmilch*
BESCHREIBUNG: *3,25 kg schwerer Rundkäse mit feiner rosa- bis orangefarbener Naturrinde, die mit gehackten Kräutern gesprenkelt ist*
VERWENDUNG: *Als Tafelkäse*

Den traditionellen Caerphilly herzustellen, gehört seit Jahrzehnten zum Leben der Familie Duckett. Sobald man die große Küche des Bauernhauses betritt, scheint einen das süße, schimmelige Aroma von reifendem Käse einzuhüllen. Vor zehn Jahren beschloß Chris Duckett, einmal etwas anderes auszuprobieren und begann, einige frische Caerphilly in Cider und Kräutern aus der Umgebung zu waschen. Da die Bakterien im Alkohol den jungen Käse angreifen, wird der äußere Rand schnell weich und nimmt etwas vom säuerlichen Apfelaroma auf – ein vorzüglicher Kontrast zu dem leicht salzigen, frischen Caerphilly. Es könnte schwierig sein, einen Torville aufzutreiben, doch die Suche lohnt sich.

Der Torville ist nach fünfzehn bis dreißig Tagen reif. Sein Fettgehalt beträgt 45 Prozent.

TYMSBORO

HERKUNFT: *Avon*
ART: *Neuere vegetarische Weichkäsesorte aus Rohmilch; individuell produziert*
MILCH: *Ziegenmilch*
BESCHREIBUNG: *250 g schwerer Pyramidenstumpf. Die mit schwarzer Asche überstäubte Naturrinde ist von feinem weißem Schimmel bedeckt.*
Verwendung: *Als Tafelkäse*

Schneidet man den elegant aussehenden Käse von Mary Holbrook auf, dann wird eine feine Schicht schwarzer Asche zwischen dem Inneren und der Kruste des Käses sichtbar. Der Tymsboro schmeckt nach Zitronensorbet, Holunderblüten und Äpfeln. Sein Nachgeschmack erinnert an frisches, knackiges Obst und läßt einen zarten, würzigen Beigeschmack spüren. Der Tymsboro ist nach zwei bis vier Wochen reif.

TYNING

HERKUNFT: *Avon*
ART: *Neuere Hartkäsesorte aus Rohmilch; individuell produziert*
MILCH: *Schafmilch*
BESCHREIBUNG: *2,25–3,25 kg schwerer Käse, der wie eine »fliegende Untertasse« geformt ist. Die Naturrinde zeigt sich in verschiedenen Braun- und Grautönen.*
VERWENDUNG: *Als Tafelkäse, zum Reiben*

Der Tyning ist hart, fast spröde, und leicht ölig. Intensiv fruchtig und würzig und voller kontrastierender Aromen, scheint er jedes Jahr besser zu werden. Schon der junge Käse hat eine karamelartige Süße und einen Beigeschmack wie von Ananas. Der von Mary Holbrook auf der Sleight Farm hergestellte Tyning wurde 1995 bei den British Cheese Awards als »Bester englischer Käse« und als »Bester neuer britischer Käse« ausgezeichnet. Er reift zwei bis zwölf Monate und hat einen Fettgehalt von 45 Prozent.

OBEN RECHTS: *Der Tyning wurde als »Bester englischer Käse« ausgezeichnet.*

RECHTS: *Der Tymsboro erhielt bei den British Cheese Awards eine Auszeichnung als »Bester Weichkäse«.*

ENGLISCHER KÄSE 79

VULSCOMBE
HERKUNFT: *Devon*
ART: *Neuere vegetarische Frischkäsesorte aus Rohmilch; individuell produziert*
MILCH: *Ziegenmilch*
BESCHREIBUNG: *170 g schwerer Rundkäse, mit einem Lorbeerblatt oder zerdrückten Pfefferkörnern garniert*
VERWENDUNG: *Als Tafelkäse*

Der Vulscombe, zweimaliger Gewinner der Bronzemedaille bei den British Cheese Awards, kommt aus der Produktion von Joyce und Graham Townsend. Der Käse ist insofern ungewöhnlich, als bei seiner Herstellung kein Labzusatz verwendet wird. Die Milch gerinnt nur durch die Säure des Bruches. Der Vulscombe ist klein, rund und elegant verpackt. Als Ausgleich zu ihrem reinweißen Aussehen werden die Käse mit einem Lorbeerblatt oder zerdrückten Pfefferkörnern garniert. Der feuchte, aber cremige Käse hat einen frischen Geschmack wie von Zitronensorbet und läßt nur einen Hauch von Ziegenmilch spüren. Er ist nach einer bis drei Wochen reif und hat einen Fettgehalt von 45 Prozent. Den Vulscombe gibt es als einfache Variante, mit frischen Kräutern und Knoblauch oder mit zerdrückten Pfefferkörnern und Knoblauch.

WATERLOO
HERKUNFT: *Berkshire*
ART: *Neuere vegetarische halbfeste Käsesorte aus Rohmilch; individuell produziert*
MILCH: *Kuhmilch (Guernseyrind)*
BESCHREIBUNG: *900 g schwerer Rundkäse. Die dicke rosafarbene Naturrinde ist mit weißem Schimmel überstäubt. Mit zunehmendem Alter wird sie grau, krustig und runzlig.*
VERWENDUNG: *Als Tafelkäse*

Der von Anne und Andy Wigmore hergestellte Waterloo ist ein Käse, dessen Bruch gewaschen wird. Er ist süß, geschmeidig und glatt, hat ein volles Aroma und eine satte gelbe Farbe. Zu Anfang ist er weich und fruchtig, doch die Zeit und die Natur lassen ihn reifen. Wenn das Innere schon fast zerfließt, nimmt der Käse einen pflanzenhaften Geschmack wie von jungen Sellerieblättern und Löwenzahn an. Diese etwas pfeffrigen Geschmacksrichtungen werden durch die Vollmundigkeit der Milch ausgeglichen.

Der Waterloo ist nach vier bis zehn Wochen reif und hat einen Fettgehalt von 45 Prozent. Bei den British Cheese Awards hat er bereits eine Medaille gewonnen.

OBEN: *Vulscombe mit frischen Kräutern und Knoblauch (links), mit zerdrückten Pfefferkörnern und Knoblauch (rechts) und als einfache Variante (Mitte).*

WELLINGTON
HERKUNFT: *Berkshire*
ART: *Neuere vegetarische Hartkäsesorte aus Rohmilch; individuell produziert*
MILCH: *Kuhmilch (Guernseyrind)*
BESCHREIBUNG: *2 kg schwerer Rundkäse. Die krustige Naturrinde ist mit Schimmel in verschiedenen Grau- und Brauntönen bedeckt.*
VERWENDUNG: *Als Tafelkäse, zum Reiben*

Der Wellington ist ein vorzüglicher neuer britischer Käse. Er wird auf ähnliche Weise wie der Cheddar hergestellt, ist jedoch viel kleiner als dieser. Seine gelbe Farbe verdankt er der Milch der Guernseykühe. Zu Anfang ist er glatt und cremig, dann entwickelt er einen intensiveren, schärferen Cheddargeschmack und hat schließlich einen Nachgeschmack, der an Petersilie, Sellerie und Schnittlauch erinnert.

Der Wellington ist nach sechs bis zehn Wochen reif und hat einen Fettgehalt von 45 Prozent.

ENGLISCHER KÄSE

WENSLEYDALE
HERKUNFT: *Yorkshire*
ART: *Traditionelle Hartkäsesorte; individuell produziert*
MILCH: *Kuhmilch*
BESCHREIBUNG: *4,5 kg oder 21 kg schwerer, zum Reifen in Tuch eingebundener Zylinder mit Naturrinde*
VERWENDUNG: *Als Tafelkäse; wird traditionell auch zu Apple Pie gegessen*

Der berühmteste von allen Käsesorten der Yorkshire Dales ist der Wensleydale. Er wird heute von mehreren kleinen Molkereien und Käseproduzenten hergestellt. Einige davon haben die Tradition, für diesen Käse Schafmilch zu verarbeiten, wiederbelebt. Wie es eine alte Rezeptur verlangt, wird der Käse in Tücher eingebunden und zum Reifen in Keller gebracht. Der Ursprung dieser Rezeptur läßt sich bis zu den Zisterziensermönchen zurückverfolgen, die im elften Jahrhundert mit Wilhelm I. ins Land kamen.

Das bekannteste Beispiel für diesen Käse kommt aus der Wensleydale Creamery in Hawes, wo der Käse seit fast einem Jahrhundert hergestellt wird. Als die Besitzer der

OBEN: *Wensleydale (oben), Wellington (links) und Baby Waterloo (rechts)*

Molkerei Mitte der neunziger Jahre planten, den Betrieb zu schließen, wäre dort fast die Produktion des traditionellen Käses eingestellt worden. Doch die Eigner hatten nicht mit der Entschlossenheit der Gemeinde, der Arbeiter und der Betriebsleitung gerechnet, die gegen die Schließung kämpften und das Unternehmen nun zu neuem Leben erweckt haben.

Ein guter Wensleydale hat eine geschmeidige, krümelige, feuchte Textur und ähnelt einem jungen Caerphilly. Das Aroma erinnert an wilden Honig, dessen Geschmacks- und Geruchseindruck von einer frischen Säure ausgeglichen wird. Der Käse reift zwei bis vier Monate lang. Sein Fettgehalt beträgt 45 Prozent.

RECHTS: *White Stilton*

WHITE STILTON
HERKUNFT: *Leicestershire*
ART: *Traditionelle vegetarische Hartkäsesorte; industriell produziert*
MILCH: *Kuhmilch*
BESCHREIBUNG: *8 kg schwere Trommel mit blasser primelgelber Naturrinde*
VERWENDUNG: *Als Tafelkäse, für Salate*

Der White Stilton ist eine jüngere Version des Stilton, des Königs unter den Blauschimmelkäsesorten, die keine Blaufärbung aufweist. Der Käse ist mild und krümelig, hat eine frische Säure und nichts von dem Schwung seines reifen Blauschimmelcousins. Die meisten Stiltonproduzenten stellen auch diesen angenehmen, jedoch recht langweiligen Käse her. Der White Stilton ist nach sechs bis acht Wochen reif für den Verzehr. Sein Fettgehalt beträgt 45 Prozent.

WIGMORE
HERKUNFT: *Berkshire*
ART: *Neuere vegetarische halbfeste Käsesorte aus Rohmilch; individuell produziert*
MILCH: *Schafmilch*
BESCHREIBUNG: *500 g oder 2 kg schwerer Rundkäse. Die dicke Naturrinde ist rosafarben bis graubraun, uneben und runzlig*
VERWENDUNG: *Als Tafelkäse*

Diesen Käse stellt Anne Wigmore von Village Maid Cheese her. Um überschüssige Molke zu entfernen, wird der Bruch gewaschen und dann zum Ablaufen in Formen gepackt. Daraus entsteht ein Käse mit nur wenig Säure, der die Süße der Milch behält und eine sinnliche Konsistenz entwickelt. Die gewaschene Rinde hat einen hefigen Duft, der das geschmeidige Innere des Käses durchdringt.

Das Ergebnis ist eine Geschmacksempfindung, die Blumenaromen mit Karamel, Macadamianüssen und gebratenem Lammfleisch verbindet. Der Wigmore gewinnt bei den British Cheese Awards ausnahmslos Goldmedaillen.

BRITISH CHEESE AWARDS

Die von Tesco als Sponsor unterstützten British Cheese Awards sind ein alljährlich wiederkehrendes Ereignis, bei dem ausgezeichnete Leistungen in der britischen Käseindustrie anerkannt werden. Die von der Autorin des Buches ins Leben gerufene Wettbewerb wird von den Medien beachtet, von den Fachleuten und der milchverarbeitenden Industrie geschätzt. Sie soll helfen, das Bewußtsein für die Mannigfaltigkeit und die Qualität der in Großbritannien hergestellten Käsesorten zu schärfen.

Jedes Jahr werden die Käsehersteller eingeladen, ihre Erzeugnisse einer ausgewählten Gruppe von Sachverständigen vorzulegen, zu der Kochbuchautoren und Fachleute aus der Käsebranche, aus dem Hotel- und Gaststättengewerbe, aus dem Einzelhandel und der Nahrungsgüterindustrie gehören. 1997 wurden über fünfhundert Käsesorten (darunter vierundsechzig Ziegenkäse und sechsundvierzig Schafkäse) für den Wettbewerb zugelassen. Jeder Käse wird mit anderen, nach dem gleichen Verfahren hergestellten Sorten vergleichend beurteilt. Preise werden nicht vergeben. Vielmehr werden die Sorten, die ein herausragendes Niveau haben, mit Gold-, Silber- oder Bronzemedaillen ausgezeichnet. Unter den Goldmedaillengewinnern jeder Kategorie wird dann der Best of Category (Bester Käse einer Kategorie) ermittelt; von den zwölf Siegern der einzelnen Kategorien erhält der Beste den Titel des Supreme Champion. Nach der Bekanntgabe der Sieger findet eine landesweite Kampagne – The British Cheese Festival – statt, die zwei Wochen dauert und die nicht nur ein Werbefeldzug für die Sieger ist, sondern das Bewußtsein für britischen Käse und dessen regionale Verschiedenheit wecken und entwickeln soll.

Zu den bisherigen Siegern gehören: Peroche – Bester Frischkäse; Tymsboro und St Kilian – Bester Weichkäse; Croghan und Wigmore – Bester halbfester Käse; Montgomery's Cheddar und Chewton's Cheddar – Bester traditioneller britischer Käse; Milway Shropshire Blue und Cropwell British Blue – Bester Blauschimmelkäse; Hereford Hop – Bester Spezialkäse. Bisher erhielten der Milleens, der Lancashire von Mrs. Kirkham und der Lincolnshire Poacher den höchsten Titel des Supreme Champion.

YORKSHIRE BLUE

HERKUNFT: *North Yorkshire*
ART: *Traditionelle vegetarische Blauschimmelkäsesorte; individuell produziert*
MILCH: *Schafmilch*
BESCHREIBUNG: *3,5 kg schwerer Zylinder mit feuchter gelbweißer krustiger Naturrinde*
VERWENDUNG: *Als Tafelkäse*

Diesen ausgezeichneten Käse entwickelte Judy Bell von Shepherd's Purse nach traditionellen Methoden, die auf die frühen Yorkshire-Käse des elften Jahrhunderts zurückgehen. Der Käse wurde 1995 vorgestellt und gewann 1997 bei den British Cheese Awards eine Goldmedaille. Der cremige, süße, feuchte Blauschimmelkäse ist zart, doch nicht mild. Noch nicht gereift ist er ein typischer junger Wensleydale – bröckelig und flockig, mit einem zarten Blauschimmelaroma – doch die Reife bringt Weichheit und einen ausgeprägteren Geschmack. Der Yorkshire Blue ist nach acht bis zehn Wochen reif. Sein Fettgehalt beträgt 48 Prozent.

UNTEN: *In Großbritannien wird nur eine Handvoll Käsesorten mit gewaschener Rinde hergestellt. Der Wigmore ist einer davon.*

IRISCHER KÄSE

Der von Hand gemachte irische Käse birgt einen gewissen Zauber in sich, der nicht erklärbar und auch kaum greifbar ist. Vielleicht ist es ein Hauch aus der irischen Sagenwelt, der zu uns herüberweht, oder die Leidenschaft der Iren für das Leben, das der heimatlichen Erde entspringt. Vielleicht ist es das Land, das trotz der Probleme der Vergangenheit und der Gegenwart, die ein Teil des irischen Lebens sind, noch immer reich und grün und fruchtbar ist.

Seit undenklichen Zeiten wissen die Bewohner dieser Insel, die von Natur aus für die Milchwirtschaft ideal ist, Butter und Milch zu schätzen, doch es gibt seltsamerweise keine Aufzeichnungen darüber, daß die Iren auch Käse machten. Selbst die Mönche, die die Grundlage für so manche große europäische Käsesorte schufen, weckten in den Iren weder die Liebe zum Käse noch den Wunsch, ihn herzustellen. Der Großteil des Käses, der heute produziert wird, ist ein recht langweiliger Block-Cheddar, der hauptsächlich aus den großen Betrieben in Nordirland kommt und für den Export bestimmt ist.

Die Situation ändert sich nun jedoch. Inzwischen gibt es eine neue Generation von Käseherstellern, die alte Rezepturen wiederentdecken und neue entwickeln. Es muß etwas in der Luft von West Cork liegen, das vier von Irlands populärsten Käseproduzenten veranlaßt hat, Käse mit gewaschener Rinde nach der Art der Trappistenkäse zu machen. Vielleicht sind es die schroffe, zerklüftete Küste, gegen die Wellen des Atlantik anstürmen, oder der zarte Nebel und der Regen, die die Hersteller zur Entwicklung des Milleens, des Gubbeen, des Ardrahan und des Durrus anregten. Ganz sicher aber hat der Rock of Cashel mit den gewaltigen Überresten von Gebäuden aus dem zehnten Jahrhundert die Grubbs zu ihrem derben, würzigen Cashel Blue inspiriert.

Die Veränderungen auf dem Gebiet der Käseherstellung haben kaum Auswirkungen in den Gebieten jenseits der Grenze zu Nordirland gezeigt. Hier ist die Käseherstellung hoch industrialisiert geblieben. Von dort kommt allerdings der Blue Rathgore, ein Käse aus Ziegenmilch, den die Molkerei Woodford Dairies in South Belfast herstellt, und der der erste von hoffentlich weiteren neuen und guten Käsesorten in Irland ist.

OBEN: Coolea

ARDRAHAN
HERKUNFT: *West Cork*
ART: *Neuere vegetarische Käsesorte mit gewaschener Rinde; individuell produziert*
MILCH: *Kuhmilch*
BESCHREIBUNG: *400 g und 1,5 kg schweres Rad. Die gerillte, in Salzlake gewaschene Rinde ist mit braunem, ockerfarbenem, grauem und gelbem Schimmel überkrustet.*
VERWENDUNG: *Als Tafelkäse*

Der Ardrahan erhielt 1995 bei den British Cheese Awards eine Silbermedaille. Er wird von Eugene und Mary Burns hergestellt. Der Käse hat einen ausgeprägten erdigen Duft. Das tiefgelbe Innere unter der in Salzlake gewaschenen Rinde ist fest und leicht kreidig und strömt eine herrliche Komplexität von Aromen aus. Die würzige Säure hebt den butterartigen, pikanten, fleischartigen Charakter noch hervor. Im Nachgeschmack erinnert der Ardrahan an jungen Gruyère. Er ist nach vier bis acht Wochen reif.

CASHEL BLUE
HERKUNFT: *Tipperary*
ART: *Neuere Blauschimmelkäsesorte; individuell produziert*
MILCH: *Kuhmilch*
BESCHREIBUNG: *1,5 kg schwerer Zylinder. Die feuchte, krustige Rinde ist mit üppigem grauem Schimmel bewachsen*
VERWENDUNG: *Als Tafelkäse; sehr gut auch als dicke Schicht auf warmem Walnußbrot*

Die Vorfahren von Jane und Louis Grubb waren Buttermacher und Müller, die man im siebzehnten Jahrhundert aus England vertrieben hatte. Im Schatten des Rock of Cashel, eines weithin sichtbaren Granitfelsens, der aus den Ebenen von Tipperary aufragt, begannen die beiden vor zehn Jahren mit der Herstellung des einzigen irischen Blauschimmelkäses. Die Milch dafür stammt von ihrer Herde.

Der junge Cashel Blue ist fest, doch feucht und zeigt eine schwache Andeutung von frischem Estragon und Weißwein. Mit zunehmendem Alter tritt sein wahrer Charakter zutage, und er reift zu einem harmonischeren, würzigeren Käse. Das Innere wird weich und fällt zusammen, wenn der Käse seine höchste Vollkommenheit erreicht hat – eine Herausforderung für jeden Händler, aber ein Festschmaus für jeden Kenner.

Der Cashel Blue ist in verschiedenen Versionen erhältlich: Aus pasteurisierter Milch, aus Rohmilch, vegetarisch und nichtvegetarisch. Er reift acht bis vierzehn Wochen und hat einen Fettgehalt von 45 Prozent.

LINKS: Cashel Blue (links) und Ardrahan (rechts)

IRISCHER KÄSE

COOLEA
HERKUNFT: *West Cork*
ART: *Neuere Hartkäsesorte aus Rohmilch; individuell produziert*
MILCH: *Kuhmilch*
BESCHREIBUNG: *900 g, 5,5 kg und 9 kg schwere »Mühlsteine« mit glatter, schimmernder orangefarbener Naturrinde*
VERWENDUNG: *Als Tafelkäse, für Snacks und Saucen*

Der Coolea wird von der holländischen Einwandererfamilie Willems hergestellt. Ihr Käse nach Gouda-Art wird in breiten Kreisen als ebenso gut wie jeder andere Käse von holländischen Bauernhöfen angesehen; dabei hat er seinen eigenen, unverwechselbaren Charakter. Das üppige Weideland in diesem abgelegenen Teil von Cork ist die Grundlage für den gehaltvollen, nußartigen Käse, dessen Nachgeschmack eine Spur Fruchtigkeit hat.

Der Coolea ist nach sechs bis zwölf Wochen reif. Gelegentlich werden in der Familie auch größere Käse hergestellt, die man bis zu zwei Jahre reifen läßt. Ihr fruchtiger Charakter wird dann intensiver, die Farbe satter und in den kleinen Käselöchern sammeln sich winzige Wassertropfen. Der Fettgehalt des Käses beträgt 45 Prozent.

OBEN: *Cooleeney (unten) und Croghan*

COOLEENEY
HERKUNFT: *Tipperary*
ART: *Neuere Weichkäsesorte aus Rohmilch; individuell produziert*
MILCH: *Kuhmilch*
BESCHREIBUNG: *200 g oder 1,5 kg schwerer Rundkäse mit Weichkäserinde*
VERWENDUNG: *Als Tafelkäse*

Dieser Käse nach Art des Camembert wird von Breda Maher in Handarbeit hergestellt. Der Cooleeney ist vollaromatisch und duftet nach Gras. In reifem Zustand hat er ein ausgeprägtes Pilzaroma. Sein gehaltvolles, halbflüssiges Inneres verdankt der Käse den üppigen, saftigen Weiden, für die Tipperary so berühmt ist. Der Käse ist nach vier bis acht Wochen reif. Sein Fettgehalt beträgt 45 Prozent.

UNTEN: *Doolin*

CROGHAN
HERKUNFT: *Wexford*
ART: *Neuere vegetarische, naturbelassene halbfeste Käsesorte aus Rohmilch; individuell produziert*
MILCH: *Ziegenmilch*
BESCHREIBUNG: *1,2 kg schwerer, wie eine »fliegende Untertasse« geformter Käse. Die glatte, in Salzlake gewaschene lederartige Rinde ist braunrosa bis terrakottafarben und zeigt etwas Schimmelbewuchs.*
VERWENDUNG: *Als Tafelkäse*

Die Hersteller des Croghan, Luc und Anne Van Kampen, leben zusammen mit ihrer kleinen Ziegenherde in einer idyllischen Gegend. Ihren Käse bereiten sie nach einer abgewandelten Gouda-Rezeptur. Die Intensität seines Aromas ist das Ergebnis von begeistertem und schöpferischem Arbeiten und günstigen natürlichen Gegebenheiten. Das Aroma erinnert an das Gras und das Heu, das das herrliche Weideland an der Küste hergibt. Der Nachgeschmack ist würzig, jedoch nicht scharf. Der Croghan reift vier bis zwölf Wochen. Da er nur in der Zeit von Frühjahr bis Herbst hergestellt wird, ist er vielleicht nicht so einfach zu finden; die Suche lohnt jedoch.

DOOLIN
HERKUNFT: *Waterford*
ART: *Neuere vegetarische Hartkäsesorte; in Genossenschaften produziert*
MILCH: *Kuhmilch*
BESCHREIBUNG: *11 kg schweres Rad mit glatter, harter, gewachster goldgelber Rinde*
VERWENDUNG: *Als Tafelkäse, zum Reiben und Grillen, für Saucen*

Der Vintage Doolin, eine Version dieses Käses nach Gouda-Art, gab sein aufsehenerregendes Debut 1995 bei den British Cheese Awards, als er den Cheese Lover's Trophy erhielt und als Best Irish Cheese (Bester irischer Käse) ausgezeichnet wurde. Obwohl der Doolin nicht von einem Bauernhof, sondern aus einer Molkerei kommt, wird er von Hand gewendet und langsam gereift, um aus der herrlichen Milch, die aus der Umgebung geliefert wird, das Beste herauszuholen. Von diesem Käse gibt es drei Versionen. Der Young Doolin, der nach nur zwei Monaten Reifungszeit verkauft wird, ist zwar angenehm, aber fade; der Mature Doolin hat einen ausgeprägteren, fruchtigen Charakter. Der Vintage Doolin hat einen tief goldgelben Teig, eine feine körnige Textur und ein reiches, wunderbar butterartiges und fruchtiges Aroma. Sein würziger Nachgeschmack hält lange an. Der Doolin hat einen Fettgehalt von 45 Prozent.

IRISCHER KÄSE

OBEN: Gubbeen

DURRUS
HERKUNFT: *West Cork*
ART: *Neuere vegetarische halbfeste Käsesorte aus Rohmilch; individuell produziert*
MILCH: *Kuhmilch*
BESCHREIBUNG: *1,4 kg schwerer Rundkäse. Die reißverschlußartig gemusterte gewaschene Rinde ist rehbraun und hat blaue, graue und weiße Schimmelflecke.*
VERWENDUNG: *Als Tafelkäse*

Die Milch für den Durrus wird jeden Morgen frisch von einem Bauernhof aus der Nachbarschaft von Jeffa Gills Käserei geliefert. Sie kommt in einen prächtigen Kupferkessel und wird weiterverarbeitet. In den folgenden Wochen bilden die in der Luft enthaltenen Schimmel und Hefen auf der Käsemasse allmählich einen Überzug, der den Käse schützt und gleichzeitig den Reifungsprozeß unterstützt.

Der junge Durrus ist butterartig, mild und leicht säuerlich. Er reift zu einem kompakten Käse heran, der glatt wie Seide ist und einem französischen Tomme ähnelt. Die Rinde riecht nach Erde, und das Gemisch von Aromen erinnert an Karamelbonbons, säuerliche Äpfel und eine Spur von Rauch. Der Nachgeschmack ist cremig-nußartig. Der Käse reift vier bis acht Wochen und hat einen Fettgehalt von 45 Prozent.

Der Durrus wurde bei den British Cheese Awards zweimal mit einer Bronzemedaille ausgezeichnet.

GABRIEL
HERKUNFT: *West Cork*
ART: *Neuere Hartkäsesorte aus Rohmilch; individuell produziert*
MILCH: *Kuhmilch*
BESCHREIBUNG: *6,75–27 kg schweres Rad mit scharfen Kanten. Die Naturrinde ist glatt, dunkelbraun oder khakifarben und sehr hart.*
VERWENDUNG: *Als Tafelkäse*

Dieser herrliche Käse nach Gruyère-Art ist voller Aroma und hat eine kräftige fruchtige Würze. Der Käse nimmt in der Lake einen leicht salzigen Geschmack an. Er reift viele Monate lang, ohne daß ein Überzug aus Wachs oder Plastik diesen Prozeß behindert. Das Klima in diesem Teil von West Cork scheint für diese langsam reifenden Hartkäse besonders gut geeignet zu sein. Bill Hogan und Sean Ferry von der West Cork Natural Cheese Limited stellen noch zwei weitere Käse her: Den Desmond, der dem Gabriel ähnelt, aber weicher ist und einen scharfen, anhaltenden Nachgeschmack hat, und den Mizen, einen riesigen Käse, der oftmals ein Gewicht von über 45 kg hat, der hart und fast spröde ist und dem Schweizer Sbrinz oder dem italienischen Parmesan ähnelt.

RECHTS: Durrus (oben) und Gabriel

GUBBEEN
HERKUNFT: *Cork*
ART: *Neuere vegetarische halbfeste Käsesorte; individuell produziert*
MILCH: *Kuhmilch (Friesian, Kerry-Rind und Braunvieh)*
BESCHREIBUNG: *1,5 kg schwerer Rundkäse. Die terrakottafarbene, in Salzlake gewaschene Rinde trägt feinen weißen und blaßblauen Schimmel.*
VERWENDUNG: *Als Tafelkäse*

Dieser Käse mit gewaschener Rinde, der von Tom und Gina Fergusson hergestellt wird, erhielt bei den British Cheese Awards bereits zweimal eine Silbermedaille. Der Gubbeen hat eine wunderbare erdige Süße an sich, wenn die Hefe- und Schimmelpilze in Aktion sind, um die unebene, zerfurchte Rinde entstehen zu lassen. Der Geschmack dieses dichten, vollmundigen Käses ist kräftig und würzig. Der Nachgeschmack erinnert an gebräunte Zwiebeln und gegrillten Käse.

LAVISTOWN
HERKUNFT: *Kilkenny*
ART: *Neuere vegetarische Hartkäsesorte aus Rohmilch; individuell produziert*
MILCH: *Kuhmilch*
BESCHREIBUNG: *1,4 kg und 3,5 kg schwere »Mühlsteine«. Die Naturrinde ist glatt und fest.*
VERWENDUNG: *Als Tafelkäse*

Mit seiner krümeligen und feinen Textur erinnert der Lavistown an einen Cheddar, ist jedoch weniger kompakt. Er wird von Olivia Goodwillie nach einer Swaledale-Rezeptur bereitet. Er zeigt eine herbe Säure und hat einen Geschmack wie von grünen Blättern.

IRISCHER KÄSE

MILLEENS
HERKUNFT: *West Cork*
ART: *Neuere halbfeste Käsesorte aus Rohmilch; individuell produziert*
MILCH: *Kuhmilch*
BESCHREIBUNG: *225 g oder 1,4 kg schwerer Rundkäse mit runzliger, ziemlich unebener rosaorangefarbener, in Salzlake gewaschener Rinde.*
VERWENDUNG: *Als Tafelkäse*

Veronica und Norman Steele stellen seit mehr als zehn Jahren auf der Halbinsel Beara ihren Milleens her. Nur selten gleicht ein Käse dem anderen in seinen Eigenschaften, doch das Ergebnis fällt nie enttäuschend aus. Der Duft erinnert an Bauernhof, an nasses Gestein und an Heide. An Heide erinnert auch das Aroma des festen, geschmeidigen, süßen Käses, das auch eine Andeutung von Rahm und Butterscotch zeigt. Auf dem Höhepunkt des Reifungsprozesses angelangt, wird der Teig nahezu flüssig. Dann hat der Käse einen hefigen, würzigen Geschmack mit einem kräftigen kräuterartigen Beigeschmack und erinnert an frischen Seewind. Der Milleens hat den süßsauren Geschmack der echten Trappistenkäse. Er reift vier bis zehn Wochen und hat einen Fettgehalt von 45 Prozent. Bei den British Cheese Awards 1997 wurde er zum »Supreme Champion« gekürt.

UNTEN: *Mine-Gabhar (hinten) und Milleens (vorn)*

MINE-GABHAR
HERKUNFT: *Wexford*
ART: *Neuere vegetarische, naturbelassene Weichkäsesorte aus Rohmilch; individuell produziert*
MILCH: *Ziegenmilch*
BESCHREIBUNG: *225 g schwerer Rundkäse mit schimmelgereiftem taubengrauem Überzug*
VERWENDUNG: *Als Tafelkäse*

Der Mine-Gabhar ist ein weiterer Preisträger aus der Produktion von Luc und Anne Van Kampen. Er wurde bei den British Cheese Awards 1996 zum »Besten irischen Käse« und zum »Besten Weichkäse« ernannt. Der Käse braucht zum Reifen drei Wochen.

ORLA
HERKUNFT: *Cork*
ART: *Neuere vegetarische, naturbelassene halbfeste Käsesorte aus Rohmilch; individuell produziert*
MILCH: *Schafmilch*
BESCHREIBUNG: *2 kg schwerer Rundkäse mit feiner orangefarbener, in Salzlake gewaschener Kruste*
VERWENDUNG: *Als Tafelkäse, zum Grillen, für Snacks*

Der Orla gehört zu den Käsesorten, die je nach Reifegrad eine Zwischenstellung zwischen halbfestem und hartem Käse einnehmen. Er ist geschmeidig und gehört, wenn er jung ist, unzweifelhaft zu den halbfesten Sorten. Nachdem er bis zu sechs Monate im Keller reifen konnte, ähnelt er in seiner Textur mehr dem Manchego, obgleich er weniger ölig ist. Der reife Käse ist scharf und salzig, wenngleich er das für Schafmilch so typische erdige, karamelartige Aroma beibehält. Seine Textur ist fest und zerbrechlich, das Innere weist einige Löcher auf.

ST KILLIAN
HERKUNFT: *Wexford*
ART: *Neuere vegetarische Weichkäsesorte; individuell produziert*
MILCH: *Kuhmilch*
BESCHREIBUNG: *250 g schwerer sechseckiger Käse mit samtiger, glatter, weicher weißer Rinde*
VERWENDUNG: *Als Tafelkäse*

Dieser attraktiv verpackte Käse nach Camembert-Art hat den Markt gewissermaßen im Sturm erobert. Obwohl seine Rinde etwas unangenehm riecht, herrscht doch der Geruch von Pilzen und Kellern vor, während das weiche, fast zergehende Innere das volle Aroma warmer Butter und einen an grünes Gras erinnernden Geschmack hat.
Der St Killian wird von Patrick Berridge hergestellt.

BLUE RATHGORE
HERKUNFT: *Antrim, Nordirland*
ART: *Neuere vegetarische Blauschimmelkäsesorte; industriell produziert*
MILCH: *Ziegenmilch*
BESCHREIBUNG: *2,2 kg schweres Rad. Die natürliche Kruste ist cremeweiß, fein und feucht.*
VERWENDUNG: *Als Tafelkäse, für Dressings und Salate*

Blauschimmelkäse aus Ziegenmilch werden selten irgendwo hergestellt. Großbritannien jedoch kann gleich mit mehreren Sorten aufwarten: Mit dem Harbourne Goat, mit Clawson's Blue Goat, mit dem Brendon Blue und natürlich mit dem Rathgore, der 1989 für den einheimischen und den amerikanischen Markt entwickelt wurde. Aufgrund von Lieferschwierigkeiten mußte die Produktion fast eingestellt werden, bis sich der Hersteller 1995 entschloß, neu zu beginnen. Im selben Jahr errang der Blue Rathgore bei den British Cheese Awards eine Goldmedaille in der Kategorie der Neuen und experimentellen Sorten. Der Käse ist feucht und krümelig. Der in geringen Mengen vorhandene Blauschimmel verleiht ihm einen würzigen, leicht brandigen Geschmack. Durch den Schimmel ist noch die mandelartige Frische der Ziegenmilch zu spüren. Der Blue Rathgore reift drei bis sechs Monate.

SCHOTTISCHER KÄSE

Schottland verfügt nur über eine kleine Zahl einheimischer Käsesorten. Ein rauhes Klima und das teilweise zerklüftete Gelände wirkten sich in der Vergangenheit nicht gerade förderlich auf die Entwicklung der Milchwirtschaft und der industriellen Käseproduktion aus. Allerdings stellten die Pachtbauern einige weiche Käsesorten her. Die Geschichte des Caboc, der ältesten unter diesen Sorten, läßt sich bis in das fünfzehnte Jahrhundert zurückverfolgen. Die namentliche Erwähnung des Crowdie, eines weiteren Weichkäses, findet sich zum erstenmal in Aufzeichnungen aus dem achtzehnten Jahrhundert. Dennoch nimmt man an, daß dieser Käse bereits viel früher durch die Wikinger nach Schottland kam.

Dunlop, der einzige einheimische Hartkäse, wurde erstmals zur Zeit Jakobs II. (1685–1688 König von Schottland) von Barbara Gilmour hergestellt, die die Geschichte des schottischen Käses stark beeinflußt hat. Sie lernte das Verfahren der Käseherstellung in Irland kennen, wohin sie in der Zeit der religiösen Unruhen vertrieben worden war. Nach ihrer Rückkehr nach Schottland begann sie um 1688 mit der Produktion eines süßen, milchigen Käses, der nach dem Dorf benannt wurde, in dem sie lebte. Die Herstellung des Dunlop in einem zunächst kleinen Maßstab entwickelte sich im achtzehnten und neunzehnten Jahrhundert zu einem florierenden Gewerbe. Dann verlor sich diese Tradition nahezu vollständig, bis Anne Dorward sie um die Mitte der achtziger Jahre unseres Jahrhunderts wieder aufleben ließ.

In den vergangenen fünfzehn Jahren hat es in der schottischen Käseindustrie jedoch einen Umschwung gegeben. Heute gibt es mehr als dreißig Sorten, die in kleinen Käsereien hergestellt werden. Es sind eben die Härte des Klimas und der Landschaft und die robuste Natur des Milchviehs, die die neuen schottischen Käsesorten bemerkenswert machen.

RECHTS: *Das Bad für den Bishop Kenneda enthält einen kräftigen Schuß Whisky*

BISHOP KENNEDY
HERKUNFT: *Perthshire*
ART: *Neuere vegetarische halbfeste Käsesorte aus Rohmilch; industriell produziert*
MILCH: *Kuhmilch*
BESCHREIBUNG: *1,4 kg schwere Scheibe mit klebriger orangegelber, in Salzlake gewaschener Rinde*
VERWENDUNG: *Als Tafelkäse*

Es waren nicht die Wikinger, die Römer oder die Mönche, die diesen Käse mit gewaschener Rinde einst nach Schottland brachten; vielmehr überredete ein junger französischer Käsehersteller 1992 den Produzenten Howgate Cheese dazu, ihn zu produzieren. Nachdem er mit dem St Andrews seinen ersten Erfolg gehabt hatte, ging der junge Mann daran, einen Käse mit gewaschener Rinde zu entwickeln, der einen ausgeprägteren schottischen Charakter haben sollte. Er braute eine geheime Mischung zusammen, die einen großzügig bemessenen Schluck Whisky enthielt. Während des Reifungsprozesses wird der Käse damit eingerieben. Der Bishop Kennedy – benannt nach einem Bischof von St Andrews, der im fünfzehnten Jahrhundert lebte – ist glatt und samtig und hat einen würzigen Nachgeschmack. Obwohl höfliche Menschen den für Käse mit gewaschener Rinde typischen, ausgeprägten Geruch als heftig bezeichnen, ist er auch schon mit den Ausdünstungen feuchter Wäsche oder alter Socken verglichen worden. Ist der Käse reif, dann zerfließt er fast und stinkt richtig vor lauter Aroma. Der Käse reift in acht Wochen.

BONCHESTER
HERKUNFT: *Roxburghshire*
ART: *Neuere Weichkäsesorte aus Rohmilch; individuell produziert*
MILCH: *Kuhmilch (Jersey-Rind)*
BESCHREIBUNG: *275 g schwerer Rundkäse mit weicher weißer Kruste*
VERWENDUNG: *Als Tafelkäse*

Diesen außergewöhnlichen Käse nach Camembert-Art stellen John und Christian Curtis aus der Milch her, die ihre eigene Herde liefert. Ihnen gehört einer der wenigen Bauernhöfe, die die alte Praxis beibehalten haben, den Milchkühen eine jährliche Ruhe- oder Trockenperiode zu gönnen. Die Kühe werden von März bis Dezember gemolken, dann läßt man sie bis zum Frühling trocken stehen. Die Milch der Jersey-Rinder verleiht dem Käse eine satte buttergelbe Farbe und eine samtige Textur. Wird ein »minderjähriger« Käse angeschnitten, dann ist das Innere noch leicht kreidig. Er braucht einige Wochen, um weich zu werden und eine dem Eierpudding ähnliche Konsistenz zu entwickeln, eine sattere Farbe anzunehmen und ein harmonischeres Aroma zu erlangen. Von der Rinde geht eine Andeutung von Pilzaroma aus, das Käseinnere hat einen frischen Geschmack. Der Bonchester wurde bei den British Cheese Awards mit einer Bronzemedaille ausgezeichnet und zum Champion Cheese ernannt. Er reift vier bis acht Wochen und hat einen Fettgehalt von 48 Prozent.

OBEN: *Bonchester*

CABOC

HERKUNFT: *Ross and Cromarty*
ART: *Traditionelle vegetarische Frischkäsesorte; individuell produziert*
MILCH: *Kuhmilch*
BESCHREIBUNG: *900 g schwere, in Hafermehl gewälzte Rolle*
VERWENDUNG: *Als Tafelkäse; auch zum Bestreuen von Haferkuchen*

Der Caboc wird aus aufgerahmter Milch hergestellt. Er ist butterartig und sündhaft gehaltvoll. Der geröstete Hafer verleiht dem Käse ein nußartiges, hefiges Aroma. Der Caboc gehört zu den einheimischen Käsesorten Schottlands, die nach alten Rezepturen hergestellt werden. Der Legende nach wurde er von Mariota de Ile kreiert. Sie war die Tochter eines Macdonald, Lord of the Iles, der im fünfzehnten Jahrhundert lebte. Im Alter von zwölf Jahren sollte sie von den Campbells, die an den Ländereien der Macdonalds interessiert waren, entführt und mit einem Mann aus dem Campbell-Clan verheiratet werden. Mariota floh nach Irland, lernte die Verfahren zur Herstellung von Käse kennen und brachte dieses Wissen mit nach Hause zurück. Der Caboc war viele Jahre hindurch populär, doch dann ging das Interesse an ihm zurück. Er wurde 1962 von Susannah Stone, einer Nachfahrin der Mariota de Ile, wiederentdeckt.

Der Caboc braucht fünf Tage zum Reifen und hat einen Fettgehalt von 69 Prozent.

CAIRNSMORE

HERKUNFT: *Dumfries and Galloway*
ART: *Neuere Hartkäsesorte aus Rohmilch; individuell produziert*
MILCH: *Schafmilch (Ostfriesisches Milchschaf)*
BESCHREIBUNG: *1,4 kg schwerer kleiner Zylinder. Die harte, krustige Rinde zeigt rostrote Fermente. Wird zum Reifen in Tuch gebunden oder hat eine Naturrinde.*
VERWENDUNG: *Als Tafelkäse*

Dieser Käse gehört zu den Gewinnern einer Bronzemedaille bei den British Cheese Awards. Der köstliche Schafkäse von Galloway Farmhouse Cheese bietet mit seiner etwas unsymmetrischen Form einen unwiderstehlichen Anblick. Die Rinde entwickelt zum Ende der Reifungszeit eine Reihe herrlicher pelzartiger Schimmel. Das Aroma läßt an altes Leder und an Moos denken. Der Cairnsmore hat eine feste, dem Cheddar recht ähnliche, jedoch feuchtere Textur. Der aromatische und ausgeprägt nußartige Käse mit der Süße von Karamel und Toffee reift sieben bis neun Monate lang. Er wird nur von April bis Oktober hergestellt.

CROWDIE

HERKUNFT: *Ross and Cromarty*
ART: *Traditionelle vegetarische Frischkäsesorte; individuell produziert*
MILCH: *Kuhmilch*
BESCHREIBUNG: *125 g schwere Stange; auch in Tuben abgefüllt*
VERWENDUNG: *Als Tafelkäse, zum Backen, für Snacks und zum Frühstück*

Die wunderbare Großmutter der Autorin, eine von den vielen Pionieren, die im neunzehnten Jahrhundert unerschrocken die lange Seereise nach Neuseeland auf sich nahmen, pflegte ihre eigene handgekirnte Butter aus dem von der Milch abgeschöpften Rahm zu machen.

Die Buttermilch verwendete sie für ihre vorzüglichen Scones, und aus der entrahmten Milch bereitete sie Crowdie. Der frische, ungepreßte Bruch war bereits am nächsten Tag verzehrfertig.

Man nimmt an, daß der Crowdie im achten Jahrhundert von den Wikingern nach Schottland gebracht wurde. Sein gälischer Name ist Gruth. Er schmeckt etwas säuerlich, hat eine cremige, jedoch krümelige Textur und fällt am Gaumen leicht in sich zusammen.

Die Käseproduzentin Susannah Stone stellte kürzlich unter dem Namen Gruth Dhu (Schwarzer Crowdie) eine Mischung aus Crowdie und Double Cream vor. Dieser Käse hat eine ovale Form und ist mit geröstetem Hafer und zerdrückten Pfefferkörnern bedeckt.

UNTEN: *Cairnsmore (links) und Caboc*

DUNLOP

HERKUNFT: *Ayrshire*
ART: *Traditionelle vegetarische Hartkäsesorte aus Rohmilch; individuell produziert*
MILCH: *Kuhmilch (Ayrshire-Rind)*
BESCHREIBUNG: *250 g schwerer Rundkäse mit blaßgelber Naturrinde, die dünn mit Schimmel überstäubt ist*
VERWENDUNG: *Als Tafelkäse*

Mit der Produktion dieses traditionellen Käses begann Anne Dorward vor zehn Jahren auf dem Bauernhof, wo der Dunlop erstmals hergestellt wurde. Der feste, doch elastische Käse ist sehr mild und butterartig, hat die Süße von frischer Milch und eine zarte Säure im Nachgeschmack.

Er braucht zum Reifen sechs Monate. Von der Dunlop Dairy kommen auch die Käsesorten Bonnet und Swinzie.

UNTEN: *Dunlop*

DUNSYRE BLUE

HERKUNFT: *Lanarkshire*
ART: *Neuere vegetarische Blauschimmelkäsesorte aus Rohmilch; individuell produziert*
MILCH: *Kuhmilch (Ayrshire-Rind)*
BESCHREIBUNG: *1,4–1,8 kg schwerer, in Folie gewickelter Zylinder. Die feuchte weiße Rinde zieht eine Vielzahl von Schimmeln an.*
VERWENDUNG: *Als Tafelkäse*

Um seine Rinde feucht zu halten, wird der Dunsyre Blue in Folie gehüllt. Das glatte cremefarbene Innere des gereiften Käses ist von klumpigen Streifen blaugrünen Schimmels durchdrungen, der dem Teig ein würziges Aroma verleiht. Das Aroma erinnert stark an den Klee und die Gräser des Weidelandes, auf dem die Kühe ihr Futter finden. Der Dunsyre Blue reift sechs bis zwölf Wochen lang und hat einen Fettgehalt von 45 Prozent.

Er wird ebenso wie der Lanark Blue von Humphrey Errington hergestellt.

SCHOTTISCHER KÄSE

GALLOWAY GOAT'S MILK GEMS
HERKUNFT: *Dumfries and Galloway*
ART: *Neuere Frischkäsesorte aus Rohmilch; individuell produziert*
MILCH: *Ziegenmilch*
BESCHREIBUNG: *20 g schwere Kugeln*
VERWENDUNG: *Als Tafelkäse, zum Grillen, als Brotaufstrich, für Salate*

Diese winzigen reinweißen Bälle aus frischer Ziegenmilch werden in Krügen mit Olivenöl, frischen Kräutern und Knoblauch mariniert. Obwohl das Knoblaucharoma in den Vordergrund tritt, kann man noch immer die Frische der Kräuter und den an Zitrone erinnernden Charakter der Milch erkennen.

Diesen Käse gibt es auch als 450 g schwere Rolle, die mit gelbem Wachs überzogen ist. Der sehr feuchte und krümelige Käse zergeht auf der Zunge. Er hat ein feines Ziegenaroma und einen ebensolchen Geschmack sowie einen leicht rauchigen Nachgeschmack. Von dem Hersteller Galloway Farmhouse Cheese kommt auch der Cairnsmore.

GOWRIE
HERKUNFT: *Perthshire*
ART: *Neuere Hartkäsesorte; individuell produziert*
MILCH: *Kuhmilch*
BESCHREIBUNG: *27 kg schwerer, zum Reifen in Tuch gebundener Zylinder mit Naturrinde*
VERWENDUNG: *Als Tafelkäse, zum Reiben, in Saucen*

Der Gowrie wird in Leinewand aus der örtlichen Produktion gebunden, damit er während des Reifungsprozesses eine Naturrinde bildet. Er ist ein großer und beeindruckender Käse. Er wird nach dem traditionellen Cheddarverfahren hergestellt, ist jedoch weicher und weniger dicht und ähnelt stark Schottlands berühmtem Hartkäse, dem Dunlop. Er reift sieben bis zwölf Monate lang.

OBEN: *Lairobell*

ISLE OF MULL
HERKUNFT: *Isle of Mull*
Art: *Traditionelle Hartkäsesorte aus Rohmilch; individuell produziert*
MILCH: *Kuhmilch*
BESCHREIBUNG: *25 kg schwerer Zylinder. Die blaßgelbe Rinde zeigt die Abdrücke des Käsetuchs, in das er zum Reifen eingebunden wird.*
VERWENDUNG: *Als Tafelkäse, zum Reiben und Grillen*

Die Milch aus diesem Teil Schottlands läßt einen blassen Käse entstehen, dessen Geschmack jedoch nichts vermissen läßt. Jeff Reade arbeitet nach traditionellen Verfahren, die er mit den lokalen Gegebenheiten verknüpft: Die Tiere seiner Herde – hauptsächlich Friesians, Ayrshire- und Jersey-Rinder – werden in den Wintermonaten mit Hopfen gefüttert. Der Käse wird in Tuch gebunden, um in der Tobermory Distillery bis zu zwölf Monate zu reifen. Der Käse ist sehr dicht und bietet ein schier umwerfendes Erlebnis für den Gaumen – den klassischen Nachgeschmack des Cheddar, der sich mit dem würzigen Beigeschmack von Knoblauch und Zwiebeln verbindet, und ein kaum wahrnehmbares Aroma von Petersilie und Koriander.

Den eigensinnigen Isle of Mull gibt es auch als kleinen Käse, der mit Kräutern, Kümmel oder Pfeffer gewürzt ist.

RECHTS: *Isle of Mull*

LAIROBELL
HERKUNFT: *Orkney*
ART: *Neuere vegetarische Hartkäsesorte aus Rohmilch; individuell produziert*
MILCH: *Ziegenmilch*
BESCHREIBUNG: *1,8 kg schwerer Zylinder. Die feste, glatte Naturrinde ist beigefarben.*
VERWENDUNG: *Als Tafelkäse*

Diesen Käse stellen Jock und Hattie Bell, ein pensionierter Polizist und seine Frau, her. Sie verließen Glasgow vor einiger Zeit, um auf die zu den Orkney-Inseln gehörige, abgelegene Insel Shapinsay zu ziehen.

Ihr Lairobell hat eine leicht offene Textur und fühlt sich trocken und krümelig an. Die ursprünglichen, naturhaft gebliebenen Wiesen der Insel mit ihren Wildblumen und saftigen Gräsern geben der Milch ein zartes Kräuteraroma mit einer Spur von Mandeln und einen schwachen ziegenartigen Beigeschmack.

Unter den Händen eines so erfahrenen Affineurs wie Iain Mellis kann der Lairobell sehr kräftig und ziegenartig werden. Er braucht zum Reifen zwei bis acht Monate.

LANARK BLUE
HERKUNFT: *Lanarkshire*
ART: *Neuere vegetarische Blauschimmelkäsesorte aus Rohmilch; individuell produziert*
MILCH: *Schafmilch*
BESCHREIBUNG: *1,4–1,8 kg schwerer, in Folie gewickelter Zylinder. Die feuchte weiße Rinde zeigt etwas grauen und blauen Schimmel.*
VERWENDUNG: *Als Tafelkäse*

Der Käsemacher Humphrey Errington, der auch den Dunsyre Blue herstellt, war der erste in diesem Jahrhundert, der in Schottland Schafe hielt, um in großem Maßstab Schafmilch zu erzeugen (die Tiere waren einst durch Kühe mit höherer Milchleistung ersetzt worden). Seine vierhundert Tiere starke Herde grast auf dem wilden Heideland dreihundert Meter über dem Clyde Valley. Die einzigartige Weide und Erringtons Können und Enthusiasmus lassen einen aromatischen, leicht süßen, doch pikanten Käse nach Art des Roquefort entstehen. Die prächtigen grünblauen Adern, die sich durch den Käse ziehen, stammen von einem Roquefortschimmel, der der Milch noch vor dem Gerinnen zugesetzt wird. Der Käse wird von Hand geformt. Danach läßt man ihn drei Monate lang reifen.

Der Lanark Blue wurde bei den British Cheese Awards mit einer Silbermedaille ausgezeichnet. Sein Fettgehalt beträgt 45 Prozent.

SCHOTTISCHER KÄSE | 89

LINKS: *Loch Arthur Farmhouse ist ein traditionell hergestellter, zum Reifen in Tuch gebundener Cheddar, der aus naturbelassener Milch gemacht wird*

ORKNEY EXTRA MATURE CHEDDAR
HERKUNFT: *Orkney*
ART: *Traditionelle Hartkäsesorte; industriell produziert*
MILCH: *Kuhmilch*
BESCHREIBUNG: *20 kg schwerer Blockkäse ohne Rinde; wird auch als kleiner Rundkäse hergestellt*
VERWENDUNG: *Als Tafelkäse, zum Reiben, für Salate, Snacks und Saucen*

Dieser Käse kommt von den Orkney-Inseln, die für die gehaltvolle und aromatische Milch ihrer Rinder bekannt sind. Er wurde 1996 bei den British Cheese Awards zum »Besten schottischen Käse« erklärt. Der Orkney Extra Mature ist ein ausgezeichnetes Beispiel für einen industriell hergestellten Käse. Er ist kräftig und bißfest und zeigt die winzigen Kristalle von Kalziumlactat, wie man sie gelegentlich in gut gereiftem Hartkäse wie Parmesan findet.

Der Käse ist nußartig und cremig und schmeckt nach gebräunter Zwiebel. Bei diesen Eigenschaften überrascht es nicht, daß er trotz des Transportweges einen Anteil von 9 Prozent am britischen Käsemarkt hat.

Der Orkney Extra Mature reift mindestens zwölf Monate lang und hat einen Fettgehalt von 50 Prozent.

LOCH ARTHUR FARMHOUSE
HERKUNFT: *Dumfries and Galloway*
ART: *Neuere vegetarische, naturbelassene Hartkäsesorte aus Rohmilch; individuell produziert*
MILCH: *Kuhmilch*
BESCHREIBUNG: *9 kg schwerer, zum Reifen in Tuch gebundener Zylinder mit blaß braungrauer Naturrinde*
VERWENDUNG: *Als Tafelkäse*

Dieser auf traditionelle Weise hergestellte Käse kommt aus der Loch Arthur Creamery, die zum Loch Arthur Community and Camphill Village Trust gehört.

Er ist ein Cheddar, der zum Reifen in ein Käsetuch gebunden wird. Er ist fest und sehr trocken. Er zergeht auf der Zunge wie harte Schokolade und enthüllt dabei einen wunderbaren nußartigen Charakter, den Anflüge von Frische und zum Schluß ein kräftiger Beigeschmack wie von gebratenen Zwiebeln überdecken. Der Loch Arthur Farmhouse ist weniger aggressiv als der reife Cheddar, so daß der Duft und die Zartheit der naturbelassenen Milch durchkommen.

Der Käse reift sechs bis neun Monate lang und hat einen Fettgehalt von 48 Prozent.

Die Molkerei produziert auch ihren eigenen Quark und Crannog. Jüngst hinzugekommen ist der Cebuck, ein Käse nach Dales-Art, der bereitet wird, indem man frischen Käsebruch in ein Tuch bindet und darin aufhängt, so daß er trocknen und zu einem Käse reifen kann, der die Form einer Träne hat.

SERIOUSLY STRONG CHEDDAR
HERKUNFT: *Dumfries and Galloway*
ART: *Traditionelle Hartkäsesorte; industriell produziert*
MILCH: *Kuhmilch*
BESCHREIBUNG: *20 kg schwerer Blockkäse ohne Rinde*
VERWENDUNG: *Als Tafelkäse, zum Grillen und Reiben, für Saucen*

Dieses Prachtexemplar von einem Cheddar reift achtzehn bis vierundzwanzig Monate lang. Sein Aroma ist kräftig und würzig. Er hat einen Beigeschmack, der einem das Wasser im Munde zusammenlaufen läßt und der die cremige Fülle des Käses ausgleicht. Die Kalziumlactatkristalle, die sich in lange gereiftem Hartkäse bilden, machen seine Textur mitunter leicht crisp.

Für den schottischen Markt wird er mit Annatto gefärbt, während die »weiße« Version für die Verbraucher in England bestimmt ist.

UNTEN: *St Andrews*

ST ANDREWS
HERKUNFT: *Perthshire*
ART: *Neuere halbfeste Käsesorte aus Rohmilch; industriell produziert*
MILCH: *Kuhmilch*
BESCHREIBUNG: *2,2 kg schwere Scheibe oder kleiner quadratischer Käse mit klebriger, tieforangefarbener, in Salzlake gewaschener Rinde*
VERWENDUNG: *Als Tafelkäse*

St Andrews ist eine von nur zwei Käsesorten nach Art der Trappistenkäse mit gewaschener Rinde, die in Schottland hergestellt werden.

OBEN: *Orkney Extra Mature Cheddar*

WALISISCHER KÄSE

Der berühmteste walisische Käse – und gleichzeitig die einzige traditionelle walisische Sorte, die man heute noch produziert – ist der Caerphilly, der nach dem gleichnamigen walisischen Bergarbeiterdorf benannt ist, wo er im Jahre 1831 erstmals hergestellt wurde. Der sehr feuchte Käse mit seinem erhöhten Salzgehalt war ideal für die Bergleute, die damit den Salzverlust ihres Körpers ausglichen, wenn sie aus dem Innern der Erde, tief unter den walisischen Weideflächen, im Schweiße ihres Angesichts Kohle förderten. Die großen Cheddar-Produzenten von Somerset erkannten die ökonomischen Vorteile dieses schnellreifenden Käses sehr bald. Der Cheddar, der in Form von großen Zylindern hergestellt wurde, brauchte Monate zum Reifen, beanspruchte dabei wertvollen Platz und brachte in dieser Zeit kein Kapital. Der Caerphilly hingegen hatte ein geringeres Gewicht und reifte dank seines hohen Wassergehalts binnen einer Woche, konnte aber zwei oder drei Monate gelagert werden. Die Käseproduzenten von Somerset konnten diese kleinen walisischen Käse im Sommer herstellen, wenn es Milch im Überfluß gab, und daneben weiterhin ihren Cheddar machen. Gegen Ende des zweiten Weltkrieges war die Produktion in Wales fast zum Erliegen gekommen. Statt dessen stellten nun die großen Betriebe in England diesen Käse her. Die Eintönigkeit des Tierfutters und die Verwendung von pasteurisierter Milch ließen den feinen Charakter des Caerphilly verschwinden, und in seiner neuen Blockform unterschied sich der Käse schon bald nicht mehr von den anderen »crumblies« (Käse mit krümeliger Textur) Wensleydale, Lancashire und Cheshire. Glücklicherweise ist der echte Caerphilly heute wieder im Handel zu finden. Das ist der Tatsache zu verdanken, daß eine neue Generation von Käseproduzenten, zu denen auch Einwanderer aus Italien und Holland gehören, die alten, traditionellen Herstellungsverfahren zu neuem Leben erweckt haben. Neben dem Caerphilly gibt es eine Reihe neuer Käsesorten wie etwa den Llangloffan, den Pant ys Gawn oder den Teifi.

ACORN
HERKUNFT: *Cardiganshire*
ART: *Neuere vegetarische Hartkäsesorte aus Rohmilch; individuell produziert*
MILCH: *Schafmilch (Ostfriesisches Milchschaf)*
BESCHREIBUNG: *1,8 kg schwerer kleiner Zylinder mit goldgelber krustiger Naturrinde*
VERWENDUNG: *Als Tafelkäse, zum Reiben*

Der Acorn wird nach einer alten, etwas abgewandelten Rezeptur für den Wensleydale hergestellt. Er ist fest, doch krümelig und zergeht auf der Zunge. Dabei wird das Aroma von Sahnekaramellen und zerdrückten Nüssen freigesetzt, und es tritt ein zitronenartiger Nachgeschmack auf. Der Käse reift drei bis sechs Monate. Er hat einen Fettgehalt von 52 Prozent. Neben dem Acorn stellen Karen und Don Ross auch Skirrid her, der in Honigwein eingeweicht wird.

CAERPHILLY
HERKUNFT: *South Wales und West Wales*
ART: *Traditionelle vegetarische Hartkäsesorte aus Rohmilch; individuell produziert*
MILCH: *Kuhmilch*
BESCHREIBUNG: *900 g oder 3,25 kg schweres Rad mit elfenbeinweißer Rinde, die mit feinem Mehl bestäubt ist. Wenn die Käse in einem feuchten Keller reifen, werden die weißen und grauen Schimmel dicker und mehr lederartig.*
VERWENDUNG: *Als Tafelkäse, zum Grillen und Backen*

Der Caerphilly ist einer der vier britischen Käse, die man liebevoll »crumblies« nennt. Er wird nur leicht gepreßt und besitzt einen höheren Wassergehalt als andere traditionelle britische Käsesorten. Er wurde erstmals um das Jahr 1831 in Caerphilly (Castle Town) hergestellt. Das Salzlakebad, in dem der Käse über Nacht eingeweicht wurde, schloß die Feuchtigkeit in seinem Inneren ein, und so fand der Käse besonderen Anklang bei den Bergarbeitern, die bei ihrer schweren Arbeit unter Tage viel Flüssigkeit und Salz verloren.

Einer der bekanntesten Hersteller ist heute die Familie Duckett von der Walnut Farm in Somerset, die diesen Käse seit Generationen produziert. Der junge Caerphilly hat einen frischen, zitronenartigen Geschmack mit einem Hintergrund von zerquetschtem Adlerfarn und Schilf. Seine Textur ist feucht und bröckelig, doch geschmeidig wie ein Radiergummi. Mit zunehmender Reife werden seine Kanten wunderbar cremig. Dann rundet sich sein Aroma mehr ab und wird harmonischer. Duckett's Caerphilly gewann bei den British Cheese Awards 1996 eine Silbermedaille.

Weitere Käsehersteller, die den Caerphilly auf traditionelle Weise produzieren, sind Caws Cenarth, Glynhynod Farmhouse Cheese, Nantybwla und Abergavenny Fine Foods. Caws Cenarth hat eine alte Scheune in einen Raum mit einer ungewöhnlichen Galerie für Besucher umgewandelt, in dem man sich über das Thema Käse informieren kann.

Ein guter industriell produzierter Cheddar kann durchaus etwas vom Charakter eines nach altem Verfahren hergestellten Käses bewahren; das kann man vom Caerphilly jedoch nicht sagen. Es lohnt sich also, nach einem auf traditionelle Weise bereiteten Käse Ausschau zu halten, der nicht nur für sich genommen köstlich ist, sondern sich auch für Ploughman's Lunch (Käsesandwich mit Gurke und Salat) oder Welsh Rarebit phantastisch eignet.

OBEN: *Caerphilly*

WALISISCHER KÄSE | 91

CELTIC PROMISE
HERKUNFT: *Carmarthenshire*
ART: *Neuere vegetarische halbfeste Käsesorte aus Rohmilch; individuell produziert*
MILCH: *Kuhmilch*
BESCHREIBUNG: *500 g schwerer Rundkäse. Die glatte, in Salzlake gewaschene Rinde ist orange- bis terrakottafarben und mit Schimmel überstäubt*
VERWENDUNG: *Als Tafelkäse*

John und Patrice Savage-Ontswedder haben erst vor kurzem begonnen, unter der Anleitung des »Erfinders« James Aldridge diesen kleinen, kloßförmigen Käse mit gewaschener Rinde herzustellen. Aldridge gehört zu den begabtesten Käsemachern Großbritanniens, der sein legendäres Wissen bereitwillig an jene weitergibt, die bereit sind, hart zu arbeiten und ihm aufmerksam zuzuhören.

Nach dem Ablaufen werden die ungereiften, frisch geformten Käse in Salzlake gewaschen, damit abgerieben oder bestrichen, um das Wachstum und die Verbreitung des orange-rosafarbenen Schimmels zu fördern, der den Geschmack und die Textur des fertigen Käses beeinflußt. Der außerordentlich wohlschmeckende Celtic Promise ist geschmeidig, glatt, würzig, aromatisch und pikant. Er gewann bei den British Cheese Awards bereits eine Bronzemedaille. Er braucht zum Reifen etwa acht Wochen und ist nur in einigen Käsespezialgeschäften erhältlich.

OBEN: *Llangloffan Farmhouse*

CWMTAWE PECORINO
HERKUNFT: *Swansea*
ART: *Neuere vegetarische Hartkäsesorte aus Rohmilch; individuell produziert*
MILCH: *Schafmilch*
BESCHREIBUNG: *1,8 kg schwerer hoher Rundkäse. Die harte gerillte Rinde ist mit Salzlake gewaschen und hat eine bräunliche Farbe.*
VERWENDUNG: *Als Tafelkäse, zum Reiben*

Es ist selten, daß man einen italienischen Käsemacher außerhalb Italiens findet; doch einen in Wales anzutreffen, ist wirklich einmalig. Giovanni Irranca hält seine Herde von einhundertvierzig Mutterschafen auf den naturhaften Wiesen der Brecon Beacons. Sein Käse nach Pecorino-Art erinnert stark an den aromatischen, schwach mandelartigen Duft der Gräser. Der junge Käse ist cremig und im Gegensatz zu seinem italienischen Cousin nicht körnig. Sein Nachgeschmack ist voll und grasig. Der Käse reift innerhalb von drei Monaten. Vom Cwmtawe Pecorino gibt es auch eine geräucherte Version.

Der Tradition folgend werden die Schafe nur von April bis November gemolken.

LLANBOIDY
HERKUNFT: *Pembrokeshire*
ART: *Neuere vegetarische Hartkäsesorte aus Rohmilch; individuell produziert*
MILCH: *Kuhmilch (Red Poll-Rind)*
BESCHREIBUNG: *4,5 kg schweres Rad. Die krustige, runzlige gelbe Rinde ist mit etwas Schimmel bewachsen.*
VERWENDUNG: *Als Tafelkäse, zum Grillen*

Sue Jones, die Herstellerin dieses Käses, gewann bei den British Cheese Awards eine Silbermedaille für ihren Llanboidy, der dem Cheddar ähnelt. Der Käse ist fest, doch krümelig, und hat eine dichte und cremige Konsistenz.

Sein Aroma erinnert an frisch gemähtes Gras und an Wiesen, und er hat einen scharfen, adstringierenden, grasigen Beigeschmack. Der Llanboidy ist nach zwei bis vier Wochen reif.

LLANGLOFFAN FARMHOUSE
HERKUNFT: *Pembrokeshire*
ART: *Neuere vegetarische Hartkäsesorte aus Rohmilch; individuell produziert*
MILCH: *Kuhmilch (Braunvieh und Jersey-Rind)*
BESCHREIBUNG: *4,5 kg schweres Rad. Die Naturrinde ist sehr rauh und narbig. Sie hat eine steinähnliche Textur und etwas Schimmel und zeigt die Abdrücke des Tuches, in dem der Käse geformt wurde.*
VERWENDUNG: *Als Tafelkäse*

In Castle Morris nahe Fishguard stellen Leon und Joan Downey seit zwanzig Jahren – seit Leons Ausscheiden aus dem Hallé Orchestra – Käse her. Als der geborene Unterhaltungskünstler richtete er eine Molkerei ein, in der er vor interessiertem Publikum seinen Käse herstellen kann.

Der Llangloffan Farmhouse ist ein traditioneller, von Hand gemachter Käse mit einer kräftigen, doch trockenen und fast krümeligen Textur, die im Munde zergeht. Der Nachgeschmack des fruchtigen und schwach grasigen Käses enthält eine Andeutung von Feuer. Der Llangloffan Farmhouse wurde bei den British Cheese Awards zweimal zum Besten walisischen Käse ernannt und gewann den Dougal Campbell Memorial Trophy.

Der Käse reift zwei bis sechs Monate und hat einen Fettgehalt von 45 Prozent.

Von ihm ist auch eine Version mit Schnittlauch und Knoblauch erhältlich, die mit natürlichem rotem Annatto gefärbt ist.

LINKS: *Celtic Promise*

WALISISCHER KÄSE

PANT YS GAWN
HERKUNFT: *Monmouthshire*
ART: *Neuere vegetarische Frischkäsesorte; individuell produziert*
MILCH: *Ziegenmilch*
BESCHREIBUNG: *100 g schwere Scheibe oder Stange*
VERWENDUNG: *Als Tafelkäse, zum Grillen, als Brotaufstrich, für Salate*

Dieser kleine köstliche Ziegenkäse hat ein sehr klares, frisches Zitrusaroma mit einer appetitanregenden Spur von Estragon. Seine Textur ähnelt der des Fromage Frais.

Der weiche, feuchte Bruch wird in winzigen Formen zum Ablaufen aufgestellt, und nach nur wenigen Tagen ist der Käse fertig. Geeignet verpackt, ist er bemerkenswert lange haltbar. Das milde, ziegenartige Aroma des Pant ys Gawn spricht einen breiten Käuferkreis an; daher wird der Käse heute in den Supermärkten ganz Großbritanniens verkauft. Den Pant ys Gawn gibt es in mehreren Varianten: Mit gemischten Kräutern, mit grob gemahlenem schwarzem Pfeffer sowie mit Knoblauch und Schnittlauch. Der Hersteller Abergavenny Fine Foods Limited produziert auch Castle Meadow Caerphilly, Welsh Goat's Log (eine stangenförmige Version des Pant ys Gawn), St David's (ein würziger halbfester Käse) sowie eine ganze Anzahl gemischter Sorten oder Spezialkäsesorten.

RECHTS: *Pant ys Gawn hat ein klares, frisches Zitrusaroma*

PENBRYN
HERKUNFT: *Carmarthenshire*
ART: *Neuere vegetarische, naturbelassene Hartkäsesorte aus Rohmilch; individuell produziert*
MILCH: *Kuhmilch*
BESCHREIBUNG: *2,25 kg schwerer Rundkäse. Die Naturrinde ist mit blauem und weißem Schimmel und wilden Hefen überstäubt.*
VERWENDUNG: *Als Tafelkäse*

Der Penbryn ist ein naturbelassener Käse, der auf der Rezeptur für den Gouda basiert. Er ist fest, doch in Wirklichkeit cremig, und besitzt verschiedene Aromen; er ist nußartig, fruchtig, süß und grasig und schmeckt nach geschmolzener Butter.

Der Käse reift zwei Monate.

PENCARREG
HERKUNFT: *Cardiganshire*
ART: *Neuere vegetarische, naturbelassene Weichkäsesorte; individuell produziert*
MILCH: *Kuhmilch (Ayrshire-Rind, Shorthornrind und Friesian)*
BESCHREIBUNG: *200 g schweres Oval oder 1,8 kg schwerer Rundkäse, beide mit einer dicken weißen Penicilliumrinde*
VERWENDUNG: *Als Tafelkäse*

Der Pencarreg ist ein Käse nach Brie-Art mit einer Textur, die sich wie feste Schlagsahne anfühlt, wenn sie im Munde zergeht. Er hat das Aroma von Pilzen; sein schwach bitterer, grasiger Charakter wird durch eine butterartige Süße ausgeglichen. Der Pencarreg reift zwei bis acht Wochen.

Dieser Käse wurde von dem inzwischen verstorbenen Dougal Campbell entwickelt, der während eines Urlaubsaufenthalts in der Schweiz seine Liebe zum Käse entdeckt hatte. Er blieb da, um sich Wissen über die Käseherstellung anzueignen und kehrte mit seinen neuerworbenen Fähigkeiten und seiner neuen Leidenschaft nach Hause zurück, um den Tyn Grug, einen Hartkäse aus Kuhmilch, zu kreieren.

Als es dann auch naturbelassene Milch zu kaufen gab, machte sich Campbell an ein ehrgeiziges Vorhaben – den Aufbau einer kleinen Molkerei, der Welsh Organic Foods – und entwickelte eine Reihe naturbelassener walisischer Käse, deren erster der Pencarreg war. Diesem folgte der Pencarreg Blue, dessen Inneres mit blauen Tüpfeln durchsetzt ist. Sie geben dem Käse ein vorzügliches würziges Blauschimmelaroma, das mit zunehmendem Alter und Reifegrad des Käses stärker hervortritt. Der Pencarreg Blue hat eine feine weiße Kruste wie der Camembert.

Leider kam Dougal Campbell 1995 bei einem tragischen Unfall auf seinem Hof ums Leben, doch die Erinnerung an ihn und seine Vision lebt in seinem Unternehmen Welsh Organic Food fort.

OBEN: *Pencarreg, eine neuere Käsesorte nach Brie-Art, gehört zu einer ganzen Reihe naturbelassener Käse, die von Welsh Organic Foods hergestellt werden.*

WALISISCHER KÄSE

St David's
HERKUNFT: *Monmouthshire*
ART: *Neuere vegetarische halbfeste Käsesorte; individuell produziert*
MILCH: *Kuhmilch*
BESCHREIBUNG: *2 kg schwerer Rundkäse. Die orangefarbene, in Salzlake gewaschene Rinde ist glatt und etwas feucht.*
VERWENDUNG: *Als Tafelkäse*

Der St David's ist einer von nur zwei walisischen Käsesorten mit gewaschener Rinde. Er hat einen scharfen hefigen Geschmack, der nach geräuchertem Schinken tendiert. Die Textur dieses halbfesten vegetarischen Käses ist sehr geschmeidig und nachgebend. Das Innere weist winzige Käselöcher auf.

Bryson Craske und seine Mitarbeiter bei Abergavenny Fine Foods stellen auch Pant ys Gawn und Castle Meadow Caerphilly her. Zu den Spezialkäsesorten des Unternehmens gehören der Tintern und Y Fenni.

RECHTS: St David's

Teifi
HERKUNFT: *Carmarthenshire*
ART: *Neuere vegetarische, naturbelassene Hartkäsesorte aus Rohmilch; individuell produziert*
MILCH: *Kuhmilch*
BESCHREIBUNG: *450 g, 900 g und 3,5 kg schwere »Mühlsteine« mit glatter, glänzender Naturrinde*
VERWENDUNG: *Als Tafelkäse, für Snacks, zum Reiben*

Der Teifi ähnelt in Form und Textur einem Gouda. Er hat ein tief sonnegelbes Inneres. Der junge Teifi ist fest und recht fruchtig. Der reife Käse wird hart und fast flockig. Dann verstärkt sich das Aroma und erregt unsere Geschmacksnerven mit einem Hauch von Bitterschokolade und jungem Sellerie.

Der von John und Patrice Savage-Ontswedder hergestellte Teifi reift zwei bis neun Monate. Auch eine geräucherte Version dieses Käses sowie Teifi mit Brennessel und mit Kümmel werden produziert.

Tyn Grug
HERKUNFT: *Cardiganshire*
ART: *Neuere vegetarische, naturbelassene Hartkäsesorte aus Rohmilch; individuell produziert*
MILCH: *Kuhmilch*
BESCHREIBUNG: *7,5 kg oder 15 kg schwerer, zum Reifen in Tuch gebundener Zylinder. Die rauhe tief goldgelbe Rinde zeigt die Abdrücke des Käsetuches und ist mit etwas gräulichem Schimmel bewachsen*
VERWENDUNG: *Als Tafelkäse*

Der Tyn Grug wird nach einer abgewandelten, schweizerisch beeinflußten Rezeptur für den Cheddar hergestellt. Er ist dicht, fest und leicht körnig. Er besitzt eine herrliche aromatische Komplexität, die im Mund nach und nach freigesetzt wird. Zunächst ist eine Andeutung von jungen Sellerieblättern zu spüren, dann folgt ein gehaltvolles nußartiges Gruyère-Aroma und schließlich eine köstliche pfeffrige Säure im Nachgeschmack.

Der Käse gehört zu den Favoriten der Autorin. Er gewann bei den British Cheese Awards eine Bronzemedaille.

Der Tyn Grug reift fünf Monate.

UNTEN: Tyn Grug (links) und Teifi (rechts) sind aus naturbelassener Rohmilch hergestellt

SPANISCHER KÄSE

Wo auch immer Sie sich in Spanien aufhalten – von den weiten unfruchtbaren Ebenen der Extremadura bis zu der majestätisch schönen Sierra Nevada in Andalusien –, Sie werden überall auf wunderbare Käsesorten stoßen. Nach der letzten Zählung gab es mehr als sechshundert Sorten, von denen viele ihre charakteristische Natur den zahlreichen Arten einheimischer Schafe, Rinder und Ziegen verdanken, die sich über die Jahrhunderte entwickelt haben.

In dem Bewußtsein, daß dieses herrliche Erbe leicht verloren gehen könnte, da eine neue Generation von Spaniern der traditionellen ländlichen Lebensweise den Rücken gekehrt hat und in die Städte gezogen ist, ließ die Regierung 1988 ein Gutachten erarbeiten, das darauf abzielte, jede Käsesorte, die in Spanien produziert wird, zu katalogisieren. Um zu den nötigen Informationen zu kommen, mußten lange Wege auch zu Pferd oder zu Fuß zurückgelegt werden. Nur so gelangte man zu den kleinen, in abgeschiedenen Bergregionen gelegenen Käsereien, in denen seit Jahrhunderten Käse hergestellt wurde, der nur im engeren Umkreis bekannt war. Die Rezepturen wurden miteinander verglichen, und schließlich stellte man einundachtzig verschiedene Käsesorten fest. Es wurde ein nationales System zur Qualitätskontrolle (Denominación de Origin – D.O.) aufgebaut, in dessen Rahmen festgelegt ist, wo ein bestimmter Käse hergestellt werden und welche Tierrasse die Milch dafür liefern muß. Es gibt weiterhin Vorschriften darüber, nach welchem Verfahren man einen Käse produzieren und welche Größe er haben muß. Auch die charakteristischen Eigenschaften der verschiedenen Sorten sind ausführlich dargestellt. Ähnlich wie in Frankreich und Italien dient das System auch hier dem Schutz der Hersteller und Verbraucher vor minderwertigen oder ausländischen Nachahmungen, da nur ein Käse, der den Kriterien entspricht, einen offiziellen Stempel auf der Rinde tragen darf.

Diese verblüffenden Gaben der Natur zu entdecken, kann zu einer herrlichen Wallfahrt für den Käseliebhaber werden. Das nördliche Spanien von Galizien an der Atlantikküste nach Katalonien am Mittelmeer bietet die reichste Auswahl; doch sollte man auch das Baskenland mit seinen mehr als vierzig Käsesorten nicht vergessen. Folgen Sie dem Pilgerweg zum Grab des Heiligen Jakobus, einem Gewirr von abseits gelegenen Wegen, das sich achthundert Kilometer lang über Landstraßen aus der Römerzeit, über ausgetretene Pfade aus dem Mittelalter, durch Ruinen und von Mauern umgebene Städte erstreckt, und entdecken Sie die köstlichen Käse, die über tausend Jahre lang stets auf die gleiche Weise hergestellt wurden.

Die Spanier sind herzlich und gastfreundlich. Das Essen in ihrem Land ist faszinierend, und es zu genießen ist zu einer Lebensart geworden. Machen Sie in einer der vielen Tapas-Bars Rast, und probieren Sie den einheimischen Käse mit luftgetrocknetem Serranoschinken, ein Gericht aus marinierten roten Paprikafrüchten und einige frische Anchovis. Nehmen Sie dazu ein Glas Sherry – und Sie werden sich wie im Himmel fühlen.

AFUEGA'L PITU
HERKUNFT: *Asturien*
ART: *Traditionelle Frischkäsesorte aus Rohmilch; individuell produziert*
MILCH: *Kuhmilch*
BESCHREIBUNG: *500 g schwerer kegel- oder kürbisförmiger Käse*
VERWENDUNG: *Als Tafelkäse*

Als man der Autorin in einer Tapas-Bar zum erstenmal eine Kostprobe von diesem unschuldig aussehenden Käse anbot, wußte sie noch nicht, welchen Ruf der Afuega'l Pitu hat. Die Einheimischen amüsierten sich köstlich, als sie einen Bissen davon nahm – und reichten ihr ein Glas fruchtigen Leónwein, um das Feuer in ihrem Körper zu löschen. Erst dann übersetzten sie ihr den Namen des Käses: »Feuer im Bauch«. Man gibt dem Käse frische rote Chillifrüchte zu und reibt, wenn man ihn reifen läßt, noch mehr davon in seine Rinde ein. Die Form eines Kürbisses oder einer Mitra erreicht man, wenn der Käse in einem Tuch zusammengepreßt wird, das man nicht über dem Bruch zusammenlegt, sondern besser oben verknotet. Es gibt auch eine einfache Version von diesem Käse. Beide sind es wert, probiert zu werden.

BURGOS
HERKUNFT: *Kastilien-León*
ART: *Traditionelle Frischkäsesorte aus Rohmilch; individuell oder industriell produziert*
MILCH: *Kuh- und Schafmilch*
BESCHREIBUNG: *1–2 kg schweres Rad mit Längsfurchen an den Seiten und keilförmigen Markierungen an Ober- und Unterseite.*
VERWENDUNG: *Zum Backen; oft auch mit Honig und Zucker als Dessert verzehrt*

Dieser Frischkäse ist nach der kastilischen Stadt Burgos benannt, wo früher ein Wochenmarkt abgehalten wurde. Im Winter und Frühjahr kamen die Bauern aus der Umgebung hierher, um ihren Schafkäse zu verkaufen. Der schon nach wenigen Stunden verzehrfertige Burgos ist auch unter dem Namen Requeson bekannt. Er ist reinweiß, glatt und leicht gummiartig. Er schmeckt nach frischer Milch und einer Spur Säure und Salz. Wenn möglich, dann suchen Sie einen handgemachten Käse aus. Die Markierungen auf dem Käse stammen von den Formen, in denen der ungereifte Bruch gepreßt wird.

UNTEN: Mahon

Cabrales (D. O.)

Herkunft: *Asturien*
Art: *Traditionelle Blauschimmelkäsesorte aus Rohmilch; individuell produziert*
Milch: *Kuh-, Schaf- oder Ziegenmilch*
Beschreibung: *3 kg schwerer Zylinder mit natürlicher Rinde, in Ahornblätter oder Folie gehüllt*
Verwendung: *Als Tafelkäse; auch mit Honig als Dessert serviert*

Dieser bekannteste spanische Blauschimmelkäse wird in der Nordostecke der Picos de Europa von Hand hergestellt. Hier ragen hoch über den Buchen-, Eichen- und Birkenwäldern zerklüftete Berggipfel auf. Der beste Käse entsteht im Frühling und im Sommer, wenn die Schäfer ihre Herden auf den hochgelegenen Weiden grasen lassen und der Käse aus einer Mischung von Kuh-, Ziegen- und Schafmilch bereitet wird. Im Winter, wenn nur Kuhmilch zur Verfügung steht, fehlt dem Käse die herrliche Komplexität, die die Version aus gemischter Milch auszeichnet.

Der Käse wurde von alters her in Ahorn- oder Platanenblätter gewickelt, die die grobe, klebrige orangegelbe Rinde mit ihrem durchdringenden Aroma bedeckten. Heute verwendet man dazu Folie, da sie den Käse besser zusammenhält. Das Innere kann eine weißliche oder gelbe Farbe haben und am Rand braun sein. Es ist gestreift wie ein Bananenkuchen, hat unregelmäßige Linien und Flecke von graugrünem bis purpurblauem Schimmel. Die Textur ist ungewöhnlich komplex: weich und cremig, doch körnig und fast krümelig. Der scharfe Geruch erinnert an gärendes Obst, Schimmel und Hefe, und der Nachgeschmack des Käses ist würzig und angenehm.

Der Cabrales reift zwei oder drei Monate in natürlich entstandenen Kalksteinhöhlen. Die Rinde wird mit Ruten eingestochen, damit der in der Höhlenatmosphäre vorhandene Blauschimmel *(Penicillium glaucum)* leichter in den Käse eindringen kann. Die Einheimischen bevorzugen den Käse angeblich, wenn er sechs Monate alt und nahezu gänzlich blau und *con gustano* (madig) ist. Diesen Käse hat die Autorin allerdings nicht probiert, und sie trägt sich auch nicht mit der Absicht, das zu tun.

Ähnliche Käsesorten: Picos de Europa und Valedon.

Castellano

Herkunft: *Kastilien-León*
Art: *Traditionelle Hartkäsesorte aus Rohmilch; individuell oder industriell produziert*
Milch: *Schafmilch (Churro und Castilian)*
Beschreibung: *1–3 kg schwerer Rundkäse. Die blaß rehfarbene Naturrinde zeigt das Zickzackmuster der Käseform.*
Verwendung: *Als Tafelkäse; Mit klassischem spanischem Quittenbrot (Membrilla) serviert, das mit seinem fruchtigen Beigeschmack eine ideale Ergänzung ist.*

Kastilien-León ist heute die größte käseproduzierende Region Spaniens. Von hier kommen 85 Prozent der Käse, die aus reiner Schafmilch hergestellt sind. Wie der Machengo ist auch der Castellano ein grobkörniger magerer Frischkäse. Sein Bruch wird zum Ablaufen in besondere Plastikformen geschöpft, die auf der Rinde des Käses die charakteristischen Zickzackmuster hinterlassen. Ober- und Unterseite der in Handarbeit hergestellten Käse zeigen ein Motiv oder Muster, das von den geschnitzten Holz- oder Plastikböden stammt, die man beim Ablaufen der Molke unter die Käsemasse legt. Das Motiv (eine Blume, ein geometrisches Muster oder Initialen) geben – oder gaben – den Hersteller des Käses an. Heute, da mehr Käse in großen Betrieben oder Genossenschaften hergestellt wird, hat der Castellano ein gleichförmigeres Aussehen und verwirrt damit die Verbraucher, die ihren Lieblingskäse bisher an den Zeichen auf seiner Rinde erkannten.

Die extremen Klimaerscheinungen, die Eigenarten der Milch der Churros und Castilians und die Quellen der einzelnen Rezepturen bestimmen alle den Charakter des handgemachten Käses mit. Ein guter Castellano hat ein blaßgelbes Inneres, das fest und dicht ist und einige reiskorngroße Löcher aufweist. Verglichen mit dem Manchego ist er ausgesprochen feucht. Der köstliche Geschmack nach Sahnekaramellen wird von der frischen Säure und einer Spur Salz vortrefflich zur Geltung gebracht.

Cuajada

Herkunft: *Verschieden*
Art: *Traditionelle Frischkäsesorte; individuell oder industriell produziert*
Milch: *Schaf- und Ziegenmilch*
Beschreibung: *Wird in Abpackungen verschiedener Größen verkauft.*
Verwendung: *Anstelle von Joghurt; oft mit Honig oder Obst zum Frühstück serviert*

Der Cuajada stammt ursprünglich aus dem nördlichen Navarra, wo die Schäfer anstelle von Lab eine einheimische Distelart verwendeten, um die Milch gerinnen zu lassen. Das gab dem traditionellen Käse eine einzigartige und schlaffere Konsistenz, als man sie bei seinem modernen Äquivalent findet, das genau wie Dickmilch hergestellt wird, indem man frischer Milch Lab zusetzt und das Ganze dann langsam erwärmt. Die Mischung wird in kleine Ton- oder Plastiktöpfe gegossen, wo sie leicht geliert.

Links: *Cuajada ist fast überall in den spanischen Supermärkten zu bekommen*

OBEN: *Garrotxa*

GARROTXA
HERKUNFT: *Katalonien*
ART: *Neuere Hartkäsesorte aus Rohmilch; individuell produziert*
MILCH: *Ziegenmilch*
BESCHREIBUNG: *1 kg schwerer Rundkäse mit Naturrinde, die von dickem, pelzartigem grauem Schimmel bedeckt ist*
VERWENDUNG: *Als Tafelkäse*

Desillusioniert vom Streß des Stadtlebens, ziehen in vielen industrialisierten Ländern immer wieder Fachleute aufs Land, wo sie mit ihren unternehmerischen Fähigkeiten kleine Firmen, darunter auch Käsereien, gründen.

Obwohl dieser Käse auf einer alten Rezeptur basiert, wurde er von Fachleuten, die die Spanier »neue Landbewohner« nennen und die in einem Dorf nördlich von Barcelona in einer Genossenschaft zusammenarbeiten, mit modernen Methoden weiterentwickelt und vermarktet.

Der Garrotxa gehört zu den Favoriten der Autorin. Die reinweiße Milch scheint das Aroma frischer Walnüsse und den Duft der Mimosen aufgenommen und die Frische von jungem Gras in sich bewahrt zu haben. Die Textur ist fest, doch elastisch, und wird glatt und samtig, wenn Sie mehr von diesem Käse essen.

UNTEN: *Idiazabal*

IDIAZABAL (D. O.)
HERKUNFT: *Baskenland*
ART: *Traditionelle Hartkäsesorte aus Rohmilch; individuell oder in Genossenschaften produziert*
MILCH: *Schafmilch (Lacha und Carranzana)*
BESCHREIBUNG: *1–3 kg schwerer Zylinder. Die blaßgelbe bis bernsteinfarbene Rinde ist glatt und hart.*
VERWENDUNG: *Als Tafelkäse, zum Grillen und Reiben, für Tapas*

Der Idiazabal wurde jahrhundertelang von Schäfern gemacht, die ihre Herden auf den Almen der (Urbia- und Aralarberge) weideten. Er wurde traditionell Ende September verkauft, wenn der erste Winterschnee die Schäfer und ihre Herden wieder ins Tal trieb.

Der Käse hat eine kompakte Textur, die von einigen Löchern durchsetzt ist. Der Käse ist trocken, doch nicht krümelig, und er fühlt sich auf der Zunge angenehm ölig an. Auf der Rinde sind die Abdrücke der Holzform zu sehen, in die der Bruch zum Ablaufen geschöpft wurde.

Das charakteristische rauchige Aroma entstand ursprünglich dadurch, daß die Schäfer den Käse in der Nähe ihrer nächtlichen Feuer aufbewahrten. Die einfachen Berghütten hatten keine Schornsteine, durch die der Rauch abgeleitet wurde, und so nahmen die Käse den süßen, aromatischen Rauch in sich auf.

In kleinen handwerklichen Betrieben stellt man den Käse auch weiterhin auf die Weise her, wie es schon die Väter und Großväter taten, doch der Idiazabal wird auch industriell produziert. Die Firmen, die für ihre Produkte einen D. O.-Stempel wünschen, müssen sich jedoch an die traditionellen Herstellungsverfahren halten.

MAHON (D. O.)
HERKUNFT: *Minorca*
ART: *Traditionelle Hartkäsesorte aus Rohmilch; individuell oder industriell produziert*
MILCH: *Kuhmilch (Friesian)*
BESCHREIBUNG: *1–4 kg schwerer quadratischer Käse mit abgerundeten Ecken. Die harte orangefarbene Rinde zeigt die Abdrücke des Käsetuches und neigt dazu, fettig zu sein.*
VERWENDUNG: *Als Tafelkäse, zum Reiben (besonders über Teigwaren), für Snacks*

Dieser Käse kommt von Minorca, einer Baleareninsel vor der Nordostküste Spaniens. Ursprünglich stellte man ihn aus der Milch der Schafe her, die in der Umgebung gehalten wurden, doch während der kurzen Zeit der britischen Okkupation im achtzehnten Jahrhundert wurden Rinder ins Land gebracht. Die einheimischen Käsehersteller ließen sich dann überreden, in Zukunft Kuhmilch zu verarbeiten.

Obwohl der Rohmilchkäse frisch, also bereits einige Tage nach seiner Herstellung verkauft wird, ist er am köstlichsten, wenn das Alter ihm eine harte und leicht körnige Textur verleiht, die der des Parmesan ähnelt. Das elfenbeinfarbene Innere mit seinen kleinen unregelmäßigen Löchern kontrastiert mit der leuchtend orangefarbenen Rinde, deren Färbung nicht von Bakterien, sondern vom Einreiben mit Butter, Paprika und Öl stammt. Der Geschmack ist scharf. Die Nähe des Weidelandes zum Meer erzeugt einen salzigen Beigeschmack. Manche Hersteller, die nach traditionellen Verfahren arbeiten, geben eine kleine Menge Schafmilch an ihren Käse.

Um den Mahon zu bereiten, häuft man in die Mitte eines quadratischen Tuches Käsebruch. Die gegenüberliegenden Tuchecken werden verknotet und zusammengedreht. Der Käsebruch wird nun einige Tage gepreßt. Das gibt ihm seine charakteristische Kissenform und die Einkerbung in der Mitte. Der Mahon wird in unterschiedlichen Reifestufen verkauft. Einen frischen Mahon muß man innerhalb von zehn Tagen verbrauchen. Der mittelalte Käse ist mindestens zwei Monate alt, während der reife fünf und der alte Käse zehn Monate liegen müssen. Mahon wird auch aus pasteurisierter Milch hergestellt. Er wird in der Regel jung verkauft, wenn die Textur glatt und geschmeidig und das Aroma süß und fruchtig ist.

MANCHEGO (D. O.)
HERKUNFT: *La Mancha*
ART: *Traditionelle Hartkäsesorte; individuell oder industriell produziert*
MILCH: *Schafmilch (La Mancha)*
BESCHREIBUNG: *2–3,5 kg schwerer Zylinder mit ebener Oberfläche. Die Naturrinde zeigt ein charakteristisches Muster*
VERWENDUNG: *Als Tafelkäse, zum Reiben und Grillen*

Die Hochebenen von La Mancha, in denen Cervantes' Don Quijote gegen Windmühlen kämpfte und die Schäfer vor marodierenden Banditen beschützte, sind heute bewässert. Wo einst nur die robusten La Mancha-Schafe überleben konnten, dehnen sich heute Weingärten aus. Vieles ist anders geworden, doch die Schafe sind immer noch da, weiden die Sträucher und Grasbüschel der Dahesa ab und liefern eine dicke, aromatische Milch, die den besonderen Charakter des Manchego ausmacht.

Dieser bemerkenswerte Käse wird in der Mancha seit der Zeit der Römer gemacht. Heute kommt er allerdings aus großen, modernen Genossenschaften. Die verwendete Milch wird häufig pasteurisiert, doch das hat das Aroma des Käses nicht merklich verändert.

Um das berühmte Manchego-Etikett tragen zu dürfen, muß der Käse fest und trocken, dabei jedoch gehaltvoll und cremig sein. Für den Manchego darf nur Milch aus der Mancha verarbeitet werden. Auf seiner gewachsten Rinde muß das charakteristische Muster zu sehen sein, das ursprünglich von einem um den Käsebruch gelegten geflochtenen Band aus Alfagras stammte. (Die Farbe des Wachses weist auf das Alter des Käses hin.) Das Innere muß elfenbeinfarben sein und kleine unregelmäßige Löcher haben. Die Komplexität des Aromas hängt vom Alter ab, doch der Käse muß vollmundig sein, an Paranüsse und Karamel erinnern und leicht salzig nachschmecken. Auch der leichte Duft nach Lanolin und Lammbraten darf nicht fehlen.

Der Manchego wird in verschiedenen Reifestufen verkauft: Ein dreizehn Wochen alter Käse ist *curado* (gereift); ist der Käse über drei Monate alt, dann bezeichnen ihn die Spanier als *viego* (alt). Sehr alte Käse zeigen eine pfeffrige Schärfe.

MATO
HERKUNFT: *Katalonien*
ART: *Traditionelle Frischkäsesorte; individuell produziert*
MILCH: *Ziegen- und Kuhmilch*
BESCHREIBUNG: *1–2 kg schwerer schüsselförmiger Käse; auch abgefüllt verkauft*
VERWENDUNG: *Zum Kochen, als Frühstückskäse, für Snacks*

Dieser Frischkäse erinnert an Fromage Frais. Er hat einen köstlichen Beigeschmack wie von Zitrusfrüchten und Kräutern. Er wird ohne Salzzugabe in Gefäße abfüllt oder zum Ablaufen in Mulden aus Weidengeflecht gefüllt, die wie Puddingschüsseln geformt sind. Deshalb ist er auch nicht lange haltbar. Oftmals hausgemacht, wird er für pikante und auch süße Speisen verwendet und häufig mit Honig, Anis und Früchten serviert.

PENAMELLERA
HERKUNFT: *Asturien*
ART: *Traditionelle Käsesorte mit Naturrinde; individuell oder in Genossenschaften produziert*
MILCH: *Kuh-, Ziegen- oder Schafmilch*
BESCHREIBUNG: *500 g schwere Scheibe. Die dünne, runzlige gelborangefarbene Kruste ist mit feinem weißem Schimmel bestäubt.*
VERWENDUNG: *Als Tafelkäse, für Snacks*

Der Penamellera ist nach dem Berg benannt, der hinter dem Dorf aufragt, wo dieser Käse seit Jahrhunderten hergestellt wird. Der Käse hat ein leicht fettiges Aussehen und einen sonderbar fleischartigen Geruch. Sein Inneres ist eleganter. Es ist geschmeidig und dicht, zeigt einige kleine, unregelmäßige Löcher und hat einen angenehmen, leicht nußartigen Geschmack. Sein Nachgeschmack ist frisch und zitronenartig.

Aus Sorge über den allmählichen Rückgang der Zahl einheimischer Käseproduzenten schlossen sich einige Asturier 1984 zu einer Genossenschaft zusammen, um ihren einzigartigen Käse auf den Markt zu bringen. Die Produktion hat sich seither erhöht, und der Penamellara ist nun überall in Nordspanien bekannt.

Ähnliche Käsesorten: Quesuco, Porua und Rozagas.

PICOS DE EUROPA
HERKUNFT: *Kantabrien*
ART: *Traditionelle Blauschimmelkäsesorte; individuell oder industriell produziert*
MILCH: *Kuhmilch*
BESCHREIBUNG: *3 kg schwerer, in Platanenblätter gewickelter Zylinder mit Naturrinde*
VERWENDUNG: *Als Tafelkäse, oft mit wildem Honig serviert*

Man nimmt an, daß die Rezeptur für diesen cremigen, feuchten Käse von frühen französischen Pilgern nach Spanien gebracht wurde, die dem Jakobusweg zur Atlantikküste folgten. Der Picos de Europa wird normalerweise aus Kuhmilch hergestellt, doch auf Bauernhöfen gibt man, wenn vorhanden, auch etwas Ziegen- oder Schafmilch zu. Der Käse ist blau-grün geädert, hat einen strengen Geruch, eine angenehm salzige Schärfe und einen sauberen, pikanten Nachgeschmack. In Platanenblätter eingepackt, verleiht er einem Käsebrett ein rustikales und dennoch elegantes Aussehen. Wird die Rinde dunkel und klebrig, tupfen Sie sie trocken. Lassen Sie den Käse danach einige Stunden an einem kühlen Platz atmen.

Der auch unter dem Namen Valdeon bekannte Picos de Europa reift zwei bis drei Monate und hat einen Fettgehalt von 45 Prozent.

UNTEN: *Manchego (von links) – vier, sechs und zehn Monate gereift*

Queso Iberico (D. O.)
Herkunft: *Zentralspanien*
Art: *Neuzeitliche Hartkäsesorte; industriell produziert*
Milch: *Kuh-, Ziegen- und Schafmilch*
Beschreibung: *3 kg schweres Rad. Die harte, trockene Rinde zeigt die Abdrücke von geflochtenen Alfagrasbändern, die beim Ablaufen der Molke um den ungereiften Käse gelegt werden.*
Verwendung: *Als Tafelkäse, zum Reiben und Grillen, für Snacks*

Die Mischung aus Kuh-, Ziegen- und Schafmilch verleiht diesem neuen, großartigen spanischen Käse einen in der Tat dreidimensionalen Charakter. Laut Vorschrift darf der Queso Iberico nicht weniger als 25 Prozent und nicht mehr als 40 Prozent von jeder Milchsorte enthalten. Sein Aroma zeigt dementsprechend Eigenschaften von jeder Sorte.

Das cremige Innere zergeht im Munde und setzt einen vollmundigen, nußartigen Geschmack frei, dem ein fruchtiger Nachgeschmack folgt. Der Queso Iberico wird genau wie der Manchego von großen Genossenschaften produziert. Da er auch ganz ähnlich aussieht und auf seinem Etikett mitunter auch die Bezeichnung »Manchego Blend« zu finden ist, wird er mitunter fälschlicherweise für Manchego gehalten. Queso Iberico reift einen bis sechs Monate.

Queso Ibores
Herkunft: *Extremadura*
Art: *Traditionelle Hartkäsesorte aus Rohmilch; individuell oder in Genossenschaften produziert*
Milch: *Ziegenmilch (Retinta und Verata)*
Beschreibung: *3 kg schwerer Rundkäse. Die glatte, rötlich-braune Naturrinde ist mit Öl und Paprika eingerieben.*
Verwendung: *Als Tafelkäse, für Tapas*

Dieser Käse ist nach Los Ibores, einem Gebiet in der Region Extremadura, benannt, wo er seit der Zeit der Römer hergestellt wird. Das ungewöhnliche Tiefrot der Rinde bildet einen herrlichen Kontrast zu dem reinweißen Inneren des Käses. Das Paprikaaroma ist charakteristisch für die Rinde; es durchdringt den Käse und erzeugt einen feinen würzigen Beigeschmack, der von der aromatischen, cremigen Natur der Ziegenmilch ausgeglichen wird.

Queso Majorero
Herkunft: *Fuerteventura*
Art: *Traditionelle Hartkäsesorte aus Rohmilch; individuell oder in Genossenschaften produziert*
Milch: *Ziegenmilch*
Beschreibung: *5–7 kg schwerer Zylinder. Die blaß bernsteinfarbene Naturrinde ist an der Ober- und Unterseite mit einem geometrischen Muster versehen.*
Verwendung: *Als Tafelkäse, zum Grillen*

Dieser Käse wird mitunter auch nach der gleichnamigen unfruchtbaren, aber schönen Insel Fuerteventura genannt. Er gehört zu den Lieblingskäsesorten der Autorin. Seine harte Textur entsteht durch festes Pressen. Die zähe Rinde zeigt die traditionellen, für viele spanische Käsesorten typischen Markierungen. Obgleich das Innere dicht erscheint, zergeht es auf der Zunge und hinterläßt eine Spur von wildem Honig, den Duft von wildem Thymian und Mandeln. Der Nachgeschmack ist pfeffrig und abgerundet wie ein feiner Rotwein. Der Queso Majorero paßt ausgezeichnet zu einem Sherry fino oder einem körperreichen Rotwein.

Auf Fuerteventura herrscht wie auf allen zu den Kanaren gehörenden Inseln Wassermangel. Dennoch geben die dornigen Bäume, die Disteln, Kakteen und verstreut wachsenden Büsche genug Nahrung für die einheimischen Ziegen her. Das trockene Klima hat einen geringeren Milchertrag zur Folge, doch das Aroma der Milch ist stark würzig und wohlriechend.

Unten: *Queso Iberico*

Oben: *Queso Majorero*

Queso de Murcia
Herkunft: *Murcia*
Art: *Traditionelle Frischkäsesorte; individuell oder in Genossenschaften produziert*
Milch: *Ziegenmilch*
Beschreibung: *1–2 kg schwerer, reinweißer Rundkäse mit rillenartigen Abdrücken von der hölzernen Unterlage, auf die der Käse zum Ablaufen gesetzt wird*
Verwendung: *Als Tafelkäse, zum Kochen*

Auf der Fahrt durch die heiße, unfruchtbare Comunidad Murcia wundert man sich, wo die umherstreifenden Schaf- und Ziegenherden auf diesem steinigen Boden wohl etwas zu fressen finden sollen. Bei genauerem Hinsehen jedoch sind zähes Gestrüpp und intensiv duftender Thymian, Oregano, Rosmarin und andere robuste Pflanzen zu erkennen, die alle ihre Spuren im Aroma der Milch dieser Tiere hinterlassen.

Der Ertrag ist aufgrund der Trockenheit des Weidelandes gering, doch die Milch ist gehaltvoll und dick und daher ideal zur Käseherstellung. Der Queso de Murcia ist reinweiß und weist unzählige kleine Löcher auf. Seine Textur ist locker; das feine Rosmarin- und Estragonaroma wird von einer erfrischenden Säure ausgeglichen. Der Frischkäse wird seit Jahrhunderten auf die gleiche Art und Weise hergestellt. Da er jedoch nicht lange haltbar und für lange Transporte ungeeignet ist, wurde beschlossen, einen gereiften einheimischen Käse zu entwickeln, der lagerfähig ist und auch außerhalb der Region und im Ausland angeboten werden kann. So entstand der Queso de Murcia al Vino, ein schmackhafter Käse, der in einheimischem Rotwein gewaschen wird. Die von Natur aus poröse Rinde erhält davon eine tief burgunderrote Farbe, und der Käse nimmt das fruchtige, schwach würzige Aroma und den Duft des Weines in sich auf.

QUESO DEL MONTSEC

HERKUNFT: *Katalonien*
ART: *Neuere vegetarische Weichkäsesorte aus Rohmilch; individuell produziert*
MILCH: *Ziegenmilch*
BESCHREIBUNG: *2 kg schwerer Rundkäse mit rustikal aussehender fleckiger Rinde, die mit Holzasche überzogen ist*
VERWENDUNG: *Als Tafelkäse*

Wie der Garrotxa, so wurde auch dieser Käse von einer Gruppe junger Fachleute entwickelt, die mit ihren Familien aus der Stadt aufs Land gezogen waren, um hier ein anderes Leben zu führen. Die Presse gab den Zugezogenen den Namen »neue Landbewohner« und äußerte sich in ihren Berichten eher spöttisch über sie. Sie mußte ihr Urteil jedoch revidieren, nachdem die »Neuen« ihren Queso del Montsec erfolgreich auf den Markt gebracht hatten.

Der Käse hat eine dichte, ziemlich körnige Textur, die sich im Munde sehr cremig anfühlt, zeigt aber eine klare Schärfe. Der charakteristische Geschmack der Ziegenmilch ist sofort spürbar; der Nachgeschmack ist kräftig, kräuterartig und würzig.

Der Queso del Montsec, der auch unter der Bezeichnung Cendrat bekannt ist, braucht zum Reifen zwei bis drei Monate.

QUESO DEL TIETAR

HERKUNFT: *Ávila*
ART: *Traditionelle Frisch- oder Hartkäsesorte aus Rohmilch; individuell produziert*
MILCH: *Ziegenmilch*
BESCHREIBUNG: *Als Frischkäse in Gefäßen; gereifter Käse als 2,5 kg schwerer Zylinder. Die Naturrinde des gereiften Käses ist blaugrau.*
VERWENDUNG: *Als Tafelkäse, zum Kochen (mit einheimischen Paprikafrüchten, Knoblauch und Eiertomaten gebraten, ergibt er eine ideale Beilage zu Teigwaren)*

Der Queso del Tietar ist nur selten außerhalb der Provinz Ávila zu finden. Diesen Käse gibt es in zwei verschiedenen Varianten. Der Frischkäse heißt Cabra del Tietar. Er wird verkauft, wenn er nur wenige Tage alt ist. Er ist reinweiß und rindenlos, hat ein zitronenfrisches Aroma, das auf die aromatische Ziegenmilch hindeutet, aus der er gemacht ist. Man gibt ihm häufig wilden Thymian, Oregano und Rosmarin oder Paprika zu.

Ist der Käse zwei bis drei Monate gereift, erhält er eine harte Textur. Er ähnelt dann dem Sierra de Zuheros, ist fest, aber elastisch und hat ein ausgeprägtes nußartiges Aroma.

RONCAL (D. O.)

HERKUNFT: *Navarra*
ART: *Traditionelle Hartkäsesorte aus Rohmilch; individuell oder in Genossenschaften produziert*
MILCH: *Schafmilch (Lacha und Aragon)*
BESCHREIBUNG: *2 kg schweres Rad mit harter Naturrinde, die mit einer samtweichen Schicht von blaugrauem Schimmel überzogen ist.*
VERWENDUNG: *Als Tafelkäse, für Tapas, zum Reiben und Grillen*

Der Roncal war der erste Käse, dessen Name durch die Denominacion de Origen geschützt wurde. Die Vorschrift zu seiner Herstellung stammt jedoch bereits aus dem dreizehnten Jahrhundert. Damals wurde abhängig von den jahreszeitlichen Bedingungen festgelegt, wann die einheimischen Lacha- und Aragonschafe auf welche Weiden getrieben wurden. Im Juli wurden die Tiere zu den Sommerweiden ins Gebirge geführt, von wo sie Ende September zurückkehrten. Am 13. Oktober ging es weiter zu den Winterweiden im Süden Navarras, wo die Herden bis zum 15. Mai blieben.

Das Wanderprinzip (Transhumanz) wird noch heute von einigen Schäfern praktiziert, doch Eigentümerwechsel und veränderte Nutzung des Bodens erschweren inzwischen diese Form der Fernweidewirtschaft. Damit der köstliche Roncal auch weiterhin produziert werden konnte, wurde 1974 in der Nähe von Pamplona ein Betrieb dafür aufgebaut.

Der Roncal reift mindestens vier Monate und hat einen Fettgehalt von 45 Prozent. Sein festes, elastisches Inneres ist leicht körnig und weist kleine, unregelmäßige Löcher auf. Das Aroma wird stark von der Geschmacksfülle der Milch beeinflußt. Der Käse schmeckt deutlich schafartig und scharf und erinnert mit seinem süßen, kräuterartigen Aroma an die Gräser, die wilden Kräuter und Blumen der Weiden.

OBEN: San Simon

SAN SIMON

HERKUNFT: *Galicien*
ART: *Traditionelle halbfeste Käsesorte; individuell oder industriell produziert*
MILCH: *Kuhmilch (Galicisches Blondvieh)*
BESCHREIBUNG: *1–2 kg schwerer birnenförmiger Käse mit glänzender honigfarbener Naturrinde*
VERWENDUNG: *Als Tafelkäse*

Ein weiterer bemerkenswert aussehender spanischer Käse ist der San Simon. Er hat die Form eines Senkbleis oder einer Birne. Fragen nach dem Ursprung seiner eigenartigen Gestalt werden im allgemeinen mit breitem Grinsen und nicht druckbaren Erzählungen beantwortet. Der San Simon wird seit Generationen in Galicien hergestellt, wo die saftigen grünen Wiesen genügend Futter für das Galicische Blondvieh hergeben.

Der San Simon wird leicht gepreßt und dann geräuchert. Er hat eine geschmeidige, offene Konsistenz und eine attraktive, glänzende honigfarbene bis rötlich-braune Rinde. Der Rauch verleiht dem Käse einen Geschmack nach Holz, der die butterartige Qualität und die schwache Säure, die von der Milch kommt, noch verstärkt.

OBEN: Queso del Montsec, auch unter dem Namen Cendrat bekannt

SPANISCHER KÄSE

OBEN: *Zamorano*

SIERRA DE ZUHEROS
HERKUNFT: *Andalusien*
ART: *Traditionelle Hartkäsesorte; individuell oder industriell produziert*
MILCH: *Ziegenmilch (Murcia)*
BESCHREIBUNG: *1 kg schwerer Zylinder mit glatter, blaßgelber harter Rinde*
VERWENDUNG: *Als Tafelkäse, für Tapas*

Der Sierra de Zuheros kommt von kleinen Bauernhöfen und Genossenschaften nahe der alten Stadt Trujillo. Er wird aus Ziegenmilch hergestellt.

Wie viele spanische Käsesorten erhielt er seine Gestalt traditionell durch Formen aus geflochtenen Alfagrasbändern. Diese Bänder werden heute nach und nach durch Plastikmulden ersetzt, in deren Innenseiten das typische Muster eingeprägt ist und die vor den alten Steinmauern der Häuser ziemlich unpassend aussehen.

Der Käse ist trocken, fein und fast krümelig. Er hat einen zwar wahrnehmbaren, jedoch nicht durchdringenden Ziegencharakter, in dem sich frischer Rauch, wilder Thymian und Zitronenschale andeuten. Die Rinde des Sierra de Zuheros wird manchmal mit Paprika und Öl eingerieben, was dem Käse einen würzigen Nachgeschmack verleiht.

TETILLA (D. O.)
Herkunft: *Galicien*
Art: *Traditionelle halbfeste Käsesorte; individuell oder industriell produziert*
Milch: *Kuhmilch*
Beschreibung: *750 g – 1,5 kg schwerer birnenförmiger Käse mit blaßgelber gerillter Rinde*
Verwendung: *Als Tafelkäse*

Der Tetilla-Käse sieht wie eine große, fein gerillte Feige aus. Er wird aus Kuhmilch hergestellt und hat einen zarten, frischen zitronenartigen Geschmack mit einer Spur von grünem Gras. Seine Konsistenz ist geschmeidig, und er fühlt sich im Mund cremig an. Er reift zwei bis drei Monate.

TRONCHON
HERKUNFT: *Aragonien*
ART: *Traditionelle halbfeste Käsesorte; individuell oder industriell produziert*
MILCH: *Schaf-, Kuh- oder Ziegenmilch*
BESCHREIBUNG: *600 g –1,5 kg schwere abgeflachte Kugel mit einem tiefen Krater. Die Naturrinde ist glatt, glänzend und hat die Farbe von Butter*
VERWENDUNG: *Als Tafelkäse, zum Grillen, für Snacks*

Mit seiner Textur erinnert der Tronchon an einen jungen Caerphilly. Der Geschmack ist aromatisch und hat einen Hintergrund von Weißweinsäure. Woher die Gestalt des Käses stammt, ist ungeklärt; sie entsteht heute mit Hilfe besonderer Käseformen.

ULLOA
HERKUNFT: *Galicien*
ART: *Traditionelle halbfeste Käsesorte; individuell produziert*
MILCH: *Kuhmilch (Galicisches Blondvieh und Friesian)*
BESCHREIBUNG: *1 kg schwerer Rundkäse mit glatter, wachsiger blaßgelber Naturrinde*
VERWENDUNG: *Als Tafelkäse*

Der Ulloa ist fast identisch mit dem Tetilla. Er unterscheidet sich von diesem lediglich durch seine Form und die Region, in der er hergestellt wird.

Der Ulloa ist rund und hat konvex geformte Seiten. Der Käse ist nach etwa einem Monat reif. Sein Fettgehalt beträgt 45 Prozent.

ZAMORANO (D. O.)
HERKUNFT: *Kastilien-León*
ART: *Traditionelle Hartkäsesorte; individuell oder in Genossenschaften produziert*
MILCH: *Schafmilch (Churro)*
BESCHREIBUNG: *2 oder 3 kg schwere Trommel. Die harte, trockene Naturrinde ist mit dünnem grauem Schimmel bedeckt.*
VERWENDUNG: *Als Tafelkäse*

Der Zamorano ist ein harter Schafkäse, der etwas mit dem Castellano und dem Manchego gemein hat, aber weniger körnig ist. Der Käse reift unter sehr hoher Luftfeuchtigkeit, die das Wachstum der Naturrinde aus grauem Schimmel fördert. Das Aroma hat die gefällige Intensität von Karamel und grünem Gras, die vom butterartigen Charakter der Milch ausgeglichen wird.

Noch lange bis in dieses Jahrhundert hinein waren die Schäfer von Zamora und ihre Familien wandernde Käsemacher, die mit ihren Arbeitsmitteln – Lab, Käseformen, handgeschnitzten Holzbrettern und Milchkesseln – von Hof zu Hof zogen. Der Käse, den sie herstellten, wurde zum Reifen häufig in die tiefen, feuchten unterirdischen »Höhlen« benachbarter Weinberge gebracht, was dem Käse einen dumpfen, doch fruchtigen Charakter gab und das Wachstum einer dicken Rinde aus grauem Schimmel förderte. Diese Praxis betrachten die Winzer heute jedoch mit Mißfallen.

Der Zamorano reift drei bis neun Monate und hat einen Fettgehalt von 50 Prozent.

PORTUGIESISCHER KÄSE

Anders als Spanien blieb Portugal von den Invasionen der Goten, Wandalen und Mauren verschont. Das hatte das Land seiner geographischen Lage – mit dem Atlantik im Westen und Süden und den hohen Bergen im Osten – zu verdanken. So bildete sich ein stolzes, unabhängiges Volk heraus, das das Alte schätzt und bewahrt.

Die lange Küste ermöglichte den unmittelbaren Zugang zum Meer, und so war es nur natürlich, daß sich die Portugiesen zu großen Seefahrern entwickelten. Im fünfzehnten und sechzehnten Jahrhundert begaben sie sich auf die Suche nach neuen Handelswegen. Die Azoren weit vor der Küste Portugals waren die letzte Zwischenstation auf der langen Reise der großen Entdecker nach der Neuen Welt. Im fünfzehnten Jahrhundert wurde auf den Inseln eine kleine Siedlung gegründet. Hier herrschte ein Klima, das im Vergleich zum Festland gemäßigter war, und bald gab es auch eine Rinderherde, die Milch für einen harten, lange lagerfähigen, dem Cheddar ähnlichen Käse lieferte, der den Inselbewohnern und den Seefahrern als Nahrungsmittel diente. Dieser Käse ist unter dem Namen Queijo da Ilha (Inselkäse) bekannt.

Das Klima auf dem portugiesischen Festland ist für die Käseherstellung ungünstig, und Molkereierzeugnisse spielen daher in der nationalen Küche nur eine ganz geringe Rolle. Die wenigen Käsesorten jedoch, die in Portugal produziert werden, sind hervorragend. Sie kommen aus abgelegenen Tälern und gebirgigen Gegenden, wo sie auf Bauernhöfen oder in kleinen Molkereien nach uralten Rezepturen hergestellt werden. Die Milch dafür liefern flinke, zähe und genügsame Ziegen, die sich von Wildkräutern, Büschen, Ginster und den Blättern von Dorngestrüpp ernähren. Sie ist dick, köstlich und duftend und ergibt einen herrlichen Käse. Die Milch der wolligen Schafe der großartigen Serra da Estrela im Herzen Portugals ist gleichermaßen gehaltvoll und duftend; aus ihr machen die Schäfer seit Jahrhunderten Queijos de Serra. In anderen Regionen des Landes werden ähnliche Käsesorten, darunter der Queijo Serpa, produziert.

Wie in anderen Teilen Europas, so ist auch in Portugal die Milch seit jeher ein wertvolles Gut. So stellt man auch hier aus der Molke einen Käse nach Ricotta-Art her, der als Requeijao bezeichnet wird. Dieser in Feigen- oder Kohlblätter gewickelte Käse, den es auf den örtlichen Märkten und in kleinen Dorfläden frisch zu kaufen gibt, eignet sich gleichermaßen zur Verwendung in Desserts und pikanten Vorspeisen.

In den sechziger und siebziger Jahren fanden in Portugal jähe soziale und ökonomische Veränderungen statt. Die Touristikbranche blühte auf, und viele Bewohner ländlicher Gegenden zogen aus dem Landesinneren in die neuen, an der Küste gelegenen Wirtschaftsstandorte. Aus dieser Entwicklung ergab sich die Notwendigkeit, eine milchverarbeitende Industrie aufzubauen, die auch hohen Ansprüchen genügte. So entstanden große Betriebe, in denen Frischmilch verkaufsfertig abgefüllt, Joghurt und Nachahmungen ausländischer Käsesorten hergestellt wurden.

In den letzten zehn Jahren jedoch konnten die Portugiesen beobachten, wie ihre spanischen Nachbarn ihre Käseindustrie zu neuem Leben erweckt haben. Auch sie haben nun einen Vorstoß unternommen, um etwas ähnliches in ihrem Land zu erreichen. So qualifizierten sich in der letzten Zeit zehn portugiesische Käsesorten für den P. D. O.-Status (P. D. O., Protected Designation of Origin – Geschützte Ursprungsbezeichnung) und für den P. G. I.-Status (Protected Geographical Indication). Diese auf dem französischen A. O. C.-System beruhende Einrichtung zur Anerkennung und zum Schutz einheimischer Käsesorten wurde von der Europäischen Union eingeführt. Manche dieser Käse wie der Queijo Evora sind kleine runde Scheiben aus Ziegenmilch; andere, darunter der Queijo de São Jorge, sind aus Kuhmilch hergestellt. Wieder andere Sorten – der Serra da Estrela oder der Frischkäse Queijo Rabacal – sind aus Schafmilch bzw. aus einer Milchmischung gemacht.

SÃO JORGE/ILHA DE SÃO JORGE

HERKUNFT: *Azoren*
ART: *Traditionelle Hartkäsesorte aus Rohmilch; individuell produziert*
MILCH: *Kuhmilch*
BESCHREIBUNG: *8–12 kg schwerer Zylinder. Die harte Naturrinde ist gelblich-braun und leicht gefleckt.*
VERWENDUNG: *Als Tafelkäse, zum Reiben, für Saucen*

São Jorge ist eine kleine Azoreninsel. Hier wechseln Hochplateaus und Krater, die an die vulkanische Vergangenheit der Insel erinnern, mit üppigen Weiden, einer reichen einheimischen Pflanzenwelt und fruchtbarem Boden.

Im fünfzehnten Jahrhundert entstand auf der nahegelegenen Insel Faial eine flämische Siedlung. Die Isolation vom Festland verlangte von den Inselbewohnern, sich so einzurichten, daß sie ihre Bedürfnisse aus eigener Kraft befriedigen konnten. Vom Kontinent wurden Kühe gebracht, und man be-

gann hier und auf den benachbarten Inseln, Käse herzustellen. Auf den Azoren legten die Seefahrer, die auf Entdeckungsfahrt in die Neue Welt unterwegs waren, ihren letzten Zwischenaufenthalt vor dem fernen Ziel ein, und so waren die Käse, die die Inselbewohner herstellten, als Reiseverpflegung bei ihnen sehr begehrt. Wie der Gouda oder der Edamer, so wird auch der São Jorge mit zunehmendem Alter besser und gut lagerfähig. Er ist daher noch immer bei Seefahrern wie beispielsweise den Besatzungen der transatlantischen Hochseesegler beliebt, die heute die Azoren anlaufen, um dort Proviant aufzunehmen. Die Rezeptur für diesen Käse wurde über die Jahrhunderte hinweg dem Klima und den Bedingungen auf den Inseln angepaßt. Das Ergebnis ist ein außergewöhnlicher Käse, der das Aussehen eines Gouda, jedoch den würzigen Beigeschmack des Cheddar hat.

SERRA DA ESTRELA

HERKUNFT: *Beira*
ART: *Traditionelle Käsesorte mit gewaschener Rinde; individuell produziert*
MILCH: *Schafmilch*
BESCHREIBUNG: *900 g schwerer flacher Rundkäse. Die dünne lederartige Rinde ist orangebraun und leicht klebrig. Bei gereiftem Käse ist sie glatt und fest.*
VERWENDUNG: *Als Tafelkäse*

Den Serra da Estrela nennt man den König der portugiesischen Käsesorten. Er wird seit Jahrhunderten von den Schäfern in den Bergen der Serra da Estrela in der Region Beira hergestellt. Ein Großteil kommt noch heute von kleinen Käseproduzenten, die die Blüten und Blätter einer wildwachsenden Distel als Gerinnungsmittel für die Schafmilch verwenden. Das gibt dem Käse einen feinen, aber ausgeprägten Charakter und beeinflußt die Textur des fertigen Erzeugnisses. Der Bruch wird nicht geschnitten, sondern von Hand zerkleinert und zum Reifen in Höhlen gebracht, wo er einen bis vier Monate bleibt.

Der Käse ist so weich, daß er sich fast streichen läßt. Er zeigt eine volle, wohlriechende Intensität, die dem herrlichen Weideland zu verdanken ist, und den süßen Karamelcharakter der Schafmilch, der im Nachgeschmack durchkommt und zwar wahrnehmbar, doch nicht so stark ist, wie man vielleicht erwarten würde.

Läßt man den Käse alt werden und ausreifen, dann verhärtet die Rinde und das Innere wird dichter und geschmeidiger. Der Käse läßt sich dann leicht schneiden.

SCHWEIZER KÄSE

Die Schweiz ist ein kleines Land, deren Erfolg hauptsächlich auf dem Engagement ihrer Bewohner für Qualität, auf harter Arbeit und Kooperation beruht. Andere Länder blicken mit Eifersucht auf die starke Wirtschaft, die effizient verwalteten Städte und das ausgezeichnete Straßennetz.

Ursprünglich unter der Bezeichnung Helvetien bekannt, war die Schweiz die Heimat eines keltischen Stammes, der um das Jahr 100 v. Chr. in den südlichen Teil Galliens einwanderte und 58 v. Chr. von Caesar unterworfen wurde. Von den Römern lernten die keltischen Helvetier dann, Käse herzustellen.

Im fünften Jahrhundert drangen Stämme aus dem nördlichen Germanien nach Helvetien vor, die dann das Gebiet beherrschten, bis drei der bestehenden Kantone 1291 ihre Kräfte vereinten und ihre ausländischen Beherrscher schlugen. Schließlich beteiligten sich weitere Kantone am Befreiungskampf und errangen im fünfzehnten Jahrhundert ihre Unabhängigkeit. Damit war der Grundstein für die Schweizerische Eidgenossenschaft gelegt.

Heute besteht die Schweiz aus zweiundzwanzig Kantonen, die alle ein eigenes Parlament, eigene Gerichte und Schulsysteme haben. Die Bevölkerung ist an der Leitung ihrer Kantone stark beteiligt. Die Fähigkeit zusammenzuarbeiten kann man überall in der Schweiz beobachten; doch sie ist nirgends effektiver als in der Milchwirtschaft. Hier wird ein Großteil des Käses in Berghütten oder in kleinen Genossenschaften hergestellt, die Bauern oder Käseproduzenten gehören.

Das wichtigste Ziel der schweizerischen Landwirtschaftspolitik besteht darin, dieses System aufrechtzuerhalten, um damit zu garantieren, daß die große Anzahl der Wiesen und Weiden erhalten und die Schönheit der ländlichen Gebiete unverändert bleibt. Das ist besonders wichtig in einem Land, das seine Einkünfte zu einem großen Teil aus dem Tourismus erzielt. Da nur 25 Prozent des Bodens als Weideland geeignet sind, hält man viele Rinder auch im Sommer in Ställen, damit das Gras auf den Wiesen nicht niedergetreten wird. Außer auf den verhältnismäßig unzugänglichen Almen werden Sie in der Schweiz wohl kaum eine grasende Kuh zu Gesicht bekommen. Statt dessen mähen die Bauern das frische Gras und bringen es in die Ställe. Diese Praxis wird als »zero-grazing« oder Sommerstallfütterung bezeichnet.

In den Anfängen seiner Geschichte wurde der Käse in der Schweiz als Zahlungsmittel benutzt. Ein großer Teil der Produktion wurde über die Alpen gebracht und bei den Römern gegen Reis, Gewürze und Wein eingetauscht.

Der Käse ist noch immer ein wichtiger Teil der Volkswirtschaft der Schweiz, und die Schweizer wachen mit Eifer über seine Qualität. Alle Hartkäse müssen von der Schweizerischen Käseunion aufgekauft werden. Die Regierung legt den Preis für Käse und Milch fest. Zwar ist Käse aus der Schweiz mitunter sehr teuer, doch seine Qualität ist garantiert, und es kann sich keine der ausländischen Nachahmungen mit den Originalen messen, von denen einige zu den beliebtesten Käsesorten der Welt gehören.

UNTEN: *Tilsiter*

OBEN: *Appenzeller*

APPENZELLER

HERKUNFT: *Appenzell und St. Gallen*
ART: *Traditionelle Hartkäsesorte aus Rohmilch; individuell oder industriell produziert*
MILCH: *Kuhmilch*
BESCHREIBUNG: *5–6,75 kg schweres konvexes Rad. Die harte gebürstete Rinde ist blaßgelb bis orangebraun.*
VERWENDUNG: *Als Tafelkäse, zum Schmelzen und Grillen*

Der Appenzeller gehört zu den ältesten Käsesorten der Schweiz. Seine Geschichte läßt sich bis in die Zeit Karl des Großen zurückverfolgen. Wie der Name schon sagt, stammt der Käse ursprünglich aus der Appenzeller Region; er wird heute jedoch auch im Kanton St. Gallen hergestellt. Seine Qualität und seine Eigenschaften sind durch Bestimmungen geschützt, die den A. O. C.-Vorschriften in Frankreich ähneln. Der beste Käse wird in den Berghütten aus der Milch von Kühen gemacht, die auf den Sommerweiden grasen.

Die trockene, flache blaßorangefarbene Rinde erhält ihre Farbe durch das Waschen in einer Flüssigkeit aus Gewürzen, Weißwein und Salz, deren genaue Zusammensetzung geheimgehalten wird. Der Duft deutet die Würze von gärendem Obst an. Ist der Käse in Plastik verpackt, kann er schwitzen und einen weniger ansprechenden Geruch nach Bauernhof entwickeln. Der Käse ist fest und dicht, behält jedoch eine gewisse Geschmeidigkeit. Über das gelbe Innere sind einige erdnußgroße Löcher verstreut. Der Geschmack ist zunächst butterartig und fruchtig. Mit zunehmender Reife wird das Aroma voller und erinnert an heißen Toast und Hefeextrakt. Der Appenzeller reift drei bis vier Monate und hat einen Fettgehalt von 45 Prozent.

SCHWEIZER KÄSE

Unten:
Emmentaler

EMMENTALER
HERKUNFT: *Zentral gelegene Kantone*
ART: *Traditionelle Hartkäsesorte aus Rohmilch; individuell produziert*
MILCH: *Kuhmilch*
BESCHREIBUNG: *60–130 kg schweres Rad mit konvexem Rand und leicht konkaven Seiten. Die dünne, harte Naturrinde ist beige-gelb und mit Papier überzogen, auf dem der Name des Herstellers angegeben ist.*
VERWENDUNG: *Als Tafelkäse, zum Schmelzen und Grillen*

Die Geschichte des Emmentaler läßt sich zwar bis zum Jahr 1293 zurückverfolgen; doch der Käse wurde erstmals namentlich im Jahre 1542 erwähnt, als man die Bewohner von Langethal damit versorgte, die durch ein Feuer alles verloren hatten. Er ist nach dem Tal benannt, durch das die Große Emme fließt, wird heute jedoch überall da in der Schweiz hergestellt, wo Bergwiesen zu finden sind.

Obwohl der Emmentaler dem Gruyère ähnelt, ist sein Duft süßer und zeigt einen versteckten Hauch von frisch gemähtem Gras. Drückt man die Rinde, dann entströmt ihr ein weinähnlicher Duft. Der Emmentaler ist glatter und elastischer als der Gruyère und weist haselnuß- oder sogar walnußgroße Löcher auf. Das Aroma hält das, was der Duft verspricht; es ist sehr fruchtig und hat eine im Munde prickelnde Säure.

FRIBOURGEOIS
HERKUNFT: *Freiburg*
ART: *Traditionelle Hartkäsesorte; individuell produziert*
MILCH: *Kuhmilch*
BESCHREIBUNG: *8 kg schweres Rad. Die trockene blaßgelbe Naturrinde hat einen dünnen orangefarbenen Plastiküberzug.*
VERWENDUNG: *Als Tafelkäse, für Fondue, zum Grillen*

Wie die meisten traditionellen Schweizer Käsesorten kann auch der Fribourgeois auf eine lange Geschichte blicken, die sich durch die Jahrhunderte bis zu einem bedeutenden Ereignis zurückverfolgen läßt. Einem Dokument zufolge wurde der Käse 1448 der Gemahlin des Herzogs Sigmund von Österreich serviert. Der Fribourgeois ist fest, aber zerbrechlich und wirkt voll und überladen.

Er weist eine köstliche fleischartige Beschaffenheit und einen anhaltenden würzigen Beigeschmack auf. Der traditionelle harte Bergkäse ähnelt einem kleinen Gruyère und hat einen eher pikanten als nußartigen Geschmack, der sich verstärkt, wenn der Käse gegrillt oder geschmolzen wird. Den Käse nennt man mitunter auch Fribourgeois Vacherin; er sollte jedoch nicht mit dem bekannteren und viel weicheren Vacherin d'Or verwechselt werden.

Der Fribourgeois reift mindestens drei Monate.

FROMAGE À RACLETTE
HERKUNFT: *Verschieden*
ART: *Traditionelle Hartkäsesorte; individuell produziert*
MILCH: *Kuhmilch*
BESCHREIBUNG: *8–11 kg schweres zylindrisches Rad. Die glatte Naturrinde ist blaßgelb bis orangebraun und kann trocken oder leicht klebrig und uneben sein.*
VERWENDUNG: *Als Tafelkäse, zum Grillen*

Bis ins neunzehnte Jahrhundert hinein war dieser herrliche Schmelzkäse unter der Bezeichnung Valais bekannt. Sein neuer Name ist von dem französischen Verb racler abgeleitet, das soviel wie »abkratzen« oder »schaben« bedeutet. Der Käse wurde traditionell in zwei Hälften geschnitten und mit der Schnittfläche in Richtung Feuer gestellt. Begann der Käse blasig zu werden, wurde er auf heiße Pellkartoffeln gestrichen und ergab auf diese Weise ein köstliches Mahl. Der Raclette ist sehr geschmeidig. Das blaßgoldene Innere hat einen süßen, erdigen Geschmack und einen angenehmen zitrusartigen Beigeschmack, der sich zu einer würzigen Schärfe vertieft. Wird er erhitzt, dann bildet er Blasen, schmilzt und bekommt ein intensiveres Aroma. Der auch unter den Namen Bagnes oder Conches bekannte Fromage à Raclette (oder einfach Raclette) wird sowohl aus Rohmilch als auch aus pasteurisierter Milch hergestellt. Man bekommt ihn auch in Scheiben geschnitten zu kaufen, die sich gut zum Grillen eignen. Manche Raclettes werden mit Pfefferkörnern gemacht, die dem Käse einen scharfen, pfeffrigen Nachgeschmack verleihen. Der Raclette reift drei bis vier Monate und hat einen Fettgehalt von 45 Prozent.

Oben: Fromage à Raclette schmilzt außerordentlich gut

SCHWEIZER KÄSE

GRUYÈRE
HERKUNFT: *Greyerzerland*
ART: *Traditionelle Hartkäsesorte aus Rohmilch; in Genossenschaften oder industriell produziert*
MILCH: *Kuhmilch*
BESCHREIBUNG: *20–45 kg schweres Rad. Die rostbraune Naturrinde ist hart, trocken und mit winzigen Löchern übersät.*
VERWENDUNG: *Als Tafelkäse, zum Grillen, für Fondue*

Das Greyerzerland ist ein Teil des Kantons Freiburg. Hier wird schon seit Jahrhunderten Gruyère hergestellt. Aufzeichnungen aus dem Jahre 1115 zufolge lieferten Bauern eine bestimmte Menge Gruyère als Kirchenzehnt an die Mönche der Abtei Rougement ab. Die riesigen Käse werden jeweils von mehreren Bauern oder einer Genossenschaft hergestellt, denn es sind vierhundert Liter Milch nötig, um ein einziges Käserad von 35 Kilogramm Masse entstehen zu lassen.

Die gelbe Farbe des Käses ist dunkler als die des Emmentaler und zeigt eine Spur Braun. Die Textur ist dicht und kompakt, aber flexibel. Eben diese Dichte macht den Gruyère beim Schmelzen kräftiger und weniger elastisch als es beim Emmentaler der Fall ist, so daß er sich besser für Gratins, zum Grillen und zur Verwendung in Suppen eignet.

Wird ein Gruyère zum erstenmal angeschnitten, verströmt er einen Duft, der an eine Unzahl von Wiesenblumen erinnert, die von gehaltvoller, cremiger Milch eingeschlossen zu sein scheinen. Der leicht körnige Käse weist eine herrliche Komplexität von Aromen auf – er ist zunächst fruchtig und enthüllt dann ein erdigeres, nußartiges Wesen, das am Gaumen verweilt.

ROYALP-TILSITER
HERKUNFT: *St. Gallen*
ART: *Traditionelle Hartkäsesorte aus Rohmilch; in kleinen Molkereien produziert*
MILCH: *Kuhmilch*
BESCHREIBUNG: *4 kg schweres Rad mit glatter, glänzender gelber Naturrinde*
VERWENDUNG: *Als Tafelkäse, zum Schmelzen und Grillen, zum Frühstück*

Verglichen mit den alten Schweizer Käsesorten, handelt es sich bei diesem Käse um eine relativ neue Sorte. Sie wurde in der zweiten Hälfte des neunzehnten Jahrhunderts von einem Schweizer Käsemacher vorgestellt, der in Ostpreußen gelernt hatte, Tilsiter herzustellen. Die gehaltvolle, cremige Milch der Kühe, die auf den Almen weiden, ergeben einen Käse mit einer robusten, glatten Textur und einzelnen kleinen Löchern, der anders als der Tilsiter von unregelmäßigen Rissen durchzogen ist.

Der Royalp-Tilsiter ist kleiner als andere Schweizer Käsesorten und hat einen Fettgehalt von 45 Prozent. Er wird leicht gepreßt und braucht zum Reifen mindestens zwei Monate, ist jedoch besser nach einer Reifungszeit von sechs Monaten. Um ihn vom Tilsiter zu unterscheiden, wird er in anderen Ländern nur Royalp genannt.

UNTEN: Royalp-Tilsiter

OBEN: Gruyère

SAANEN
HERKUNFT: *Freiburg*
ART: *Traditionelle Hartkäsesorte; individuell produziert*
MILCH: *Kuhmilch*
BESCHREIBUNG: *20–40 kg schweres Rad. Die sehr harte Naturrinde ist gebürstet und geölt.*
VERWENDUNG: *Zum Kochen*

Der Saanen ist ein sehr harter, spröder Käse mit einem tiefgelben, intensiv fruchtigen Inneren. Er ähnelt dem Parmesan oder dem Sbrinz und ist ein guter Reibekäse, der sich nahezu unbegrenzt lange lagern läßt. Der Käse wurde ursprünglich nur zu besonderen Gelegenheiten serviert.

SAPSAGO
HERKUNFT: *Glarus*
ART: *Traditionelle Hartkäsesorte; individuell oder industriell produziert*
MILCH: *Kuhmilch*
BESCHREIBUNG: *150 g schwerer Kegelstumpf. Blaßgrün und rindenlos. Wird in Folie verpackt verkauft.*
VERWENDUNG: *Zum Reiben, als würzende Zutat*

Die ungewöhnliche limettengrüne Farbe des Sapsago entsteht durch Bockshornklee, der der Milch zugesetzt wird. Der sehr harte und körnige Käse schmilzt beim Erhitzen wie Parmesan. Er wirkt adstringierend, ist salzig, sauer – und läßt das Wasser im Munde zusammenlaufen. Der Duft erinnert an das warme Fell der Kühe und an Bauernhöfe und wird von exotischen, würzigen Richtungen begleitet.

Der Sapsago ist kein Käse, den man leichtnehmen sollte. Er ist auch unter dem Namen Schabziger bekannt.

SCHWEIZER KÄSE 105

Sbrinz
Herkunft: *Verschieden*
Art: *Traditionelle Hartkäsesorte; individuell produziert*
Milch: *Kuhmilch*
Beschreibung: *Flaches zylindrisches Rad von 60 cm Durchmesser*
Verwendung: *Als Tafelkäse, zum Reiben*

Man nimmt an, daß der Sbrinz der Käse ist, den Plinius der Ältere im ersten Jahrhundert n. Chr. als Caesus Helveticus beschrieb. Der Sbrinz wird nach einem ähnlichen Verfahren wie der Parmesan hergestellt, und beide Käsesorten ähneln sich in ihren Eigenschaften. Der Sbrinz hat den gleichen frischen Geschmack und Duft der Ananas. Vor einem nach gemahlenen Nüssen schmeckenden Hintergrund ist er lieblich fruchtig und hat einen köstlich würzigen Nachgeschmack. Er ist nicht so stark wie der Parmesan, stellt aber eine gute und meist deutlich billigere Alternative zu ihm dar.

Der Sbrinz reift zwei bis drei Jahre und hat einen Fettgehalt von 45 Prozent.

Tête-de-Moine
Herkunft: *Bern*
Art: *Traditionelle Hartkäsesorte; individuell oder industriell produziert*
Milch: *Kuhmilch*
Beschreibung: *600 g–2 kg schwere Trommel. Die harte ocker- oder terrakottafarbene Rinde kann muffig riechen und klebrig sein*
Verwendung: *Als Tafelkäse, auch als Garnierung über Salate geschabt*

Viele glauben, daß der Name dieses Käses, der »Kopf des Mönches« bedeutet, von seiner Form abgeleitet ist, doch es gibt eine viel

Oben: *Tête-de-Moine*

nüchternere Erklärung. Der Käse wurde ursprünglich nach einem Kloster im Juragebirge Bellelay genannt. Nach der Französischen Revolution gab man ihm einen Namen, der an die Mönche erinnerte, die ihn herstellten.

Der Tête-de-Moine hat ein kräftiges erdiges Aroma wie von gebräuntem Toast mit Hefeextrakt. Er wird für gewöhnlich in dicken Streifen oder »Rüschen« serviert, die sich mit Hilfe einer Girolle vom Käse abschaben lassen. Mit den »Rüschen« werden Salate, Bratenplatten und verschiedene Gerichte garniert.

Der Tête-de-Moine reift drei Monate und hat einen Fettgehalt von 45 Prozent.

Vacherin Mont d'Or
Herkunft: *Waadt*
Art: *Traditionelle Käsesorte mit gewaschener Rinde; individuell oder in Genossenschaften produziert*
Milch: *Kuhmilch*
Beschreibung: *500 g schwerer Rundkäse. Die geschmeidige, gewellte bräunlich-rosafarbene Rinde ist mit weißem Schimmel überstäubt. Der Käse ist mit einem Gürtel aus Fichtenrinde umgeben und wird in Schachteln aus Pinienholz verkauft.*
Verwendung: *Als Tafelkäse*

Im Sommer wird aus der Milch der Kühe, die auf den Bergwiesen des Jura grasen, Gruyère hergestellt. Bei Einbruch des Winters werden die Tiere in ihre warmen, behaglichen Ställe gebracht und mit Heu gefüttert. Die gehaltvollere, dickere Wintermilch wird pasteurisiert und zu Vacherin Mont d'Or verarbeitet. Der gleiche Käse, den man jenseits des Gebirges in Frankreich produziert, wird einfach Mont d'Or genannt. Seine Grundlage ist Rohmilch.

Der reife Vacherin Mont d'Or ist so glatt und zerfließend, daß er mit dem Löffel gegessen werden kann. Der Harzduft des Rindengürtels wird vom Käse absorbiert. Der Geschmack des Vacherin Mont d'Or erinnert an die Blumen und Kräuter der Almen. Der Käse reift vier bis sechs Wochen.

Wenn es für Sie erschwinglich ist, dann kaufen Sie einen ganzen Vacherin Mont d'Or. Genießen sie ihn mit einem vollmundigen, fruchtigen Weißwein oder einem glatten Pinot Noir.

Oben: *Der Sbrinz kann nur in der Schweiz hergestellt werden*

HOLLÄNDISCHER KÄSE

Mehr als die Hälfte des holländischen Gebietes liegt unterhalb des Meeresspiegels. Es wird von einem komplizierten Deich- und Kanalsystem, mit dessen Anlage man bereits in der Römerzeit begann, vor den Fluten geschützt. Die herrlichen Weiden auf diesem Land, das die Menschen dem Meer abgerungen haben, werden Polder genannt. Sie sind gewissermaßen das Fundament, auf dem die holländische Milchwirtschaft und Käseherstellung aufgebaut ist. Überraschenderweise konzentriert sich Holland im Unterschied zu anderen großen käseproduzierenden Ländern Europas, von denen eine riesige Vielfalt an Käsesorten kommt, auf nur zwei Sorten – den Edamer und den Gouda –, auf denen alle anderen holländischen Käsesorten basieren.

Edamer und Gouda spielten in der holländischen Volkswirtschaft des Mittelalters eine große Rolle. Ihre glatte Textur und die lange Haltbarkeit machten sie sehr begehrt. Die Gründung der Niederländischen Vereinigten Ostindischen Gesellschaft im Jahre 1621 verschaffte Holland, das das Monopol für die aus Indonesien kommenden Gewürze innehatte, eine mächtige Handelsbasis. Gewürznelken, Anis und Kümmel waren sehr begehrt. Sie wurden auch bald in der Käseherstellung verwendet. Der Kruidkaas, der entweder gemeinen Kümmel oder Kreuzkümmel enthält, sowie der Nagelkaas mit Nelken und der Leidsekaas mit Kümmel oder Anis werden noch heute produziert.

Um die Mitte des siebzehnten Jahrhunderts exportierte Holland seinen Edamer und Gouda eigentlich in jedes Land Europas. In Frankreich war zur Zeit Ludwigs XIV. die Leidenschaft für holländischen Käse so groß, daß die Franzosen ihren eigenen »holländischen« Käse (den Vorläufer der Sorte Mimolette Française) herzustellen begannen, nachdem die Einfuhr aus Kostengründen verboten worden war.

Künstler stellten den Käse auf ihren Bildern dar, und man sagt, daß die unter amerikanischem Kommando stehende uruguayische Flotte 1841 die Briten schlug, weil sie statt mit Kanonenkugeln, die ihr ausgegangen waren, mit holländischem Käse auf die feindlichen Schiffe geschossen hatte.

Käse spielt in der Ökonomie des Landes, von dem nahezu ein Drittel des Territoriums für die Milchwirtschaft genutzt wird, eine wichtige Rolle. Mehr als 75 Prozent der jährlichen Produktion werden exportiert. Der größte Teil des Käses wird heute in hochmechanisierten Fabriken hergestellt – eine Entwicklung, die leider zu einem Rückgang der Zahl kleiner Käsereien geführt hat, in denen der Käse von Hand gemacht wird. Die wenigen Kleinbetriebe, die noch existieren, produzieren hauptsächlich Gouda, während von der Insel Texel und aus der Provinz Friesland, die der Rinderrasse Friesian ihren Namen gab, einige Schafkäsesorten kommen.

Heute werden überall auf der Welt sowohl in Großbetrieben als auch in kleinen Molkereien Kopien des Gouda und des Edamer hergestellt. Um die Echtheit und eine gleichbleibende Qualität des holländischen Käses zu garantieren, gibt es für die Produktion strenge Vorschriften. Jeder Käse muß mit einem Etikett versehen sein, das genaue Informationen über seine Herkunft, seinen Hersteller und den Fettgehalt gibt.

OBEN: *Boerenkaas*

BOERENKAAS
HERKUNFT: *Verschieden*
ART: *Traditionelle halbfeste Käsesorte aus Rohmilch; individuell produziert*
MILCH: *Kuhmilch*
BESCHREIBUNG: *8–40 kg schweres Rad mit konvexem Rand und glänzender gebürsteter Naturrinde*
VERWENDUNG: *Als Tafelkäse, oftmals in Scheiben zum Frühstück serviert; auch geschmolzen auf Sandwiches*

Obwohl heute ein Großteil der holländischen Käseproduktion hochmechanisiert ist, kommt auch von kleinen handwerklich arbeitenden Käsereien noch individuell hergestellter Gouda aus Rohmilch. Der Name des Boerenkaas setzt sich aus den niederländischen Wörtern für Bauer und Käse – boer und kaas – zusammen. Er ist heute in Holland nur sehr schwer zu bekommen, da die Zahl der kleinen Käsehersteller zurückgegangen ist, was wiederum auf die Knappheit und die Kosten landwirtschaftlich nutzbaren Bodens zurückzuführen ist.

Der Boerenkaas wird auf traditionelle Weise hergestellt. Das einzige Moderne an ihm ist der poröse Plastiküberzug, der auf die frisch geformten Käse »aufgemalt« wird, um sie während ihrer langen Reifungszeit zu schützen.

Der junge Käse ist nußartig und gehaltvoll, hat eine dichte, cremige Textur und einen Duft, der an Wiesen und frisches Heu erinnert. Mit zunehmendem Alter wird sein Aroma intensiver, kräftig und fruchtig. In gut ausgereiftem Käse bilden sich wie beim Parmesan winzige Kalziumkristalle.

OBEN: *Maasdamer, eine der neueren Käsesorten*

HOLLÄNDISCHER KÄSE

UNTEN: *Gouda (links) und Edamer (rechts), der hauptsächlich für den Export bestimmt ist, da die Holländer das kräftigere Aroma des Gouda bevorzugen*

HOLLÄNDISCHER MIMOLETTE/ COMMISSIEKAAS

HERKUNFT: *Verschieden*
ART: *Traditionelle Hartkäsesorte; individuell oder industriell produziert*
MILCH: *Kuhmilch*
Beschreibung: *3–4,5 kg schwere Kugel. Die narbige Naturrinde ist hellbraun bis tieforangefarben.*
VERWENDUNG: *Zum Reiben, in Saucen und Pasteten, für Snacks*

Dieser herrliche fruchtige Käse ist nur selten außerhalb Nordeuropas zu finden. Mit seiner unebenen, narbigen Haut sieht er wie eine riesige Orange aus. In Holland kennt man ihn als Commissiekaas oder Holländischen Mimolette; doch er ist in Wirklichkeit ein gereifter, mit Möhrensaft gefärbter Edamer.

Nach etwa fünf Monaten ist der Käse fest, kompakt und leicht ölig, hat einen fruchtigen Duft und ein nußartiges Aroma.

Das Beste kommt jedoch noch. Mit zunehmendem Alter dunkelt der Käse nach, die Textur wird steinhart, körnig und spröde, und das Aroma prägt sich stark aus. Es ist dann fruchtig und zeigt eine Spur von Orangenschale (echt oder nur in der Vorstellung). Der nußartige Eindruck des Aromas wird intensiver und steigert sich zu einem Crescendo, das einem das Wasser im Munde zusammenlaufen läßt.

Der Käse reift sechs bis zwölf Monate und hat einen Fettgehalt von 45 Prozent.

EDAMER

HERKUNFT: *Verschieden*
ART: *Traditionelle halbfeste Käsesorte oder Hartkäsesorte; industriell produziert*
MILCH: *Kuhmilch*
BESCHREIBUNG: *1,5 kg schwere Kugel mit kaum sichtbarer Rinde, die einen charakteristischen roten Wachsüberzug hat*
VERWENDUNG: *Als Tafelkäse, beliebt zum Frühstück und auf Sandwiches, auch gegrillt*

Dieser kugelförmige Käse ist nach dem kleinen, nördlich von Amsterdam gelegenen Hafen Edam benannt. Es gibt ihn als gepreßten halbfesten Käse oder als Hartkäse. Der Edamer mit seiner charakteristischen roten Wachsschale, die er zum erstenmal im vierzehnten Jahrhundert erhielt, ist in Feinkostgeschäften und Supermärkten überall auf der Welt anzutreffen. Der Käse wird zum größten Teil aus entrahmter oder halbentrahmter Milch hergestellt und hat einen Fettgehalt von 30 oder 40 Prozent. Der echte Edamer wird meist jung verkauft, wenn seine Textur noch geschmeidig und elastisch und das Aroma mild, süß und nußartig ist. Die Imitationen können fade und gummiartig sein.

Ein schwarzer Wachsüberzug zeigt an, daß es sich um einen reifen Edamer handelt, der mindestens siebzehn Wochen alt ist. Einige Käse läßt man bis zu zehn Monate reifen; sie sind dann kräftig und nußartig und eignen sich ausgezeichnet zum Kochen.

FRIESEKAAS

HERKUNFT: *Verschieden*
ART: *Traditionelle halbfeste Käsesorte; industriell produziert*
MILCH: *Kuhmilch*
BESCHREIBUNG: *Mindestens 10 kg schwerer Rundkäse mit gewachster Naturrinde*
VERWENDUNG: *Als Tafelkäse, für Snacks, zum Frühstück, zum Grillen*

Dieser gewürzte holländische Käse ähnelt dem Leidsekaas; er ist jedoch mit einer Mischung aus Kreuzkümmel und Gewürznelken aromatisiert. Er reift drei bis zwölf Monate und hat einen Fettgehalt von 40 Prozent.

GOUDA

HERKUNFT: *Verschieden*
ART: *Traditionelle Hartkäsesorte; industriell produziert*
MILCH: *Kuhmilch*
BESCHREIBUNG: *5–10 kg schwerer Rundkäse mit sehr glatter, gelber gewachster Rinde. Der gereifte Käse ist hart und leicht körnig und hat einen schwarzen Wachsüberzug.*
VERWENDUNG: *Als Tafelkäse, für Snacks, zum Frühstück, zum Grillen*

Der Gouda hat einen Anteil von mehr als 60 Prozent an der holländischen Käseproduktion. Seine Geschichte reicht bis ins sechste Jahrhundert zurück, als der Käse noch auf kleinen Bauernhöfen rund um das Dorf Gouda hergestellt wurde. Er wird seit dem dreizehnten Jahrhundert exportiert und erfreut sich heute weltweit großer Beliebtheit.

Die holländische Art der Käseherstellung wurde von anderen europäischen Ländern wie beispielsweise Schweden aufgegriffen, die nun dem Gouda ähnelnde Käsesorten produzieren. Seit dem letzten Jahrhundert stellen holländische Einwanderer in Amerika und Australien individuelle Versionen dieses Käses her; sie halten sich dabei peinlich genau an die traditionellen Methoden, obwohl es in diesen Ländern Bestimmungen gibt, die viele kleine Produzenten davon abhalten, Rohmilch zu verwenden.

Der nur wenige Monate alte Gouda ist fest, glatt und geschmeidig und von kleinen Löchern durchsetzt. Sein Aroma ist süß und fruchtig. Mit der Zeit wird der Geschmack intensiver und komplexer. Reifer Gouda, der achtzehn Monate und älter ist, wird mit schwarzem Wachs überzogen, das einen starken Kontrast zu seinem tiefgelben Inneren bildet. In diesem Alter ist der Käse körnig und läßt sich reiben. Der Gouda hat einen Fettgehalt von 40 bis 45 Prozent.

HOLLÄNDISCHER KÄSE

LEYDENER/LEIDSEKAAS
HERKUNFT: *Leiden*
ART: *Traditionelle Hartkäsesorte; individuell produziert*
MILCH: *Kuhmilch*
BESCHREIBUNG: *3–10 kg schwerer flacher Zylinder mit abgerundeten Seiten und gebürsteter Naturrinde, die entweder mit Annattofarbstoff eingerieben oder mit einem roten Plastiküberzug »bemalt« ist*
VERWENDUNG: *Als Tafelkäse, zum Grillen*

Dieser Käse kommt von den Bauernhöfen rund um die berühmte Universitätsstadt Leiden. Mit seiner Textur ähnelt er dem Gouda, fühlt sich jedoch etwas trockener an, da er aus halbentrahmter Milch gemacht wird. Der Bruch wird vor dem Pressen und dem Waschen im Salzbad mit Anatto gefärbt und mit Kreuzkümmel vermischt. Der Kümmel erzeugt ein würziges Aroma, das einen angenehmen Gegensatz zu dem cremigen, nußartigen Charakter des Käses bildet.

Ein echter Leidener Käse ist an dem Aufdruck des Stadtwappens auf seiner Rinde – den berühmten gekreuzten Schlüsseln – zu erkennen. Um ein weiteres Unterscheidungsmerkmal zu schaffen, wird der Käse mit Anatto eingerieben, bis die Rinde eine leuchtende, rötlich-orange Färbung annimmt.

Es ist wohl unnötig zu erwähnen, daß der alte Brauch, die Gewürze in den Bruch hineinzutreten, inzwischen durch maschinelles Untermischen ersetzt wurde.

Der Leidsekaas wird auch Komijnekaas genannt.

LEERDAMER
HERKUNFT: *Südholland*
ART: *Neuere halbfeste Käsesorte; industriell produziert*
MILCH: *Kuhmilch*
BESCHREIBUNG: *6–12 kg schwerer flacher Zylinder mit abgerundeten Seiten*
VERWENDUNG: *Als Tafelkäse, zum Grillen*

Die meisten großen Käsefabriken in Holland produzieren inzwischen ihre eigenen Markenversionen des Maasdamer. Der Leerdamer gehört neben Ronduer, Goyweter und Fricotal zu den bekannteren Sorten.

OBEN: *Leydener*

UNTEN: *Leerdamer ist einer der bekanntesten Markennamen für Maasdamer*

MAASDAMER
HERKUNFT: *Verschieden*
ART: *Neuere halbfeste Käsesorte; industriell produziert*
MILCH: *Kuhmilch*
BESCHREIBUNG: *6–12 kg schwerer flacher Zylinder mit abgerundeten Seiten. Die glatte Naturrinde glänzt und kann gewachst sein.*
VERWENDUNG: *Als Tafelkäse, zum Grillen*

Der in den frühen neunziger Jahren kreierte Käse ist eine Alternative zu dem teureren Schweizer Emmentaler. Er hat bereits eine große Anhängerschaft gefunden, und der Markt wächst weiter. Inzwischen wird diese Käsesorte auch in anderen Ländern kopiert.

Der Maasdamer ähnelt zwar dem Emmentaler, ist jedoch aufgrund seines höheren Wassergehalts geschmeidiger als dieser. Er reift schneller als andere holländische Käsesorten und ist bereits nach zwölf Wochen verzehrfertig. Sein Aroma ist süß und butterartig und hat einen fruchtigen Hintergrund. Der Maasdamer eignet sich daher sehr gut für Snacks und als Frühstückskäse. Er kann auch gegrillt werden.

DEUTSCHER KÄSE

Die germanischen Stämme, die ursprünglich wahrscheinlich von Skandinavien und aus dem Baltikum kamen, breiteten sich östlich des Rheins aus und begannen um das Jahr 200 v. Chr., in das Herrschaftsgebiet der Römer einzuwandern. Erst mit der Ankunft der Franken und der Herrschaft Karls des Großen jedoch entwickelte sich hier die Käseherstellung. Die Vorliebe des Kaisers für gutes Essen ist legendär; sie trug auch zur Entwicklung der deutschen Küche bei, die den Ruf hat, herzhaft und nahrhaft zu sein.

Mit seiner milchverarbeitenden Industrie steht Deutschland an vierter oder fünfter Stelle in der Welt; seine Käsesorten sind jedoch überraschenderweise weit weniger über die Landesgrenzen hinaus bekannt als seine Wurst, sein Bier oder sein Brot. Einer der hauptsächlichen Gründe dafür ist, daß viele Käsesorten entweder Käsezubereitungen oder Nachahmungen anderer europäischer Sorten sind.

Der Quark bildet hierbei eine bemerkenswerte Ausnahme. Er ist inzwischen überall in Europa zu finden. Dieser ungereifte Käsebruch hat einen scharfen, joghurtähnlichen Geschmack. Man nimmt an, daß sein Ursprung bis in die Eisenzeit zurückreicht. Aus ihm wurden die Sauermilchkäse entwickelt, die oftmals sehr pikant sind.

Der Limburger, den die Deutschen von Belgien übernahmen, ist genau wie der Munster ein Trappistenkäse. Beide haben ein starkes, kräftiges Aroma, das der Vorliebe der Deutschen für gehaltvolles, würziges Essen entgegenkommt.

Wie in der Schweiz, so unterliegt auch in Deutschland der Käse strengen Qualitätskontrollen. Die Angaben auf dem Etikett müssen präzise sein – eine Vorschrift, die zwar für den informierten einheimischen Verbraucher nützlich ist, dem interessierten Besucher aus dem Ausland jedoch nicht unbedingt hilft.

ALLGÄUER EMMENTALER
HERKUNFT: *Bayern*
ART: *Traditionelle Hartkäsesorte; industriell oder in Genossenschaften produziert*
MILCH: *Kuhmilch*
BESCHREIBUNG: *40–90 kg schweres Rad mit glatter, gewachster Naturrinde.*
VERWENDUNG: *Zum Grillen und Schmelzen, für Snacks, zum Frühstück*

Die Almen des Allgäu im südlichen Bayern ähneln denen in der benachbarten Schweiz, und auch die Milchkühe unterscheiden sich kaum voneinander, so daß es nicht allzusehr verwundert, daß die in Bayern produzierten Käse vieles mit denen von der anderen Seite der Alpen gemeinsam haben. Der Allgäuer Emmentaler ist ein süßer, fruchtiger Käse mit walnußgroßen Löchern. Er ist weniger kostspielig als das Schweizer Original.

Seit dem Ende des neunzehnten Jahrhunderts, da die Hersteller des Allgäuer Emmentaler die gleichen strengen Qualitätsmaßstäbe aufstellten, die auch bei den Schweizern galten, ist es schwierig, diese beiden Käsesorten voneinander zu unterscheiden, auch wenn die Liebhaber des Schweizer Emmentaler behaupten, ihr Käse sei dem Allgäuer mit seinem Aroma überlegen.

Um ihren Käse auch äußerlich unverwechselbar zu machen, achten die Schweizer streng darauf, daß die Rinde der Käse, die exportiert werden, rundum mit den Worten »Switzerland« und »Emmentaler« bedruckt ist, um die Verbraucher keinesfalls im Zweifel darüber zu lassen, woher der Käse stammt.

BAYRISCHER BERGKÄSE
HERKUNFT: *Bayern*
ART: *Traditionelle Hartkäsesorte aus Rohmilch; individuell oder industriell produziert*
MILCH: *Kuhmilch*
BESCHREIBUNG: *20–50 kg schweres Rad mit Naturrinde, die der des Emmentaler ähnelt, jedoch dunkler ist*
VERWENDUNG: *Als Tafelkäse, zum Grillen und Schmelzen*

Der Bergkäse ist eine kleinere Version des bekannten Allgäuer Emmentaler. Der feste, doch geschmeidige Bergkäse eignet sich vorzüglich zum Schmelzen. Er ist aromatischer als der Bergkäse, doch noch immer fruchtig. Er wird nur im Sommer produziert. Die Milch kommt ausschließlich von Kühen, die auf den Almen weiden. Der Käse heißt daher auch Alpenkäse.

Die Kontrollen sind hier zwar weniger streng als beim Allgäuer Emmentaler, und die Qualität des Käses kann von Hersteller zu Hersteller unterschiedlich sein; mit diesem Käse macht man dennoch immer einen guten Kauf.

Der Bergkäse reift drei bis neun Monate und hat einen Fettgehalt von 45 Prozent.

BRUDER BASIL
HERKUNFT: *Bayern*
ART: *Neuere halbfeste Käsesorte; industriell produziert*
MILCH: *Kuhmilch*
BESCHREIBUNG: *1 kg schwerer Ziegel mit konvexen Seiten. Die Naturrinde hat eine dunkle Mahagonifarbe und ist gewachst.*
VERWENDUNG: *Zum Grillen; auch für Snacks und Sandwiches, häufig zusammen mit Bier serviert*

Bruder Basil ist eine traditionell hergestellte Version des bayrischen Räucherkäses, die fast überall erhältlich ist.

Der glatte, feste gelbe Käse weist kleine Löcher auf. Sein Geschmack ist cremig und angenehm rauchig, kann jedoch ziemlich »plastik«artig sein.

Der Käse reift einen Monat und hat einen Fettgehalt von 45 Prozent. Von ihm gibt es auch eine Version mit Schinkenstücken.

RECHTS: Bruder Basil

DEUTSCHER KÄSE

OBEN: *Der Cambozola basiert, wie der Name schon sagt, auf dem Camembert und dem Gorgonzola. Er findet Anklang bei allen, die andere Blauschimmelkäse als zu geschmacksintensiv empfinden. Ähnliche Käsesorten sind Blauer Bayernschimmelkäse und Blauer Brie.*

BUTTERKÄSE
HERKUNFT: *Verschieden*
ART: *Traditionelle halbfeste Käsesorte; industriell produziert*
MILCH: *Kuhmilch*
BESCHREIBUNG: *Rechteckiger Laib oder Rad von 1–4 kg Gewicht mit goldgelber bis roter Naturrinde.*
VERWENDUNG: *Für Snacks, zum Frühstück*

Dieser Käse, der sowohl in Deutschland als auch in Österreich hergestellt wird, macht diesem Namen mit seinem Geschmack und seiner Farbe wie Butter alle Ehre. Er ist sehr geschmeidig, doch geruchlos und ziemlich mild. Sauer eingelegtes Gemüse oder Bier bringen ihn erst richtig zur Geltung.

Der auch als Damenkäse bezeichnete Butterkäse hat eine Reifungszeit von einem Monat, sein Fettgehalt beträgt 50 Prozent.

CAMBOZOLA
HERKUNFT: *Verschieden*
ART: *Neuere Blauschimmelkäsesorte; industriell produziert*
MILCH: *Kuhmilch*
BESCHREIBUNG: *2 kg schwerer Rundkäse mit Penicilliumrinde*
VERWENDUNG: *Als Tafelkäse, für Snacks*

Der Cambozola verkörpert eine moderne Erfolgsstory.

Seit seiner Kreation in den siebziger Jahren hat man oft versucht, ihn zu kopieren, doch nur wenige haben die Qualität und Struktur erreicht, die diesen Käse so populär machen. Die glatte, gehaltvolle Textur entsteht durch die Zugabe von Rahm. Sein Geschmack ist mild würzig und schwach süßsauer.

LIMBURGER
HERKUNFT: *Verschieden*
ART: *Traditionelle Sorte mit gewaschener Rinde; industriell produziert*
MILCH: *Kuhmilch*
BESCHREIBUNG: *200–675 g schwere Stange. Die glatte, klebrige Rinde ist rötlich-braun und gerillt.*
VERWENDUNG: *Als Tafelkäse, zum Grillen und zum Schmelzen auf heißen Kartoffeln*

Das Aroma ist unverkennbar – kräftig, ehrlich und unmöglich zu ignorieren. Das gelbe Innere deutet auf Süße hin, doch der überwältigende Geschmack ist würzig und aromatisch, fast fleischartig. Trotz seiner robusten Natur hat der Limburger seine Grenzen; er verliert an Qualität, wenn man ihn weich und fließend werden und eine schmierige Rinde entwickeln läßt. Am besten ist er mit fester, doch nachgebender Struktur.

Der Limburger stammt zweifellos von den käseliebenden Trappistenmönchen in Belgien; das Rezept wurde jedoch im neunzehnten Jahrhundert von deutschen Käseherstellern gestohlen. Er ist heute in Deutschland so populär, daß die meisten (sogar manche Belgier) glauben, es handle sich um eine deutsche Käsesorte.

Der Käse braucht sechs bis zwölf Wochen zum Reifen. Sein Fettgehalt schwankt zwischen 20 und 50 Prozent. In den USA ist eine mildere Version verbreitet, die von deutschen Einwanderern ins Land gebracht wurde.

LINKS: *Der Limburger besitzt einen unverkennbaren Geruch*

DEUTSCHER KÄSE

ÖSTERREICHISCHER KÄSE

BERGKÄSE
HERKUNFT: *Vorarlberg*
ART: *Traditionelle Hartkäsesorte aus Rohmilch; industriell produziert*
MILCH: *Kuhmilch*
BESCHREIBUNG: *6–30 kg schweres Rad mit glatter dunkelgelber Naturrinde*
VERWENDUNG: *Als Tafelkäse, zum Schmelzen und Grillen, für Fondue*

Dieser Käse ähnelt stark dem Bayrischen Bergkäse. Er hat ein cremiges, fudgeähnliches Aroma mit einer Spur von Haselnüssen. Die Löcher im Teig sind kleiner als beim Bayrischen Bergkäse. Der österreichische Bergkäse reift sechs Monate oder länger.

KUGELKÄSE
HERKUNFT: *Donau*
ART: *Traditionelle Frischkäsesorte; industriell produziert*
MILCH: *Kuhmilch*
BESCHREIBUNG: *Gesprenkelte weiße Kugeln in verschiedenen Größen*
VERWENDUNG: *Als Zutat zu einheimischen Gerichten; auch ohne Beilage und zusammen mit Bier serviert*

Bei dem Kugelkäse handelt es sich um eine lokale Spezialität. Ist der ungereifte Bruch geformt und noch warm, gibt man ihm Pfeffer, Kümmelkörner und Paprika zu, so daß der Duft und der Charakter der Gewürze die Käsemasse durchdringen kann. Der Frischkäse wird danach zu Kugeln gerollt, gesalzen und wochen- oder sogar monatelang getrocknet.

MONDSEER
HERKUNFT: *Salzburg*
ART: *Traditionelle halbfeste Käsesorte; industriell produziert*
MILCH: *Kuhmilch*
BESCHREIBUNG: *500 g–1 kg schwerer Rundkäse. Die weiche gewaschene Rinde ist tieforangefarben und mit puderigem weißem Schimmel überstäubt*
VERWENDUNG: *Zum Grillen, für Snacks*

Der feste, aber feuchte Mondseer zeigt eine offene Textur mit einigen unregelmäßigen Käselöchern. Er hat einen schwach würzigen Duft und einen süßsauren Geschmack. Obwohl er mit anderen Käsesorten mit gewaschener Rinde verwandt ist, neigt er doch dazu, milder und weniger scharf zu sein.

Der Mondseer reift etwa zwei bis drei Monate und hat einen Fettgehalt von 45 Prozent.

MÜNSTER
HERKUNFT: *Schwarzwald*
ART: *Traditionelle Käsesorte mit gewaschener Rinde; industriell produziert*
MILCH: *Kuhmilch*
BESCHREIBUNG: *125–500 g schwerer Rundkäse mit klebriger, orangefarbener gewaschener Rinde*
VERWENDUNG: *Als Tafelkäse*

Der Münster ist ein glatter, recht weicher, gelber Käse mit einer dünnen orangefarbenen Haut und einem mild pikanten Aroma, das durch regelmäßiges Waschen der Rinde sehr scharf werden kann. Im Mittelalter wurde der Käse von den Mönchen der im heutigen Elsaß gelegenen Abtei Munster hergestellt. Als das Elsaß 1871 an das Deutsche Reich angegliedert wurde, entstand aus der französischen Bezeichnung Munster der Name Münster, den man nun auf die gleichnamige Stadt in Westfalen zurückführte. Die Zugehörigkeit des Elsaß zu Deutschland bzw. Frankreich wechselte bis 1945 mehrfach, doch der Käse wurde weiterhin auf beiden Seiten der Grenze hergestellt. Heute wird er auch in den USA produziert, wo er unter der Bezeichnung Muenster bekannt ist.

QUARK
HERKUNFT: *Verschieden*
ART: *Traditionelle vegetarische Frischkäsesorte; industriell produziert*
MILCH: *Kuhmilch*
BESCHREIBUNG: *Wasserreicher weißer Käse, der in Gefäßen abgepackt in den Handel kommt*
VERWENDUNG: *Zum Kochen, als Brotaufstrich, für Dips und Käsekuchen, mit Obst zum Frühstück*

Diese Käsesorte soll es bereits in der Eisenzeit gegeben haben, nachdem die Nomadenstämme entdeckt hatten, wie man Milch ohne Labzusatz gerinnen lassen kann.

Quark wird aus vollfetter, entrahmter oder halbentrahmter Milch und sogar aus Buttermilch hergestellt.

Der weiche und stark wasserhaltige Käse ähnelt einer Mischung aus Joghurt und Fromage Frais. Er muß einen zitronenfrischen Geschmack haben. Es gibt einige Quarkversionen, denen Magermilchpulver zugesetzt wird und die daher ziemlich körnig sind. Quark reift innerhalb weniger Tage.

RECHTS: Quark

ROMADUR
HERKUNFT: *Verschieden*
ART: *Traditionelle Käsesorte mit gewaschener Rinde; industriell produziert*
MILCH: *Kuhmilch*
BESCHREIBUNG: *200–500 g schwerer rechteckiger Laib mit gelblich-orangefarbener gewaschener Rinde*
VERWENDUNG: *Als Tafelkäse*

Der Romadur ähnelt dem Limburger, ist jedoch milder und kleiner. Er hat ein süßsaures Aroma, das eine Spur Rauch zeigt. Er wird aus vollfetter oder halbentrahmter Milch hergestellt und hat einen Fettgehalt von 20–60 Prozent.

TILSITER
HERKUNFT: *Verschieden*
ART: *Traditionelle halbfeste Käsesorte; in Genossenschaften oder industriell produziert*
MILCH: *Kuhmilch*
BESCHREIBUNG: *4,5 kg schweres Rad. Die dünne, trockene, gelb-beigefarbene Kruste zeigt etwas Schimmelbewuchs.*
VERWENDUNG: *Als Tafelkäse, zum Grillen, für Snacks*

Der ursprüngliche Tilsiter wurde wahrscheinlich zufällig von holländischen Käseherstellern entdeckt, die in Tilsit im ehemaligen Ostpreußen lebten. Sie versuchten damals, ihren geliebten Gouda herzustellen, doch durch das Zusammentreffen verschiedener Faktoren entstand ein Käse, der sich besonders mit seiner Rinde auffällig vom Gouda unterschied.

Der Käse wird während der ersten zwei Monate regelmäßig gewaschen und gebürstet, so daß sich eine krustige Rinde bildet. Sie schützt das glatte, geschmeidige Innere mit den winzigen, unregelmäßigen Löchern vor dem Austrocknen. Das Aroma zeigt eine milde Schärfe, der Geschmack ist butterartig und fruchtig und läßt einen würzigen Beigeschmack spüren.

BELGISCHER KÄSE

LINKS: Der Herve ist Belgiens berühmtester Käse

Belgiens Käse sind außerhalb der Landesgrenzen im Grunde genommen unbekannt. Obwohl hier über zweihundertfünfzig Käsesorten produziert werden, führen sie neben den Erzeugnissen des berühmten Nachbarn Frankreich nach außen hin eher ein Schattendasein.

Es gibt Hinweise darauf, daß die Belger, ein keltisches Volk, einige Kenntnisse über grundlegende Methoden zur Käseherstellung besaßen. Obwohl die Römer die Bewohner ihres Imperiums mit verbesserten Verfahren bekanntmachten, waren es die Franken, die den größten Einfluß auf die Käseproduktion in Belgien hatten. Zwischen 771 und 800 n. Chr. errichtete ihr König Karl der Große ein ausgedehntes Reich und förderte den Bau von über fünfzig Abteien. Die Mönche gingen nicht nur unter das Volk, um das Wort Gottes zu verbreiten, sondern arbeiteten mit den Bauern, um sie auch in der effektiveren Haltung ihrer Nutztierherden und in der Herstellung von Käse zu unterweisen.

Die Niederschriften Karls des Großen geben uns einen Einblick in seine Welt. In Aachen, seinem Herrschersitz, wurden Keller gegraben, um den für ihn bestimmten Käse zu lagern und reifen zu lassen. Als das Fränkische Reich nach dem Tod Karls des Großen (814) verfiel, entstanden unabhängige Herzogtümer, und der Handel brachte Reichtum und Wohlstand. Obwohl es abwechselnd von Österreichern, Spaniern und Holländern regiert wurde, entstand 1831 ein unabhängiges Königreich Belgien und mit ihm seine eigene Kultur und Küche.

Die Achtung vor der Vergangenheit und ein Beschluß, die älteren Käsesorten nicht aussterben zu lassen, ließ 1960 einige Käseproduzenten eine Kampagne zur Wiederentdeckung alter Rezepturen starten. Ihre Nachforschungen in Klöstern, auf Bauernhöfen und in Bibliotheken belebten das Gewerbe wieder und gaben dem belgischen Käse eine neue, auf einer reichen und wechselhaften Geschichte aufbauende Identität.

Bedauerlicherweise besteht ein Großteil des Käses, der heute in Belgien hergestellt wird, aus industriell produzierten Kopien traditioneller belgischer und anderer europäischer Sorten. Die hier beschriebenen Käsesorten können Sie in den zahlreichen eleganten Restaurants und Cafés finden, für die Belgien berühmt ist.

UNTEN: Beauvoorde

BEAUVOORDE
HERKUNFT: *Verschieden*
ART: *Traditionelle halbfeste Käsesorte; industriell produziert*
MILCH: *Kuhmilch*
BESCHREIBUNG: *3 oder 6 kg schwerer sechseckiger Käse mit grauer Naturrinde*
VERWENDUNG: *Als Tafelkäse, auch für Snacks und Sandwiches*

Der Beauvoorde wurde zu Beginn des zwanzigsten Jahrhunderts von Arthur Djes, einem Gastwirt aus dem Dorf Beauvoorde, kreiert. Seine Familie stellte diesen Käse her, bis der zweite Weltkrieg sie zwang, diese Tätigkeit aufzugeben. Nachdem man ihn in jüngerer Zeit wiederentdeckt hat, wird er nun in großen Molkereien hergestellt. Der feste, doch geschmeidige Käse mit seiner offenen Textur hat ein mildes Aroma und einen würzigen Duft.

BRUSSELSE KAAS/ FROMAGE DE BRUXELLES
HERKUNFT: *Brabant*
ART: *Traditionelle Käsesorte mit gewaschener Rinde; industriell produziert*
MILCH: *Kuhmilch*
BESCHREIBUNG: *150 g schwerer abgeflachter Rundkäse*
VERWENDUNG: *Als Brotbelag, für Snacks*

Der aus entrahmter Milch hergestellte Brusselse Kaas ist glatt, herb und zitrusartig und hat eine überraschend starke und salzige Würze. Sie rührt daher, daß der Käse regelmäßig gewaschen und über einen Zeitraum von mindestens drei Monaten getrocknet wird.

HERVE
HERKUNFT: *Liège*
ART: *Traditionelle Käsesorte mit gewaschener Rinde; individuell oder industriell produziert*
MILCH: *Kuhmilch*
BESCHREIBUNG: *200 g schwerer Ziegel mit glänzender orangebrauner Rinde*
VERWENDUNG: *Als Tafelkäse, für Snacks*

Belgiens berühmtester Käse, der Herve, besitzt eine an den Herbst erinnernde orangebraune Kruste, die scharf und heftig ist. Darunter verbirgt sich ein geschmeidiges, zartes Inneres, das sich je nach Reifungsdauer süß bis kräftig und würzig zeigt. Heute werden noch kleine Mengen dieses Käses aus Rohmilch hergestellt.

Vom Herve gibt es auch eine Doppelrahmversion.

BELGISCHER KÄSE

MAREDSOUS
HERKUNFT: *Verschieden*
ART: *Traditionelle Käsesorte mit gewaschener Rinde; individuell oder industriell produziert*
MILCH: *Kuhmilch*
BESCHREIBUNG: *1 oder 2,5 kg schwerer Käselaib. Die feste, orangefarbene gewaschene Rinde ist mit einer dünnen weißen Schimmelschicht bewachsen.*
VERWENDUNG: *Als Tafelkäse, zum Grillen*

Der Maredsous ist ein weiterer belgischer Trappistenkäse; er wird von den Mönchen der Abtei Maredsous hergestellt. Er ist leicht gepreßt und in Salzlake gewaschen, damit die feste orangefarbene Kruste und das strenge Aroma entstehen können. Das geschmeidige, glatte Innere ist blaßgelb und hat einen leicht rauchigen Beigeschmack. Er ist nicht so aggressiv wie der Herve und hat vielleicht mehr mit Frankreichs Saint-Paulin gemein.

PASSENDALE
HERKUNFT: *Flandern*
ART: *Neuere halbfeste Käsesorte; industriell produziert*
MILCH: *Kuhmilch*
BESCHREIBUNG: *3 kg schwerer runder Käselaib mit einer Schicht von feinem weißem Schimmel, der wie Mehl aussieht*
VERWENDUNG: *Als Tafelkäse, zum Grillen, für Snacks, zum Frühstück*

Mit seiner warmen braunen, leicht mit weißem Schimmel überzogenen Kruste sieht der Passendale wie ein Bauernbrot aus. Der Käse, der auf einer alten Rezeptur aus einem Kloster basiert, ist fest und weist kleine Löcher auf. Sein Aroma ist mild und sahnig. Der Käse ist nach dem flämischen Dorf Passchendaele benannt.

UNTEN: Maredsous

PLATEAU DE HERVE
HERKUNFT: *Herver Land*
ART: *Traditionelle Käsesorte mit gewaschener Rinde; industriell produziert*
MILCH: *Kuhmilch*
BESCHREIBUNG: *1,5 kg schwerer, in Folie gehüllter kuppelförmiger Käse mit klebriger orangefarbener Rinde*
VERWENDUNG: *Als Tafelkäse, für Snacks*

Dieser leicht gepreßte Käse hat ein blaßgelbes Inneres von cremiger Konsistenz. Durch das regelmäßige Waschen in Salzlake entwickelt der Plateau de Herve das Aroma, nicht jedoch den durchdringenden Duft des Herve. Er reift zwei bis drei Monate.

POSTEL
HERKUNFT: *Verschieden*
ART: *Traditionelle Käsesorte mit gewaschener Rinde; individuell produziert*
MILCH: *Kuhmilch*
BESCHREIBUNG: *4 kg schwerer rechteckiger Käse mit orangefarbener Rinde*
VERWENDUNG: *Als Tafelkäse*

Diesen klassischen Trappisten produzieren die Mönche der Abtei von Postel seit 1960 wieder. Sie verarbeiten dazu die Milch, die ihre einhundertsechzig Tiere starke Kuhherde liefert. Das Produktionsvolumen ist zwar gering, doch diejenigen, die den Postel einmal für sich entdeckt haben, machen gern eine Reise zu der Abtei, um dort diesen Käse wieder zu kaufen.

PRINC'JEAN
HERKUNFT: *Verschieden*
ART: *Neuere Frischkäsesorte; industriell produziert*
MILCH: *Kuhmilch*
BESCHREIBUNG: *150 g schwerer rindenloser Rundkäse*
VERWENDUNG: *Als Tafelkäse*

Dieser Dreifachrahmkäse hat eine wunderbar gehaltvolle Textur. Von ihm gibt es auch eine Version mit Pfefferkörnern sowie eine weichere Art, die eine weiße Rinde und ein sahniges Aroma besitzt. Der Käse wird zum Verkauf in kleine hölzerne Lattenkisten verpackt.

REMEDOU
HERKUNFT: *Liège*
ART: *Traditionelle Käsesorte mit gewaschener Rinde; individuell oder industriell produziert*
MILCH: *Kuhmilch*
BESCHREIBUNG: *200–675 g schwerer quadratischer Käse mit schimmernder, feuchter rotbrauner Rinde*
VERWENDUNG: *Als Tafelkäse*

Diesen Käse kennt man auch unter dem Namen Piquant, der eigentlich eine Untertreibung darstellt. Er ist eine größere und besonders aggressive Version des Herve. Wegen seiner Größe muß er länger reifen, was den Bakterien an seiner Oberfläche wiederum mehr Zeit gibt, den sehr kräftigen Geruch zu entwickeln, für den der Remedou bekannt ist. Er wird mancherorts auch »Stinkkäse« genannt, und man verzehrt ihn am besten an frischer Luft zu einem kräftigen Rotwein oder zu Bier, das aus der Gegend stammt. Der Name des Käses soll von *remoud*, einem alten wallonischen Wort für die gehaltvolle Milch abgeleitet sein, die die Kühe zum Ende ihrer Laktationsperiode geben.

OBEN: Rubens

RUBENS
HERKUNFT: *Saint-Lô*
ART: *Traditionelle halbfeste Käsesorte; individuell oder industriell produziert*
MILCH: *Kuhmilch*
BESCHREIBUNG: *3 kg schweres Oval mit fester, glatter rotbrauner gewaschener Rinde*
VERWENDUNG: *Als Tafelkäse*

Der Rubens ist ein rundlicher, Gesundheit ausstrahlender Käse mit einem abgerundeten, zarten, feinen Geschmack. Er ist von einer glatten, rötlich-braunen Schutzschicht überzogen. Als einer der vielen alten belgischen Käse wurde er in den sechziger Jahren wiederentdeckt. Er trägt ein Etikett, das mit dem Porträt des flämischen Malers Rubens versehen ist.

DÄNISCHER KÄSE

Das maritime Klima und das flache Wiesenland machen Dänemark zu einer idealen Umgebung für die Kühe, die bei einer Reise durch die malerischen ländlichen Gegenden bald einen vertrauten Anblick bieten. Dank seiner geographischen Lage und der von den Wikingern geprägten Vergangenheit ist Dänemark schon immer eine Handelsnation gewesen. Die Käseherstellung stützte sich ursprünglich auf Sorten, die aus dem benachbarten Deutschland und Holland stammten – Käse wie der Limburger oder der Gouda, der geschätzt war, da er auch auf langen Seefahrten haltbar war und genießbar blieb. Es gibt nur wenige echt dänische Käsesorten. Den größten Teil der Produktion machen sehr gute Nachahmungen aus, von denen viele der Stresa-Konvention von 1951 entsprechend heute dänische Namen tragen.

Das klassische Beispiel eines dänischen Käses ist der Samsø, der im neunzehnten Jahrhundert nach dem Herstellungsverfahren eines Käses nach Schweizer Art entwickelt wurde. Der bekannteste dänische Käse jenseits der Landesgrenzen ist jedoch der Danish Blue (Danablu), der auf den französischen Blauschimmelkäsesorten basiert.

Dänischer Feta, ein populärer Käse, der sogar in den Nahen Osten exportiert wird, stand in jüngerer Vergangenheit im Mittelpunkt einer Auseinandersetzung um seinen Namen. Zwischen Griechenland und dem Europaparlament ist nun ein heftiger Kampf entbrannt, bei dem es darum geht, ob Griechenland das alleinige Recht besitzt, den Namen Feta zu benutzen.

Mehr als 60 Prozent der dänischen Käseproduktion wird exportiert. Das Landwirtschaftsministerium ist daher sehr bemüht, diesen Wirtschaftszweig zu fördern. Es stellt sehr hohe Anforderungen an die Qualität der Milcherzeugnisse und hat die Produktion von Rohmilchkäse untersagt. Obwohl die Kuh der bei weitem wichtigste Milchlieferant ist, gibt es auch Käse aus Ziegenmilch, der jedoch hauptsächlich für den Eigenbedarf hergestellt wird.

BLA CASTELLO/BLUE CASTELLO
HERKUNFT: *Verschieden*
ART: *Neuere Blauschimmelkäsesorte; industriell produziert*
MILCH: *Kuhmilch*
BESCHREIBUNG: *150 g und 1 kg schwerer halbmondförmiger Käse. Die feuchte Naturrinde kann mit etwas grauem, braunem oder weißem Schimmel bewachsen sein.*
VERWENDUNG: *Als Tafelkäse*

Dieser Käse wurde in den sechziger Jahren entwickelt, um der wachsenden Nachfrage nach milden, cremigen Blauschimmelkäsesorten nachzukommen. Er hat eine Textur, die der des Brie ähnelt. Über das Innere des Käses sind ziemlich dicke horizontale Linien von Blauschimmel verteilt. Der mit Rahm angereicherte Käse hat einen Fettgehalt von 70 Prozent. Sein Aroma ist pilzartig und der Geschmack mild würzig. Der Bla Castello ist ein beliebter Käse, wird jedoch mitunter als eher fade beurteilt.

DANABLU/DANISH BLUE
HERKUNFT: *Verschieden*
ART: *Neuere Blauschimmelkäsesorte; industriell produziert*
MILCH: *Kuhmilch*
BESCHREIBUNG: *Trommel oder Block von 3 kg Gewicht. Die klebrige gelbe Naturrinde ist mit etwas bräunlich-grauem oder blauem Schimmel bewachsen.*
VERWENDUNG: *Als Tafelkäse, für Snacks, über Salate gekrümelt*

Dieser Käse wurde in den frühen zwanziger Jahren von Marius Boel als eine Alternative zum Roquefort entwickelt. Beide Käsesorten sind jedoch sehr unterschiedlich. Danablu kennt man heute überall in der westlichen Welt, und seine Verkaufszahlen zeigen, daß er nach wie vor beliebt ist. Im Gegensatz zu der Bezeichnung Danish Blue ist der Name Danablue durch die Stresa-Konvention geschützt.

Der Reiz des Käses liegt in seinem scharfen, fast metallischen Geschmack, seiner salzigen Würze und der cremigen Art, die er auf der Zunge entfaltet. Das Innere ist sehr weiß und bildet einen reizvollen Kontrast zu dem ziemlich körnigen und salzigen blauschwarzen Schimmel. (Der für den Export bestimmte Käse wird mitunter zusätzlich gesalzen.) Der Danablu reift zwei oder drei Monate und hat einen Fettgehalt von 50–60 Prozent. Er ist auch unter dem Namen Marmora bekannt.

LINKS: *Danish Blue (oben) und Mycella*

DÄNISCHER KÄSE | 115

LINKS: *Esrom*

RECHTS: *Havarti*

ESROM
HERKUNFT: *Verschieden*
ART: *Traditionelle halbfeste Käsesorte; industriell produziert*
MILCH: *Kuhmilch*
BESCHREIBUNG: *200 g–2 kg schwerer rechteckiger Käse mit glatter, klebriger, blaßgelber gewaschener Rinde*
VERWENDUNG: *Als Tafelkäse, für Snacks und belegte Brötchen*

Dieser Käse wird nach einer alten Rezeptur hergestellt, die vom Dänischen Käseinstitut 1951 wiederentdeckt worden ist. Der junge Käse ist mild und butterartig. Mit zunehmendem Alter entwickelt er ein volleres, kräftigeres Aroma.

Das mit kleinen, unregelmäßig geformten Löchern übersäte Innere ist geschmeidig, elastisch und für gewöhnlich recht süß, kann jedoch auch scharf sein.

Der Esrom reift etwa drei Wochen und hat einen Fettgehalt von 45–50 Prozent. Er ist nach dem alten Kloster Esrom benannt und durch die Stresa-Konvention geschützt.

DANBO
HERKUNFT: *Verschieden*
ART: *Traditionelle halbfeste Käsesorte; individuell oder industriell produziert*
MILCH: *Kuhmilch*
BESCHREIBUNG: *Rechteckiger Käse mit glatter, trockener gelber Rinde, manchmal mit roter oder gelber Wachsschicht*
VERWENDUNG: *Für Snacks, zum Frühstück, zum Grillen*

Der Danbo gehört zu den populärsten dänischen Käsesorten. Er ähnelt dem Samsø. Der milde und schwach duftende Käse hat ein blasses, elastisches Inneres mit wenigen erdnußgroßen Löchern, das gelegentlich auch Kümmel enthält.

Der Danbo reift sechs Wochen bis fünf Monate und hat einen Fettgehalt von 45 Prozent. In den USA ist er unter den Namen König Christian oder Christian IX. bekannt.

Ähnliche Käsesorten: Fynbo, Elbo, Svenbo und Molbo.

HAVARTI
HERKUNFT: *Verschieden*
ART: *Traditionelle halbfeste Käsesorte; industriell produziert*
MILCH: *Kuhmilch*
BESCHREIBUNG: *2–4,5 kg schwere Blöcke oder Trommeln*
VERWENDUNG: *Als Tafelkäse, als Schnittkäse, zum Grillen, für Snacks*

In der Mitte des neunzehnten Jahrhunderts unternahm Hanne Nielsen, eine Käse«evangelistin«, einen Ein-Frau-Kreuzzug, um von einigen der besten europäischen Meistern die Kunst der Käseherstellung zu erlernen. Nach ihrer Rückkehr machte sie sich daran, den Wirtschaftszweig, der zu dieser Zeit eher ohne Schwung war, mit neuen Ideen und Methoden zu beleben. Der Havarti, benannt nach dem Bauernhof, auf dem Hanne Nielsen den Käse erstmals herstellte, war ihr größter Erfolg.

Der Havarti ist ein einfacher Käse mit gewaschener Rinde und unregelmäßigen Löchern, die über das ganze Innere verteilt sind. Im Alter von etwa drei Monaten hat der Käse ein ziemlich volles Aroma und ist cremig. Der ältere Havarti hat einen offeneren Charakter.

Es gibt auch eine mit Rahm angereicherte Version, die weicher ist und sich auf der Zunge luxuriöser anfühlt, sowie eine Version mit Kümmel.

RECHTS: *Danbo*

DÄNISCHER KÄSE

Unten: Maribo

Maribo
Herkunft: *Verschieden*
Art: *Traditionelle halbfeste Käsesorte, industriell produziert*
Milch: *Kuhmilch*
Beschreibung: *9–14 kg schwerer Rundkäse oder Block. Die Naturrinde hat einen blaßgelben Wachsüberzug.*
Verwendung: *Als Tafelkäse, zum Grillen, zum Frühstück*

Der Käse ist nach der gleichnamigen Stadt auf der Insel Lolland benannt. Er ist fast überall in Dänemark erhältlich, wird jedoch selten exportiert. Er hat ein volleres Aroma als der Danbo und ähnelt damit dem Gouda. Sein festes, trockenes Inneres ist mit zahlreichen unregelmäßigen Löchern übersät. Der Käse hat für gewöhnlich einen Überzug aus gelbem Wachs und ist manchmal mit Kümmel gewürzt.

Er reift vier Monate und hat einen Fettgehalt von 30–45 Prozent.

Mycella
Herkunft: *Verschieden*
Art: *Traditionelle Blauschimmelkäsesorte; industriell produziert*
Milch: *Kuhmilch*
Beschreibung: *5 kg schwere Trommel mit natürlicher, blaß orangebrauner Kruste*
Verwendung: *Als Tafelkäse, für Snacks, als Brotbelag, für Salate*

Der Myzella war früher unter der Bezeichnung Dänischer Gorgonzola bekannt. Sein heutiger Name ist von dem Schimmel abgeleitet, der ihm seine dünnen grünlichgrauen Streifen verleiht – *Penicillium mycellium*. Die Äderung des Käses bildet einen reizvollen Kontrast zu dem sehr blassen, cremigen, fast butterartigen Inneren. Für einen Blauschimmelkäse hat der Mycella ein relativ mildes Aroma.

Samsø
Herkunft: *Verschieden*
Art: *Traditionelle halbfeste Käsesorte; industriell produziert*
Milch: *Kuhmilch*
Beschreibung: *Rad oder rechteckiger Käse von 14 kg Gewicht, rindenlos*
Verwendung: *Als Tafelkäse, zum Grillen und Reiben, für Snacks und Fondue*

Im frühen neunzehnten Jahrhundert erkannte der damalige dänische König das Potential einer abwechslungsreichen Käseproduktion und lud einen Schweizer Käsehersteller ein, der die dänischen Bauern entsprechend unterweisen sollte. Das Ergebnis war ein nach der Insel Samsø benannter Käse, der der Vorfahr für viele dänische Sorten werden sollte.

Der eher wie ein blasser Emmentaler aussehende Käse hat eine geschmeidige, elastische Textur und ist mit einigen verschieden großen Löchern durchsetzt. Der junge Käse schmeckt mild und butterartig. Die Dänen scheinen ihn jedoch in gereiftem Zustand zu bevorzugen, wenn er eine klare süßsaure Schärfe und ein ausgeprägtes Haselnußaroma hat. Er ist der klassische Käse für die dänischen belegten Brote.

Der Samsø reift zwei bis drei Monate und hat einen Fettgehalt von 45 Prozent.

Unten: Samsø

NORWEGISCHER KÄSE

Der größte Teil des norwegischen Territoriums besteht aus urwüchsigem Wald und zerklüfteten Bergen. Im Norden liegt die Tundra, in der einige Lappen leben und Herden von Rentieren und nur wenige andere Tiere umherziehen. Weniger als ein Prozent des langen, schmalen Landstreifens, der an die Norwegische See grenzt, ist Weideland.

Dennoch wählten die Wikinger gerade Norwegen als Basis für ihre häufigen Raubzüge aus, die sie bis an die Küsten und ins Innere fremder Länder führten. Etwa im neunten Jahrhundert wandten sie mit der Hilfe und der Entschlossenheit irischer Mönche ihre wilde Energie daran, Norwegen zu erobern und Käse herzustellen. Und so scheinen einige der exzentrischeren Käsesorten, die die Norweger seither kreiert haben, die Unerschrockenheit und den Abenteuersinn der wikingischen Vorfahren widerzuspiegeln.

GAMMELOST
HERKUNFT: *Verschieden*
ART: *Traditionelle Blauschimmelkäsesorte*
MILCH: *Ziegenmilch*
BESCHREIBUNG: *3 kg schwere Trommel. Die harte, narbige Naturkruste ist grünlich-braun und mit etwas Schimmel bewachsen*
VERWENDUNG: *Als Tafelkäse, nach dem Essen mit Aquavit oder Gin serviert; auch zum Reiben*

Der Gammelost ist außerordentlich kräftig, scharf und stark duftend. Durch seinen bräunlich-gelben Teig zieht sich unregelmäßig verteilter Blauschimmel. Die Textur ist anfangs weich, wird bei altem Käse jedoch extrem hart und fast spröde.

Der Name Gammelost bedeutet soviel wie »alter Käse« und ist von der Tatsache abgeleitet, daß sich auf der Rinde ein grün-brauner Schimmel entwickelt, so daß der Käse schon vor seiner Zeit alt aussieht. Um die Schimmelbildung zu fördern, wickelt man den Gammelost traditionell in Stroh, das vorher in Gin und Wacholderbeeren eingeweicht wurde und das das Käsearoma verstärkt.

Der Gammelost hat einen Fettgehalt von nur 5 Prozent.

RECHTS: *Gjetost*

GJETOST
HERKUNFT: *Verschieden*
ART: *Traditionelle halbfeste Käsesorte; individuell oder industriell produziert.*
MILCH: *Kuh- und Ziegenmilch*
BESCHREIBUNG: *250–500 g schwerer, tief honigbraun gefärbter Block*
VERWENDUNG: *Für Snacks; oft mit Kaffee als Dessert serviert*

Der Molkenkäse, der eine Farbe wie Fudge hat, wurde ursprünglich nur aus Ziegenmilch (*gjet* – Ziege) gemacht, besteht heute jedoch oftmals aus einer Mischung von Kuh- und Ziegenmilch. Er ist süß und von ungewöhnlicher würziger Art.

Der Gjetost entspricht nicht jedermanns Geschmack, doch die Norweger lieben ihn. Er ist der beliebteste Käse in diesem Land, und es gibt ihn in verschiedenen Varianten. Aus Kuhmilch hergestellt, heißt er Mysost, während der reine Ziegenkäse Ekta Gjetost genannt wird.

Gjesost wird traditionell zum Frühstück verzehrt.

JARLSBERG
HERKUNFT: *Verschieden*
ART: *Traditionelle Hartkäsesorte; industriell produziert*
MILCH: *Kuhmilch*
BESCHREIBUNG: *10 kg schweres Rad mit glatter gelber gewachster Naturrinde*
VERWENDUNG: *Als Tafelkäse, zum Schmelzen und Grillen, für Snacks*

Diese alte norwegische Käsesorte, die auf dem Emmentaler basiert, war vor ihrer Wiederentdeckung um die Mitte des zwanzigsten Jahrhunderts nahezu vergessen. Heute ist sie außerordentlich populär. Ein großer Teil der Produktion wird vor allem in die USA exportiert.

Der Jarlsberg entsteht aus der gehaltvollen Milch, die die Kühe im Hochsommer geben.

Er ist süßer und weniger nußartig als der Emmentaler. Obwohl ihm die Geschmacksfülle der großen Käsesorten fehlt, besitzt der Jarlsberg ein angenehmes Aroma. Sein Teig ist goldgelb und weist Käselöcher verschiedener Größe auf.

OBEN: *Jarlsberg*

NÖKKELOST
HERKUNFT: *Verschieden*
ART: *Traditionelle halbfeste Käsesorte; industriell produziert*
MILCH: *Kuhmilch*
BESCHREIBUNG: *Block oder Rad von 5–12 kg Gewicht, mit Kümmelkörnern gesprenkelt und mit einem Aufdruck von gekreuzten Schlüsseln gekennzeichnet*
VERWENDUNG: *Als Tafelkäse, zum Grillen, zum Schmelzen über Kartoffeln*

Diese milde, industriell produzierte Version des holländischen Leidsekaas wird in Norwegen seit dem siebzehnten Jahrhundert hergestellt. Die gekreuzten Schlüssel (auf Norwegisch: *nökkel*) auf dem Leidsekaas und dem Nökkelost gehören zum Wappen der Stadt Leiden. Der Nökkelost reift drei Monate.

RIDDER
HERKUNFT: *Verschieden*
ART: *Neuere halbfeste Käsesorte; industriell produziert*
MILCH: *Kuhmilch*
BESCHREIBUNG: *3,25 kg schweres Rad mit klebriger orangefarbener gewaschener Rinde*
VERWENDUNG: *Als Tafelkäse*

Der Ridder wurde von dem schwedischen Käsehersteller Sven Fenelius entwickelt. Er gelangte auch nach Norwegen und wird heute überall in der Welt hergestellt und kopiert. Der Käse besitzt eine offene Textur und ist elastisch – ähnlich wie der französische Saint-Paulin. Er fühlt sich auf der Zunge butterartig an und hat einen süß-pikanten Geschmack. Läßt man den Käse zu lange in Plastik verpackt liegen, dann kann er einen sehr strengen Duft entwickeln. Der Ridder ist nach drei Monaten reif.

Finnischer Käse

Unten: *Juustoleipä*

Finnland ist ein Land mit ausgedehnten Fichten- und Kiefernwäldern und Tausenden von Seen. Ein Drittel seines Territoriums liegt nördlich des Polarkreises, und das Wetter ist oftmals unwirtlich. Trotz dieser natürlichen Gegebenheiten ist die Milchwirtschaft hier die wichtigste Form der Landwirtschaft. Die Kühe verbringen die langen, dunklen Winter in ihren Ställen. Die Tradition der Käseherstellung reicht in Finnland bis ins Mittelalter zurück.

Viele traditionelle Käsesorten haben gemeinsame Wurzeln mit den Sorten, die in den Nachbarländern hergestellt werden. In jüngerer Zeit haben große, auf das modernste ausgerüstete Fabriken mit der Hilfe schweizerischer Käsemacher den Finnischen Schweizerkäse entwickelt. Er ist eine bemerkenswert gute Kopie des Emmentaler, die sich in den Vereinigten Staaten besser verkauft als alle anderen Emmentaler-Arten.

Nördlich des Polarkreises führen noch immer einige Lappen das einfache Leben ihrer Vorfahren. Sie hüten Rentierherden, die Häute, Fleisch und die Milch liefern, aus der die Lappen ihren außergewöhnlichen Käse herstellen. Rentiermilch ist außerordentlich gehaltvoll; sie enthält nahezu viermal soviel Fett wie Kuhmilch und gerinnt daher auch leicht. Der Käse, der daraus entsteht, hat ein wildartiges, erdiges Aroma, das sich angeblich verstärken soll, wenn der Käse in heißen Kaffee getaucht wird.

Juustoleipä
HERKUNFT: *Verschieden*
ART: *Traditionelle Frischkäsesorte; individuell produziert*
MILCH: *Kuh- oder Rentiermilch*
BESCHREIBUNG: *Weiße, vom Feuer gedörrte Rundkäse in verschiedenen Größen*
VERWENDUNG: *Gewöhnlich zum Frühstück oder zusammen mit Marmelade als Dessert serviert*

Der Juustoleipä wird traditionell auf Bauernhöfen aus Kuh- oder Rentiermilch hergestellt. Man läßt die Molke ablaufen und preßt den Bruch in einen flachen Teller mit Rand. Dieser Teller wird dann vor ein Feuer gehalten oder gestellt, bis die äußere Schicht geröstet ist. Daher kommt auch der Name, der soviel wie »Käsebrot« bedeutet. Der Käse ist eine Spezialität Finnlands und Lapplands. Unter der leicht gerösteten, krustigen Oberfläche ist er mild, cremig und glatt. Heute wird der Juustoleipä größtenteils industriell produziert. Er ist innerhalb weniger Tage reif.

Munajuusto/Ilves
HERKUNFT: *Verschieden*
ART: *Traditionelle Frischkäsesorte; individuell oder industriell produziert*
MILCH: *Kuh- oder Rentiermilch*
BESCHREIBUNG: *Blaßgelbe abgeflachte Kugeln in verschiedenen Größen; einige mit bräunlichen Pigmenten*
VERWENDUNG: *Für Snacks, zum Grillen*

Der Munajuusto ist ein ziemlich ausgefallener Bauernkäse. Um ihn herzustellen, gibt man ein oder zwei Eier in Milch, die danach erhitzt wird, bis sie gerinnt. Man läßt die Molke abtropfen und preßt den Bruch in handgeflochtene Körbe. Das Ergebnis ist ein fester, feuchter Frischkäse mit einer freundlichen sonnengelben Farbe. Die Oberfläche ist mit braunen Pigmenten gesprenkelt. Wie der Juustoleipä kann auch dieser Käse vor dem Feuer geröstet oder gegrillt werden, ehe man ihn zum Reifen hinlegt. Die industriell produzierte Version heißt Ilves.

Tutunmaa
HERKUNFT: *Verschieden*
ART: *Traditionelle halbfeste Käsesorte; individuell oder industriell produziert*
MILCH: *Kuhmilch*
BESCHREIBUNG: *6–10 kg schwere Trommel von blaßgelber Farbe, ohne Rinde*
VERWENDUNG: *Als Tafelkäse*

Dieser Frühstückskäse wurde wahrscheinlich im sechzehnten Jahrhundert eingeführt und zunächst in den großen Herrenhäusern Turkus, der alten finnischen Hauptstadt, hergestellt. Der Käse ist glatt und cremig. Die Fülle und Tiefe seines Aromas ist dem ausgezeichneten Weideland zu verdanken, auf dem die Milchkühe grasen. Der Tutunmaa hat eine feste und offene Textur, sein Aroma ist würzig, und am Ende zeigt er einen leicht scharfen Beigeschmack.

Der Tutunmaa reift zwei Monate oder länger und hat einen Fettgehalt von 50 Prozent. Eine ähnliche Käsesorte ist der Korsholm.

OBEN: *Munajuusto/Ilves*

SCHWEDISCHER KÄSE

Ohne einmal im Frühling oder Sommer in Schweden gewesen zu sein, kann man sich nur schwer vorstellen, daß in diesem Land der alten Gletscher und der tiefen Seen auch Kühe zu Hause sind, die ja eher ein behagliches Dasein lieben. Doch ohne sie und die robusten Ziegen wäre ein Überleben der langen Winterperioden, die ganze Städte von der übrigen Welt und von der Versorgung mit Frischfleisch monatelang abschneiden, unmöglich.

Die Kunst der Käseherstellung gelangte im neunten Jahrhundert n. Chr. mit den Benediktinermönchen nach Schweden, die von Ludwig I., dem König der Franken und Sohn Karls des Großen, ausgesandt worden waren. Sie sollten versuchen, die kriegerischen Wikinger zu einem friedlicheren und gottesfürchtigen Leben zu bekehren. Sie bauten Molkereien auf, veranlaßten die Bauern, ihre Kühe und Ziegen zu pflegen und unterwiesen sie in der Herstellung von Käse. Um die wertvolle, an Milchzucker, Mineralstoffen und Proteinen noch reiche Molke nicht zu vergeuden, machten die Schweden daraus einen goldbraunen, fudgeähnlichen Käse, der als Getost, Mesost oder Getmesost bekannt ist.

Die Käseproduktion liegt heute nicht mehr in den Händen der Frauen und Familien; vielmehr hat sich daraus ein nationaler Wirtschaftszweig mit strengen Qualitätskontrollen entwickelt.

Zwar machen Milcherzeugnisse heute einen bedeutenden Teil der schwedischen Volkswirtschaft aus, doch leider ist mit dieser Entwicklung auch viel von der Individualität und den regionalen Besonderheiten des Käses verlorengegangen.

Aria Ost, ein schwedisches Unternehmen, das heute zu den zehn größten Käseproduzenten Europas gehört, stellt jährlich mehr als achtzigtausend Tonnen Käse her. Der größte Teil davon sind halbfeste Käsesorten, was vielleicht erklärt, weshalb die Schweden weltweit den größten Verbrauch an dieser Käseart haben. Sie servieren ihn entweder zum Frühstück oder als Teil eines *smörgåsbord*.

ADELOST
HERKUNFT: *Verschieden*
ART: *Neuere Blauschimmelkäsesorte; industriell produziert*
MILCH: *Kuhmilch*
BESCHREIBUNG: *2,5 kg schwere Trommel mit blaß cremefarbener, schwach mit Schimmel bewachsener Naturrinde*
VERWENDUNG: *Als Tafelkäse*

Dieser feuchte, cremige Käse ähnelt dem Bleu d'Auvergne. Er zeigt in seinem Inneren gut verteilte Streifen aus blaugrauem Schimmel und hat einen scharfen, salzigen Beigeschmack. Der Adelost reift zwei bis drei Monate und hat einen Fettgehalt von 50 Prozent.

GRÄDDOST
HERKUNFT: *Verschieden*
ART: *Neuere halbfeste Käsesorte; industriell produziert*
MILCH: *Kuhmilch*
BESCHREIBUNG: *1 kg schwerer kleiner Zylinder ohne Rinde*
VERWENDUNG: *Als Tafelkäse, zum Grillen, als Schnittkäse*

Diese neuere schwedische Käsesorte kam 1961 auf den Markt und wurde bald populär. Der dem Havarti ähnelnde Gräddost ist ein fester Käse mit kleinen, gleichmäßig verteilten Löchern. Sein Aroma ist mild und sehr sahnig und zeigt eine frische Säure. Der Gräddost hat einen Fettgehalt von etwa 60 Prozent.

GREVÉOST/GREVÉ
HERKUNFT: *Verschieden*
ART: *Neuere halbfeste Käsesorte; industriell produziert*
MILCH: *Kuhmilch*
BESCHREIBUNG: *14 kg schweres Rad mit glatter, glänzender, blaßgelber Naturrinde*
VERWENDUNG: *Als Tafelkäse, zum Reiben und Schmelzen*

Der Grevéost ist eine mildere, marktgängige Kopie des Schweizer Emmentaler. Er ist geschmeidig, dicht und mit einigen großen Löchern durchsetzt. Das blasse Innere ist süß und nußartig und fühlt sich auf der Zunge sehr cremig an. Mit zunehmendem Alter prägt sich das Aroma stärker aus; dem Käse fehlt jedoch die Breite des Aromas und der Charakter des echten Emmentaler.

Der Grevéost reift zehn Monate und hat einen Fettgehalt von 45 Prozent.

HERRGÅRDSOST
HERKUNFT: *Verschieden* .
ART: *Traditionelle halbfeste Käsesorte; industriell produziert*
MILCH: *Kuhmilch*
BESCHREIBUNG: *12–18 kg schwerer Rundkäse. Die glatte, blaßgelbe Naturrinde ist für gewöhnlich mit gelbem Wachs überzogen.*
VERWENDUNG: *Für Snacks, Salate, Sandwiches, zum Grillen, zum Frühstück*

Der Name Herrgårdsost bedeutet im Schwedischen soviel wie »Herrenhaus«. Dieser vielseitig verwendbare Käse wurde zu Beginn des zwanzigsten Jahrhunderts als Alternative zu der Importkäsesorte Gruyère entwickelt. Obwohl es zwischen beiden einige Ähnlichkeiten gibt – der Herrgårdsost schmilzt leicht und ist ebenso haltbar wie der Gruyère –, ist der schwedische Käse viel weicher und geschmeidiger und hat kleine runde Löcher. Er hat einen milden nußartigen und frischen, angenehmen Beigeschmack. Der Herrgårdsost reift bis zu sieben Monate und hat einen Fettgehalt von etwa 45 Prozent. Von ihm gibt es auch eine Version aus entrahmter Milch, die 30 Prozent Fett enthält und vier Monate reift.

LINKS: *Der Grevé ist eine schwedische Kopie des Emmentaler*

HUSHÅLLSOST

HERKUNFT: *Verschieden*
ART: *Traditionelle halbfeste Käsesorte; industriell produziert*
MILCH: *Kuhmilch*
BESCHREIBUNG: *3 kg schwere Trommel mit Naturrinde*
VERWENDUNG: *Für Snacks und Sandwiches, zum Grillen*

Die Geschichte des Hushållsost läßt sich über siebenhundert Jahre zurückverfolgen. Sein Name bedeutet nichts anderes als »Haushaltkäse«, und die vielseitige Verwendbarkeit hat ihn zu einem der bekanntesten Käse Schwedens gemacht. Sein blasses strohgelbes Inneres hat eine glatte, offene Textur und kleine, unregelmäßige Löcher. Der Käse hat ein mildes und sahniges Aroma und einen zitronenfrischen Nachgeschmack.

Anders als die meisten schwedischen Käsesorten, wird der Hushållsost nicht aus entrahmter, sondern aus vollfetter Milch gemacht. Er hat einen Fettgehalt von 45 Prozent und reift etwa einen bis drei Monate.

MESOST

HERKUNFT: *Verschieden*
ART: *Traditionelle Molkenkäsesorte; individuell oder industriell produziert*
MILCH: *Kuhmilch*
BESCHREIBUNG: *1–8 kg schwerer Block, glatt und blaß gelbbraun bis dunkel kaffeefarben, ohne Rinde*
VERWENDUNG: *Für Snacks*

Karamelisierte Molkenkäse sind eine Besonderheit Skandinaviens. Sie entstanden aus der Notwendigkeit, jeden Bestandteil der Milch zu nutzen und haltbar zu machen, denn Milch ist in einem Land, in dem viele Menschen recht abgeschieden wohnen und arbeiten, ein lebenswichtiger Rohstoff. Die Molke wird erhitzt, um die noch enthaltenen Proteine und das Fett vom Wasser abzuscheiden. Die Flüssigkeit verdampft allmählich, und es bleibt eine klebrige, toffeeähnliche Masse von karamelisiertem Milchzucker zurück. Diese Masse wird in Formen gegossen, so sie sich setzen kann, ehe man sie in Blöcke schneidet und zum Verkauf in Folie verpackt.

Die Textur des Käses ist dicht und kann etwas spröde sein. Der Mesost sieht wie Fudge aus und hat ein sahniges Karamelaroma mit einem seltsam bitteren Nachgeschmack. Er ist nicht so süß wie der norwegische Gjetost, für den nur vollfette Milch verarbeitet wird.

Der Mesost hat einen Fettgehalt von 10 bis 20 Prozent. Für den industriell produzierten Käse verwendet man gewöhnlich vollfette oder aufgerahmte Milch, die eine größere Ausbeute und einen süßeren Geschmack garantiert.

PRÄSTOST

HERKUNFT: *Verschieden*
ART: *Traditionelle halbfeste Käsesorte; industriell produziert*
MILCH: *Kuhmilch*
BESCHREIBUNG: *12–15 kg schweres Rad mit blaßgelber Rinde, die mit dünnem Stoff bedeckt ist und einen gelben Wachsüberzug hat*
VERWENDUNG: *Als Tafelkäse*

Der Ursprung des Prästost (»Priesterkäse«) geht bis auf das sechzehnte Jahrhundert zurück. Damals lieferten die Bauern den Kirchenzehnt in Form von Milch an ihren Pfarrer ab. Daraus stellte die Pfarrersfrau Käse her, der dann auf dem Markt verkauft wurde. Der Erfolg auf dem Marktplatz soll ein Maßstab für die Popularität ihres Mannes wie auch für die Qualität ihrer Arbeit gewesen sein.

Heute wird der Prästost nur noch industriell hergestellt. Der Käse ist geschmeidig, hat eine etwas weichliche Textur und ist von vielen unregelmäßigen, reiskorngroßen Löchern durchsetzt. Er hat ein zartes bis kräftiges süßsaures, milchiges Aroma und hinterläßt am Gaumen einen fruchtigen Beigeschmack. Er reift mindestens zwei Monate und hat einen Fettgehalt von 45 Prozent.

In Whisky gewaschener Prästost wird Saaland Pfarr genannt. Er hat den robusten Charakter der französischen Käse mit gewaschener Rinde.

UNTEN: Prästost

SVECIAOST

HERKUNFT: *Verschieden*
ART: *Neuere halbfeste Käsesorte; industriell produziert*
MILCH: *Kuhmilch*
BESCHREIBUNG: *12–16 kg schweres Rad ohne Rinde*
VERWENDUNG: *Als Tafelkäse, zum Reiben und Grillen*

Svecia ist der lateinische Name für Schweden. Der Name Sveciaost beschreibt eine Reihe von Käsesorten traditioneller schwedischer Art, die entwickelt wurden, um auf dem internationalen Markt mit dem Gouda und dem Edamer aus den Niederlanden zu konkurrieren. Sveciaost gibt es in verschiedenen Größen und in unterschiedlichen Reifegraden. Die Käse sind häufig gewachst und kommen mit Nelken, Kreuzkümmel oder gemeinem Kümmel gewürzt in den Handel. Ihr Fettgehalt beträgt 30–45 Prozent.

Der halbfeste Sveciaost sieht wie der Herrgårdsost aus, ist jedoch kleiner. Seine Textur ist feucht und geschmeidig. Der mit kleinen Löchern durchsetzte Käse hat eine angenehme frische Säure, die zu einer stärkeren, pikanten Würze reift.

VÄSTERBOTTENOST

HERKUNFT: *Verschieden*
ART: *Traditionelle halbfeste Käsesorte; industriell produziert*
MILCH: *Kuhmilch*
BESCHREIBUNG: *20 kg schweres Rad mit glatter orangefarbener gewachster Rinde*
VERWENDUNG: *Als Tafelkäse, zum Grillen und Reiben*

Der Västerbottenost ist fest und sehr krümelig, hat kleine, unregelmäßige Löcher und zeigt in seinem Inneren etwas Feuchtigkeit. Der Käse wurde Mitte des neunzehnten Jahrhunderts in Västerbotten entwickelt und wird noch immer nur in dieser Region hergestellt. Er eignet sich ausgezeichnet zum Reiben und zum Schmelzen in Saucen und hat eine bißfeste, etwas körnige Textur und eine klare, scharf fruchtige Würze.

GRIECHISCHER KÄSE

Die alten Griechen betrachteten Käse als die Speise der Götter und Nahrung der einfachen Sterblichen; in ihrer Literatur gibt es zahllose Hinweise zu diesem Thema. Eine der frühesten Erwähnungen findet sich in Homers *Odyssee* aus dem Jahre 700 v. Chr. Darin beschreibt Homer das Zusammentreffen Odysseus' mit dem Zyklopen Polyphemos auf Sizilien: »Wir gelangten rasch in die Höhle, aber drinnen fanden wir ihn nicht, sondern er trieb noch das fette Vieh über das Weideland. Da gingen wir in die Höhle hinein und betrachteten alles. Die Darren waren schwer mit Käse belastet, und in den Pferchen drängten sich Lämmer und Zickel, doch die einzelnen Altersgruppen waren voneinander getrennt eingepfercht: die älteren für sich allein, gesondert von ihnen die mittleren und auch die Spätlinge. Von Molken schwammen alle Gefäße, Eimer und Näpfe, dazu geschaffen, daß er in ihnen beim Melken die Milch auffing.« Später beschreibt Homer, wie Polyphemos frischen Käse herstellt: »Die Hälfte der weißen Milch ließ er sogleich gerinnen, sammelte sie in geflochtenen Körben und setzte sie beiseite.« Die Körbe wurden *formoi* genannt; von diesem Wort existieren heute in verschiedenen Sprachen Ableitungen, die den Begriff »Käse« bezeichnen – beispielsweise *fromage* im Französischen oder *formaggio* im Italienischen. In den abgelegenen Regionen Griechenlands flechten die Frauen noch heute Schilfkörbe, in die der Käsebruch zum Ablaufen geschöpft wird. An den wilden, von Kräutern duftenden Berghängen weiden Ziegen, und wenn die Schafherden früh am Morgen auf ihrem Weg zu neuen Weideplätzen durch die Dörfer ziehen, hört man das durchdringende Geschrei des Esels, mit dem der Schäfer seine Tiere begleitet. Das kontrastreiche Klima, gepaart mit einer unwirtlichen Landschaft, in der nur die robustesten Schafe und Ziegen gedeihen, macht Fleisch hier zu einem Luxusnahrungsmittel. In der griechischen Küche spielen deshalb Milch und ihre Verarbeitungsprodukte eine wichtige Rolle. In Griechenland liegt der Pro-Kopf-Verbrauch an Käse sogar höher als in Frankreich. Zum Frühstück bevorzugt man halbfeste Käsesorten oder frisches Obst mit wildem Honig und mit einer großen Portion ihres vorzüglichen cremigen Joghurts. Mittags gibt es den allgegenwärtigen, doch unschlagbar guten griechischen Salat aus sonnengereiften Tomaten, Oliven, grüner Gurke, Olivenöl und Feta. Zu anderen Tageszeiten erscheint Käse in vielerlei »Verkleidung« – in Pasteten, Törtchen und feinem Gebäck, in Suppen, Keksen und auf gerösteten Sandwiches.

In den Regionen, wo hauptsächlich Milchwirtschaft betrieben wird, entstehen heute große moderne Betriebe und Genossenschaften, die Graviera, Kaseri und Feta produzieren. Die Nachfrage nach Feta ist so groß, daß man ihn nun oftmals aus Kuhmilch herstellt oder sogar aus Nordeuropa importiert. Zwar bieten Supermärkte und winzige Spezialgeschäfte alle Formen und Sorten von Käse an, doch der beste ist oftmals der, den die Schäfer selbst hergestellt haben.

UNTEN: Die verschiedenen Formen des Feta entstehen in Steingutschüsseln, Flechtkörben und Holztrögen

GRIECHISCHER KÄSE

ANTHOTIRO/ANTHOTYROS
HERKUNFT: *Verschieden*
ART: *Traditionelle Molkenkäsesorte aus Rohmilch; individuell produziert*
MILCH: *Schaf- oder Ziegenmilch*
BESCHREIBUNG: *Käse in verschiedenen Größen und Formen, vor allem als Kugeln und Pyramidenstümpfe*
VERWENDUNG: *Mit Honig und Obst zum Frühstück; in Desserts; mit Öl und Wildkräutern in pikanten Vorspeisen*

Milch war und ist für die griechischen Schäfer und ihre Familien ein wertvolles Nahrungsmittel, von dem nichts vergeudet werden darf. Wie die Römer mit ihrem Ricotta, so entwickelten auch die alten Griechen zahlreiche Methoden, die Molke in köstlichen Käse zu verwandeln. Der Anthotiro wird schon seit Jahrhunderten hergestellt. Der Name, der einfach »Blumenkäse« bedeutet, weist auf seinen Duft und sein Aroma hin, das an die wilden Blumen und Kräuter der Weiden erinnert. Der glatte, harte und feuchte Käse hat eine feine, krümelige Textur. Das reinweiße Innere ist köstlich, und sein berühmtes Blumenaroma zeigt einen Anflug von Rauch.

Der Käse reift zwei bis fünf Tage und hat einen Fettgehalt von 20–30 Prozent. Um ihn etwas gehaltvoller zu machen, gibt man an die Molke mitunter etwas Milch.

FETA
HERKUNFT: *Verschieden*
ART: *Traditionelle (gesalzene) Frischkäsesorte aus Rohmilch; individuell oder industriell produziert*
MILCH: *Kuh-, Ziegen- oder Schafmilch*
BESCHREIBUNG: *Käse in verschiedenen Größen, oft als Laib; glatt und weiß, rindenlos*
VERWENDUNG: *Zum Backen, besonders in Pasteten; auch in Salaten*

Der Feta gehört zu den einfachsten Formen von Käse. Er entstand, da die Schäfer, die einst mit ihren Herden von einem Weideplatz zum anderen zogen, die Milch ihrer Tiere haltbar machen mußten. In seiner *Odyssee* beschreibt Homer im einzelnen, wie der Käse hergestellt wird.

Nach demselben Rezept verfährt man auch heute: Frische Milch wird zunächst auf etwa 35 °C erwärmt, dann gibt man Lab zu und läßt die Milch gerinnen. Haben sich die festen von den flüssigen Bestandteilen getrennt, wird der Bruch geschnitten, und man läßt die Molke ablaufen. Nun wird die feuchte, klumpige Masse in einen Leinensack gefüllt, darin zusammengedreht oder gepreßt und anschließend einige Stunden zum Trocknen aufgehängt. Ist die Käsemasse dann fest genug, wird sie in Scheiben geschnitten und reichlich mit Salz bestreut (je mehr Salz, desto härter der fertige Käse). Man läßt sie vierundzwanzig Stunden lang trocknen, ehe sie in Holzfässer verpackt und mit Salzlake bedeckt wird. Nach etwa einem Monat ist der Käse verzehrfertig. Mit Salz oder Salzlake bedeckt ist er nahezu unbegrenzt lange haltbar.

Der Feta ist fest, doch krümelig und weist einige Risse auf. Er ist reinweiß und hat eine milchige, frische Säure. Der größte Teil des Feta wird heute aus pasteurisierter Milch hergestellt und schmeckt fast nur nach Salz. In einigen Teilen Griechenlands, der Türkei und Bulgariens jedoch kann man noch ausgezeichneten Feta finden, der die Verschiedenheit und den Charakter der gehaltvollen, konzentrierten Milch von Tieren widerspiegelt, die auf den naturhaften Gebirgsweiden grasen.

Manche Menschen schrecken vor dem starken Salzgehalt des Käses zurück. Das Salz dient hier jedoch nur als Konservierungsmittel und soll nicht den eigentlichen Geschmack übertönen. Um den Feta weniger salzig schmecken zu lassen, weicht man ihn nötigenfalls für einige Minuten in frisches kaltes Wasser oder in Milch ein.

Der Feta hat einen Fettgehalt von 40–50 Prozent.

GRAVIERA
HERKUNFT: *Dodoni, Naxos, Kreta*
ART: *Traditionelle Hartkäsesorte aus Rohmilch; individuell oder in Genossenschaften produziert*
MILCH: *Kuh-, Ziegen- oder Schafmilch*
BESCHREIBUNG: *2–8 kg schweres Rad. Die harte Rinde zeigt Abdrücke des Stoffes, in den er zum Ablaufen eingebunden war*
VERWENDUNG: *Als Tafelkäse, für Snacks und Pasteten*

Der für alle Gelegenheiten passende Graviera ist der beliebteste griechische Käse nach dem Feta. Wie viele Käsesorten des Landes kann auch er aus Kuh-, Ziegen- oder Schafmilch hergestellt werden. Der Graviera, der eine Kopie des Gruyère ist, ähnelt seinem Original in vielem; er ist süßlich und fruchtig und hat eine feste, doch geschmeidige Textur, ist mit winzigen Löchern durchsetzt und fühlt sich im Munde cremig an. Der von der Insel Kreta kommende Schafkäse ist sehr begehrt.

Der Grund dafür ist sein köstlicher Duft und sein Karamelgeschmack, der kräftiger und stärker nußartig wird, wenn man den Käse bäckt. Auf der Insel Naxos wird in einer kleinen einheimischen Genossenschaft ein herrlich nußartiger Graviera aus Kuhmilch hergestellt.

LINKS: *Graviera*

RECHTS: Kefalotiri wird aus Schafmilch hergestellt

KASERI

HERKUNFT: *Verschieden*
ART: *Traditionelle Knetkäsesorte aus Rohmilch; individuell oder in Genossenschaften produziert*
MILCH: *Schaf- und Ziegenmilch*
BESCHREIBUNG: *1–9 kg schweres Rad. Rindenlos, doch mit glatter, cremiger, elastischer weißer Kruste*
VERWENDUNG: *Als Tafelkäse, zum Schmelzen, Grillen und Backen (in Pasteten)*

Der Kaseri muß aus mindestens 80 Prozent Schafmilch und einem restlichen Anteil Ziegenmilch gemacht sein. Er ist eine junge Version des Kefalotiri. Um die charakteristische elastische Textur zu erreichen, taucht man ihn in heiße Salzlake. Er ähnelt damit dem italienischen Provolone Dolce, besitzt jedoch ein viel stärkeres Aroma. Der Kaseri ist sehr salzig und scharf und fühlt sich im Mund trocken an. Die Schafmilch verleiht ihm einen süßen Grundgeschmack. Dieser Käse ersetzt in Griechenland den Mozzarella und wird in zahlreichen einheimischen Gerichten verwendet.

KEFALOTIRI/KEFALOTYRI

HERKUNFT: *Verschieden*
ART: *Traditionelle Hartkäsesorte aus Rohmilch; individuell oder in Genossenschaften produziert*
MILCH: *Schafmilch*
BESCHREIBUNG: *6–8 kg schwere Trommel mit dünner, harter Naturrinde, die eine weiße bis sattgelbe Farbe hat*
VERWENDUNG: *Als Frühstückskäse, zum Reiben und Backen, für Snacks*

Der Kefalotiri war bereits im byzantinischen Zeitalter gut bekannt und geschätzt. Sein Name soll angeblich von *kefalo*, einem in Griechenland typischen Hut, abgeleitet sein. Der Überlieferung nach war er der erste Käse, der zu Beginn jeder neuen Saison hergestellt wurde. Sobald die jungen Lämmer von ihren Müttern entwöhnt waren, verwendete man die Schafmilch, um diesen populären Käse zu machen. Seine Farbe variiert je nach der Milchmischung und der Qualität des Weidelandes von Weiß bis Gelb. Der Käse ist von zahlreichen unregelmäßigen Löchern durchsetzt. Er hat ein angenehm frisches Aroma, den charakteristischen Geschmack von Schafmilch und einen leicht scharfen Nachgeschmack wie von fruchtigem, kräuterartigem Olivenöl.

Der Kefalotiri wird als »männlicher« oder »erster« Käse bezeichnet, um deutlich zu machen, daß er aus vollfetter Milch hergestellt ist; die delikateren Molkenkäse (Manouri, Myzithra oder Anthotiro) heißen »weiblicher« oder »zweiter« Käse. Der Kefalotiro reift zwei oder drei Monate und hat einen Fettgehalt von 40–55 Prozent.

MANOURI

HERKUNFT: *Kreta und Makedonien*
ART: *Traditionelle Molkenkäsesorte aus Rohmilch; individuell produziert*
MILCH: *Schaf- oder Ziegenmilch*
BESCHREIBUNG: *Käse in verschiedenen Größen und Formen (von großen, spitz zulaufenden Stangen bis zu Kegelstümpfen). Der glatte weiße Käse ist rindenlos.*
VERWENDUNG: *Hauptsächlich in Pasteten wie Spanokopita oder mit Honig beträufelt und als fettarme Alternative zum griechischen Joghurt zum Frühstück serviert*

Diese alte Käsesorte wird aus der Molke gemacht, die bei der Herstellung von Feta oder Kefalotiri anfällt. Der Manouri ist cremig und weiß und hat die Textur eines lockeren Käsekuchens. Er zergeht im Munde und hat ein frisches, milchartiges, schwach zitrusartiges Aroma. Er ist fester als der Myzithra.

Der Manouri ist auch unter der Bezeichnung Manoypi bekannt.

MYZITHRA/MITZITHRA

HERKUNFT: *Verschieden*
ART: *Traditionelle Molkenkäsesorte aus Rohmilch; individuell produziert*
MILCH: *Schafmilch*
BESCHREIBUNG: *Rindenlose Rundkäse verschiedener Größen, die die Abdrücke des Käsetuches zeigen, in das sie zum Ablaufen eingebunden waren*
VERWENDUNG: *Gebacken in leichten Pasteten oder mit Gemüse; auch zum Frischverzehr*

Der Myzithra ist ein milder, erfrischender Käse mit feiner, krümeliger Textur. Er wurde ursprünglich aus Molke hergestellt, die bei der Produktion von Kefalotiri oder Feta entstand und der man etwas Milch oder Rahm zugab. Er ist bereits nach wenigen Tagen verzehrfertig; man kann ihn aber auch einige Monate lang reifen lassen. Wird der Molke reichlich Milch zugesetzt, kann man den Myzithra in Salz einlegen und zu einem festen Reibekäse trocknen lassen. Eine säuerliche Form dieses Käses wird unter dem Namen Xinomyzithra verkauft.

XYNOTYRO

HERKUNFT: *Verschieden*
ART: *Traditionelle Molkenkäsesorte aus Rohmilch; individuell produziert*
MILCH: *Schaf- und Ziegenmilch*
BESCHREIBUNG: *Rindenlose Käse in verschiedenen Formen und Größen mit Abdrücken von den Schilfkörben, in die die Käsemasse zum Ablaufen gefüllt wird*
VERWENDUNG: *Zum Backen, für Salate*

Der Name Xynotyro bedeutet soviel wie »saurer Käse«, was eine ziemlich unzutreffende Beschreibung des harten, flockigen Käses ist, der im Munde zergeht und dabei einen charakteristischen süßsauren Geschmack hinterläßt. Sein Aroma stellt eine Kombination aus süßem Karamel, dem für Schafkäse typischen Lanolin und dem sauren Geschmack der Molke dar. Der Xynotyro ist nach einigen Tagen reif. Sein Fettgehalt beträgt 20 Prozent.

LINKS: Der Kaseri hat eine ähnliche Textur wie der italienische Provolone Dolce.

TÜRKISCHER KÄSE

LINKS: Beyaz Peynir

Die Vorfahren der modernen Türken kamen aus Zentralasien und gelangten im zehnten Jahrhundert nach Anatolien. Wie viele andere Nomadenstämme wanderten auch sie mit den Schafherden, von denen ihr Überleben abhing und die ihnen Wolle für Kleidung und Decken, Fleisch und, was am wichtigsten war, frische Milch für ihren Joghurt *(siva tas)* und ihren Käse *(peynir)* lieferten.

In einigen Teilen der heutigen Türkei ziehen die Schäfer noch immer mit ihren Herden durch die Berge, stellt man noch immer Käse nach Rezepturen her, die über viele Jahre von einer Generation an die nächste weitergegeben wurden. Gemolken wird in uralten steinernen Einfriedungen, und auch heute sieht man hier Käse über offenen Feuern oder zum Ablaufen in Beuteln aus Ziegenhäuten von den Ästen der Bäume hängen.

Auf den kleinen Märkten ist weicher weißer Feta aus Schafmilch (Beyaz Peynir) neben Gravyer Peynir (türkischer Gruyère) und rustikalem Käse aus individueller Herstellung anzutreffen; der Großteil der Produktion kommt jedoch aus Betrieben, die Kuh-, Ziegen- oder Schafmilch zu Käse verarbeiten.

Bei einer Reise durch das faszinierende Land Türkei wird man noch andere Käsesorten finden. Der Taze Kaser (Frischkäse) ist trotz seines Namens ein Hartkäse und findet vor allem als Füllung für die köstlichen türkischen gerösteten Sandwiches Verwendung. Ein weiterer Favorit ist der Eski Kaser (alter Käse), der dem Pecorino recht ähnlich, jedoch weniger salzig als dieser ist. Dieser feste, trockene weiße Käse wird mit zunehmendem Alter weicher und bekommt dann eine sattgelbe Farbe. Ihn serviert man häufig mit Honig zum Frühstück. Er wird mitunter auch in Blöcke geschnitten und in Salzlake konserviert.

Der aus Schafmilch hergestellte blaßgelbe Kasar Peynir ist hart und hat einen scharfen Beigeschmack; Los Peynir, ein lockerer, cremiger Molkenkäse hat Ähnlichkeit mit Joghurt; der Tulum wird in Mägen oder Häuten von Ziegen hergestellt und aufbewahrt; Mihalic Peynir ist ein gehaltvoller, ungesalzener Schafkäse und der Dil Peynir ist ein Knetkäse, der sich durch seinen milden Geschmack auszeichnet.

Einer der einfachsten Käse, der Koy Peynir, wird in den Dörfern ganz Anatoliens her-gestellt. Man erwärmt die Milch auf Körpertemperatur, rührt Salz und Lab unter, nimmt die Mischung dann vom Feuer, deckt sie ab und läßt sie über Nacht stehen. Am nächsten Morgen wird die geronnene Milch in ein mit Leinen ausgelegtes Sieb gegossen und sechs Stunden zum Ablaufen der Molke stehengelassen.

Der Käse, der im Sieb zurückbleibt, muß danach weich und cremig sein. Er wird entweder ganz ohne Beilage verzehrt oder zum Kochen verwendet.

BEYAZ PEYNIR
HERKUNFT: *Verschieden*
ART: *Traditionelle vegetarische Frischkäsesorte aus Rohmilch; individuell oder in Genossenschaften produziert*
MILCH: *Schafmilch*
BESCHREIBUNG: *Der reinweiße, rindenlose Käse hat ein körniges Äußeres. Er wird gewöhnlich in Blöcken oder Scheiben verkauft.*
VERWENDUNG: *Frisch in Salaten, gekocht in Pasteten und in vielen einheimischen Gerichten*

Der Beyaz Peynir ist der beliebteste türkische Käse. Er wird in großen Molkereien, in Genossenschaften und individuell von den Schäfern hergestellt. Als Gerinnungsmittel dient ein pflanzlicher Stoff. Der Bruch wird einige Stunden lang gepreßt, dann grob zerkleinert und zum Ablaufen in mitunter schöne hölzerne oder geflochtene Formen geschöpft. Nachdem die Molke abgelaufen ist, wird der Käse in Scheiben geschnitten, danach gesalzen und mit Lake bedeckt. Darin wird der Beyaz Peynir gewöhnlich länger als sechs Monate aufbewahrt.

Er ähnelt dem Feta und hat einen Fettgehalt von etwa 45 Prozent. Vor dem Verzehr legt man ihn gewöhnlich in kaltes Wasser oder in Milch, um das überschüssige Salz zu entfernen.

MIHALIC PEYNIR
HERKUNFT: *Bursa*
ART: *Traditionelle vegetarische Hartkäsesorte aus Rohmilch; individuell produziert*
MILCH: *Schafmilch*
BESCHREIBUNG: *Glatter weißer Käse ohne Rinde und in verschiedenen Größen und Formen, oft als Kugeln oder Scheiben*
VERWENDUNG: *Frisch in Salaten, auch in gebackenen Gerichten*

Um diesen Käse herzustellen, wird der ungereifte Bruch in kleine Portionen aufgeteilt und in heißes Wasser gelegt, das daraufhin gerührt wird. Man läßt die Portionen in dem Wasser, damit sie hart werden und eine feste, schwach elastische Textur erhalten. Dann kommen sie in ein Tuch, das zusammengedreht wird, um die Molke auszupressen. Schließlich rollt man die Masse zu kleinen Kugeln oder bringt sie in andere Formen. Dann wird sie in Scheiben geschnitten, gesalzen und getrocknet. Der Mihalic Peynir wird bis zum Verbrauch in Salzlake konserviert. Er ist auch oftmals nach dem Dorf benannt, in dem er hergestellt wurde.

KÄSE AUS ZYPERN

Auf der Insel Zypern sind noch heute Spuren kultureller Entwicklung zu finden, die bis in das fünfzehnte Jahrhundert v. Chr. zurückreichen. Die Stadt Kition (jetzt Larnaka) war einst das Zentrum der phönizischen Hochkultur, und die Insel stellte jahrhundertelang einen wichtigen Handelsstützpunkt für das Ägäische Meer und das östliche Mittelmeer dar. Die Entdeckung reicher Kupfervorkommen im dritten Jahrhundert v. Chr. brachte dem Land beträchtlichen Wohlstand und zog die unerwünschte Aufmerksamkeit einer Reihe von Eindringlingen – Römern, Byzantinern und osmanischen Türken – an.

In all den Jahrhunderten voller Konflikte hüteten die Schäfer im zerklüfteten Inneren der Insel ihre Ziegen und Schafe und stellten Käse her, wie es ihre Väter und Großväter vor ihnen schon getan hatten. Feta, der Kaskavali, der dem bulgarischen Katschkawalj oder dem italienischen Caciocavallo ähnelt, und Halloumi sind die bekanntesten Sorten. Trotz des anhaltenden Konflikts zwischen dem griechisch und dem türkisch besiedelten Teil der Insel erfreut sich Zypern zunehmender Beliebtheit unter Urlaubsreisenden, die die Schönheiten der Insel kennenlernen möchten und dabei sicher nicht zuletzt die einheimischen Käse entdecken werden.

HALLOUMI
HERKUNFT: *Verschieden*
ART: *Traditionelle Knetkäsesorte; individuell oder industriell produziert*
MILCH: *Schaf-, Kuh- oder Ziegenmilch*
BESCHREIBUNG: *Kleine rechteckige Blöcke oder Laibe in verschiedenen Größen. Der Käse schimmert, ist weiß, glatt und rindenlos.*
VERWENDUNG: *Zum Braten und Grillen (auch auf dem Holzkohlengrill)*

Der Halloumi war ursprünglich ein Schaf- oder Ziegenkäse. Heute wird er öfter aus Kuhmilch hergestellt. Man erwärmt dazu den Bruch in heißem Wasser und knetet ihn dann. Gewöhnlich wird ihm gehackte Minze zugegeben. Die elastische Masse wird wie Kuchenteig ausgerollt, in kleine Blöcke geschnitten und bis zum Verbrauch in schwache Salzlake eingelegt.

Der Halloumi hat eine faserige, gummiartige Textur. Sein ansonsten fader, milchartiger Geschmack wird durch das Aroma der gehackten frischen Minze und das Salz der Lake verstärkt. Er ist dichter als der Mozzarella und wird im wesentlichen als Kochkäse verwendet, dessen wahrer Charakter sich erst beim Erwärmen zeigt.

Der Halloumi gehört zu den wenigen Käsesorten, die beim Braten oder Grillen nicht zerfließen. Legt man dünne Scheiben davon in eine heiße beschichtete Pfanne, wird die Oberfläche schnell knusprig und brennt etwas an, während das Innere köstlich zerschmilzt wie Mozzarella.

In den letzten Jahren ist der Halloumi besonders unter den jungen Küchenmeistern Australiens, Neuseelands und der amerikanischen Westküste populär geworden. Um den Bedarf zu decken, wird der traditionelle zypriotische Käse unter dem Namen Halloumy nun auch in Australien und in einer Haloumi genannten Version von Pelusso Cheese in Kalifornien produziert.

Der Halloumi wird auch in Rumänien und im Libanon hergestellt.

LINKS: *Halloumi ist ein Kochkäse, der dem Mozzarella ähnelt*

KÄSE AUS OSTEUROPA

In Osteuropa herrschte seit dem Jahre 552 n. Chr. Unruhe. Damals wurden die Slawen von den in den russischen Steppen lebenden Stämmen aus ihrem Gebiet, der heutigen Ukraine, vertrieben. Sie zogen im Verlaufe des sechsten Jahrhunderts nach Rumänien und Bulgarien und brachten ihre Kenntnisse über Ackerbau und Tierhaltung sowie über die Herstellung von Joghurt und Sirene, eines fetaähnlichen Käses, mit. Die Wanderungen in diesem Gebiet brachten auch andere Käsesorten nach Südosteuropa, von denen heute nur noch der Katschkawalj und der Halloumi geblieben sind.

Auch Ungarn hat wenig einheimische Käsesorten, obwohl mit den Türken der Bryndza, ein fetaähnlicher Käse aus Schafmilch, hierher gelangte. Die polnischen Käsemacher begannen im zehnten Jahrhundert n. Chr. Nachahmungen europäischer Käsesorten zu produzieren und weit über die Landesgrenzen zu verkaufen. Der auf dem Tilsiter basierende Tylzscki gehört zu den wenigen, die noch heute hergestellt werden.

Zum Ende des zweiten Weltkrieges war die Käseherstellung in kleinen handwerklichen Betrieben fast ausgestorben, und in ganz Osteuropa entstanden riesige Fabriken, aus denen fade Kopien europäischer Käse wie Gouda, Cheddar, Camembert, Emmentaler, Tilsiter und Limburger kamen. Zum Ende der achtziger Jahre jedoch wurde die Produktion in kleinen Käsereien von neuem aufgenommen.

ABERTAM
HERKUNFT: *Tschechische Republik*
ART: *Traditionelle Hartkäsesorte; individuell oder in Genossenschaften produziert*
MILCH: *Schafmilch*
BESCHREIBUNG: *500 g schwere, unregelmäßig geformte Kugel mit dünner gelber bis orangefarbener Naturrinde*
VERWENDUNG: *Als Tafelkäse, zum Grillen*

Der Abertam wird in Karlovy Vary (Karlsbad), dem berühmten tschechischen Badekurort, hergestellt. Die naturhaften Weiden in diesem gebirgigen Teil Mittelböhmens bieten den einheimischen Schafrassen reiche Nahrung, was sich im kräftigen Aroma des gepreßten Hartkäses widerspiegelt.

Der Abertam reift zwei Monate und hat einen Fettgehalt von 45 Prozent.

BALATON
HERKUNFT: *Ungarn*
ART: *Traditionelle Hartkäsesorte; individuell oder industriell produziert*
MILCH: *Kuhmilch*
BESCHREIBUNG: *9–12 kg schwerer Laib mit dünner, fettiger Naturrinde*
VERWENDUNG: *Als Tafelkäse, zum Grillen*

Dieser Käse ist nach dem schönen Balaton benannt. Er hat eine feste, kompakte Textur, die mit kleinen Löchern durchsetzt ist. Sein Aroma ist mild und zeigt eine angenehme Säure.

BRINZA/BURDUF BRINZA
HERKUNFT: *Rumänien*
ART: *Traditionelle Frischkäsesorte; individuell oder in Genossenschaften produziert*
MILCH: *Schafmilch*
BESCHREIBUNG: *Weißer, leicht körniger Käse in Blöcken*
VERWENDUNG: *Als Kochkäse*

Brinza ist im Karpatengebiet die einheimische Bezeichnung für Käse. Sein Ursprung geht bis in die Zeit der Römer und weiter zurück. Ähnliche Käsesorten werden schon seit Jahrhunderten hergestellt. Der Brinza ist mild, feucht, cremig und krümelig. Dieser Käse, der gewöhnlich einen oder zwei Tage nach der Herstellung verzehrt wird, hat einen köstlichen süßen, aromatischen Charakter. Einige Käse werden auch für den Winter in Salz eingelegt; sie ähneln dann mehr dem Feta.

BRYNDZA
HERKUNFT: *Slowakei*
ART: *Traditionelle Frischkäsesorte; individuell oder in Genossenschaften produziert*
MILCH: *Schafmilch*
BESCHREIBUNG: *Weißer rindenloser Käse in verschiedenen Formen und Größen*
VERWENDUNG: *Als Aufstrich für Roggenbrot, in Salaten, zum Backen*

Der Bryndza wird überall in Osteuropa, vor allem jedoch in den Karpaten hergestellt. Er ist ein Schafkäse mit zartem Aroma, der in Würfel geschnitten und in Salzlake konserviert wird. Er ist krümelig und feucht und ähnelt dem Feta, ist allerdings weniger salzig als dieser.

Der Bryndza kann auch aus Kuh- oder Ziegenmilch gemacht sein. Die Milchsorte hat natürlich Einfluß auf seine Konsistenz, und der Käse ist dann weich und streichfähig bis fest und krümelig. Da sich die Schäfer mit ihren Herden oftmals weit entfernt von den Molkereigenossenschaften aufhalten, die die Milch ihrer Tiere verarbeiten, machen sie daraus zunächst selbst einfachen Quark, den sie in Stoffsäcke pressen und dann trocknen lassen. Diese Masse wird später in die Molkereien gebracht, zerkleinert, gesalzen, gemahlen und neu zu Blöcken geformt. Der Käse wird, mit noch mehr Salz versehen, auch in Holzfässern verkauft.

Der Bryndza reift vier Wochen oder länger. Er hat einen Fettgehalt von etwa 45 Prozent. Ähnliche Käsesorten sind der rumänische Brinza, der ungarische Brynza, Sirene aus Bulgarien und der griechische Feta.

LINKS: *Der Hermélin aus der Tschechischen Republik ist ein Weichkäse nach Camembert-Art – eine von vielen Nachahmungen der bekannteren europäischen Käsesorten, die in Osteuropa hergestellt werden.*

HALLOUMI

HERKUNFT: *Rumänien*
ART: *Traditionelle Knetkäsesorte;
individuell oder industriell
produziert*
MILCH: *Kuhmilch*
BESCHREIBUNG: *300–675 g schwerer
geflochtener Käse mit glatter,
schimmernder blaßgelber Naturrinde*
VERWENDUNG: *Zum Braten, Grillen und
Schmelzen*

Wie es bei vielen osteuropäischen Käsesorten der Fall ist, so läßt sich auch der Ursprung des Halloumi nicht eindeutig feststellen. Ursache dafür ist die nomadische Lebensweise der alten Völker, die einst in diesem Gebiet umherzogen. Wahrscheinlich übernahmen die Rumänen die Methode der Knetkäseherstellung von den Indoeuropäern, die vor der Eisenzeit aus den russischen Steppen nach Europa gekommen waren und deren Sprache und Einfluß sich durch Persien, Griechenland, Osteuropa und den Nahen Osten bis nach Turkestan und Nordindien verfolgen läßt.

Der Halloumi ist geschmeidig und elastisch. Er wird härter, je länger man ihn in der Lake liegenläßt, in die er traditionell zum Reifen eingelegt wird. Man stellt ihn auch auf Zypern und im Libanon her.

KATSCHKAWALJ

HERKUNFT: *Bulgarien*
ART: *Traditionelle Knetkäsesorte;
individuell oder in Genossenschaften
produziert*
MILCH: *Schafmilch*
BESCHREIBUNG: *6–9 kg schwerer,
unregelmäßig geformter Rundkäse
mit dünner blaßgelber bis gelblich-
brauner Naturrinde*
VERWENDUNG: *Als Tafelkäse, für Snacks,
auch gebraten oder gebacken in
einheimischen Gerichten*

Der Katschkawalj ist ein *pasta filata* (Knetkäse) aus Schafmilch, den es von Osteuropa bis nach Mittelasien überall gibt. Er soll bereits vor der Zeit der Römer hergestellt worden sein und ist vielleicht der Vorläufer des italienischen Caciocavallo. Wie alle Knetkäse, so entsteht auch der Katschkawalj, indem man den frischen Bruch knetet und langwirkt, ehe man ihn salzt und reifen läßt. Er ist gut lagerfähig und wird wegen seiner vielseitigen Einsatzmöglichkeiten beim Kochen geschätzt. Ursprünglich stellten die Schäfer diesen Käse hauptsächlich für den Eigenbedarf her; heute wird er größtenteils in großen Betrieben industriell produziert.

Obwohl der beste Katschkawalj der aus Schafmilch ist, sind zunehmend auch Versionen aus Milchmischungen oder reiner Kuh-milch zu finden. Die Käse aus Schafmilch haben eine feste, jedoch flexible und krümelige Textur. Unter der blaßgelben Rinde (deren Farbe mit zunehmender Reife des Käses nachdunkelt) ist der Käse salzig, scharf und schwach bitter. Sein Aroma erinnert an karamelisierte Zwiebeln. Den Katschkawalj, der als Tafelkäse verzehrt und in großem Umfang zum Kochen verwendet wird, nennt man mitunter den »Cheddar des Balkan«. Er reift zwei Monate und hat einen Fettgehalt von 45 Prozent.

LAJTA

HERKUNFT: *Ungarn*
ART: *Traditionelle halbfeste Käsesorte
aus Rohmilch; individuell
oder in Genossenschaften produziert*
MILCH: *Kuhmilch*
BESCHREIBUNG: *1 kg schwerer recht-
eckiger Käse mit feuchter gewaschener
Rinde von kräftigem Orange.*
VERWENDUNG: *Als Tafelkäse*

Dieser Käse wurde von einem Orden furchtloser, beherzter Mönche nach Ungarn gebracht, die den Auftrag hatten, die Einheimischen zu bekehren, und die bei ihrer schweren Arbeit den von Westeuropa gewohnten Käse vermißten. Die leicht klebrige gewaschene Rinde bedeckt ein geschmeidiges Inneres, das zahlreiche kleine unregelmäßige Löcher enthält. Sie entstehen durch den Einsatz der Starterkultur und den nachfolgenden Fermentationsprozeß. Der Lajta hat den für Käse mit gewaschener Rinde typischen kräftigen Duft und Geschmack. Er reift vier bis sechs Wochen und hat einen Fettgehalt von 50 Prozent.

LIPTAUER

HERKUNFT: *Ungarn*
ART: *Traditionelle Frischkäsesorte
aus Rohmilch; individuell
oder in Genossenschaften produziert*
MILCH: *Schaf- oder Kuhmilch*
BESCHREIBUNG: *Gewürzter weißer
Käse, der in Gefäße abgefüllt in den
Handel kommt*
VERWENDUNG: *Als Grundlage für
zahlreiche einheimische Gerichte*

Die Ungarn entwickelten den Liptauer aus einem einfachen weißen Schafkäse mit dem Namen Liptoi, der von den Schäfern in ihren Berghütten hergestellt wurde. Der Bruch hing eine Woche in Stoffsäcken, ehe er in eine kleine Molkerei gebracht und dort mit Paprika und Salz vermischt wurde.

Jede Familie hat ihre eigene Rezeptur für den Käse, den wir heute als Liptauer kennen. Der Liptauer enthält Zwiebeln, Kümmelkörner, Kapern, Anchovis oder andere Zutaten, die dem Käsebruch zusammen mit unterschiedlich großen Mengen Paprika zugegeben werden und deren Mischungsverhältnis oftmals geheimgehalten wird. Da die Ungarn eine große Vorliebe für würzige Speisen hegen, kann der Liptauer außerordentlich, mitunter gar teuflisch scharf sein. Der Käse hat einen Fettgehalt von etwa 50 Prozent.

LIPTOI

HERKUNFT: *Ungarn*
ART: *Traditionelle Frischkäsesorte
aus Rohmilch; individuell oder
in Genossenschaften produziert*
MILCH: *Schafmilch*
BESCHREIBUNG: *Weißer mousseartiger
Käse, der in Gefäße abgefüllt
in den Verkauf kommt*
VERWENDUNG: *Für Snacks, Hors-d'œuvres
und Salate*

Dieser einfache Käse wurde jahrhundertelang von den Schäfern im Matragebirge hergestellt. Er ist fein und mousseartig und hat den zarten süßen Geschmack von Schafmilch und Rosmarin. Ihm werden verschiedene Gewürze und Kräuter zugesetzt. Die Rezepturen für diesen Käse wurden von Generation zu Generation weitergegeben, und man findet davon so viele wie es Hersteller gibt.

Der Liptoi ist die Basis für den Liptauer, den bekanntesten Käse Osteuropas, der Paprika, Kümmel, Zwiebeln und Kapern in einem kräftigen, manchmal äußerst scharfen Brotaufstrich miteinander vereint. Er wird oft als Dip zusammen mit Sellerie und reichlich einheimischem Bier serviert.

MANUR/MANDUR

HERKUNFT: *Serbien*
ART: *Traditionelle Hartkäsesorte
aus Rohmilch; individuell oder
industriell produziert*
MILCH: *Schaf- oder Kuhmilch*
BESCHREIBUNG: *2–3 kg schwere Kugel
mit dünner weißer oder strohfarbener
Naturrinde*
VERWENDUNG: *Gerieben als Würzmittel
oder in Suppen*

Dieser ungewöhnliche Käse ist einmalig in Serbien. Um ihn herzustellen, wird frische Milch (je nach Saison Kuh- oder Schafmilch) allmählich zum Kochen gebracht, dann auf Handwärme abgekühlt und mit einer Mischung aus Buttermilch, frischer Molke und Lab vermengt. Nach dem Gerinnen gibt man den Bruch in ein Tuch und läßt die Molke ablaufen. Die verbleibende Masse wird gesalzen, geformt und getrocknet. Der Manur ist nach einigen Tagen reif. Sein Fettgehalt beträgt 40 Prozent.

OBEN: *Der Koliba aus der Tschechischen Republik. So wie dieser neuere, industriell produzierte Käse waren viele der traditionellen Sorten, die aus der ehemaligen Tschechoslowakei kamen, mit komplizierten Mustern versehen, die von den geschnitzten hölzernen Formen stammten und jedem Käse ein besonderes Aussehen gaben.*

OSCHTJEPKA
HERKUNFT: *Slowakei*
ART: *Traditionelle halbfeste Käsesorte aus Rohmilch; individuell produziert*
MILCH: *Kuh- und Schafmilch*
BESCHREIBUNG: *500 g schwerer Rundkäse mit Naturrinde, die schwache Abdrücke des Tuches zeigt, in das der Käse zum Ablaufen und Trocknen eingeschlagen war*
VERWENDUNG: *Als Tafelkäse, zum Grillen und Schmelzen*

Der geschmeidige und elastische Oschtjepka ähnelt dem bulgarischen Katschkawalj. Er wird seit Jahrhunderten in den herrlichen Karpaten hergestellt, die mit ihren Gebirgsbächen und den naturhaften Weiden ein Paradies für Schafe sind.

Einen Großteil dieser Käse stellen die Schäfer noch selbst her. Die gesäuerte Milch wird zu Kugeln von der Größe einer kleinen Melone geformt und zum Trocknen an den Decken der Berghütten aufgehängt. Der süße, aromatische Rauch von den Feuerstellen der Schäfer trocknet den Käse allmählich und verstärkt dessen Aroma. Ähnliche Käsesorten, die auch aus Osteuropa kommen, sind der Parenica, der in der Slowakei produziert wird, und der polnische Oszczpek.

Der Oschtjepka reift zwei bis drei Monate und hat einen Fettgehalt von etwa 45 Prozent.

OSZCZPEK
HERKUNFT: *Polen*
ART: *Traditionelle halbfeste Käsesorte aus Rohmilch; individuell oder in Genossenschaften produziert*
MILCH: *Kuh- und Schafmilch*
BESCHREIBUNG: *Käse in verschiedenen Größen und Formen (gewöhnlich oval) mit glatter, glänzender blaßgelber Naturrinde*
VERWENDUNG: *Als Tafelkäse, zum Grillen und Schmelzen*

Der Oszczpek gehört zu den wenigen traditionellen Käsesorten, die es in Polen gibt. Die meisten anderen, die man hier verkauft, sind industriell hergestellte Imitate der bekannteren europäischen Käsesorten. Der aus der Hohen Tatra kommende Oszczpek gehört zur selben Familie wie der slowakische Oschtjepka.

Um den Oszczpek herzustellen, wird der Bruch geknetet und dann in handgeschnitzte Holzformen gepreßt. Nach dem Ablaufen der Molke werden die jungen Käse traditionell in den Dachtraufen des Hauses gelagert, wo sie allmählich den Rauch vom Feuer absorbieren.

Der Oszczpek reift eine bis vier Wochen und hat einen Fettgehalt von 45 Prozent.

PODHALANSKI
HERKUNFT: *Polen*
ART: *Traditioneller halbfester Käse aus Rohmilch; individuell oder industriell produziert*
MILCH: *Kuh- und Schafmilch*
BESCHREIBUNG: *500 g schwerer Ziegel oder Laib mit harter blaßgelber Naturrinde, die beim Räuchern braunorange wird*
VERWENDUNG: *Als Tafelkäse, zum Grillen*

Das blaßgelbe Innere des festen, doch geschmeidigen Podhalanski ist mit winzigen Löchern durchsetzt. Manchmal räuchert man den Käse leicht, so wie es früher gemacht wurde. Der Podhalanski reift zwei Monate.

SIRAZ
HERKUNFT: *Serbien*
ART: *Traditionelle halbfeste Käsesorte aus Rohmilch; individuell produziert*
MILCH: *Kuhmilch*
BESCHREIBUNG: *200–400 g schwere Scheibe. Die unebene gelbe Naturrinde ist mit einigen Hefen bewachsen.*
VERWENDUNG: *Als Tafelkäse, zum Backen; oft über einheimische Gerichte gekrümelt*

Um diesen ungewöhnlichen serbischen Käse herzustellen, wird ungereifter Bruch zu flachen Scheiben von etwa 15 cm Durchmesser gepreßt. Diese läßt man in der Sonne – oftmals auf einer Balkonmauer – trocknen, bis das Fett herauszutropfen beginnt. Ihre Oberfläche wird an den Folgetagen mehrmals mit Salz eingerieben, bis sich eine Kruste bildet. Dann werden die Käsescheiben in hölzerne Behälter mit Salzlake eingelegt. Der Käse ist nach einigen Wochen reif. Er hat einen zarten, schwach salzigen Beigeschmack und einen kompakten Körper.

SIRENE
HERKUNFT: *Bulgarien*
ART: *Traditionelle Frischkäsesorte aus Rohmilch; individuell oder industriell produziert*
MILCH: *Schaf- und Kuhmilch*
BESCHREIBUNG: *Weißer, leicht körniger Käse ohne Rinde, der in Blöcken verkauft wird*
VERWENDUNG: *Für Salate, als Brotaufstrich, zum Backen; auch als Tafelkäse mit frischen Kräutern*

Sirene ist die populärste und meistproduzierte Käsesorte in Bulgarien. Der feuchte, krümelige, frische und zitronenartige Käse wird in Fässern oder Weißblechdosen mit Salzlake aufbewahrt. Sirene ist gehaltvoller und cremiger als manche ähnlichen Käsesorten und hat einen Fettgehalt von 45–50 Prozent.

KÄSE AUS INDIEN UND DEM NAHEN OSTEN

Die Kultur und das Klima Indiens und vieler seiner Nachbarn scheinen sich gegen die Entwicklung einer milchverarbeitenden Industrie und der Käseherstellung in dieser Region verschworen zu haben. Die große Wärme und die hohe Luftfeuchtigkeit bewirken ein rasches Wachstum von Schimmelpilzen, das Reißen der Käseoberfläche, ein übermäßiges Austrocknen und schnelle Fäulnis. Anlagen, mit deren Hilfe für die Milchverarbeitung günstige Bedingungen geschaffen werden können, sind teuer und dort, wo das Milchaufkommen gering ist und potentielle Hersteller und Verbraucher im Lande verstreut und voneinander isoliert leben, unangemessen. Bei den einheimischen Käsesorten, die es gibt, handelt es sich meist um sehr einfache, über dem Feuer getrocknete Käse. Das Feuer unterhält man hier oftmals nicht mit Holz, das besonders in der Himalajaregion als geheiligt gilt, sondern mit Kuhdung. Einer dieser Käse ist der Karut aus Afghanistan und Nordwestindien, der sehr trocken und hart ist und aus entrahmter Milch hergestellt wird. Der Krutt, der von den Nomadenstämmen der mittelasiatischen Steppen kommt, entsteht aus entrahmter Milch von Kühen, Ziegen, Schafen oder Kamelen. Hier läßt man die Milch durch natürliche Säuerung gerinnen und hängt den in Säcke gefüllten Käsebruch zum Ablaufen der Molke auf.

Anderswo setzt man der Milch Lab aus Kälbermägen als Gerinnungsmittel zu – ein Verfahren, das sich in Indien, wo Kühe als heilige Tiere angesehen werden, verbietet. Nichttierisches Lab, mit dem man die Milch ebenfalls gerinnen lassen kann, wird hier nur selten eingesetzt. Statt dessen stellt man einfache, schnellreifende Käse her, die durch die Wirkung der Milchsäure und nicht durch Bakterien- oder Schimmelkulturen entstehen.

In der Mitte der neunziger Jahre hat sich der Milchverbrauch in Indien mehr als verdoppelt; es soll sich hierbei um den am schnellsten wachsenden Markt der Welt handeln. Die Produktion einiger bekannter Käsesorten europäischen Ursprungs entwickelt sich. Die Kuh- und Wasserbüffelherden wachsen zwar, doch das Milchaufkommen ist noch zu gering, um den Bedarf zu decken, und es müssen Milchprodukte importiert werden.

Der Paneer, ein einfacher Käse, der in den Haushalten hergestellt und dann innerhalb weniger Tage verbraucht wird, ist sehr populär. Er wird in verschiedenen traditionellen indischen Speisen, darunter in Fleisch- und Gemüsecurrys und in würzigen Gemüsegerichten, verwendet. Wenn Sie den Paneer selbst herstellen möchten, dann gehen Sie folgendermaßen vor: 2 Liter frische Vollmilch zum Kochen bringen. 30 ml Essig oder Zitronensaft einrühren und die Milch beiseite stellen. Die Milch nach dem Gerinnen in einen Durchschlag gießen, der mit einem sauberen, gebrühten Musselintuch ausgelegt ist. Den Bruch mit frischem Wasser spülen und anschließend gut ablaufen lassen. Die Tuchecken zusammennehmen und den Bruch im Tuch zu einer Kugel formen. Die Kugel unter einen schweren Topf setzen und 10–15 Minuten lang pressen. Das ergibt einen Paneer von etwa 225 g Gewicht.

UNTEN: Der Paneer gehört zu den wenigen Käsesorten, die sich auch einfach zu Hause herstellen lassen

KÄSE AUS DEM NAHEN OSTEN

Vor Jahrhunderten stellte man im Iran einfache getrocknete Käse her. Später, als es reichlich Milch gab, machten die Leute einen weicheren, dem Feta ähnlichen Schafkäse, der als Vorrat für die mageren Monate in Salzlake eingelegt wurde. Auch die Beduinen produzierten einen weichen Käse, der entweder frisch verzehrt oder in Salz konserviert wurde.

Heute ist die häufigste Sorte in dieser Region ein ungereifter, zu kleinen Kugeln geformter Käse. Die mitunter in Kräutern oder Gewürzen gewälzten Kugeln werden zum Frühstück serviert. Man nennt sie im Libanon und in Israel Lebneh, in Syrien Lebney, in Jordanien Labaneh und in anderen arabischen Ländern Gibne. Der Serat, ein ähnlicher Käse, der aus den Hochgebirgen des Iran und Afghanistans kommt, wird geräuchert und in Bienenwachs getaucht, um ihn haltbar zu machen.

Obwohl der größte Teil des exportierten Halloumi von der Insel Zypern stammt, wurde dieser Käse aus Schafmilch ursprünglich von den Beduinen gemacht. Er wird auch heute noch hergestellt und ist wegen seiner Eigenschaft beliebt, seine Form auch beim Grillen oder am Fleischspieß zu behalten, anstatt zu zerfließen.

Der Kashakawan, den man im Libanon und in Syrien findet, ähnelt sowohl dem bulgarischen Katschkawalj als auch dem türkischen Kasar Peynir. Sein Name bedeutet »Käse auf dem Pferderücken«; er soll aus der Zeit stammen, als die Käse paarweise zusammengebunden und zum Trocknen wie Satteltaschen über eine Stange gehängt wurden. Eine koschere Version dieses Käses gibt es in Israel, wo man auch den kleineren Smoked Basna (Geräucherter Basna) herstellt.

Die meisten anderen Käse aus Israel sind Nachahmungen bekannter und beliebter europäischer Sorten. Eine der bekanntesten davon, der Bulgarische Käse, ist in Wirklichkeit ein Feta; er wird jedoch so genannt, weil man annahm, daß der beste Feta aus Bulgarien kam, wo der Käse weicher und weniger salzig war als die griechischen Sorten. Weitere in Israel hergestellte Käsesorten sind der Bin-Gedi, ein Käse nach Camembert-Art, der Galil, ein dem Roquefort nachgemachter Schafkäse, der Golan, ein Hartkäse nach der Art des Provolone, der Tal Ha'emek, ein Hartkäse mit Löchern wie der Emmentaler und der Gilead, der Ähnlichkeit mit dem Mozzarella hat.

KÄSE AUS DEN USA

Nur allzuoft scheint in den USA die Meinung vorzuherrschen, daß Käse ein Lebensmittel ist, das man kochen, reiben oder schmelzen muß, um es verwendbar zu machen. Auch herrscht der weitverbreitete Glaube vor, daß Käse zu dick mache und zu viel Salz enthalte, um ihn richtig und öfter als nur gelegentlich genießen zu können. Leider widerspiegeln auch die Warenregale der Supermärkte die öffentliche Meinung. Sie sind vollgepackt mit gebrauchsfertigen Packungen von geriebenem oder in Scheiben geschnittenem Jack, Cheddar, Schweizer Käse oder Schmelzkäse, die mit Konservierungsmitteln »frischgehalten« werden. Sterilisiert und standardisiert – wer kann es den Amerikanern verdenken, daß sie Käse als nur irgendein Nahrungsmittel ansehen, das man erst bearbeiten muß, um es essen zu können?

Wie konnte es zu einer solchen Entwicklung in einem Land kommen, dessen Bevölkerung im Jahre 1890 zu fast einem Drittel aus europäischen Einwanderern bestand? Ironischerweise war es gerade der gewaltige Zustrom von Immigranten, der zu dieser Situation beitrug. Damals sah man die Massenproduktion als die einzige Möglichkeit an, die rasch größer werdende Bevölkerung zu ernähren. Niemand hatte die Zeit, neue Käsesorten zu entwickeln, und der Vertrieb der kleinen, individuell produzierten Bauernkäse war in einem so riesigen Land unmöglich. Also wurde die Milch hauptsächlich zu Cheddar verarbeitet, der vor allem groß sein mußte. Im Jahre 1900 gab es allein an der Ostküste eintausend Käsefabriken.

Der erste durch und durch amerikanische Käse war der Brick, der sich von den europäischen Käsesorten sowohl durch seinen Namen als auch durch das Herstellungsverfahren unterschied. 1877 entdeckte John Jossi, ein Käsehersteller schwei-

RECHTS: New York State Cheddar

zerischer Abstammung aus Wisconsin, daß zwischen zwei Ziegeln gepreßter frischer Bruch einen ziegelförmigen Käse ergab, der dem bekannten deutschen Limburger ähnelte, jedoch fester und elastischer war. Sein Käse ließ sich ausgezeichnet schneiden und hatte einen milden Duft und Geschmack. Heute wird der Brick in vakuumverpackten Scheiben oder Blöcken überall in den USA verkauft.

Als nächster kam 1882 der nach einer Stadt in Wisconsin benannte Colby. Er ähnelt dem Cheddar, ist jedoch weicher und elastischer, reift auch schneller und ist daher nicht erst nach Monaten, sondern bereits innerhalb von Wochen verzehrfertig. Der süße und fade Colby wurde schnell als ein vielseitig verwendbarer Familienkäse akzeptiert und gehört noch heute zu den Favoriten der Amerikaner.

Obwohl der Monterey Jack dem Schotten David Jacks zugeschrieben wird, läßt sich die Geschichte dieses Käses bis zu den spanischen Franziskanermönchen zurückverfolgen, die in den frühen Tagen der Missionen, als Kalifornien noch ein Teil Mexikos war, auch nach Norden gekommen waren. Sie machten sich daran, überschüssige Milch zu *queso blanco*, einem köstlichen, cremigen Käse zu verarbeiten, der seinen Ursprung in Spanien hatte und der über das Meer bis nach Südamerika gelangt war.

David Jacks erkannte, welches Potential in dem Käse steckte. Er errichtete Fabriken, und um die Mitte der achtziger Jahre des neunzehnten Jahrhunderts produzierte er seinen eigenen Käse. Um ihn auf dem Markt von anderen Sorten zu unterscheiden, machte er ihn als Jacks' Cheese bekannt; schließlich hieß der Käse nur noch Jack. Um ihn von dem festeren industriell produzierten Jack zu unterscheiden, wird er gewöhnlich als Monterey, Sonoma oder California Jack bezeichnet.

Wie viele andere Käsesorten, so wurde auch der Dry Jack mehr durch Zufall als mit Absicht kreiert. Das geschah 1915, als ein anderer Unternehmer aus San Francisco zu

UNTEN: Dry Jack

viel jungen Jack liegen hatte. Da er die Regalfläche für andere Käse brauchte, lagerte er den Jack auf dem Fußboden, salzte jeden einzelnen in der Hoffnung, daß der Käse nicht schlecht würde. Wochen später entdeckte er, daß der Jack fruchtig, gehaltvoll und hart, ähnlich wie Parmesan, geworden war. Der Dry Jack wurde sehr schnell populär und ist bis heute auch einer der beliebtesten Käse geblieben.

1930 wurden die meisten bekannten europäischen Käsesorten auch in den USA produziert. Die übertriebene Furcht vor dem Genuß von Rohmilchprodukten führte jedoch 1950 zur Schließung fast aller kleinen Käsereien. Nur die beherztesten unter den Käsemachern blieben. Sie zählten auf die Loyalität ihrer Mitbürger, um zu überleben, während andere, die in abgeschiedeneren Gegenden lebten, ihr Glück mit dem Versandhandel machten.

Der Einfluß des Vietnamkrieges und das Anwachsen der Hippie-Bewegung waren nur zwei Katalysatoren, die eine neue Generation von Käseproduzenten hervorbrachten; diese neue Generation hatte sich einer anderen Lebensweise verschrieben und stellte nun auf ihren Farmen Bauernkäse her.

In den späten siebziger Jahren war die Käseproduktion in die Hände großer Unternehmen übergegangen. Die kleinen Genossenschaften verschwanden, als auch der Käse zu einer Ware wurde, die möglichst billig und effizient an eine wachsende Zahl von Supermärkten vertrieben werden mußte.

Dann brach für die amerikanische Küche ein neues Zeitalter an; die jungen Küchenmeister gingen von importiertem Käse ab und suchten nun statt dessen nach regionalen Erzeugnissen. Für Menüs im Mittelmeerstil wurde frischer Mozzarella, Ricotta und Ziegenkäse gebraucht. Die Zahl der Feinkostgeschäfte stieg, und auf den herrlichen Bauernmärkten, die mehr Qualität als Quantität anbieten, konnte man individuell hergestellten Käse aus allen Gegenden von Kalifornien bis New York kaufen.

Viele der neuen Käsemacher verlegten sich auf die Produktion von Schaf- oder Ziegenkäse. Schafe und Ziegen ließen sich besser halten, erforderten geringere Investitionen, und ihre Milch brachte einen höheren Ertrag. Die strengen Gesetze, die das Pasteurisieren der Milch verlangten, wurden gelockert, und man durfte Rohmilchkäse verkaufen, der zum Reifen mindestens sechzig Tage Zeit gehabt hatte.

Auch die Verbraucher gehen inzwischen anders an das Thema Käse heran. Wenn sie heute Bauernkäse kaufen, dann tun sie das in dem Gefühl, das Althergebrachte zu unterstützen und diejenigen zu fördern, die ihren Hof nach naturverträglichen Methoden bewirtschaften. Heute gibt es mehr als achtzig Hersteller von amerikanischen Bauernkäsesorten.

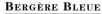

OBEN:
Monterey Jack

Wenn Sie in Amerika sind, dann halten Sie Ausschau nach ihnen – es wird sich für beide Seiten lohnen.

Neben den kleineren Käsemachern gibt es in den USA auch Großproduzenten, die verschiedene Käsearten – oftmals Versionen europäischer Sorten – herstellen. Deshalb werden Sie in diesem Kapitel sowohl einzelne Käsesorten als auch die Namen von Unternehmen finden, deren gesamtes Sortiment eine hohe Qualität hat, so daß es sich bei einer Reise durch Amerika lohnt, danach zu suchen.

BEL GIOIOSO CHEESES
HERKUNFT: *Wisconsin*
ART: *Verschiedene italienische Rohmilchkäse*
MILCH: *Kuhmilch*
BESCHREIBUNG: *Verschiedene Größen und Formen, darunter Glocken-, Rad-, Birnen- und Keilform*
VERWENDUNG: *Verschieden*

Bel Gioioso ist der Name einer Reihe von italienischen Käsesorten, die ihren Ursprung in der 1877 bei Neapel gegründeten Auricchio Cheese Company haben. Die Firma entwickelte sich und wurde schließlich zum weltweit größten Produzenten von gereiftem Provolone. 1979 baute das Unternehmen eine Fabrik in Wisconsin auf, die mit italienischer Technik ausgerüstet ist und in der italienische Käsemeister arbeiten.

Heute produziert Bel Gioioso Cheeses Fontina, Parmesan, Romano, Asiago und Gorgonzola sowie Mascarpone und frischen Mozzarella – und natürlich den Provolone, mit dem das Unternehmen einst begonnen hatte. Die Herstellung nach traditionellen italienischen Verfahren garantiert die Echtheit der Erzeugnisse. Klimatische Unterschiede und eine andere Qualität des Weidelands sowie die Notwendigkeit, den Anforderungen des Marktes zu entsprechen, haben das Aroma und die Textur der verschiedenen Sorten fast unmerklich verändert. Ihr grundlegender Charakter jedoch ist davon nicht verlorengegangen.

BERGÈRE BLEUE
HERKUNFT: *New York State*
ART: *Neuere, naturbelassene Blauschimmelkäsesorte; individuell produziert*
MILCH: *Schafmilch*
BESCHREIBUNG: *Zylindrischer Käse von 16 cm Durchmesser und 10 cm Höhe. Die klebrige, feuchte Naturrinde zeigt gelegentlich Flecken von Naturhefen und Schimmeln*
VERWENDUNG: *Als Tafelkäse, für Omeletts und Salate*

Der Bergère Bleue ist ein Käse nach Roquefort-Art mit einem kräftigen Duft nach Lanolin und Hefe. Er zergeht auf der Zunge wie Butter und enthüllt dabei sein Karamelaroma. Die blaugrünen Streifen von *Penecillium roquefortii* verleihen dem blaß zitronengelben feuchten und leicht krümeligen Käse eine pikante Würze. Der reifere Käse ist streichfähig.

Hergestellt wird der Bergère Bleue von Jane North, die ihr Handwerk in Frankreich und in den spanischen Pyrenäen erlernte. Als sie in die USA zurückkehrte, baute sie zusammen mit ihrem Mann bei Freetown eine eigene Farm auf. 1988, acht Jahre später, gründeten sie die Northland Sheep Dairy und begannen mit der Käseherstellung. Außer dem Bergère Bleue produzieren sie auch Tomme Bergère und Folie Bergère.

BRIER RUN CHEESES
HERKUNFT: *West Virginia*
ART: *Traditionelle, naturbelassene Frischkäse und gereifte Käse*
MILCH: *Ziegenmilch (Nubische Ziege, Alpine und Saanen)*
BESCHREIBUNG: *Käse in verschiedenen Größen und Formen mit einem Gewicht von 115 g–1 kg*
VERWENDUNG: *Als Tafelkäse, auch in Salaten und zum Grillen*

Ziegen sind robuste Tiere, die ihre beste Milch dann geben, wenn die Bedingungen hart und wechselhaft sind. Das enge Tal, die mit Büschen bedeckten grauen Felsen und die Weiden voller Kräuter auf den Ausläufern der Appalachen bilden für die Ziegenherde von Greg und Verena Sava einen idealen Lebensraum. Ihr naturhaftes Leben bringt es auch mit sich, daß sie sich ohne den steuernden Einfluß des Menschen fortpflanzen, so daß es Zeiten gibt, in denen die Milch knapp und der Käse nur schwer irgendwo aufzutreiben ist. Die aromareiche Milch wird sehr sorgfältig behandelt, der Bruch wird von Hand geschöpft, damit der Käse ein sahnigeres, volleres Aroma erhält. Die Ziegenkäse der Familie Sava gehören zu den besten in Amerika.

BULK FARM CHEESES
HERKUNFT: *California*
ART: *Verschiedene traditionelle Käse nach europäischer Art; individuell produziert*
MILCH: *Kuhmilch*
BESCHREIBUNG: *Verschieden*
VERWENDUNG: *Als Tafelkäse, zum Reiben und Grillen*

Holländische Käsemacher gehören zu den besten in Europa. Die in die USA eingewanderten Produzenten machen in ihrer neuen Heimat holländischen Käse nach traditionellen Rezepturen, die den neuen Weideländern und den veränderten klimatischen Bedingungen angepaßt wurden. In der Familie Bulk wird seit Generationen Käse hergestellt. Auch Walter und Lenneke Bulk halten auf ihrer Farm in Kalifornien diese Familientradition hoch.

Besucher, die die Käsesorten aus dem kleinen Laden der Bulks einmal gekostet haben, sind von der Qualität beeindruckt und kommen meist wieder. Um zu garantieren, daß Geschmack und Textur des Gouda echt sind, importieren die Bulks die Starterkulturen und das Lab aus Holland. Das wirkt sich in jeder Stufe des Herstellungsprozesses aus und hat einen direkten Einfluß auf das kräftige nußartige Aroma des Gouda. Die Bulk-Farm stellt auch ihren eigenen Leidskaas, Edamer und Quark her.

Capriole Banon
HERKUNFT: *Indiana*
ART: *Traditionelle Frischkäsesorte; individuell produziert*
MILCH: *Ziegenmilch (Alpine)*
BESCHREIBUNG: *180 g schwere Scheibe, in marinierte Kastanienblätter gewickelt*
VERWENDUNG: *Als Tafelkäse*

Judy Schads Käse sind in Qualität und Charakter außergewöhnlich. Es spiegeln nicht nur die Formen und Namen ihren ausgeprägten Sinn für Humor wider – Wabash Cannonballs und Fromage à Trois sind nur zwei Käse aus ihrer Liste –, sondern auch ihre Konzentration auf das Reifen der Käse bis zum Punkt der höchsten Vollendung zeigen ihren Glauben daran, daß der amerikanische Gaumen gern neue Aromen und Geschmacksrichtungen ausprobiert.

Ihr Capriole Banon sieht mit seiner Umhüllung aus Kastanienblättern, die in Weinbrand und Weißwein mariniert wurden, wie ein exquisit verpacktes Geschenk aus. Der Duft der Blätter durchdringt die weiche, cremige Käsemasse und erzeugt eine sensationelle Mischung von Aromen.

In Judy Schads Unternehmen Capriole Inc. wird auch Mont St Francis, Old Kentucky Tomme und Festiva hergestellt. Der Festiva ist eine herrliche Kombination aus einem Ziegenkäse nach Jack-Art mit Pinienkernen, Basilikum und aromareichen sonnengereiften Tomaten.

Chèvre de Provence
HERKUNFT: *Alabama*
ART: *Neuere, naturbelassene Frischkäsesorte; individuell produziert*
MILCH: *Ziegenmilch (von verschiedenen Rassen)*
BESCHREIBUNG: *Rindenlose Käse in verschiedenen Formen und Größen*
VERWENDUNG: *Als Tafelkäse, zum Grillen oder Backen, als Brotaufstrich, für Salate*

Wie große Patissiers, so scheinen auch manche Käsemacher eine besonders glückliche Hand zu haben. Auf ihren Zusammenkünften 1994 und 1995 erkannten die Preisrichter der American Cheese Society sicher Liz Parnells Talent und zeichneten die Käseherstellerin für ihren Chèvre de Provence und ihren Fromage Frais mit dem ersten Platz aus.

Liz Parnells Chèvre wurde von manchen schon als amerikanischer Schatz bezeichnet. Das zarte Aroma der winzigen Scheiben von frischem, zitronenartigem Ziegenkäse wird durch eine Mischung aus Olivenöl und frischen Kräutern verstärkt, in die Käse eingepackt sind.

Coach Farm Cheeses
HERKUNFT: *New York State*
ART: *Neuere Frisch- und Weichkäsesorten; individuell produziert*
MILCH: *Ziegenmilch (Race Alpine)*
BESCHREIBUNG: *Käse in verschiedenen Größen und Formen, Texturen und Geschmacksrichtungen*
VERWENDUNG: *Als Tafelkäse, zum Grillen, Backen oder als Pastetenfüllung, für Saucen und Salate*

Die Coach Farm Cheeses, deren Eigenschaften von frisch, mild und zitronenartig bis zu cremig, aromatisch und pilzartig reichen, sind von durchwegs hoher Qualität. Sie setzen einen Maßstab, durch den sich viele kleine Farmen, auf denen Käse hergestellt wird, auszeichnen, und es überrascht nicht, daß sie heute zu den am weitesten verbreiteten Käsesorten in Amerika gehören.

Miles, Lilian und Susan Cahn sind Perfektionisten. Sie sind um eine abwechslungsreiche Ernährung ihrer achthundert Ziegen ebenso besorgt, wie um die Suche nach einer geeigneten Verpackung, die ihren Käse nach außen hin schützt und dabei atmen läßt.

Ihre Frischkäse sind innerhalb von Tagen verzehrfertig. Die gereiften Varianten entwickeln einen weißen Penicilliumschimmel; man genießt sie am besten, wenn sie noch fest und flockig sind. Ihr Geschmack ist mild, doch nicht fade, und sie zergehen auf der Zunge wie Eiscreme. Beide Arten sind in unterschiedlichen Aromarichtungen erhältlich. Einer der bekanntesten Käse ist der Pyramid, bei dem der frische Bruch mit würzigen, pikanten grünen Pfefferkörnern aromatisiert wird.

Cottage Cheese
HERKUNFT: *Verschieden*
ART: *Neuere Frischkäsesorte; industriell produziert*
MILCH: *Kuhmilch*
BESCHREIBUNG: *Cremiger, klumpiger Käse, der in Gefäße abgepackt in den Verkauf kommt*
VERWENDUNG: *Als Tafelkäse, für Snacks und Salate, zum Backen*

Die Amerikaner halten den Cottage Cheese zwar für ihre eigene Erfindung, doch er hat seinen Ursprung bei den europäischen Landarbeitern, die ihn bereits jahrhundertelang hergestellt hatten, ehe er über den Atlantik nach Amerika gelangte.

Der Cottage Cheese ist ein nichtreifender Käse, der keinen Labzusatz benötigt, sondern durch die natürliche Gerinnung warmer Milch entsteht. Der weiche, schlaffe Bruch wird in erbsengroße Würfel geschnitten und langsam in der Molke erwärmt, bis er die gewünschte Textur und Teigbeschaffenheit erreicht hat. Dann läßt man die Molke ablaufen und wäscht die klumpige Masse in kaltem Wasser, um überschüssige Molke und Laktose zu entfernen. Was zurückbleibt, ist Cottage Cheese. Man gibt ihm Salz und gewöhnlich etwas Milch oder Rahm zu. Viele Sorten erhalten Zusätze, die das eigentlich fade und oftmals recht langweilige Aroma stärker machen.

Der Anteil des Cottage Cheese am Käseverbrauch der ernährungsbewußten Amerikaner beträgt fast 25 Prozent. Er wird landesweit in Fabriken produziert, die alle um ihren Marktanteil kämpfen. Der Käse reift einen oder zwei Tage und hat einen Fettgehalt von 5–15 Prozent.

OBEN: *Ein junger Capriole Banon*

KÄSE AUS DEN USA 133

RECHTS: Cream Cheese

COUGAR GOLD
HERKUNFT: *Washington State*
ART: *Neuere halbfeste Käsesorte; industriell produziert*
MILCH: *Kuhmilch*
BESCHREIBUNG: *1 kg schwerer, in einer Blechdose verpackter Rundkäse ohne Rinde*
VERWENDUNG: *Als Tafelkäse, für Snacks*

Der Cougar Gold wurde 1948 von der Washington State University entwickelt, um die Entwicklung und die Qualität der Käseherstellung im Bundesstaat Washington zu fördern. Der Käse ist noch heute populär – zum Teil wohl auch deshalb, weil man einen Käse nur selten in einer Blechdose zu kaufen bekommt.

Der Cougar Gold ist cremig, glatt und gehaltvoll. Sein Aroma und sein Geschmack erinnern an Käse-Zwiebel-Sauce.

Ein begeisterter Anhänger dieses Käses schickte der Autorin zwei Dosen davon – eine zwölf Monate und eine zwei Jahre alte – um zu beweisen, daß Käse in einer Verpackung aus Blech gut sei und darin auch reifen könne. Die Autorin war zwar geziemend beeindruckt, jedoch nicht unbedingt überzeugt.

CREAM CHEESE
HERKUNFT: *Verschieden*
ART: *Neuere Frischkäsesorte; industriell produziert*
MILCH: *Kuhmilch*
BESCHREIBUNG: *Weißer rindenloser Käse, der in Gefäßen verpackt in den Verkauf kommt*
VERWENDUNG: *Als Brotaufstrich, zum Backen, für Dips und Käsekuchen*

Der Cream Cheese ist genau wie der Cottage Cheese ein ungereifter Käse. Bei diesem Käse braucht man jedoch eine Starterkultur, die die Laktose in Milchsäure umwandelt und so die Milch gerinnen läßt. Bei fettarmen Sorten muß gegebenenfalls etwas Lab zugesetzt werden, das die Milch besser dick werden läßt. Den frischen, weichen Bruch gießt man in ein dichtes Leinentuch (oder in einen Sack aus Plastikgewebe), verknotet dessen Enden und hängt das Bündel zum Ablaufen der Molke auf. Nach zwei oder drei Stunden wird der Käsebruch von den Tuchrändern in die Mitte geschabt, das Tuch wieder zusammengebunden, das Bündel auf ein Abtropfbrett gesetzt, mit einem Gewicht beschwert und zwei bis drei Stunden gepreßt. Auf dieser Verarbeitungsstufe wird die Masse dann gesalzen. Theoretisch könnte der Cream Cheese nun zum sofortigen Verbrauch in Tuben verpackt werden, doch er wird statt dessen oftmals erhitzt und extrudiert, bevor man ihn zum Verkauf in Gefäße abfüllt.

Der Cream Cheese ist meistens mild und samtig und hat eine frische, zitronenartige Würze, die durch die butterartige Fülle des Rahms ausgeglichen wird. Die fettarmen Versionen können Molkepulver enthalten, das ihnen einen leicht körnigen Charakter verleiht. Zu Hause hergestellter Cream Cheese muß innerhalb einiger Tage aufgebraucht werden. Die kommerziell produzierten Erzeugnisse sind im Gegensatz dazu je nach Herstellungs- und Konservierungsverfahren bis zu sechzig Tage haltbar. Stabilisatoren werden nur selten verwendet, doch manche Hersteller geben einen pflanzlichen Stoff zu, der den Käse zusammenhält und seine Haltbarkeit verbessert.

CROWLEY
HERKUNFT: *Vermont*
ART: *Traditionelle halbfeste Käsesorte; individuell produziert*
MILCH: *Kuhmilch*
BESCHREIBUNG: *Zylindrische oder längliche Käse in verschiedenen Größen. Die Naturrinde zeigt die Abdrücke des Käsetuches und ist mit etwas natürlichem Schimmel bewachsen.*
VERWENDUNG: *Als Tafelkäse, zum Reiben und Grillen*

Der Bruch für diesen Bauernkäse wird mit kühlem Quellwasser gewaschen, das einen Großteil der sauren Molke entfernt und so einen Käse entstehen läßt, der dem Cheddar ähnelt, jedoch süßer als dieser ist. Der Bruch wird nach dem Waschen gesalzen, locker gepackt, damit sich die kleinen Käselöcher entwickeln können, dann in hölzerne Pressen eingelegt und von Hand gerade lange genug gepreßt, daß er eine feste, doch feuchte Textur entwickeln kann. Läßt man den Käse drei bis sechs Monate reifen, dann ist er großartig; nach rund sechs Monaten zeigt er noch immer etwas Süße, hat jedoch den scharfen Käse-und-Zwiebel-Geschmack des reifen Cheddar. Ein regelrechter Verkaufsschlager ist der mehr als zwölf Monate alte, extrascharfe Crowley.

Die Geschichte dieses Käses begann in einer Küche, wo Winfield und Nellie Crowley für Freunde und ihre Familie Käse herstellten. 1882 bauten sie eine eigene Molkerei auf. Die Nachfrage nach ihrem Käse, der aus einer Kombination von Rezepturen gemacht und über die Jahre den Vorlieben der einzelnen Familienmitglieder angepaßt worden war, wurde bald größer.

Obwohl der Crowley offiziell als ein Colby-Käse bezeichnet wird, gab es ihn in Wirklichkeit schon Jahrzehnte vor dem Colby. Doch ebensowenig kann man ihn als Cheddar einordnen, da er nach einem anderen Verfahren hergestellt wird.

1967 sollte der Betrieb geschlossen werden. Auch Randolph Smith, der nach Vermont gekommen war, um hier sein Pensionärsdasein zu genießen, kam das Gerücht zu Ohren. Er durchkreuzte die Schließungspläne und rettete die Firma. Heute wird der einfache Bauernkäse von Smiths Söhnen in der alten Scheune, in der auch die Crowleys ihn schon herstellten, von Hand gemacht. An Zuschauern mangelt es dabei nicht, denn jeden Sommer kommen viele Tausend Besucher, die die Gelegenheit nutzen, die Herstellung von Käse einmal mit eigenen Augen zu verfolgen.

KÄSE AUS DEN USA

CYPRESS GROVE CHÈVRE
HERKUNFT: *California*
ART: *Neuere und traditionelle vegetarische Frischkäse und gereifte Käsesorten*
MILCH: *Ziegenmilch (Alpine)*
BESCHREIBUNG: *Käse verschiedener Formen und Größen*
VERWENDUNG: *Als Tafelkäse, für Salate und Saucen, zum Grillen und Backen*

Mit einer durchgängig guten Qualität und der charakteristischen Verpackung ihrer Käse haben Mary Keehn und ihre Tochter Malorie ihren Erfolg als Käsehersteller begründet. Ihre Frischkäse sind im traditionellen Stil französischer Bauernkäse gemacht. Sie sind locker und mousseartig, haben eine angenehme Säure und einen kräuterartigen Nachgeschmack. Läßt man sie reifen, dann entwickeln sie einen weißen Penicilliumschimmel, der die Käse wie eine Hülle umgibt. Dann prägt sich auch der kräuterartige Charakter stärker aus, und das Pilzaroma der Rinde durchdringt den Käse. Obwohl er härter als ein junger Cypress Grove Chèvre ist, schmilzt der gereifte Käse auf der Zunge. Zum Sortiment der Keehns gehören auch Chèvre Log, Pee Wee Pyramid, Goat's Milk Cheddar, Tomme und Feta.

UNTEN: *Dry Jack*

DRY JACK
HERKUNFT: *California*
ART: *Traditionelle vegetarische Hartkäsesorte aus Rohmilch; individuell produziert*
MILCH: *Kuhmilch*
BESCHREIBUNG: *4 kg schwerer quadratischer Käse mit abgerundeten Kanten. Seine Naturrinde ist von Hand mit Öl, Kakaopulver und Pfeffer eingerieben.*
VERWENDUNG: *Als Tafelkäse, zum Reiben, für Salate*

Wie viele große Käsesorten, so entstand auch der Dry Jack mehr durch Zufall als durch Absicht. Es war im Jahre 1915, als ein Großhändler aus San Francisco feststellte, daß er zu viel jungen Jack eingekauft hatte. Um die Regale für neue Ware freizubekommen, wußte er sich nicht anders zu helfen, als den Jack einstweilen auf dem Fußboden zu lagern. In der Hoffnung, die Käse würden nicht verderben, bestreute er jeden einzelnen mit Salz.

Wochen danach entdeckte er, daß die Käse fruchtig, gehaltvoll und hart geworden waren und nun dem Pecorino und dem Parmesan ähnelten, die ihm zu dieser Zeit gerade ausgegangen waren. Not macht erfinderisch, und so versah er jeden Käse mit einem Überzug aus Öl, Pfeffer und Kakaopulver, um damit den Lampenruß zu imitieren, mit dem die importierten italienischen Käse damals geschwärzt wurden, und bot seinen Kunden den Käse als »Dry Jack« an. Das war die Geburtsstunde einer neuen, berühmten Käsesorte.

Heute wird der Dry Jack von der Vella Cheese Company produziert und gehört zu den besten Sorten der Welt. Seine Rinde sieht wie Schokolade aus. Darunter verbirgt sich ein sattgelber harter Käse, der beim Schneiden fast splittert und Schicht um Schicht seines Aromas freisetzt: Süß und fruchtig; scharf und appetitanregend; kräftig und vollmundig wie ein guter Wein.

KANADISCHER KÄSE

Die frühen kanadischen Siedler aus Frankreich und Großbritannien verdienten sich ihren Lebensunterhalt in der Hauptsache als Pelztierjäger, Händler und Waldarbeiter. Sie zeigten nur wenig Interesse an Landwirtschaft oder Käseherstellung, und so verwundert es nicht, daß sich dieser Wirtschaftszweig in dem schönen, aber oft unwirtlichen Land nur langsam entwickelte. Als in Kanada die Rinder eingeführt wurden, geschah das ausschließlich unter dem Gesichtspunkt der Fleischversorgung. Die Herstellung von Käse wurde gar nicht in Erwägung gezogen, da Wild- und Rindfleisch reichlich Eiweiß lieferten. Nur im Winter, wenn gewaltige Schneemassen die Versorgung der abgelegenen großen Farmen behinderten, stellte man dort ein paar unvollkommene Käse her.

Der Grundstein für die Käseherstellung in Kanada wurde eigentlich erst mit der Ankunft französischer Trappistenmönche gelegt. Sie bauten ihr erstes Kloster in Quebec, und im Jahre 1881 stellten sie dort den Oka, einen halbfesten Käse mit gewaschener Rinde her, der seit 1960 industriell produziert wird. Die Benediktinermönche von der Abtei Saint Benoit du Lac in Quebec entwickelten 1943 den Ermite (Einsiedler), Kanadas ersten Blauschimmelkäse. Auch er wird noch heute hergestellt.

Die britischen Einwanderer, die nach Kanada gekommen waren, stellten in ihrer neuen Heimat nach und nach Milchviehherden zusammen. Sie gründeten Genossenschaften und verarbeiteten die Milch zu Cheddar, so wie es auch ihre ehemaligen Mitbürger taten, die nach Australien, Neuseeland oder in die USA ausgewandert waren.

Der kanadische Cheddar machte auf spektakuläre Art auf sich aufmerksam, als man zur Weltausstellung 1893 in Chicago einen zehn Tonnen schweren, in der Provinz Ontario produzierten Käse dieser Sorte zeigte, der dann schließlich in einem Londoner Restaurant landete. Der kanadische Cheddar erwies sich in puncto Marketing als großer Erfolg. Er hatte seinen Platz auf der Landkarte – und bei den Britten erobert. Er verkauft sich auch heute noch gut in den Supermärkten ganz Großbritanniens. Er wird industriell hergestellt; doch läßt man ihn oftmals reifen, bis er einen Säuregrad erreicht hat, der einem beim Essen die Lippen zusammenzieht – ein Geschmack, den unerschütterliche Anhänger des Käses als Zeichen für einen vollkommenen Cheddar verteidigen. Feinschmecker, die den festen, kräftig nußartigen Charakter des traditionellen britischen Cheddar schätzen, könnten hier jedoch anderer Meinung sein.

Obwohl die Entwicklung des Tourismus ein beachtliches Anwachsen des Absatzes von kanadischem Raclette und Oka mit sich brachte, wird der kanadische Käsemarkt nach wie vor vom Cheddar beherrscht. Bis jetzt ist von einer Wiederbelebung des traditionellen Käsereihandwerks kaum etwas zu spüren.

LINKS: *Kanadischer Cheddar*

KÄSE AUS DEN USA

FRESH JACK
HERKUNFT: *California*
ART: *Traditionelle halbfeste Käsesorte;
individuell oder industriell produziert*
MILCH: *Kuhmilch*
BESCHREIBUNG: *Rundkäse in verschiedenen Größen. Die strohfarbene
Naturrinde ist dünn und elastisch.*
VERWENDUNG: *Als Tafelkäse, für Snacks
und Salate, zum Schmelzen*

Ein weiterer Käse aus der Produktion der Vella Cheese Company ist der Fresh Jack. Mit seiner Textur ähnelt er dem Edamer, ist jedoch cremiger und elastischer als dieser. Sein Geschmack ist charakteristisch: Aromatisch, mit einer bitteren Spur wie von grünem Gras. Der industriell produzierte Jack ist im Vergleich zu diesem ausgezeichneten handgemachten Käse meist fade, mild und milchartig und fühlt sich im Mund gummiartig an.

GRAFTON VILLAGE CHEDDAR
HERKUNFT: *Vermont*
ART: *Traditionelle Hartkäsesorte
aus Rohmilch; individuell produziert*
MILCH: *Kuhmilch*
BESCHREIBUNG: *Blöcke in verschiedenen
Größen, ohne Rinde*
VERWENDUNG: *Als Tafelkäse, zum Reiben,
Schmelzen und Grillen, in Saucen*

Die Grafton Village Cheese Company hält nach wie vor an dem Prinzip fest, kleine Mengen zu produzieren und dabei traditionelle Herstellungsverfahren anzuwenden. Das ist die Voraussetzung dafür, daß das Unternehmen auch weiterhin seinen ausgezeichneten weißen (ungefärbten) Cheddar herstellen kann. Dieser Käse zeichnet sich durch die Fülle seines Aromas und seines Charakters aus, die sich nur durch die Verwendung von Rohmilch und eine lange Reifungszeit erreichen läßt.

Das Unternehmen wurde 1890 in dem Dorf Grafton gegründet, das jetzt mit großer Sorgfalt restauriert wird. Es bezieht seine Milch von den nahegelegenen Farmen, deren Milchkühe auf den saftigen Bergweiden im südlichen Vermont grasen. Die Milch hat einen hohen Butterfettanteil und eine gleichbleibende Qualität und Textur. Diese Eigenschaften sind wichtig für die Herstellung der Käse, die ihren wahren Charakter und ihre Fülle während der Reifung entwickeln.

Der Grafton Village Cheddar reift sechs bis vierundzwanzig Monate und hat einen Fettgehalt von 50 Prozent. Zur Produktionspalette des Unternehmens gehören verschiedene, mit Salbei, Knoblauch oder Dill gewürzte Cheddars sowie eine über Maiskolbenfeuer geräucherte Version.

HOLLOW ROAD CHEESES
HERKUNFT: *New York State*
ART: *Traditionelle naturbelassene
Frischkäse und gereifte Käsesorten*
MILCH: *Schafmilch (auch Schaf-
und Kuhmilch)*
BESCHREIBUNG: *Käse verschiedener
Formen und Größen*
VERWENDUNG: *Als Tafelkäse, für Snacks
und Salate*

John Snyder und Ken Kleinpeter stellen eine ganze Reihe ausgezeichneter Käsesorten her, von denen jede einzelne einen herrlichen Einblick in den Charakter der Schafmilch mit ihrer Karamelsüße und dem vollen, nußartigen Nachgeschmack vermittelt.

Snyder und Kleinpeter halten sich streng an die Prinzipien ökologisch verträglichen Wirtschaftens, um »gesunde Nahrungsmittel von gut gepflegten und artgerecht aufgezogenen Tieren« zu produzieren. Außer Ricotta, Feta, Camembert und Frischkäsestangen aus Schafmilch stellen sie aus einer Mischung von Schaf- und Kuhmilch oder nur aus Kuhmilch, wenn die Schafmilch knapp ist, ihren eigenen Joghurt her.

HUBBARDSTON BLUE COW
HERKUNFT: *Massachusetts*
ART: *Neuere Frischkäsesorte;
individuell produziert*
MILCH: *Kuhmilch*
BESCHREIBUNG: *Kleiner Rundkäse
mit Naturrinde, die von blaugrauem
Schimmel bedeckt ist*
VERWENDUNG: *Als Tafelkäse*

Dieser Käse ist kein herkömmlicher Blauschimmelkäse; man nennt ihn so wegen seiner weichen, flaumigen Rinde aus blaugrauem Schimmel, die den Reifungsprozeß beschleunigt und den Käse dicht an der Rinde weich macht, so daß er fast zerfließt. Das Aroma ist köstlich und würzig und deutet eine Spur von Mandeln an.

Der Hubbardston Blue Cow wird von Westfield Farm hergestellt, die auch einige Ziegenkäsesorten produzieren.

IDAHO GOATSTER
HERKUNFT: *Idaho*
ART: *Neuere Hartkäsesorte;
individuell produziert*
MILCH: *Ziegenmilch (Saanen)*
BESCHREIBUNG: *2 kg schweres Rad
mit gewachster Naturrinde*
VERWENDUNG: *Als Tafelkäse, zum Reiben
und Grillen*

Das Vertauschen der Töpferscheibe und der Malpinsel gegen Melkmaschine und Käseharfe scheint für Charles (Chuck) und Karen Evans eine ganz natürliche Weiterentwicklung gewesen zu sein; sie haben die Käseherstellung fast zu einer Kunstform gemacht. Ihr Idaho Goatster sieht mit seiner gewachsten, mit Annatto eingeriebenen Rinde sehr attraktiv aus. Die harte, fast trockene Textur des Käses ähnelt der eines italienischen Pecorino, und das Aroma der Ziegenmilch verleiht ihm eine nußartige, mandelähnliche Qualität.

Neben dem Idaho Goatster stellen die Evans' auch Bleu Age her, einen oberflächengereiften Käse, dessen blauer Schimmel das Äußere des Käses bedeckt. Darin unterscheidet er sich von den traditionellen Blauschimmelkäsesorten, die von innen nach außen blau werden. Der Bleu Age ist cremig und sehr scharf und hat eine Würze, die ihn dem Stilton ähnlich macht. Er wurde bei der Zusammenkunft der American Cheese Society 1990 als Best of Show beurteilt und mit Gold ausgezeichnet.

Ein weiteres Erzeugnis ist die Cranberry Torta, die aus wechselnden Schichten von einfachem Chèvre und mit Moosbeeren und Zitronenschale gemischtem Chèvre besteht und großzügig mit Walnüssen bestreut ist. Charles und Karen Evans stellen auch Idaho Goatster mit Porcini her.

OBEN: Grafton Village Cheddar – ein ausgezeichneter ungefärbter Rohmilch-Cheddar aus Vermont. Er reift bis zu einem Jahr.

KÄSE AUS DEN USA

LAURA CHENEL'S CHÈVRE
HERKUNFT: *California*
ART: *Verschiedene traditionelle Frischkäse und gereifte Käsesorten; individuell produziert*
MILCH: *Ziegenmilch*
BESCHREIBUNG: *Käse verschiedener Größen und Formen*
VERWENDUNG: *Als Tafelkäse, für Salate*

Laura Chenel ist für den Chèvre, was Pavarotti für die Oper ist. Sie hat die Amerikaner auf diese einfachen und dennoch komplexen Käsesorten aufmerksam gemacht und damit die Legende zerstört, daß Ziegenkäse herb ist und nur jemanden mit ausgefallenem Geschmack reizen kann. Ihre Käse sind von Hand hergestellt und bis zu dem Punkt gereift, an dem sich die Zartheit der Milch am vollkommensten erschließt. Angeregt durch die französichen Käsehersteller, bei denen sie 1979 arbeitete, hält sich Laura Chenel an die alten Traditionen, läßt jedoch den Charakter jedes Käses letzten Endes von den Launen des Klimas in der Gegend um Sonoma, vom Boden und von der Milch ihrer Ziegen beeinflussen.

Bei Laura Chenel gibt es – angefangen vom winzigen Cabecou in Öl bis zum gereiften Tomme – Käse in einer ganzen Reihe von Formen und Größen. Sie sind alle sehr begehrt, und das nicht allein von den Tausenden Besuchern des Weinanbaugebietes von Mendocino, sondern auch von den Küchenchefs und Restaurateuren. Daß auch Alice Waters von dem berühmten Restaurant »Chez Panisse« Laura Chenels Käse auf ihre Speisekarte und die Käseplatten setzte, war eine ganz besondere Auszeichnung für die Herstellerin.

MAYTAG BLUE
HERKUNFT: *Iowa*
ART: *Traditionelle vegetarische Blauschimmelkäsesorte aus Rohmilch; individuell produziert*
MILCH: *Kuhmilch*
BESCHREIBUNG: *2 kg schwerer Zylinder. Die elfenbeinfarbene Naturrinde ist mit einigen grauen, blauen und weißen Schimmeln bewachsen.*
VERWENDUNG: *Als Tafelkäse, für Dressings mit Blauschimmelkäse, Dips und Salate*

Seit 1941 ist der Name Maytag in Amerika ein Synonym für die etwas verrückte Kombination von Waschmaschinen und Blauschimmelkäse. Diese Verbindung nahm ihren Anfang in den zwanziger Jahren, als die Söhne des Gründers von Maytag Appliances beschlossen, ihre eigenen unternehmerischen Fähigkeiten unter Beweis zu stellen, und eine Farm gründeten. Nach und nach bauten sie eine Rinderherde aus schwarz-weißen Holstein-Friesians auf. Da sich der Milchverkauf als arbeitsaufwendig und wenig ertragreich erwies, wandten sie sich der Käseherstellung zu. Sie erkannten das Potential, das im Versandgeschäft steckte, und brauchten vor allem deshalb ihre Entscheidung nicht zu bereuen: Heute erzielen sie fast 50 Prozent ihres Umsatzes durch den Versand ihres Käses.

Man könnte nun erwarten, daß ein so bekannter Käse wie der Maytag Blue in riesigen Mengen produziert wird. Die Hersteller halten das Produktionsvolumen jedoch bewußt gering, um auch weiterhin die Qualität zu garantieren, die nur von Hand hergestellter Käse haben kann. Der Maytag Blue hat eine dichte, krümelige Textur. Er zergeht auf der Zunge wie der Roquefort und enthüllt dabei ein sehr würziges Aroma, das von den feinen, über den ganzen cremigen, feuchten Käse verteilten blaugrauen Schimmelstreifen kommt. Der Nachgeschmack ist scharf und zeigt eine köstliche Würze, die einen in Versuchung führt, ein weiteres Stück von diesem Käse zu probieren.

Einen Teil seines Erfolgs verdankt der Maytag Blue den »Höhlen« oder Kellern des Unternehmens, die in den Hang eines Hügels hineingebaut wurden. Sie sind das Domizil von natürlichen Schimmeln und Hefen. Temperatur und Feuchtigkeit werden in diesen unterirdischen Räumen eher von der Natur als von der Technik gesteuert. Hier läßt man die Käse über sechs Monate langsam reifen, damit sie ihre cremige Textur und eine Aromafülle entwickeln können, die den Maytag Blue mit manchen berühmten europäischen Blauschimmelkäsesorten vergleichbar macht.

LINKS: *Maytag Blue*

MOSSHOLDER CHEESE
HERKUNFT: *Wisconsin*
ART: *Neuere halbfeste Käsesorte; individuell produziert*
MILCH: *Kuhmilch*
BESCHREIBUNG: *Geschmeidiger Käse mit winzigen Löchern*
VERWENDUNG: *Als Tafelkäse, zum Schmelzen und Grillen*

Der Mossholder wurde genau wie der Crowley am Küchenherd erfunden. Großvater Mossholders Ehrgeiz, einen Käse »mit Schwung« zu machen, wurde mit der Zeit zu einer Art Besessenheit. Doch seine Geduld zahlte sich aus, als er schließlich den Mossholder entwickelt hatte. Dieser Käse entstand in Anlehnung an die europäischen Trappistenkäse. Er ist geschmeidig, aromatisch, scharf, fleischartig und voller winziger Löcher, die das Aroma des Käses ausströmen. Den Duft des Käses einzuatmen oder den Käse zu verspeisen ist gleichmaßen angenehm. Käseliebhaber schätzen den Mossholder Cheese als einen der großen amerikanischen Bauernkäse.

OBEN: *Ein Schafkäse von Sally Jackson*

MOZZARELLA
HERKUNFT: *Texas*
ART: *Traditionelle vegetarische Knetkäsesorte; industriell produziert*
MILCH: *Kuh- und Ziegenmilch*
BESCHREIBUNG: *Kleine, unregelmäßig geformte Kugeln verschiedener Größen*
VERWENDUNG: *Für Salate, Pizzen und Pasteten, zum Backen*

Paula Lambert gründete die Mozzarella Company, nachdem sie von einem längeren Italienaufenthalt nach Amerika zurückgekehrt war und dort die herrlichen Käsesorten vermißte, die sie zuvor in Italien kennengelernt hatte. Ohne lange zu zögern, machte sie sich daran, ihren eigenen Käse herzustellen. Das war 1982. Heute produziert sie über zwanzig verschiedene Sorten. Neben italienischen Spezialitäten findet man bei ihr klassische französische Käse, Käse im mexikanischen Stil sowie weiche und halbfeste Sorten. Bei den jährlichen Zusammenkünften der American Cheese Society wurde ihr Scamorza 1992, 1994 und 1995 in seiner Kategorie zur Nummer Eins gewählt.

Paula Lamberts Mozzarella di Bufala war so gut, daß man ihn von seinem klassischen italienischen Vorbild nicht zu unterscheiden vermochte, doch die Lieferungen von Büffelmilch blieben aus, und eine neue Quelle konnte bislang nicht ausfindig gemacht werden. Der Mozzarella aus Kuhmilch und der Capriella, der aus einer Mischung von Kuh- und Ziegenmilch hergestellt wird, sind zum Glück nicht weniger köstlich.

MUENSTER
HERKUNFT: *Wisconsin*
ART: *Traditionelle Käsesorte mit gewaschener Rinde; industriell produziert*
MILCH: *Kuhmilch*
BESCHREIBUNG: *Mit Paprika gefärbter Käselaib ohne Rinde*
VERWENDUNG: *Als Tafelkäse, zum Grillen*

Wenn Sie beim Anschneiden des Muenster etwas erwarten, das auf Ihrem Käsebrett zerfließt, einen kräftigen, strengen Duft verbreitet und ein fleischähnliches, nußartiges Aroma zeigt – mit anderen Worten: wenn Sie das Innere eines typischen französischen Munster zu sehen hoffen –, dann werden Sie wahrscheinlich eine Enttäuschung erleben. Der amerikanische Muenster ähnelt mehr den holländischen oder deutschen Kopien, die deutlich weniger beeindruckend sind als das französische Original. Er hat eine geschmeidige, elastische Textur und einen süßsauren, würzigen Beigeschmack, ist jedoch noch immer eine schwache Kopie. Man verwendet ihn am besten zum Kochen, da er hervorragend schmilzt.

PEEKSKILL PYRAMID
HERKUNFT: *New York State*
ART: *Neuere Frischkäsesorte; individuell produziert*
MILCH: *Kuhmilch*
BESCHREIBUNG: *Pyramidenförmiger Käse ohne Rinde*
VERWENDUNG: *Als Tafelkäse, für Snacks*

Der Peekskill Pyramid hat einen gehaltvollen, ausgesprochen butterartigen Geschmack und eine Textur wie Sahnekaramellen. Der zu einer Pyramide geformte Käse sieht genauso eindrucksvoll aus wie er schmeckt. Sein Nachgeschmack ist köstlich abgerundet.

Der Hersteller des Peekskill Pyramid ist Jonathan White. Wie so viele Neulinge in dieser Branche stammt auch er nicht vom Lande, sondern war ein enttäuschter Computeringenieur, den die Idee reizte, selbst Käse herzustellen. 1994 schlug ihm Charles Palmer, ein New Yorker Restaurantbesitzer, vor, aus diesem Hobby einen Beruf zu machen. Sie gründeten zusammen die Egg Farm Dairy, die allerdings weder Eier verkauft, noch eine Farm darstellt. Ist schon der Name des Unternehmens verrückt, so trifft das auch auf dessen Standort zu; es befindet sich mitten in einer Reihe kleiner Läden Tür an Tür mit einem Friseursalon. Doch wenn Sie einmal dort sein sollten, dann gehen Sie hinein – Sie werden eine wahre Oase für Käse und Käseliebhaber entdecken.

Neben dem Peekskill Pyramid stellt White auch Muskoot, Amawalk, Hudson und Wild-ripened Cheddar her. Der Muscoot fühlt sich im Munde gehaltvoll und cremig an und hat einen süßen, butterartigen Geschmack, der beim Zergehen auf der Zunge komplexer wird. Der Amawalk ist ein gereifter Käse mit einem ausgeprägten nußartigen Stil.

OBEN: *Ein Ziegenkäse von Sally Jackson*

PLYMOUTH CHEESE
HERKUNFT: *Vermont*
ART: *Traditionelle Hartkäsesorte aus Rohmilch; industriell produziert*
MILCH: *Kuhmilch*
BESCHREIBUNG: *Körniger Käse mit glatter goldgelber Naturrinde, der in verschiedenen Größen und Aromarichtungen erhältlich ist*
VERWENDUNG: *Als Tafelkäse, zum Schmelzen und Backen*

Die geschmeidige, körnige Textur dieses traditionellen New-England-Käses entsteht, wenn der frische Bruch gewaschen und von Hand geknetet wird. Die elastische Masse wird anschließend gesalzen und gepreßt und reift dann mehrere Monate. Nach sechs Monaten, wenn seine Reife den charakteristischen fruchtigen Beigeschmack durchkommen läßt, ist er am besten.

Die Plymouth Cheese Company ist ein Familienunternehmen, dessen Anfänge bis in das Jahr 1890 zurückreichen. Es wurde von John Coolidge, dem Vater des amerikanischen Präsidenten Calvin Coolidge (1923 bis 1929 im Amt), in dem kleinen Dorf Plymouth gegründet, das man heute liebevoll restauriert. Während der Rezession mußte es geschlossen werden, doch John Coolidge jr., der Sohn des Präsidenten, eröffnete den Betrieb 1960 wieder und stellte dort nach der Originalrezeptur Plymouth Cheese her. Heute ist sein Betrieb als Touristenmagnet und für seine Käseproduktion, die hauptsächlich in Coolidges Laden und im Versandgeschäft verkauft wird, gleichermaßen erfolgreich.

SALLY JACKSON CHEESES
HERKUNFT: *Washington State*
ART: *Neuere gereifte Rohmilchkäsesorten; individuell produziert*
MILCH: *Ziegen- und Schafmilch*
BESCHREIBUNG: *Käse in verschiedenen Formen und Größen*
VERWENDUNG: *Als Tafelkäse, zum Kochen*

Schafkäse scheinen die neuen Stars in der Welt des Käses zu sein. Sally Jackson stellt einige der besten her. Ihr milder, nußartiger Käse aus Schafmilch, der in weinbrandgetränkte Kastanienblätter gewickelt ist, hat eine herrliche Textur: Er gleitet weich wie Seide am Gaumen entlang, und die Hülle aus Kastanienblättern verleiht dem Endaroma eine gemüseartige, erdige, schwach alkoholische Zartheit.

KÄSE AUS DEN USA

RECHTS: *Die Rinde des Sonoma Dry Jack hat einen Überzug aus Kakaopulver*

SEA STARS GOAT CHEESES
HERKUNFT: *California*
ART: *Neuere Frischkäsesorten; individuell produziert*
MILCH: *Ziegenmilch (Alpine)*
BESCHREIBUNG: *Kleine Rundkäse oder Käsestangen, mit eßbaren Blumen garniert*
VERWENDUNG: *Als Tafelkäse*

Die Käseherstellerin Nancy Gaffney entdeckte vor zwanzig Jahren ihre Liebe zu den Ziegen, als sie auf Fanny, eine kapriziöse, betörende und sehr fruchtbare Alpine-Ziege, traf und sie pflegte.

Nancy Gaffneys kleine, ansprechend angebotene Käse sind zart, feucht und zitronenfrisch. Die Sea Stars Goat Cheeses sind weich und streichfähig, zeigen eine Andeutung von Ziegenaroma und sind sehr schön mit Kapuzinerkresse, Ringelblumen und anderen eßbaren Pflanzen garniert. Zu ihrer Produktion gehören zwei Chèvre-Tortas – eine mit Schichten von sonnengetrockneten Tomaten und Basilikum, die andere mit Schichten von Pistazien und getrockneten Aprikosen. Nancy Gaffneys Käse gewannen auf der Zusammenkunft der American Cheese Society den ersten Preis und sind heute in den besten Geschäften und Restaurants entlang der ganzen Westküste zu finden.

UNTEN: *Mit scharfen Chillies gewürzter Sonoma Jack*

SHELBURNE CHEDDAR
HERKUNFT: *Vermont*
ART: *Traditionelle vegetarische Hartkäsesorte aus Rohmilch*
MILCH: *Kuhmilch (Braunvieh)*
BESCHREIBUNG: *Blockkäse ohne Rinde*
VERWENDUNG: *Als Tafelkäse, auch verbreitet zum Kochen verwendet*

Bei der Herstellung dieses Käses für Shelburne Farms wendet Mariano Gonzales das traditionelle Cheddar-Verfahren an.

Der Shelburne Cheddar hat eine stabile, bißfeste Textur. Die Milch der Braunvieh-Kühe verleiht seinem Aroma eine gehaltvolle Komplexität. Der Käse reift achtzehn bis vierundzwanzig Monate und hat einen Fettgehalt von 51 Prozent.

Bei der jährlichen Zusammenkunft der American Cheese Society 1990 wurde er zum Best of Show erklärt. Vier Jahre später war er Sieger in der Kategorie der Bauernkäse.

SONOMA JACK
HERKUNFT: *California*
ART: *Traditionelle halbfeste Käsesorte; individuell produziert*
MILCH: *Kuhmilch*
BESCHREIBUNG: *Rindenlose Blockkäse in verschiedenen Größen*
VERWENDUNG: *Als Tafelkäse, zum Grillen*

Dieser milde weiße Käse hat seit seiner Einführung durch David Jacks gegen Ende des neunzehnten Jahrhunderts die Herzen der Amerikaner erobert. Er ist geschmeidig und feucht und wurde wahrscheinlich nach dem Vorbild des schottischen Dunlop entwickelt. Sein süßer und cremiger Geschmack wird durch eine zitrusartige Würze ausgeglichen. Heute stellt man ihn in einer großen Vielfalt von Aroma- und Geschmacksrichtungen her, darunter auch mit scharfen Chillies, und hat ihn damit zu einem Käse für jede Jahreszeit und Gelegenheit gemacht.

1931 gründeten Celso Viviani und Tom Vella die Sonoma Cheese Factory, um den Jack herzustellen, der sich im nördlichen Kalifornien bereits großer Beliebtheit erfreute. Die Partnerschaft löste sich auf, und Tom Vella gründete die gleichermaßen geschätzte Vella Cheese Company. Inzwischen produziert eine neue Generation der Vivianis trotz der starken Nachfrage nach diesem beliebten Käse ihre Erzeugnisse auch weiterhin nach den traditionellen Methoden. Von ihnen kommen auch Sorten wie Teleme, Cheddar, Havarti, Dry Jack (mit dem Überzug aus Kakaopulver) und ein Ricotta nach eigener Rezeptur.

OBEN: *Shelburne Cheddar – ein auf traditionelle Weise hergestellter Käse, der zu den Preisträgern der American Cheese Society gehört*

KÄSE AUS DEN USA

TELEME

HERKUNFT: *California*
ART: *Traditionelle vegetarische halbfeste Käsesorte; individuell produziert*
MILCH: *Kuhmilch*
BESCHREIBUNG: *5 kg schwerer quadratischer Käse mit einer Diagonalen von 30 cm. Die blaß rosa-orangefarbene Rinde ist mit Reismehl bestäubt.*
VERWENDUNG: *Als Tafelkäse, zum Backen, für Salate*

Der Teleme wird in der Familie Peluso bereits seit drei Generationen hergestellt. Der Käse ist jung wohlschmeckend, entfaltet aber erst nach dem Reifen seine Eigenschaften vollständig. Die blaßrosafarbene Rinde ist mit Schimmeln und Hefen gesprenkelt und bricht an den Rändern buchstäblich auf. Sein Duft ist ganz und gar unwiderstehlich. Der Geschmack beschwört recht gegensätzliche Vorstellungen herauf – von Wiesenblumen, Wild und Sauerrahm. Im Nachgeschmack ist der Käse hefig.

Der Teleme wurde vor mehr als einem Jahrhundert von griechischen Einwanderern in Amerika eingeführt. Der auf dem Touloumotyri oder Touloumi basierende Teleme ist ein Ziegenkäse, der dem Feta ähnelt, aber nicht so salzig wie dieser ist. Da die Einwanderer keinen Ziegenmilchlieferanten hatten, verwendeten sie Kuhmilch. Der Käse fand Anklang bei italienischen Käsemachern, und so entstand der Teleme.

Peluso Cheese ist zur Zeit eines von nur zwei Unternehmen, die Teleme herstellen. Der Betrieb produziert auch Monterey Jack, Dry Jack, Halloumi und Raw Milk Cheddar.

UNTEN: Läßt man den Teleme reifen, dann entwickelt er einen herrlichen Duft

TILLAMOOK CHEDDAR

HERKUNFT: *Oregon*
ART: *Traditionelle vegetarische Hartkäsesorte; industriell produziert*
MILCH: *Kuhmilch (90 % Holstein, 10 % Jersey-Rind)*
BESCHREIBUNG: *Weiße und mit Annatto gefärbte Blockkäse*
VERWENDUNG: *Als Tafelkäse, zum Reiben, Grillen und Backen, für Saucen*

Der Tillamook Cheddar wird aus Milch hergestellt, die nicht pasteurisiert, sondern wärmebehandelt ist. Bei diesem Prozeß bleiben die Bakterien, die zum Herstellen eines Cheddar von Spitzenqualität nötig sind, erhalten. Nach den amerikanischen Vorschriften muß der Käse länger als sechzig Tage reifen, ehe er verkauft werden darf. Die meisten Käse läßt man jedoch länger reifen. Ihr Etikett trägt dann den Zusatz »sharp« oder »extra sharp«.

Zur Herstellung des weißen, ungefärbten Cheddar wird ein tierischer Labzusatz verwendet, da man festgestellt hat, daß Qualität und Geschmack gereifter Käse mit nichttierischem Lab zu wünschen übrig lassen. Der Käse läßt einem das Wasser im Munde zusammenlaufen, und seinem fruchtigen Beigeschmack kann man nur schwer widerstehen.

Die Tillamook County Creamery Association, eine einhundertsechzig Mitglieder starke Genossenschaft, stellt auch Monterey Jack, Jalapeño, Colby und Smoked Cheddar her. Der Betrieb verarbeitet ein Drittel des gesamten Milchaufkommens im Bundesstaat Oregon. Er arbeitet daher an dreihundertfünfundsechzig Tagen im Jahr rund um die Uhr. Er steht in dem beneidenswerten Ruf, einen der besten Cheddars in Amerika zu produzieren. Um diesen Ruf nicht zu verlieren, kontrolliert man jede Milchlieferung und bezahlt die Farmer nach der Qualität und dem Butterfettgehalt ihrer Milch.

TOSCANA

HERKUNFT: *California*
ART: *Neuere vegetarische Hartkäsesorte; individuell produziert*
MILCH: *Schafmilch*
BESCHREIBUNG: *900 g schwerer Rundkäse mit konvexen Seiten. Die harte, gelblich-graue wachsige Rinde ist an der Ober- und Unterseite mit einem Kreuzmuster versehen.*
VERWENDUNG: *Als Tafelkäse, zum Reiben*

Wie viele der neuen Käsehersteller in Amerika kamen auch Cindy Calahan und ihr Sohn Liam durch Zufall zu ihrem neuen Beruf. Als sie aus der Stadt wegzogen, hatten sie eigentlich vor, auf einer Farm feines Lammfleisch für die Restaurants in Kalifornien zu produzieren. Sie hatten auch Erfolg damit, doch die nach dem Entwöhnen der Lämmer anfallende Schafmilch stellte für Cindy Calahan eine zu große Versuchung dar, und so machte sie daraus Käse. Nachdem sie in der Toskana etwas Nachhilfeunterricht genommen hatten, kehrten sie nach Bellwether Farms zurück. Heute produzieren sie einen großartigen amerikanischen Pecorino.

Die Textur des Käses ist hart und flockig. Das Innere ist mit kleinen, unregelmäßig verteilten Löchern durchsetzt. Zunächst fühlt sich der Toscana im Munde trocken an, doch dann löst er sich auf und enthüllt eine Symphonie von Aromen und Düften, die Erinnerungen an warme Sommertage in den Bergen aufsteigen lassen. Der blumige, aromatische, nußartige und erdige Toscana mit seiner Süße wie von karamelisierten Zwiebeln ist ein herrlicher Käse mit einem ganz eigenen Charakter.

VERMONT CHEDDAR

HERKUNFT: *Vermont*
ART: *Traditionelle Hartkäsesorte; industriell produziert*
MILCH: *Kuhmilch (Friesian und Jersey-Rind)*
BESCHREIBUNG: *Zylinder in verschiedenen Größen und mit gewachster Rinde*
VERWENDUNG: *Als Tafelkäse, zum Reiben und Kochen*

Trotz des Aufwandes an Zeit, Geld und Platz, den die Herstellung eines guten Cheddar erfordert, läßt es sich die Cabot Farmers Cooperative Creamery bis heute nicht nehmen, diesen Käse zu produzieren. Die 1919 gegründete Molkerei ist Eigentum von mehr als fünfhundert Farmern. Hier werden verschiedene Hart- und Weichkäsesorten produziert. Das kräftige, kernige Aroma, die glatte Textur und der appetitanregende, strenge Nachgeschmack des Extra Sharp Cheddar oder des Private Stock Cheddar ergeben ein Geschmackserlebnis, das man nicht vergißt.

KÄSE AUS DEN USA

VERMONT SHEPHERD
HERKUNFT: *Vermont*
ART: *Neuere Hartkäsesorte aus Rohmilch; individuell produziert*
MILCH: *Schafmilch*
BESCHREIBUNG: *4,5 kg schweres Rad mit konvexen Seiten. Die Naturrinde ist hart und hat ein rustikales Aussehen*
VERWENDUNG: *Als Tafelkäse, zum Reiben*

Als David Major 1983 die Schaffarm seiner Familie übernahm, erkannte er, daß er auf Dauer allein mit der Schafzucht seinen Lebensunterhalt nicht verdienen könne. Und so begannen er und seine Frau Cynthia 1989 mit der Herstellung des Vermont Sheperd.

Der Vermont Sheperd ist ein neuer, handgemachter Käse, der nach traditionellen Verfahren hergestellt wird. Jeder einzelne Käse wird während der dreimonatigen Reifungszeit täglich gewendet und abgerieben, um zu garantieren, daß die Edelschimmel überleben und die minderwertigen noch jung absterben.

Der Vermont Sheperd ist fest, eher dicht als hart und köstlich nußartig. Die Süße wie von Sahnekaramellen, die so typisch für Schafmilchkäse ist, wird von einem grasigen Beigeschmack ausgeglichen, der an Wiesenblumen und Lanolin erinnert.

WIENINGER'S GOAT CHEESE
HERKUNFT: *New York State*
ART: *Neuere Hartkäsesorte aus Rohmilch; individuell produziert*
MILCH: *Ziegenmilch*
BESCHREIBUNG: *6 kg schweres Rad nach Gouda-Art mit glatter, blaß zitronengelber glänzender Naturrinde*
VERWENDUNG: *Als Tafelkäse, zum Reiben über Teigwaren, in Salaten und Saucen*

Sally und Ted Wieninger stellen ihren Käse nach einer abgewandelten Rezeptur für holländischen Gouda her. Mit ihm haben sie einen Käse entwickelt, der eine Klasse für sich ist. Obwohl er nur ein Minimum an Salz enthält, erreicht er eine wahre Aromafülle.

Der blaßgelbe Wieninger's Goat Cheese ist zu einem schönen runden, drallen Rad geformt. Er wird jung (nach vier bis acht Monaten Reifungszeit) oder gereift (nach acht bis dreizehn Monaten) verkauft. Der junge Käse hat eine feste und dichte, doch noch cremige Textur und ein süßes, fruchtiges, kräuterartiges Aroma. Mit zunehmendem Alter ähnelt die Textur eher der des Pecorino. Den Käse verzehrt man am besten in Stücken, so daß man die grobe, körnige Textur genießen und die Schichten komplexer Aromen richtig spüren und würdigen kann.

YERBA SANTA SHEPHERD'S CHEESE
HERKUNFT: *California*
ART: *Neuere Hartkäsesorte aus Rohmilch; individuell produziert*
MILCH: *Ziegenmilch (Alpine)*
BESCHREIBUNG: *1,6 kg schweres Oval. Die dicke beigefarbene bis gelbe Naturrinde ist hart und leicht ölig*
VERWENDUNG: *Als Tafelkäse, zum Kochen*

Genau wie jeder andere handgemachte harte Ziegenkäse aus Spanien, so ist auch der Yerba Santa Shepherd's Cheese sehr hart, trocken und flockig und mit kleinen Käselöchern durchsetzt. Die Intensität und Vielgestaltigkeit seines Aromas ist großartig: Anfangs hat der Käse eine fast minzeartige Frische, die am Gaumen verweilt, dann erscheint sein kräftiger, würziger Charakter, der an Toffee, Kräuter und Mandeln erinnert. Es ist nur natürlich, daß er in der Kategorie der gereiften Hartkäse bei der jährlichen Zusammenkunft der American Cheese Society (Amerikanische Käse-Gesellschaft) zu den Gewinnern gehörte. Den Yerba Santa Shepherd's Cheese stellen Chris und Jan Twohy auf ihrer Farm in der Nähe von Clear Lake her. Sie sind stolz auf die Qualität der Milch, die sie verarbeiten. Auf ihrer Farm setzen sie weder Pestizide noch künstliche Futterzusätze ein, und ihr Käse enthält auch keinen Stabilisator.

UNTEN: *Yerba Santa Shepherd's Cheese*

KÄSE AUS MITTEL- UND SÜDAMERIKA

Der Altiplano, ein Hochland in den Anden, bildet eine natürliche Grenze zwischen Chile und Argentinien und verläuft nördlich durch Bolivien nach Südperu. Er ist die Heimat der Lamas, Alpakas und Vikunjas. Die einheimischen Indianer haben diese faszinierenden Tiere domestiziert, um sie nicht allein als Lasttiere, sondern auch als Lieferanten von Fleisch, Milch, Wolle und Häuten zu nutzen. Der Käse und die Methoden zu seiner Herstellung waren hier jedoch unbekannt, bis im sechzehnten und siebzehnten Jahrhundert die spanischen und portugiesischen Missionare ins Land kamen. Doch selbst dann übernahmen sich die Ureinwohner Mittel- und Südamerikas die Käseherstellung nicht sofort. Die Höhenlagen der Anden waren für alle außer den einheimischen Tieren eine lebensfeindliche Umwelt, und auch die feuchten Ebenen eigneten sich nicht zur Haltung von Kühen oder Ziegen. Nur in den kühleren Regionen dazwischen gedieh das Milchvieh.

Als die Käseherstellung dann eine feste Stellung im Leben der Andenbewohner eingenommen hatte, entwickelte sich der milde, frische *queso blanco* zum bekanntesten und beliebtesten Käse. Das lag zum Teil daran, daß er den Ernährungsgewohnheiten der Menschen entsprach und daß es bei den vorherrschenden kühleren Temperaturen weniger wichtig war, den Käse reifen zu lassen und haltbarer zu machen. In Peru, wo nur einige robuste Ziegen das harte Klima aushalten, hängen die Einheimischen Säcke oder Tierhäute mit Käsebruch über langsam brennenden Holzfeuern auf, um das Ablaufen der Molke zu beschleunigen. In jüngerer Zeit gibt es in Chile Bestrebungen, Nachahmungen von Schafkäsesorten aus den Pyrenäen herzustellen.

Argentinien ist zwar in aller Welt für sein Rindfleisch berühmt, hat sich jedoch nie als bedeutender Käseproduzent hervorgetan. Den größten Einfluß auf die Käseindustrie hatten dort die zahlreichen Italiener, die in der Mitte des neunzehnten Jahrhunderts nach Argentinien einwanderten. Da sie ohne ihren Käse nicht sein konnten und zudem viel zu weit von der Heimat entfernt waren, um sich gänzlich auf Importe verlassen zu können, begannen sie Treboligiano, ein Äquivalent zum Parmesan, und einen Käse nach Mozzarella-Art herzustellen, den sie Moliterno nannten.

Auch in Brasilien werden Rinder ausschließlich als Fleischlieferanten angesehen. Das feuchte Klima erschwert die Käseherstellung außerordentlich. Der größte Teil des Käses, den man hier verbraucht, stammt aus Importen; im nördlich von Rio de Janeiro gelegenen Bundesstaat Minas Gerais jedoch werden einige einheimische Käsesorten hergestellt, der Minas Frescal (Frischkäse) und der Minas Prensado (ein Knetkäse).

MEXIKANISCHER KÄSE

Obwohl die mexikanische Hochkultur bis auf das Jahr 2000 v. Chr. oder noch weiter zurückgeht, gelangte der Käse erst 1521 mit den spanischen Eroberern nach Mexiko. Die Spanier hatten auch Hühner, Schweine, Rinder, Ziegen und einige Schafe aus Europa mitgebracht, die sie in dem eroberten Land auf riesigen Gütern hielten. Der Handel mit der Alten Welt brachte ihnen beachtlichen Reichtum. Es wurden nicht nur Edelmetalle, sondern auch landwirtschaftliche Erzeugnisse, die den Europäern bis dahin unbekannt gewesen waren – Tomaten, Paprikafrüchte, Chillies, Kartoffeln und Kakaobohnen – verschifft.

Die Mönche, die mit den Konquistadoren gekommen waren, machten die Mexikaner mit dem Handwerk der Käseherstellung bekannt. Für sie waren Pecorino, Manchego, verschiedene Frischkäse und Hartkäse aus Kuhmilch angenehme Erinnerungen an die ferne Heimat.

Mais, die wichtigste Nutzpflanze Mexikos, spielte in der Küche des Landes eine wichtige Rolle. Er wurde vor allem zur Herstellung der Tortillas verwendet. Außerdem sorgten die überall erhältlichen und allgegenwärtigen Bohnen für eine ballaststoffreiche Ernährung der Menschen. Aus diesen Produkten – zusammen mit Tomaten, Chillies, Paprikafrüchten und Käse – sind einige der berühmtesten mexikanischen Gerichte entstanden.

Der Queso Blanco, ein krümeliger, weicher weißer Käse wird in Enchiladas verwendet. Man mischt den Käse mit roher Zwiebel und hüllt ihn in eine heiße Tortilla, die dann mit einer Tomaten-Chillie-Sauce übergossen wird. Den Queso Anejo, einen zum Reifen in Tuch gebundenen Käse aus Ziegen- oder Kuhmilch, krümelt man über viele Gerichte, während der Asadero gern als Schmelzkäse verwendet wird.

In den letzten zwanzig Jahren haben Tourismus und der Einfluß einer wachsenden multinationalen Gemeinschaft in Mexiko einen neuen Markt für Käse geschaffen. Einheimische Produzenten stellen heute Versionen von Gruyère, Camembert und Port Salut her. Daneben wird auch Cream Cheese produziert, den man oftmals mit Jalapeños oder anderen Chillies würzt.

ASADERO
HERKUNFT: *Verschieden*
ART: *Traditionelle Knetkäsesorte*
MILCH: *Kuhmilch*
BESCHREIBUNG: *Käse in verschiedenen Formen mit einem Gewicht von 225 g – 5 kg und glatter, glänzender Rinde*
VERWENDUNG: *Zum Grillen oder Backen*

Der Name Asadero bedeutet soviel wie »zum Braten geeignet«. Er schmilzt ausgezeichnet und wird daher in vielen Gerichten verwendet. Der dem Provolone ähnelnde Käse stammt aus Oaxaca; man bezeichnet ihn deshalb mitunter auch als Queso Oaxaca. Der Bruch für den Asadero wird langgewirkt und dann zu Kugeln, Laiben oder Zöpfen geformt. Der Käse ist weiß und geschmeidig, sein Geschmack reicht von fade bis butterartig und süß.

QUESO ANEJO
HERKUNFT: *Verschieden*
ART: *Traditionelle Hartkäsesorte; individuell oder industriell produziert*
MILCH: *Kuh- und Ziegenmilch*
BESCHREIBUNG: *5–10 kg schwere Rundkäse oder Käseblöcke ohne Rinde*
VERWENDUNG: *Zum Grillen oder Backen*

Der Queso Anejo (gereifter Käse) wurde ursprünglich aus Ziegenmilch hergestellt. Heute verwendet man jedoch häufig Kuhmilch. Der krümelige und salzige Käse erinnert, wenn er jung ist, an Feta. Der getrocknete Käse hat eine Textur, die der des Parmesan ähnelt.

OBEN: *Queso Anejo*

QUESO BLANCO
HERKUNFT: *Verschieden*
ART: *Traditionelle Frischkäsesorte; industriell produziert*
MILCH: *Kuhmilch*
BESCHREIBUNG: *Käse in verschiedenen Formen und Größen, oft in Blöcken*
VERWENDUNG: *Zum Grillen, Braten und Backen, für Salate*

Der Name dieses Milchprodukts bedeutet nichts anderes als »weißer Käse«. Der Queso Blanco wird in den meisten lateinamerikanischen Ländern hergestellt. Er sieht wie eine Kreuzung aus Mozzarella und dem salzigen Cottage Cheese aus. Der Käse wird traditionell aus Molke oder entrahmter Milch gemacht, die man mit Zitronensaft gerinnen läßt. Manche Molkereien stellen ihn neuerdings jedoch auch aus vollfetter Milch her, der man Lab als Gerinnungsmittel zusetzt. Der Bruch wird gebrüht und gepreßt, damit er eine elastische Textur erhält, die beim Erhitzen in Form bleibt. Der Queso Blanco kann wie Halloumi in Scheiben geschnitten und gebraten werden. Sein Aroma ist mild, cremig und zitronenfrisch.

QUESO FRESCO
HERKUNFT: *Verschieden*
ART: *Traditionelle Frischkäsesorte; individuell oder industriell produziert*
MILCH: *Kuh- oder Ziegenmilch*
BESCHREIBUNG: *Käse in verschiedenen Größen und Formen, häufig Rundkäse*
VERWENDUNG: *Zum Grillen und Backen, auch frisch in Salaten*

Der auf dem spanischen Burgos basierende Queso Fresco (Frischkäse) ist normalerweise für den alsbaldigen Verbrauch bestimmt. Der weiche und eher zerbrechliche als krümelige Käse fühlt sich im Mund körnig an. Er besitzt eine milde, frische Säure. Beim Erhitzen behält er seine Form.

LINKS: *Asadero, der auch unter dem Namen Queso Oaxaca bekannt ist*

AUSTRALISCHER KÄSE

Das australische Klima mit seinen ausgeprägten Regen- und Trockenzeiten, die seltsamen Beuteltiere und die zahllosen wildlebenden Tiere haben die nomadisch lebenden Aborigines nicht gerade dazu angeregt, sich feste Heimstätten zu bauen, Tiere zu domestizieren und aus deren Milch Käse herzustellen. Hier verlief die Entwicklung anders als auf der nördlichen Hemisphäre. Das Handwerk der Käseherstellung gelangte erst im späten achtzehnten Jahrhundert mit den ersten europäischen Siedlern nach Australien, die ihre Kühe, Ziegen und Schafe in die neue Heimat mitbrachten.

Anfangs wurde der Käse mit drei Stubben oder großen Steinen als Presse in den Küchen der abgeschieden gelegenen Farmen hergestellt. Doch nach und nach wuchsen die Herden an; die Farmer schlossen sich zu Genossenschaften zusammen und die Käseproduktion wurde in größerem Maßstab betrieben. Bis zum Ende der sechziger Jahre unseres Jahrhunderts jedoch waren Butter und Cheddar oder verschiedene Varianten davon eigentlich die einzigen Milchprodukte, die man in Australien herstellte, da vor allem Briten und Iren den australischen Kontinent kolonisiert hatten, die nun einen Großteil ihrer Erzeugnisse in die »Heimat« exportierten.

Die Revolution auf dem Gebiet der Käseherstellung wurde von Einwanderern aus Italien, Griechenland, Jugoslawien, Holland und Deutschland in Gang gebracht, die nach dem zweiten Weltkrieg in hellen Scharen nach Australien gekommen waren. Käse war ein fester Bestandteil ihrer Kultur, und binnen kurzem errichteten die europäischen Käsehersteller hier ihre Betriebe. Der bemerkenswerteste unter ihnen war der Tscheche Milan Vyhnalek, der 1955 die Firma Lactos gründete und die Produktion von Brie,

OBEN: *Gabriella Kervella, eine der neuen australischen Käsehersteller, mit ihrer Ziegenherde*

Camembert, Gouda und Edamer aufnahm. Bald darauf folgte Kraft, der einen Kuhmilchkäse nach Pecorino-Art und einen Parmesan entwickelte.

Noch in den achtziger Jahren, als Bill Studd erstmals weiche, stinkende, aromareiche Käse per Luftfracht nach Australien schickte, beobachteten Molkereien und Großhändler ungläubig, wie die Küchenchefs mit fast unanständiger Schnelligkeit reagierten und den Händlern die »Neuen« trotz der hohen Preise und obwohl genügend einheimische (wenn auch fade) Nachahmungen ausländischer Sorten erhältlich waren, fast aus den Händen rissen.

Es dauerte weitere zehn Jahre, ehe sich die neuentwickelten australischen Bauernkäse an mehr als einer Hand abzählen ließen, doch die Situation änderte sich mit dem Auftreten einer neuen Generation australischer Käsehersteller.

Trotz der umwälzenden Veränderungen ist der Umfang der individuellen Käseproduktion gering geblieben, wird der Markt vom industriell hergestellten Cheddar beherrscht. Es verhält sich hier jedoch wie bei den Weinen: Die besten werden von Kleinproduzenten gemacht, die ständig bestrebt sind, ihre Fertigkeiten und ihre Erzeugnisse zu vervollkommnen. Anders als in Europa, wo der Boden knapp ist, das Vieh oftmals in Ställen gehalten wird und sein Futter mit dem Traktor geliefert bekommt, grasen die meisten australischen Kühe auf sauberen und gesunden Naturweiden. Leider verbieten die Vorschriften in Australien die Herstellung von Rohmilchkäse, so daß viel vom Charakter und vom Aroma der Milch verlorengeht. (Ein solches Verbot gibt es auch in Neuseeland und Südafrika.)

Im Unterschied zu ihren europäischen Gegenstücken kommen die australischen Käse einer bestimmten Gegend nicht von verschiedenen Herstellern, sondern meist von einem regionalen Produzenten. In diesem Kapitel sind daher Produzenten und jeweils eine oder zwei ihrer Käsesorten aufgeführt. Hier werden außerdem Erzeugnisse großer Molkereien genannt, die sich als besonders gut erwiesen haben.

Namen, nach denen man sich ebenfalls umsehen sollte, sind Elgaar Farm Cheddar aus Tasmanien, wo auch die mit Kräutern und Gewürzen aromatisierten Meadow Cheeses hergestellt werden, und Faudel Farm im südlichen Gippsland, deren Ziegen Milch für feine Frischkäse und Knetkäse geben.

OBEN: *Surprise Bay Cheddar*

AUSTRALISCHER KÄSE

OBEN: *Meredith Blue (links), Bass Straight Blue (rechts) und Gippsland Blue (vorn)*

GIPPSLAND BLUE
HERKUNFT: *Victoria*
ART: *Neuere Blauschimmelkäsesorte; individuell produziert*
MILCH: *Kuhmilch (Friesian)*
BESCHREIBUNG: *5 kg schwerer Rundkäse mit natürlicher orangefarbener Kruste, die mit etwas dünnem weißem und blaugrauem Schimmel bedeckt ist*
VERWENDUNG: *Als Tafelkäse, zum Grillen, für Salate*

Der Gippsland Blue wird von der Tarago River Cheese Company hergestellt. Dieses Gemeinschaftsunternehmen wurde 1982 von Laurie Jensen, Richard Thomas und Robert Johnson gegründet. Dank des Pioniergeistes dieser drei Käseliebhaber entstand einer der besten und bekanntesten Blauschimmelkäse Australiens. Sie verarbeiten die Milch, die ihre Herde liefert, nach Methoden, die sie in Europa kennengelernt und dem Klima und dem Weideland in ihrer Heimat angepaßt haben. Die Starterkulturen stellen sie gelegentlich selbst her.

Der Gippsland Blue ist wahrscheinlich der erste echte Bauernkäse, der in Australien hergestellt wurde. Der Käse ähnelt dem traditionellen Dolcelatte. Er ist scharf, doch süß und butterartig und hat einen würzigen, im Munde verweilenden Geschmack von Blauschimmelkäse. Die klumpigen Blauschimmeladern sind ungleichmäßig über den dichten, gehaltvollen Käse verteilt. Der Gippsland Blue reift acht bis zehn Wochen.

Die drei Käsehersteller sahen sich das Angebot auf den Marktplätzen an und sammelten neue Erfahrungen bei ihrer Arbeit, und so entwickelten sie eine Reihe weiterer Blauschimmelkäse sowie weichere Camemberts und Käse nach Brie-Art. Sie verarbeiteten die Milch von Jersey-Kühen, um ihrem Käse eine kräftigere gelbe Farbe und eine samtigere, glattere Textur zu geben. Da sie sich guter Qualität und Beständigkeit verpflichtet sehen, jedoch wissen, daß die Eigenschaften der Milch sich mit den Jahreszeiten ändern, haben sie auch zahlreiche andere Käsesorten entwickelt und mit Erfolg auf den Markt gebracht. Unter diesen hebt sich der Tarago Lavender ab, dessen ungewöhnlicher Lavendelzusatz die einheimischen Küchenchefs angeregt hat, einige interessante Gerichte zu kreieren.

Der Shadows of Blue ist milder als der Gippsland Blue. Er ähnelt mit seiner Textur und seinem Geschmack dem Brie. Der Blue Orchid dagegen hat einen etwas ungestümeren Charakter und sollte nicht leichtfertig behandelt werden. Dank der gehaltvollen Milch der Jersey-Kühe gehört der Gippsland Brie in die Kategorie des Doppelrahm-Brie. Seine butterartige Textur wird weich durch den weißen Schimmel, der das milde, milchartige Aroma mit seiner pilzartigen Andeutung entstehen läßt.

GRABETTO
HERKUNFT: *Victoria*
ART: *Neuere Sorten (ungereifte und gereifte Käse); individuell produziert*
MILCH: *Ziegenmilch*
BESCHREIBUNG: *Fingerhutgroßer Käse von 25 g Gewicht. Die dünne, krustige Naturrinde zeigt Anflüge von Weiß und Grau*
VERWENDUNG: *Als Tafelkäse*

Der junge Grabetto hat einen Geschmack wie Eiscreme mit zerdrückten Paranüssen und einen Beigeschmack von Zitronensorbet. Mit zunehmender Reife wird der Käse sehr hart und flockig.

Er entwickelt ein scharfes, appetitanregendes Aroma mit mehr als nur einer Andeutung von Ziegenmilch. Der Grabetto wird von der Firma Yarra Valley Cheese hergestellt. Er reift drei bis sechs Wochen.

AUSTRALISCHER KÄSE

OBEN: Zwei der vielen verschiedenen Ziegenkäse von Gabriella Kervella – Affine (hinten) und Chèvre Frais (vorn)

HEIDI GRUYÈRE
HERKUNFT: *Tasmanien*
ART: *Traditionelle vegetarische Hartkäsesorte; individuell produziert*
MILCH: *Kuhmilch (Friesian)*
BESCHREIBUNG: *20–35 kg schweres Rad. Die klassische, krustige Naturrinde nach Beaufort-Art sieht fast wie poliert aus.*
VERWENDUNG: *Als Tafelkäse, zum Grillen, für Fondue*

Frank Marchand kam in den siebziger Jahren durch die Firma Laktos nach Tasmanien. Er hatte schon vorher in seiner Heimat, der Schweiz, reiche Erfahrungen zu den traditionellen Methoden der Käseherstellung gesammelt. 1985 gründete er die Heidi Farm, auf der er eine kleine Herde von einhundert Friesian-Kühen hielt, um Käse herzustellen, die er seit seiner Kindheit kannte: Tilsiter, Gruyère und Raclette.

Marchand ist regelrecht fasziniert von Käse und entwickelt gern neue Sorten. Sein Heidi Gruyère hat eine feste, doch geschmeidige Textur – ähnlich wie der französische Beaufort – mit winzigen, beim Kauen zerknirschenden Kristallen, und zeigt eine Fülle von Aromen. Der süße, fruchtige Geschmack erinnert zunächst an Ananas und wird dann nußartig. Je reifer der Käse ist, desto besser schmeckt er.

JINDI BRIE
HERKUNFT: *Victoria*
ART: *Neuere Weichkäsesorte; individuell produziert*
MILCH: *Kuhmilch (Shorthornrind/Jersey-Rind)*
BESCHREIBUNG: *2,75 kg schwerer Rundkäse mit glatter, samtiger weißer Penicilliumrinde*
VERWENDUNG: *Als Tafelkäse, auch in Salaten*

George Ronalds betreibt seit den frühen achtziger Jahren eine Farm in Gippsland. Er erkannte die Marktchancen für Käse im europäischen Stil, und so konzentrierte er sich zusammen mit seinen Mitarbeitern auf die Herstellung von Käsesorten nach Camembert- und Brie-Art.

Der Jindi Brie wird teilstabilisiert, um seine Haltbarkeit zu verbessern. Seine Textur ist gehaltvoll und butterartig und zeigt eine schwach süße Note. Das Aroma des Käses ähnelt dem junger Pilze in geschmolzener Butter. Der Jindi Brie reift vier bis fünf Wochen. Weitere Käse aus George Ronalds' Produktion sind der Jindi Camembert und ein Dreifachrahmkäse.

LINKS: Heidi Gruyère

KANGAROO ISLAND BRIE
HERKUNFT: *Adelaide*
ART: *Traditionelle Weichkäsesorte; individuell produziert*
MILCH: *Kuhmilch*
BESCHREIBUNG: *Käserad von 20 cm Durchmesser mit einer glatten, samtigen weißen Penicilliumrinde*
VERWENDUNG: *Als Tafelkäse*

Mos und Liz Howard stellen auf ihrer Familienfarm auf der Känguruh-Insel seit fünf Jahren Käse her. Sie verwenden dazu ausschließlich Milch von ihren eigenen Kühen. Jeder Käse wird hier von Hand gemacht.

Der frische Bruch wird vorsichtig in die Käseformen geschöpft, zum Ablaufen der Molke aufgestellt und von Hand gewendet. Nach etwa zwölf Stunden hat sich sein Volumen auf die Hälfte reduziert. Vier bis sechs Stunden später wird jede Charge gekostet und geprüft, dann etikettiert und auf das Festland geschickt.

Der Kangaroo Island Brie ist glatt und sinnlich und hat einen süßen, cremigen Geschmack wie von feiner Pilzsuppe. Er zergeht im Munde wie Butter und erinnert an saftiges grünes Gras und an das Flüstern der Meeresbrisen. Da der Käse das ganze Jahr über hergestellt wird und der Bruch keine stabilisierenden Zusätze enthält, zeigt der Charakter des Kangaroo Island Brie feine, jahreszeitlich bedingte Veränderungen – das Zeichen für einen echten handgemachten Käse.

Wie alle Käse, so verzehrt man auch den Kangaroo Island Brie am besten zimmerwarm. Er hat einen Fettgehalt von 55 Prozent.

KERVELLA AFFINE
HERKUNFT: *Western Australia*
ART: *Neuere naturbelassene Weichkäsesorte; individuell produziert*
MILCH: *Ziegenmilch*
BESCHREIBUNG: *100 g schwerer runder oder stangenförmiger Käse mit weicher, dünner weißer Rinde*
VERWENDUNG: *Als Tafelkäse*

Dieser Käse ist nach seiner Herstellerin Gabrielle Kervella vom Unternehmen Fromage Fermier benannt.

Diesen Ziegenkäse kann man schon essen, wenn er zwei Wochen alt ist und einen milden, süßen Geschmack hat. Man läßt ihn jedoch häufiger bis zu acht Wochen lang reifen. Dann wird der weiche Bruch hart und flockig, und sein Ziegenmilchcharakter verstärkt sich. Der ausgeprägte, auf der Zunge verweilende Geschmack des reiferen Käses erinnert an zerstoßene salzige Macadamianüsse.

AUSTRALISCHER KÄSE

KERVELLA CHÈVRE FRAIS
HERKUNFT: *Western Australia*
ART: *Neuere naturbelassene Frisch-käsesorte; individuell produziert*
MILCH: *Ziegenmilch*
BESCHREIBUNG: *Runde oder stangenförmige Käse in verschiedenen Größen*
VERWENDUNG: *Als Tafelkäse, zum Grillen, als Brotaufstrich, für Soufflés*

Obwohl Gabrielle Kervella in Gidgegannup erst um die Mitte der achtziger Jahre mit der Herstellung ihres traditionellen französischen Ziegenkäses begann, ist sie inzwischen zum Synonym für australischen Käse geworden. In den Jahren nach ihrem Start als Käsemacherin arbeitete sie Seite an Seite mit französischen Produzenten, die ihren Käse in kleinen Betrieben von Hand herstellten, und kehrte nach Australien zurück, wo sie die Rezepturen aus Frankreich den vorherrschenden Bedingungen anpaßte, die sich von den Verhältnissen in Europa stark unterschieden. Hitze, Staub und ausgeprägte jahreszeitliche Veränderungen des Weidelandes waren nur einige der Schwierigkeiten, mit denen sie zu kämpfen hatte. Dennoch schaffte sie es, eine ganze Reihe köstlicher Käsesorten herzustellen.

Der Kervella Chèvre Frais ist ein klassischer ungereifter Chèvre nach französischer Art. Er reift innerhalb weniger Tage, ist rindenlos und hat eine lockere, mousseartige Textur. Der glatte, zitronenfrische Käse zergeht auf der Zunge und zeigt eine Spur von Mandeln und nur einen Hauch von Ziegenmilchcharakter. Sein Nachgeschmack ist schwach süß. Manchmal wird er mit Asche oder Kräutern bestäubt.

KING ISLAND CAPE WICKHAM BRIE
HERKUNFT: *Tasmanien*
ART: *Neuere Weichkäsesorte; industriell produziert*
MILCH: *Kuhmilch*
BESCHREIBUNG: *1 kg schweres Rad mit dicker, samtiger, weicher Rinde*
VERWENDUNG: *Als Tafelkäse*

Die kleine, ungeschützt liegende King-Insel bewacht den westlichen Eingang zur Bass-Straße, die Tasmanien vom australischen Festland trennt. Die Stürme, die über die Insel hinwegfegen, sind legendär, und an der Küste wurde oft Treibgut und Seewurfgut von gestrandeten Schiffen angeschwemmt.

Die Füllung aus den Matratzen schiffbrüchiger Matrosen soll die ungewöhnlichen und so verschiedenartigen Gräser hervorgebracht haben, die den Rindern auf der Insel heute das ganze Jahr über als Futter dienen und die zum einzigartigen Charakter der Inselkäse beitragen.

Die 1902 gegründete King Island Dairy wurde 1939 eine Genossenschaft, doch erst 1988 begann man hier mit der Herstellung der Käse, die den Namen der Molkerei inzwischen zu einem Begriff gemacht haben – gehaltvolle, süßschmeckende Rahmkäse, würzige, aromatische Blauschimmelkäse,

UNTEN: *Cape Wickham Brie (vorn) und Jindi Brie (hinten)*

der berühmte Cape Wickham Brie und der gehaltvolle, vollaromatische handgemachte Surprise Bay Cheddar.

Der King Island Cape Wickham Brie wird aus aufgerahmter Milch hergestellt und mit einem Stabilisierungsmittel versehen. Er reift zwanzig bis fünfundvierzig Tage. Seine Rinde ist weich und weiß, ihr Geschmack und ihr Duft sind pilzartig. Das cremige gelbe Innere zergeht im Munde wie Butter, sein Aroma erinnert an Meeresbrisen und saftige Weiden.

KING RIVER GOLD
HERKUNFT: *Victoria*
ART: *Neuere halbfeste Käsesorte; individuell produziert*
MILCH: *Kuhmilch (Jersey-Rind, Friesian)*
BESCHREIBUNG: *600 g schwerer Rundkäse. Die rosa-orangefarbene gewaschene Naturrinde ist mit grauem Schimmel überstäubt.*
VERWENDUNG: *Als Tafelkäse; auch ohne Rinde in Scheiben geschnitten und über Gemüse geschmolzen*

David und Anne Brown haben viel erreicht, seit sie damals in Milawa, zweihundert Meilen nördlich von Melbourne, auf eine alte Butterfabrik stießen. Mit der Hilfe von Richard Thomas entwickelten sie in den ersten zwei Jahren ihren Milawa Blue, einen Käse nach Gorgonzola-Art. David Brown sammelte mehr Wissen und Erfahrung und so erweiterten sie ihre Produktionspalette allmählich. Heute stellen die eine große Zahl ausgezeichneter Käse her, darunter auch einige aus Schaf- und Ziegenmilch.

Einer von Browns Mitarbeitern ging nach Frankreich und arbeitete dort in kleinen Käsereien, die in Handarbeit Reblochon, Chevrotin des Aravis, Cabicou und Beaufort herstellen. Die Erfahrungen, die er bei den französischen Käsemeistern sammelte, haben die Qualität und das Aroma Brownscher Käse wie Oxley Traditional Blue, Milawa White (ein frischer, saurer Käse) und der beiden Sorten mit gewaschener Rinde – King River Gold und Milawa Gold – deutlich beeinflußt.

Die Rinde des King River Gold wird gewaschen und abgerieben, um die Ausbreitung der rosa-orangefarbenen Bakterien über den ganzen Käse zu fördern, die das Aroma im Käse einschließen und ein glattes, dichtes, sinnliches Inneres mit wenigen kleinen Käselöchern erzeugen. Das Aroma erinnert an warme Kuhmilch, und der Nachgeschmack ist leicht scharf wie von grünem Gras. Der Milawa Gold ist eine kräftigere, pikantere Version des King River Gold. Er hat wie die europäischen Käse nach Trappisten-Art, eine charakteristische rotgoldene Rinde und eine geschmeidige, glatte Textur.

AUSTRALISCHER KÄSE

MEREDITH BLUE
HERKUNFT: *Victoria*
ART: *Neuere Blauschimmelkäsesorte; individuell produziert*
MILCH: *Kuhmilch*
BESCHREIBUNG: *1,5–2 kg schwerer Rundkäse. Seine krustige orangefarbene Naturrinde ist mit grauem, weißem und blauem Schimmel bedeckt*
VERWENDUNG: *Als Tafelkäse*

Die Käsemacherin Julie Cameron arbeitet seit fünf Jahren in der Meredith Dairy. Sie stellt aus Schafmilch eine Reihe verschiedener Käsearten her, darunter eine Version des französischen Frischkäses Fromage Blanc. Zu ihrer Produktionspalette gehört zudem ein köstlicher süßer, nach Karamel schmeckender Joghurt, der einen winzigen Hauch von frischem Rosmarin und Eukalyptusblüten zeigt. Nach einigen Versuchen mit Ziegenmilch stellt sie nun auch einen lieblichen, frischen Chèvre und einen Frischkäse aus Ziegenmilch her.

Obwohl er als Käse nach Roquefort-Art bezeichnet wird, ist der Meredith Blue mild und cremig und hat einen eigenen, unverwechselbaren Charakter. Durch seinen ausgeprägten und würzigen, aber nicht übermäßig kräftigen Nachgeschmack, dringt die Süße der Schafmilch.

Der Meredith Blue reift zwei Monate. Da er aus Schafmilch gemacht ist, bekommt man ihn nicht das ganze Jahr über zu kaufen.

Die Molkerei produziert auch Woodburne, einen kleinen Weißschimmelkäse aus Schafmilch.

MILAWA BLUE
HERKUNFT: *Victoria*
ART: *Neuere Blauschimmelkäsesorte; individuell produziert*
MILCH: *Kuhmilch*
BESCHREIBUNG: *6 kg schwerer gedrungener Zylinder. Die unebene, runzlige Naturrinde ist grau oder rosafarben und zeigt verschiedene Schattierungen von Schimmel*
VERWENDUNG: *Als Tafelkäse*

Dieser Käse wird von David und Anne Brown von der Milawa Cheese Company hergestellt. Die Blauschimmelstreifen durchziehen sein gehaltvolles, butterartiges Inneres, das auf der Zunge zergeht. Der Milawa Blue hat einen lieblichen, pflanzenartigen Geschmack mit einer Note von Bitterschokolade. Der Charakter des acht bis zwölf Wochen gereiften Käses reicht von verfeinert bis zu leicht enttäuschend.

POLKOLBIN
HERKUNFT: *New South Wales*
ART: *Neuere halbfeste Käsesorte; individuell produziert*
MILCH: *Kuhmilch*
BESCHREIBUNG: *250 g schwerer quadratischer Käse. Die feine, leicht runzlige orangefarbene Rinde ist meist etwas klebrig*
VERWENDUNG: *Als Tafelkäse, zum Grillen*

Den beliebten Polkolbin stellt Peter Curtis von der Hunter Valley Cheese Company her, die 1995 von David Brown aus Milawa aufgebaut wurde. Dieser Käse ähnelt dem französischen Pont l'Evêque und hat ein Aroma wie von feuchter Wäsche oder einem Bauernhof. Er ist scharf und würzig und hat einen im Munde verweilenden pikanten, fast fleischartigen Geschmack.

LINKS: *Der Woodburne ist ein Weißschimmelkäse aus Schafmilch, der in der Meredith Dairy hergestellt wird.*

PURRUMBETE MOZZARELLA
HERKUNFT: *Victoria*
ART: *Traditionelle Knetkäsesorte; individuell produziert*
MILCH: *Wasserbüffelmilch*
BESCHREIBUNG: *200 g schwere Kugel*
VERWENDUNG: *Zum Schmelzen und Grillen, in Salaten*

Die am Ufer des schönen Purrumbete Lake grasenden Wasserbüffel erwecken den Eindruck, als seien sie schon immer hier gewesen und gehörten einfach in diese Umgebung. Dennoch bedurfte es eines Mannes, der zielstrebig war und einen Traum verwirklichen wollte, um die Tiere hierherzubringen. Eben dieser Mann, Roger Haldane, brachte einst Alpakas nach Australien und ist seitdem vom Zauber des Tierreiches fasziniert. Doch erst die Wasserbüffel aus Süditalien weckten seine Phantasie so richtig und ließen ihn gegen Amtsschimmel und Bürokratie ankämpfen, bis er 1996 schließlich fünfundfünfzig dieser herrlichen Tiere importieren konnte.

Von Haldanes imposantem Heim aus blauem Tonsandstein hat man einen schönen Blick über die zum See hin abfallenden Wiesen. Der Melkraum wurde zur Behausung für die Büffel ausgebaut, die eine ruhigere Umgebung und mehr Abgeschiedenheit als ihre Verwandten, die Rinder, brauchen. Unter Mithilfe des chronisch käsesüchtigen Nick Haddow, entwickelte Haldane dann Australiens ersten Mozzarella aus Büffelmilch.

Der Purrumbete Mozzarella hat den authentischen Duft und den nußartigen Geschmack des italienischen Mozzarella und ist gewissermaßen ein Kompliment an Nick Haddow, der Monate in Italien zubrachte, um dort in kleinen, handwerklich arbeitenden Molkereien die Kunst der Käseherstellung aus Büffelmilch zu erlernen. Auch die porzellanweiße Farbe stimmt mit der des italienischen Originals überein, und das Wichtigste, die Textur – elastisch, faserig und feucht – ist genauso wie sie sein soll.

OBEN: *Purrumbete Mozzarella – Australiens erster echter Büffelmilchkäse*

Pyengana Cheddar

HERKUNFT: *Tasmanien*
ART: *Neuere Hartkäsesorte; individuell produziert*
MILCH: *Kuhmilch*
BESCHREIBUNG: *8 kg und 18 kg schwere kurze Zylinder. Die Naturrinde zeigt die Abdrücke des Käsetuches und ist mit etwas Schimmel bewachsen.*
VERWENDUNG: *Als Tafelkäse, zum Grillen und Reiben*

Dieser Käse ist fest, doch weder so hart noch so glatt wie der traditionelle Cheddar. Er fühlt sich leicht körnig an. Es dauert etwa zwölf Monate, bis die in der Milch vorhandenen Bakterien diesen gehaltvollen, nußartigen Käse mit seiner wahren Aromafülle geschaffen haben. Produziert wird der Pyengana Cheddar von John Healey, der die alte Pyengana Cheese Factory Mitte der neunziger Jahre übernahm. Die Milch für seinen Käse, die seine Kühe liefern, pasteurisiert er. Healey hält sich an die alten Herstellungsmethoden, die zwar oftmals sehr arbeitsaufwendig sind, dafür aber wunderbare Ergebnisse bringen.

Raclette

HERKUNFT: *Tasmanien*
ART: *Traditionelle vegetarische halbfeste Käsesorte; individuell produziert*
MILCH: *Kuhmilch (Friesian)*
BESCHREIBUNG: *5 kg schweres flaches Rad. Die braune lederartige Rinde ist trockener als die des traditionellen Raclette und kann etwas klebrig sein.*
VERWENDUNG: *Als Tafelkäse; sehr gut auch als gegrillte Scheiben*

Der von Frank Marchand hergestellte Raclette kommt dem französischen Original nahe. Er ist elastisch und geschmeidig, doch dicht. Die über den ganzen Teig verstreuten kleinen Löcher geben dem Käse eine leicht offene Textur. Der Raclette zeigt eine Spur von Süße, doch sein Geschmack ist hauptsächlich würzig, fleischartig und hefig. Der von der Heidi Farm kommende Käse wird nur im Frühjahr und Sommer hergestellt. Er reift zwei Monate.

Romney Mature

HERKUNFT: *Victoria*
ART: *Traditionelle und neue halbfeste Käsesorte; individuell produziert*
MILCH: *Schafmilch (Romney Marsh)*
BESCHREIBUNG: *1,5 kg schwerer Zylinder mit Naturrinde, die die Abdrücke des Käsetuches und etwas hellgrauen Schimmelbewuchs zeigt*
VERWENDUNG: *Als Tafelkäse, auch zum Kochen*

Robert Manifolds Familie lebt schon so lange in Camperdown, daß man fast erwartet, die Berge oder Flüsse der Umgebung nach ihren Vorfahren benannt zu finden. Manifold stellt seinen Käse in der Mount Emu Creek Dairy her. Er verwendet dazu Milch, die ihm von zwei oder drei ortsansässigen Farmen geliefert wird. Der nach der gleichnamigen Schafrasse benannte Romney ist ein Käse aus gewaschenem Bruch; es gibt ihn in zwei unterschiedlichen Formen. Um die gewachste Version herzustellen, wird der Bruch in eine Käseform geschöpft und nach dem Ablaufen der Molke in noch feuchtem Zustand gewachst. Der fertige Käse ist frisch, feucht und elastisch, hat winzige Löcher und ein mildes, süßes Aroma.

Der Bruch für den Romney Mature wird in ein Käsetuch gebunden und reift anschließend bis zu sechs Monate lang. Der süße Karamelgeschmack der Schafmilch verstärkt sich dabei, und der Käse entwickelt ein stärker nußartiges Aroma und eine harte, flockige Textur.

Die Mount Emu Creek Dairy stellt auch Romney Fresca sowie einen eigenen Feta her.

UNTEN: *Der Pyengana Cheddar ist nicht so hart wie manche traditionelle Cheddars*

OBEN: *Romney Mature*

St Claire

HERKUNFT: *Tasmanien*
ART: *Traditionelle Hartkäsesorte; industriell produziert*
MILCH: *Kuhmilch*
BESCHREIBUNG: *9 kg schweres Rad mit feiner, lederartiger, gewachster gelber Rinde*
VERWENDUNG: *Als Tafelkäse, zum Reiben und Grillen*

Der sattgelbe, nach traditioneller Gruyère-Art hergestellte Käse ist glatt und fest (und nach dem Geschmack der Autorin etwas zu gummiartig). Er ist süßer und milder als der traditionelle Gruyère und hat einen recht zarten fruchtigen Nachgeschmack.

Der St Claire wird von Lactos produziert. Lactos ist eine der ältesten australischen Herstellerfirmen von Käse nach europäischer Art, die 1955 von Milan Vyhnalek gegründet wurde. Das große französische Unternehmen Bongrain erkannte bald seine Möglichkeiten auf dem australischen Markt und kaufte die Firma 1981. Heute ist Lactos sehr erfolgreich, betreibt Zweigstellen in verschiedenen Orten und stellt eine ganze Reihe von Käsesorten her. Seine Erzeugnisse erringen bei Wettbewerben in aller Welt regelmäßig Preise. Obwohl die Firma am besten für ihre Käse nach Brie- und Camembert-Art bekannt ist, stellt sie auch Edamer, Gouda, Neufchâtel und verschiedene Blauschimmelkäse sowie Rahmkäse und Käsezubereitungen her. Der St Claire ist der einzige Käse nach Gruyère-Art, der hier produziert wird.

AUSTRALISCHER KÄSE

TASMANIA HIGHLAND CHÈVRE LOG
HERKUNFT: *Tasmanien*
ART: *Neuere Frischkäsesorte; individuell produziert*
MILCH: *Ziegenmilch (Toggenberger Ziege/Saanen)*
BESCHREIBUNG: *150 g schwere Stange*
VERWENDUNG: *Als Tafelkäse, zum Grillen*

John Bignells Tasmania Highland Chèvre ist frisch und zitronenartig und hat die feuchte Textur eines Käsekuchens. Er besitzt einen ausgeprägten, jedoch nicht dominierenden Ziegengeschmack, der stark an Thymian und Weißwein erinnert. Von ihm gibt es zwei Versionen: Den einfachen und den mit Asche bestreuten Chèvre. Sie reifen einen bis drei Monate und haben einen Fettgehalt von 35 Prozent.

John und Bill Bignell stellen auch Schafkäse – Frischkäse und gereifte Sorten – her. Ihr halbfester Schafkäse hat eine Naturrinde, eine lockere Textur wie der Havarti und einen süßen, fruchtigen Nachgeschmack. Diesen Käse muß die Autorin noch aufspüren; sie hat sich inzwischen mit Bill Studds Beschreibung begnügt. Studd ist Miteigentümer des Richmond Hill Cafe and Larder in Melbourne und hat eine erstaunliche Auswahl an handgemachten australischen Käsesorten vorrätig.

Die neueste Entwicklung der Bignells ist ein sündhaft gehaltvoller Dreifachrahmkäse, dessen Rezeptur auf der des französischen Brillat-Savarin basiert.

TIMBOON BRIE
HERKUNFT: *Victoria*
ART: *Traditionelle und neue naturbelassene Weichkäsesorte*
MILCH: *Kuhmilch*
BESCHREIBUNG: *1 kg schwerer Rundkäse mit weicher, samtiger Penicilliumkruste*
VERWENDUNG: *Als Tafelkäse*

Hermann Schultz und seine Familie müssen sich wie Pioniere gefühlt haben, als sie 1984 begannen, Käse herzustellen. Heute gibt es in Australien mehr als dreißig kleine Farmmolkereien, die Bauernkäse produzieren, doch Schultz ist noch immer ein Neuerer. Seine Käse sind nämlich die einzigen, die nur aus biodynamischer Milch (einer Art naturbelassener Milch) gemacht sind.

Der Timboon Brie reift fünfundvierzig bis sechzig Tage. Er enthält keine stabilisierenden Zusätze und hat daher einen ungestümeren Charakter und eine größere Aromafülle als viele Käse seiner Art. Da die Milch pasteurisiert wird, entwickelt die Rinde keine wilden Hefen oder Pigmente, die dem Timboon die Echtheit eines traditionellen Brie geben würden. Der Käse kommt dem Original dennoch näher als die meisten anderen.

OBEN: *Washed Rind (hinten) und Timboon Brie (vorn)*

TOMME DE CHÈVRE
HERKUNFT: *New South Wales*
ART: *Neuere halbfeste Käsesorte; individuell produziert*
MILCH: *Ziegenmilch*
BESCHREIBUNG: *1 kg schwerer Zylinder mit orangefarbener Naturrinde, die mit blauen und weißen Schimmeln gefleckt ist*
VERWENDUNG: *Als Tafelkäse, zum Grillen und Backen, für Salate*

Der Tomme de Chèvre der Hunter Valley Cheese Company ist weich und dicht, hat einen schwach salzigen Beigeschmack und ein zartes Hintergrundaroma von Estragon und Weißwein, das typisch für Ziegenkäse ist. Er ist ein wenig fester als der französische Rohmilch-Tomme und besitzt nicht ganz die gleiche Aromafülle wie dieser.

Der Käsehersteller Peter Curtis produziert auch Chèvre Brie, der auf einer alten französischen Rezeptur für den Brie de Melun basiert und dessen Bruch mit Rebholzasche und Salz bestreut wird.

WASHED RIND
HERKUNFT: *Victoria*
ART: *Neuere halbfeste Käsesorte; individuell produziert*
MILCH: *Kuhmilch (Red Shorthornrind)*
BESCHREIBUNG: *3 kg schweres flaches Rad. Die klebrige orangefarbene gewaschene Rinde ist mit blauem, grauem und weißem Schimmel bestäubt.*
VERWENDUNG: *Als Tafelkäse*

Fred Leppin begann in den späten achtziger Jahren mit der Käseherstellung. Seine Käse nach englischer und französischer Art sind keine bloßen Kopien der Originale. Er entwickelt vielmehr neue Versionen dieser Sorten. Obwohl sein halbfester Käse mit gewaschener Rinde nach Art der Trappistenkäse gemacht ist, hat er doch andere Eigenschaften als das Original. Er hat einen fleischartigen, strengen Duft und eine weiche, elastische Textur und sein Aroma scheint den warmen, minzeartigen Duft der Eukalyptusbäume absorbiert zu haben.

Fred Leppins Käse mit gewaschener Rinde – Whitelaw, Bass River Red, Wine Washed Rind, Cronwell, Ranceby, Loch und Kardella – wurden in Australien mit großer Begeisterung aufgenommen.

WOODSIDE CABECOU

HERKUNFT: *Adelaide*
ART: *Traditionelle Frischkäse und gereifte Käsesorten; individuell produziert*
MILCH: *Ziegenmilch*
BESCHREIBUNG: *30 g schwere Scheibe. Die dünne Naturrinde ist gelblich und runzlig. Sie kann minderwertige Schimmel entwickeln, die sich jedoch leicht abbürsten lassen.*
VERWENDUNG: *Als Tafelkäse*

Paula Jenkins hegt eine große Leidenschaft für das Käsemachen und verfügt auch über ein angeborenes Talent dazu. Einen großen Teil ihres Wissens erwarb sie sich durch die Arbeit bei französischen und britischen Käsemeistern, die ihre Erzeugnisse von Hand herstellen. Mit ihrem Können hat sie deren Rezepturen und Methoden den Bedingungen in ihrer Heimat angepaßt.

Zusammen mit Simon Burr betreibt Paula Jenkins seit über zwei Jahren die Woodside Cheese Wrights. Die Käserei befindet sich in der alten Farmers' Union Factory am Heritage Park in Woodside, wo Paula Jenkins eine Reihe von Käsesorten aus Ziegen- und Kuhmilch herstellt.

Der junge Woodside Cabecou ist elfenbeinweiß, weich und mousseartig und hat eine frische Säure. Nach einigen Tagen bildet sich an seiner Oberfläche eine feine Haut, die in einen köstlichen weißen Schimmel übergeht. Der Schimmel trägt zur Reifung des fri-

schen Bruchs bei. Mit zunehmendem Alter wird der Käse härter, das kräuterartige, pilzige Aroma und sein Duft treten stärker hervor, und es kann etwas pelzartiger grauer Schimmel auftreten.

Der frische Quark aus Ziegenmilch ist eine ausgezeichnete Alternative zu Rahmkäse. Er verleiht Salaten, gegrillten Gemüsegerichten und Snacks eine zusätzliche Geschmacksdimension.

Die Käsesorte Edith erhielt ihren Namen nach einer Käsemeisterin, mit der Paula Jenkins in Burgund zusammenarbeitete. Dieser weiche Käse hat eine luxuriöse Textur. Bevor er in Rebholzasche gewälzt wird und einige Wochen lang reift, läßt man ihn eine samtige Haut bilden. Seine Textur ist das Ergebnis aufwendiger Arbeit, denn der Bruch wird von Hand in die Formen geschöpft. Sie und das auf der Zunge verweilende ziegenartige Aroma garantieren den Erfolg des Käses.

Das Unternehmen produziert auch Capricorn und Charleston, einen im Käsetuch gereiften Cheddar.

LINKS: Yarra Valley Feta

SÜDAFRIKANISCHER KÄSE

Die meisten Käse, die heute in Südafrika verkauft werden, sind industriell produzierte Kopien des Gouda und des Cheddar. Das überrascht nicht, wenn man davon ausgeht, daß die Mehrzahl der ersten europäischen Einwanderer, die sich in diesem Land ansiedelten, aus Holland und Großbritannien kamen.

In lokalem Maßstab werden kleine Mengen Feta, Edamer und Brie produziert, und man bekommt möglicherweise auch industriell hergestellte Importe europäischer Käsesorten; echter südafrikanischer Käse dagegen ist nur schwer zu finden.

Käsehersteller wie Christine Briscoe tun jedoch ihr Bestes, um diese Situation zu ändern. Sie hält in Natal, runde dreitausend Meilen von ihren wichtigsten Abnehmern entfernt, Ayrshire-Rinder. Ihr Käse gelangt dennoch in garantiert bester Qualität in das Weinanbaugebiet der Kapprovinz, wo er sich sehr gut verkauft. Sie läßt die Ware einfach per Luftfracht von Durban aus nach Kapstadt einfliegen. Ihr Sortiment, das unter dem Namen Galtee Mare verkauft wird, besteht in der Haupt-

sache aus Käsesorten nach englischer Art wie Sage Derby, Leicester und Cheddar. Daneben produziert sie sogar zwei Sorten Blauschimmelkäse. Christine Briscoes Käse sind alle von Hand hergestellt.

Auch die Familie Harris betreibt eine Farm in Natal; ihre Herde besteht jedoch nicht aus Ayrshire-, sondern aus Jersey-Rindern. Aus der Milch ihrer Tiere stellen sie kleine Mengen verschiedener Käsesorten unter dem Namen Bellavigne her. Dazu gehören Saint-Paulin, Tilsiter und ein weicher, cremiger, süßer Käse, der wie der Edamer aussieht.

Fairview Estate, eine Weinfarm bei Paarl in der Kapprovinz, produziert seit den frühen achtziger Jahren einen weichen Blauschimmelkäse nach Brie-Art. Ihn findet man in Supermärkten und in Spezialitätengeschäften.

Das Anwachsen des Tourismus wird zweifellos auch in Südafrika den Bedarf an mehr einheimischen Käsesorten wecken. Dann werden die Käsehersteller, die hier genauso entschlossen und engagiert sind wie ihre Kollegen in anderen Ländern, zeigen können, was in ihnen steckt.

YARRA VALLEY PYRAMID

HERKUNFT: *Victoria*
ART: *Neuere Frischkäsesorte; individuell produziert*
MILCH: *Ziegenmilch*
BESCHREIBUNG: *Kleine Pyramide, einfach oder mit Asche bestreut*
VERWENDUNG: *Als Tafelkäse, zum Grillen*

Fest, jedoch leicht in der Textur, ähnelt der Yarra Valley Pyramid dem Sainte-Maure. Der cremige, zitronenfrische und schwach salzige Käse zergeht auf der Zunge wie Eiscreme. Läßt man ihn reifen, dann wird der Käse fester und kann etwas Schimmel bilden.

Der Yarra Valley Pyramid wird von Richard Thomas hergestellt. Dieser Mann wird in der australischen Käsewelt sicher eines Tages eine Art lebende Legende werden. Er machte das erstemal von sich reden, als er zusammen mit David Brown die Milawa Cheese Company gründete. Später half er, die Meredith Dairy aufzubauen. Der Yarra Valley war sein erster Versuch, einen Käse aus Ziegenmilch zu machen; doch daraus scheint eine weitere australische Erfolgsstory zu werden.

Richard Thomas produziert außerdem Yarra Valley Feta. Dieser Käse kommt in kleine Blechdosen verpackt in den Verkauf. Die kleinen Kugeln aus erfrischend salzigem, feuchtem Käse sind in Olivenöl und frischen Kräutern eingelegt, die ihnen ein zusätzliches Aroma verleihen.

NEUSEELÄNDISCHER KÄSE

Nach dem derzeitigen Stand der Erkenntnisse kamen um das Jahr 900 n. Chr. die Maori in ihren Kanus von Polynesien und besiedelten als erste die Inseln Neuseelands. Einige Historiker sind der Meinung, daß vor dieser Zeit bereits die rothaarigen Morioris dort gelebt hätten, aber dann von den Maoris vertrieben worden seien. In jedem Falle jedoch fanden die frühen Siedler kein einheimisches Säugetier vor, das ihnen Milch oder Fleisch liefern konnte. Ihre Nahrung bestand daher hauptsächlich aus Farnen, Wurzeln, Vögeln, Fischen und Schalentieren.

Da es auf den Inseln also keine Säugetiere gab, mußten die ersten britischen Siedler, die im späten achtzehnten Jahrhundert nach Neuseeland kamen, ihr Vieh aus der Heimat mitbringen. Sie rodeten und verbrannten ausgedehnte Urwaldgebiete, um Weideland für ihre Friesians, Jersey- und Guernsey-Rinder zu schaffen. Dazu kamen bald auch Schafe – allerdings mehr wegen ihres Fleisches und ihrer Wolle als wegen ihrer Milch – sowie einige Ziegen, die die unsicheren Seereisen überlebt hatten.

In ganz Neuseeland wurden genossenschaftliche Molkereien gegründet, in denen man Milch verarbeitete, die die vielen kleinen und abgelegenen Farmen lieferten. Von der Mitte des neunzehnten Jahrhunderts an war der neuseeländische Cheddar ein wichtiger, für die Heimat bestimmter Exportartikel. Seit dieser Zeit wurden in kleinem Umfang auch Blauschimmelkäse hergestellt.

Während des zweiten Weltkrieges war der Cheddar aus Neuseeland ein willkommenes Gut in Großbritannien, dessen Bürger mit rationierten Lebensmitteln auskommen mußten. Zwar wurde das Produktionsvolumen mit dem Beitritt Großbritanniens zum gemeinsamen Markt beträchtlich verringert, doch die Treue der Kunden und die Beständigkeit der Qualität haben dafür gesorgt, daß dieser Käse bis heute seine Anhänger hat. Neuseeland sah sich durch diese Beschränkungen gezwungen, anderswo nach Handelspartnern Ausschau zu halten, und so werden heute große Mengen Käse und andere Milchprodukte nach Nordamerika und Asien exportiert.

Über einen Zeitraum von rund dreißig Jahren kam es nach und nach zum Zusammenschluß der kleinen Genossenschaften. Daher verfügt Neuseeland heute über einige der größten und effektivsten milchverarbeitenden Betriebe der Welt. Ein bedeutender Teil des Käses wird jedoch nach den Wünschen der Großkunden in Übersee hergestellt. Dabei werden regionale Besonderheiten unterdrückt, denn die Abnehmer legen Wert auf eine gleichbleibende Beschaffenheit der Ware. So bekommen die Verbraucher zu jeder Zeit Käse mit identischen Eigenschaften – eine gute Nachricht für Käufer, die Uniformität suchen, doch enttäuschend für all jene, die an den feinen Nuancen des Aromas interessiert sind. In einem Land von der Fläche Großbritanniens, doch mit nur wenig mehr als dreieinhalb Millionen Einwohnern ist es für die großen Genossenschaften eine Herausforderung, eine Vielfalt von Käsesorten zu produzieren und dennoch rentabel zu arbeiten. 1950 kamen die ersten Blauschimmelkäse auf den Markt, die von der New Zealand Rennet Company hergestellt waren – dem jetzigen Unternehmen Ferndale Dairies.

Der große Ross McCallum erkannte die Absatzmöglichkeiten für Spezialkäsesorten und gründete 1985 sein eigenes Unternehmen Kapiti Cheese. Er hatte sich zum Ziel gesetzt, statt der Imitationen europäischer Käsesorten, echten neuseeländischen Käse herzustellen, und so machte er sich daran, eine ganze Reihe von Sorten zu entwickeln, denen er dann auch Namen aus der Sprache der Ureinwohner Neuseelands gab. Doch gleichermaßen wichtig war die Tatsache, daß er ein Image geschaffen hatte, das die Neuseeländer ermutigen sollte, beim Kauf von einheimischem Käse bewußt auszuwählen und nicht nur danach zu greifen, weil es nichts anderes gab. Seine Strategie erwies sich als richtig: Kapiti Cheese produziert heute über fünfzig verschiedene Käsesorten.

In den achtziger Jahren wanderten aus den Niederlanden einige findige Käsemacher nach Neuseeland ein. Sie verbanden traditionelle Methoden mit modernen Praktiken und erschufen die traditionellen Käse ihrer Heimat neu.

Dann kündigten sich Veränderungen an. Große Betriebe begannen mit der Massenproduktion von Camembert und Brie. Einige waren so mutig, den Neuseeländern Chèvre vorzustellen, doch erst mit Kapitis kleinem fetaähnlichem *hipi iti* (was in der Maori-Sprache soviel wie »kleines Schaf« bedeutet), der 1990 auf den Markt kam und sofort zum Verkaufsschlager wurde, hatte Neuseeland auch einen industriell produzierten Schafkäse aufzuweisen. Diese Verspätung erscheint sehr ungewöhnlich, wenn man in Betracht zieht, daß es zur damaligen Zeit hier mehr als vierzig Millionen Schafe gab.

Heute sind es etwa vierzehn große Betriebe und neunzehn unabhängige oder kleine, handwerklich arbeitende Produzenten, die über zweihundert verschiedene Käsesorten herstellen. Viele davon sind ausschließlich neuseeländische Entdeckungen; sie tragen einheimische Namen und zeigen individuelle Eigenschaften und einen unübersehbaren Charme. Da es unmöglich ist, sie alle hier aufzuführen, wurde eine Auswahl getroffen, bei der sich die Autorin vom Erfolg der einzelnen Sorten bei den New Zealand Cheese Awards leiten ließ.

UNTEN: Ein Käsemacher bei Kapiti Cheese, der die Aorangi-Käse wendet, damit der weiße Schimmel sich über die gesamte Oberfläche ausbreiten kann

AIREDALE

HERKUNFT: *Oamaru*
ART: *Neuere vegetarische halbfeste Käsesorte; individuell produziert*
MILCH: *Kuhmilch*
BESCHREIBUNG: *2 kg schwerer Rundkäse mit gerader Seite. Die dünne natürliche Kruste hat einen Überzug aus roter Käse»farbe«*
VERWENDUNG: *Als Tafelkäse, zum Reiben und Grillen*

Dieser Käse wird von Bob Berry für Whitestone Cheese hergestellt. Er ist eher kompakt als elastisch. Mit seiner Textur liegt der Airedale an der Grenze zwischen halbfest und hart. Die spezielle rote Käse«farbe» verbirgt seine kräftig sonnengelbe Mitte und läßt ihn eine wahre Aromafülle entwickeln. Der junge Käse ist fruchtig; später wird er vollmundig, er bekommt einen Zwiebelduft und einen erinnerungswerten würzigen Nachgeschmack.

BARRY'S BAY CHEDDAR

HERKUNFT: *Banks Peninsula*
ART: *Traditionelle Hartkäsesorte; industriell produziert*
MILCH: *Kuhmilch*
BESCHREIBUNG: *35 kg schwerer Zylinder, gewachst und in Tuch gebunden*
VERWENDUNG: *Als Tafelkäse, zum Reiben und Grillen*

Das Handwerk der Käseherstellung kam erstmals um 1844 mit englischen und schottischen Siedlern auf die Banks Peninsula. Gegen Ende der neunziger Jahre des neunzehnten Jahrhunderts gab es hier mindestens neun Betriebe, die Butter und Cheddar sowie andere Käsesorten produzierten; davon ist Barry's Bay der einzige, der heute noch existiert.

Hier stellen der Käsemacher Don Walker und seine Mitarbeiter mit Hilfe moderner Technik und traditioneller Verfahren eine Reihe europäischer Käsesorten her, die bei den New Zealand Cheese Awards stets zu den Medaillengewinnern gehören. Ihr berinderter Cheddar ist der einzige traditionelle, in Tuch gebundene Käse in Neuseeland. Er wird zu großen Zylindern geformt, die erst gewachst und dann sechs bis sechsunddreißig Monate zum Reifen gelagert werden. Dadurch entsteht eine festere Textur als bei dem Cheddar in Blockform, der in Plastik reift. Nach etwa achtzehn Monaten intensiviert sich das Aroma, und der Käse scheint eine Seele und einen ganz eigenen Stil zu entwickeln.

Barry's Bay Cheddar errang bei den New Zealand Cheese Awards bereits eine Goldmedaille.

BLEU DE MONTAGNE

HERKUNFT: *Verschieden*
ART: *Neuere Blauschimmelkäsesorte; industriell produziert*
MILCH: *Kuhmilch*
BESCHREIBUNG: *200 g und 1,8 kg schwere hohe Zylinder. Die feine strohfarbene Rinde ist mit weißem, blaßblauem und gelegentlich mit rotem Schimmel überstäubt.*
VERWENDUNG: *Als Tafelkäse*

Der von Ferndale Dairies hergestellte Bleu de Montagne ist glatt und sehr cremig. Er hat einen würzigen Blauschimmelnachgeschmack, der sich mit zunehmender Reife des Käses stärker ausprägt. Einige Wochen nach dem Ansetzen des Käses wird die natürliche Kruste mit Salz abgerieben und dann mit rostfreien Nadeln perforiert. Dadurch erhalten die im Käse vorhandenen Blauschimmelpilze Sauerstoff und können ihre Fäden und Flecken aus blaugrauem Schimmel durch das offen texturierte, cremige Innere des Käses weben. Der Bleu de Montagne reift sechzig Tage. 1997 gewann er bei den New Zealand Cheese Awards eine Goldmedaille.

BRICK

HERKUNFT: *Wellington*
ART: *Neuere vegetarische halbfeste Käsesorte; industriell produziert*
MILCH: *Kuhmilch*
BESCHREIBUNG: *2 kg schwerer Ziegel mit klebriger rostgelber gewaschener Rinde*
VERWENDUNG: *Als Tafelkäse*

Der Brick wurde erstmals im frühen neunzehnten Jahrhundert in Amerika hergestellt. Seine Rezeptur basiert auf den traditionellen Klosterkäsesorten Europas. 1990 begann Kapiti Cheese mit der versuchsweisen Produktion des Brick. Nachdem der Käse in den USA erprobt worden war, wollte man ihn in Neuseeland testen und meldete ihn zu diesem Zweck für die New Zealand Cheese Awards 1994 an. Dort gewann der Brick eine Goldmedaille; im Folgejahr erhielt er den Cheese Lover's Cheese Award (Preis der Käseliebhaber). Die Rinde des Brick hat einen wunderbar strengen Duft mit einer Note von Hefe und Lammbraten. Sein blaßgelbes Inneres ist samtig-glatt und dicht und damit typisch für einen Käse mit gewaschener Rinde. Er hat einen süßen und würzigen Geschmack und einen pikanten Beigeschmack. Die klebrige rostgelbe Rinde reagiert allerdings nicht gut auf den Plastikfilm, mit dem der Käse zum Verkauf in den neuseeländischen Supermärkten überzogen sein muß. Diese Tatsache und der strenge Duft des Brick bereiten den Händlern einige Sorge. Leider hat die Firma Kapiti den Käse vom Markt genommen oder nun als jüngere, weniger aufregende Version in den Verkauf gebracht. Doch die jungen Küchenchefs von Neuseeland lieben den Brick, und so findet dieser Käse auch weiterhin seinen Weg auf die Käsebretter und -platten der Restaurants. Es ist zu hoffen, daß dem Brick weitere neuseeländische Käsekreationen mit gewaschener Rinde folgen werden.

BRIE

HERKUNFT: *Verschieden*
ART: *Neuere Weichkäsesorte; industriell produziert*
MILCH: *Kuhmilch*
BESCHREIBUNG: *Käse in verschiedenen Größen und Formen mit dicker weißer Penicilliumrinde*
VERWENDUNG: *Als Tafelkäse*

Neuseeland produziert zahlreiche Käsesorten nach Brie- und Camembert-Art. Ihre Qualität ist einheitlich und gleichbleibend. Da die meisten Weichkäsesorten Stabilisatoren enthalten, variiert ihr Geschmack nur wenig. Diese Stabilisatoren werden zugegeben, damit ein Käse, der nach dem Reifen des Bruchs eine dichte, doch cremige Konsistenz bekommt, diese auch beibehält anstatt weiterzureifen.

Inzwischen wird es immer üblicher, einheimischen Käsesorten Maori-Namen zu geben. Der Aorangi von Kapiti Cheeses beispielsweise ist ein Käse nach Brie-Art, dessen Name in der Maori-Sprache »weiße Wolke« bedeutet.

UNTEN: Brick

CHEDDAR

HERKUNFT: *Verschieden*
ART: *Traditionelle Hartkäsesorte;
industriell produziert*
MILCH: *Kuhmilch*
BESCHREIBUNG: *Typisch blockförmige,
rindenlose Käse in verschiedenen
Größen*
VERWENDUNG: *Als Tafelkäse, zum Reiben
und Backen, in Salaten und Saucen*

Ein Cheddar in Blockform wird niemals so hart wie ein im Tuch gereifter Käse. Nach achtzehn oder mehr Monaten jedoch entwickelt er eine stabile, bißfeste Textur und einen köstlichen Beigeschmack von Käse mit Zwiebeln, der sich verstärkt, wenn der Käse gekocht wird. Das im Gras der Milchviehweiden enthaltene natürliche Carotin verleiht dem neuseeländischen Cheddar eine besonders satte Farbe. Strenge Kontrollen durch die zuständige Behörde garantieren, daß Cheddars des gleichen Reifungsgrades auch ein wirklich identisches Profil haben – ganz gleich, aus welcher Gegend Neuseelands der Käse kommt.

Diese Uniformität des Cheddar, seine vorhersagbaren Eigenschaften, die keiner Veränderung durch Jahreszeit oder Herstellungsort unterliegen, haben den neuseeländischen Käse bei Käufern in aller Welt populär gemacht. Da aber das Weideland und die klimatischen Bedingungen so unterschiedlich sind, gibt es bei den kleineren Herstellern nun Bestrebungen, Käse nach Cheddar-Art zu produzieren, die diese Unterschiede gebührend herausheben.

Neuerdings ist (vermutlich aufgrund einer Marketing-Initiative) von den Etiketten mancher abgepackter Käse die Bezeichnung Cheddar verschwunden, so daß man den Käse nur noch anhand seiner Aromastärke identifizieren kann. Bei den Aromen unterscheidet man: Mild, Medium, Mature (reif), Tasty (delikat), Extra Mature (extra reif) und Vintage (erlesen). Es gibt so viele neuseeländische Cheddars, daß man sie unmöglich alle aufzählen oder sagen kann, welche davon die besten sind. In den letzten Jahren jedoch sind der Duke of Marlborough, der Marlborough Tasty Cheddar und der Tararua BONZ Cheddar bei den New Zealand Cheese Awards alle zu Champion Cheddars erklärt worden. Einer der »Best Cheddars up to 12 Months« (Bester Cheddar bis 12 Monate Reifungszeit) ist der Anchor Mild Cheddar, der von der Firma Anchor Products hergestellt wird.

COLBY

HERKUNFT: *Verschieden*
ART: *Traditionelle halbfeste Käsesorte;
industriell produziert*
MILCH: *Kuhmilch*
BESCHREIBUNG: *Rindenlose Käse
in verschiedenen Größen, meist
in Blockform*
VERWENDUNG: *Als Tafelkäse, zum Reiben
und Grillen, für Snacks und Salate*

Der Colby ist nach der gleichnamigen Stadt im US-Bundesstaat Wisconsin benannt, wo er zum erstenmal hergestellt wurde. Er kam 1882 nach Neuseeland und gehört hier noch heute zu den beliebtesten Käsesorten.

Der Colby ist ein Käse, dessen Bruch mit frischem Wasser gewaschen wird, um die überschüssige Molke und eventuell noch vorhandene Laktose zu entfernen. Das Waschen verhindert, daß der Säuregehalt des Bruches steigt. So bleibt der Käse weich und elastisch und bekommt ein süßes und mildes Aroma.

Dieser Käse hat einen höheren Wassergehalt als der Cheddar und fühlt sich elastischer an. Er ist auch eher süß als würzig; ihm fehlt daher die Aromafülle, die sich bei einem guten Cheddar entwickelt. Aus diesem Grunde wird er nur selten zum Kochen verwendet. Gibt man ihn dennoch an eine Speise, dann wegen der Textur und nicht wegen des Aromas.

Der Colby reift vier Monate.

EVANSDALE FARMHOUSE BRIE

HERKUNFT: *South Island*
ART: *Neuere vegetarische Weichkäsesorte; individuell produziert*
MILCH: *Kuhmilch*
BESCHREIBUNG: *Dicke Rundkäse in
verschiedenen Größen und mit feiner,
weicher weißer Rinde*
VERWENDUNG: *Als Tafelkäse*

Colin Dennison scheint die Fähigkeit zu besitzen, Unmögliches einfach aussehen zu lassen. Er arbeitet als Lehrer und stellt in seiner »Freizeit« Käse her. Dabei geht ihm seine Familie zur Hand. Der Autodidakt Dennison ist sehr darauf bedacht, seine Fähig-

*UNTEN: Neuseeländischer
Cheddar*

keiten zu vervollkommen und verfügt darüber hinaus über eine kräftige Portion der typisch neuseeländischen Lebenseinstellung: Wenn du willst, daß etwas geschieht, dann sorge selbst dafür.

Er hatte eigentlich nicht vor, Käsemacher zu werden, doch als Daffodil, die Familienkuh, mehr Milch gab, als verbraucht werden konnte, machte sich Dennison daran, Käse herzustellen. Sein erster Versuch, der Monterey Jack, war kein großer Erfolg, doch Dennison machte weiter. Das Ergebnis war der Evansdale Farmhouse Brie, der noch heute seine populärste Käsesorte ist.

Der Evansdale Farmhouse hat eine weiche weiße Rinde und eine glatte, cremige Textur, die auf der Zunge zergeht, wobei nach und nach das Aroma von Pilzen, geschmolzener Butter und grünem Gras freigesetzt wird.

Der Käse ist nach sechs Wochen reif. Man findet ihn selten außerhalb von Dunedin, kann ihn jedoch über den Versandhandel von Evansdale Cheese bestellen, die auch Caerphilly, Komene Kaas, Sage Derby, Wensleydale, Ricotta und Feta produzieren.

FOUR HERB GOUDA

HERKUNFT: *Christchurch*
ART: *Traditionelle vegetarische,
naturbelassene Hartkäsesorte;
individuell produziert*
MILCH: *Kuhmilch*
BESCHREIBUNG: *5 kg schwerer,
unregelmäßig rund geformter Käse
mit gewachster Naturrinde*
VERWENDUNG: *Als Tafelkäse*

Riens Rympa stammt aus Holland, wo er in der Nähe einer Käsefabrik aufwuchs. Nachdem er und seine Frau Karen beschlossen hatten, nach Neuseeland auszuwandern, verbrachten sie zunächst ein Jahr mit dem Studium der Käseherstellung in Holland. Heute, fast fünfzehn Jahre später, besitzen sie ein gutgehendes Unternehmen, und der Name Karikaas ist auf der ganzen Südinsel bekannt.

Der Four Herb Gouda der Rympas wird aus naturbelassener Milch hergestellt, die die Friesian-Holstein-Kühe einer nahegelegenen Farm liefern. Die Milch dieser Rinderrasse wird auch in Holland zur Produktion der tradionellen Käsesorten verwendet. Der cremige, kräftige und nußartige Geschmack verbindet sich gut mit dem Aroma der frischen, fein zerkleinerten Kräuter, die im Käse verteilt sind. Der Four Herb Gouda reift drei bis sechs Monate.

Riens und Karen Rympa stellen außerdem Leidsekaas, Maasdamer, einfachen Gouda und Kwark (Quark) her.

HIPI ITI
HERKUNFT: *Wellington*
ART: *Neuere vegetarische Frischkäsesorte; industriell produziert*
MILCH: *Schafmilch*
BESCHREIBUNG: *90 g schwerer Zylinder*
VERWENDUNG: *Als Tafelkäse, zum Grillen und Backen, für Salate*

In einem Land wie Neuseeland, in dem es viel mehr Schafe als Menschen gibt, mutet es vielleicht überraschend an, daß es bis 1990 dauerte, ehe der erste einheimische Schafkäse auf den Markt kam. Diesen Frischkäse, der dem Feta ähnelt, entwickelte Kapiti aus der Milch, die die Tiere einer Versuchsherde lieferten. Er wird Hipi Iti genannt, was in der Sprache der Maori »kleines Schaf« bedeutet. Der Käse wird zusammen mit Kräutern in Öl eingelegt und in Büchsen konserviert.

Der frische und zitronenartige Hipi Iti mit dem charakteristischen süßen Karamelgeschmack der Schafmilch ist krümelig wie der Feta, schmeckt jedoch nur schwach salzig. Er absorbiert nach und nach den feinen Geschmack der Kräuter, mit denen er zusammen in Öl konserviert ist.

Der Hipi Iti reift zwei Monate und hat einen Fettgehalt von 52 Prozent. Bei den New Zealand Cheese Awards gewann er 1996 und 1997 jeweils eine Silbermedaille.

JUBILEE BLUE
HERKUNFT: *Verschieden*
ART: *Neuere Blauschimmelkäsesorte; industriell produziert*
MILCH: *Kuhmilch*
BESCHREIBUNG: *250 g schwere Käsestange mit glatter, samtweicher weißer Rinde*
VERWENDUNG: *Als Tafelkäse, für Salate*

Der erste neuseeländische Blauschimmelkäse, der Blue Vein, war 1951 von der NZ Rennet Company auf den Markt gebracht worden. Den Jubilee Blue entwickelte man dann aus Anlaß des vierzigsten Geburtstages des Blue Vein sowie des fünfundsiebzigsten Jahrestages der Unternehmensgründung. Der Teig des glatten, cremigen, brieähnlichen Jubilee Blue ist mit kleinen Blauschimmelflecken durchsetzt. Der Käse besitzt einen köstlichen Pilzduft, und sein Geschmack erinnert an geschmolzene Butter mit einer recht würzigen, schwach bitteren Note wie von Rauke oder Radicchio. Der Jubilee Blue reift vierzig Tage.

RECHTS: *Hipi Iti (vorn) und Aorangi, ein Käse nach Brie-Art (hinten), sind nur zwei von vielen ausgezeichneten Käsesorten, die von Kapiti Cheese in Wellington auf North Island hergestellt werden.*

KIKORANGI
HERKUNFT: *Wellington*
ART: *Neuere vegetarische Blauschimmelsorte; industriell produziert*
MILCH: *Kuhmilch*
BESCHREIBUNG: *2 kg schwerer Zylinder. Die leicht feuchte Naturrinde ist cremefarben und zeigt grauen und blauen Schimmelbewuchs.*
VERWENDUNG: *Als Tafelkäse*

Der Kikorangi ist ein weiterer feiner Käse von Kapiti. Er ist herrlich cremig, fast butterartig und hat eine leicht körnige Textur. Die deutlich sichtbaren blauen Adern verleihen dem Käse einen sehr kräftigen, pikanten Blauschimmelgeschmack. Er hat einen eher kraftvollen als einen heftigen Charakter und ist ein wahres Fest für Zunge und Gaumen.

MAHOE AGED GOUDA
HERKUNFT: *Kerikeri*
ART: *Traditionelle vegetarische Spezialkäsesorte; individuell produziert*
MILCH: *Kuhmilch*
BESCHREIBUNG: *6 kg schwerer »Mühlstein«. Die glatte blaßgelbe Naturrinde ist mit gelbem Wachs überzogen.*
VERWENDUNG: *Als Tafelkäse, zum Grillen und Reiben*

Die Firma Mahoe Cheese begann als Experiment in einer Küche. Nachdem Anne und Bob Roastrevear sich entschlossen hatten, Käse herzustellen, produzierten sie zunächst Sorten aus ihrer Heimat Holland – Edamer und Gouda. Doch die Nachfrage und der Wunsch, ein wenig zu herumzuprobieren, brachten sie dazu, auch andere Sorten, darunter Feta, Ricotta und den Mahoe Aged Gouda herzustellen.

Der Mahoe Aged Gouda ist ein sehr fester, glatter Käse mit einer schwach biegsamen, fast zähen Textur. Er hat einen fruchtigen, frischen Beigeschmack und ist gehaltvoll und butterartig im Mund. Der Nachgeschmack erinnert an Karamel. Der Käse reift fünfzehn Monate lang. Er gehört zu den Medaillengewinnern bei den New Zealand Cheese Awards.

MERCER GOUDA
HERKUNFT: *Hamilton*
ART: *Traditionelle Hartkäsesorte; individuell produziert*
MILCH: *Kuhmilch*
BESCHREIBUNG: *10–12 kg schwerer, unregelmäßig rund geformter Käse. Die glatte blaßgelbe Naturrinde ist gewachst.*
VERWENDUNG: *Als Tafelkäse (zum Frühstück), zum Grillen, für Snacks*

Wie viele handwerklich arbeitende Käsemacher glaubt auch Albert Alfernick, daß die besten Käse aus Rohmilch hergestellt werden. Die unpasteurisierte Milch gibt ihnen ein volleres, komplexeres Aroma. Die in Neuseeland geltenden Vorschriften verbieten allerdings die Herstellung und die Einfuhr von Rohmilchkäse. Alfernick produziert dennoch eine ganze Reihe wunderbarer Käsesorten.

Wenn Sie einmal in Neuseeland sein sollten, dann besuchen Sie Albert und Enika Alferniks winzigen Laden in Mercer. Er befindet sich genau an der Abzweigung der Hauptstraße von Auckland nach Hamilton. Dort biegen sich die Regale unter der Last der goldgelben Räder, die einen zum Probieren aufzufordern scheinen: Goudas aller Reifestufen, einige mit Kümmel, zerdrückten Pfefferkörnern, Knoblauch oder Kräutern, köstlich gereifter Edamer und süßer, fruchtiger Maasdamer.

NEUSEELÄNDISCHER KÄSE

LINKS: Sainte-Maure

MEYER VINTAGE GOUDA
HERKUNFT: *Hamilton*
ART: *Traditionelle halbfeste Käsesorte; individuell produziert*
MILCH: *Kuhmilch*
BESCHREIBUNG: *10–12 kg schwerer, unregelmäßig runder Käse mit glatter zartgelber gewachster Rinde*
VERWENDUNG: *Als Tafelkäse*

Der Meyer Vintage Gouda wurde bei den New Zealand Cheese Awards von 1994 zum Supreme Champion erklärt. Mit seinem Mandelduft und dem kräftigen, nußartigen Aroma eroberte das pfirsichfarbene Innere des Käses im Nu die Herzen und Gaumen der Preisrichter, die den Käse beim Verkosten mit Bemerkungen wie »süß und fruchtig«, »hart, körnig und beim Kauen zerknirschend« oder »wunderbare Fülle des Charakters« beurteilten. Auch der deutlich hervortretende Beigeschmack und der im Munde verweilende fruchtige Nachgeschmack wurden von ihnen fast liebevoll beschrieben. Es ist daher nicht überraschend, daß die Nachfrage nach Ben und Fieke Meyers Vintage Gouda ständig steigt. Der Käse braucht zwölf Monate, um seinen Charakter voll zu entfalten. Natürlich spiegeln sich der Zeit- und Arbeitsaufwand für die Herstellung des Käses auch in dessen Preis wider, doch der Käse ist das Geld bestimmt wert.

Die Meyers kamen 1994 von Holland nach Neuseeland und bauten bei Hamilton eine kleine Molkerei auf. Sie hatten die Leidenschaft für Käse und den Glauben an die traditionellen holländischen Herstellungsmethoden mitgebracht. Was sie aus ihrer Heimat jedoch überhaupt nicht kannten, war die Art und Weise, wie sich die Zusammensetzung der Milch je nach Jahreszeit und Weideland hier verändern konnte. Ihr erster Käse, für den sie die gehaltvolle Frühjahrsmilch verarbeiteten, war nach Fieke Meyers Worten »wirklich hart«. Mit der Hilfe von Albert Alfernik, einem anderen holländischen Käsemacher, versuchten sie es wieder und hatten Erfolg.

Heute sind die Regale in ihren Reifungsräumen mit herrlichem rundem gelbem Käse gefüllt – nach der letzten Zählung waren es über dreitausend –, die während des langsamen Reifens alle von Hand gewendet und gebürstet werden. Die Meyers stellen Gouda verschiedener Reifegrade her, darunter auch einfache oder mit Kümmel, Nelken oder Pfeffer gewürzte Versionen.

PORT NICHOLSON
HERKUNFT: *Wellington*
ART: *Neuere vegetarische halbfeste Käsesorte*
MILCH: *Kuhmilch*
BESCHREIBUNG: *1,8 kg schwerer Rundkäse mit glatter, leuchtend orangefarbener gewaschener Rinde*
VERWENDUNG: *Als Tafelkäse, zum Grillen und Schmelzen*

Der Port Nicholson besitzt den charakteristischen süßsauren, leicht rauchigen Duft und den Geschmack des Port-Salut, der nach der Art der Trappistenkäse gemacht ist und auf dem der Port Nicholson basiert. Er ist im Vergleich zum Port-Salut geschmeidiger und hat eine offenere Textur. Sein Hersteller Kapiti Cheese benannte ihn nach dem prächtigen Hafen der neuseeländischen Hauptstadt Wellington.

UNTEN: Port Nicholson

SAINTE-MAURE
HERKUNFT: *Wellington*
ART: *Neuere vegetarische Weichkäsesorte; industriell produziert*
MILCH: *Ziegenmilch*
BESCHREIBUNG: *200 g schwere Käsestange mit dicker weißer Penicilliumrinde*
VERWENDUNG: *Als Tafelkäse, zum Grillen, für Salate*

1985 gründeten Ross McCallum und seine Frau Glenys das Unternehmen Kapiti Cheese. Mit einem eindrucksvollen Sortiment von Spezialkäsesorten hoher Qualität machten sie sich in der Welt der Feinschmecker schnell einen Namen. Ihr kometenhafter Aufstieg ist Ross McCallums Leidenschaft für Käse zu verdanken, seiner Vision, seiner kompromißlosen Einstellung zur Qualität und seinem Wunsch, Käse mit einer einzigartigen neuseeländischen Identität zu entwickeln. Mit seinen Käsesorten, die Namen aus der Sprache der Maori tragen, und nach traditionellen Verfahren hergestellt sind, eine elegante und informative Verpackung haben, machte er sich daran, den einheimischen Markt zu erobern. Zu Beginn der neunziger Jahre begann Kapiti Cheese mit jungen Küchenchefs zusammenzuarbeiten, die sich von den Möglichkeiten dieser Vielfalt von Käsesorten zu neuen Kreationen angeregt fühlten. Der Sainte-Maure wurde 1997 zum Supreme Champion ernannt. Er ist fest, doch samtig-glatt und zergeht im Munde, um eine bunte Mischung von Aromen freizusetzen – würzig, ausgeprägt nußartig und köstlich süß.

SARATOGA
HERKUNFT: *Masterton*
ART: *Neuere vegetarische Frischkäsesorte; individuell produziert*
MILCH: *Ziegenmilch*
BESCHREIBUNG: *100–150 g schwere Rundkäse, verschiedenfarbig gewachst*
VERWENDUNG: *Als Tafelkäse, zum Grillen, für Salate und Pasteten*

Dee Lever ist eine Frau mit außergewöhnlichem Mut. Vor ihrem Autounfall, von dem eine schwere körperliche Behinderung zurückblieb, hatte sie noch nie Käse hergestellt. Dennoch gewann ihr Saragota, ein winziger Frischkäse aus Ziegenmilch, vor einigen Jahren zwei der Spitzenpreise der New Zealand Cheese Awards. Er wurde nicht nur zum »Besten Frischkäse« erklärt, sondern heimste auch den Cheese Lover's Cheese Award (Preis des Käseliebhabers) ein.

Der Saragota hat eine feuchte, fast mousseartige Textur. Er ist zitronenfrisch und zeigt eine kleine Spur von Mandeln, Estragon und Weißwein – die Eigenschaften eines guten Ziegenkäses. Jeder Käse wird vorsichtig in Wachs getaucht, damit er vor äußeren Einflüssen und vor dem Austrocknen geschützt ist.

Die Produktion bei Saragota Dairy Goats ist zwar gering, doch die Käse werden von Jahr zu Jahr besser. Die neuesten Schöpfungen – Piccolo, Encore, Sonata, Minuet und Opus – haben eine köstliches würziges Aroma, das nicht nur durch eine sorgfältige Behandlung des Käsebruchs, sondern auch durch die gute Pflege der Ziegen und das Engagement für gleichbleibend gute Qualität erreicht wird. Der Piccolo erhielt bei den New Zealand Cheese Awards 1997 den Titel des Best New and Experimental Cheese.

WAIMATA FARMHOUSE BLUE
HERKUNFT: *Gisbourne*
ART: *Neuere vegetarische Blauschimmelkäsesorte*
MILCH: *Kuhmilch*
BESCHREIBUNG: *2,5 kg schwerer Zylinder mit klebriger Naturrinde, die mit etwas grauem und blauem Schimmel gefleckt ist*
VERWENDUNG: *Als Tafelkäse, für Salate und Saucen*

Der Waimata Farmhouse Blue wurde bei den New Zealand Cheese Awards von 1997 einstimmig zum Best Blue (Bester Blauschimmelkäse) gewählt und zum Best Vegetarien Cheese (Bester vegetarischer Käse) gekürt. Er ist cremig, ohne jedoch gehaltvoll zu sein, und zeigt eine nicht zu starke Würze. Um es kurz zu sagen: er hat alles, was man von einem Blauschimmelkäse erwartet.

Die Käsemacherin Carol Thorpe ist relativ neu in der neuseeländischen Käseszene. Sie und ihr Ehemann Rick interessierten sich erstmals für Käse, als sie gegen Ende der siebziger Jahre Wales besuchten, um ihre Kenntnisse und Erfahrungen zum Thema Selbstversorgung zu erweitern. Doch erst 1992, als die Situation im Kiwianbau ziemlich hoffnungslos war, erwog Carol Thorpe die Möglichkeit, Käse auf kommerzieller Basis herzustellen.

Ende 1994 schätzte sie ihre Käse als marktreif ein. Blauschimmelkäse und zugleich auch weißen Edelschimmelkäse zu machen, war eine Herausforderung. Doch nach weniger als einem Jahr zeigte ihr Erfolg bei den New Zealand Cheese Awards, daß sie eine Meisterin auf diesem Gebiet war.

Heute produziert ihr Unternehmen Waimata Cheese verschiedene Blauschimmelkäsesorten nach Brie-Art sowie einen traditionellen Camembert und eine Doppelrahmversion davon. Zu ihrem Programm gehören außerdem Port Gisborne, Vine Ash und Feta.

WHITESTONE FARMHOUSE
HERKUNFT: *Oamaru*
ART: *Neuere vegetarische Weichkäsesorte; individuell produziert*
MILCH: *Kuhmilch*
BESCHREIBUNG: *800 g oder 1,5 kg schwerer Zylinder mit einer feinen Schicht Penicilliumschimmel*
VERWENDUNG: *Als Tafelkäse*

Der Whitestone Farmhouse gehört zu einer Handvoll Käsorten, die einzigartig in Neuseeland sind. Er wird in einem offenen Kessel hergestellt. Die Milch dazu liefern Friesians, die im Kalksteingebiet im Norden des Distrikts Otago weiden.

Der von einer feinen Penicilliumrinde bedeckte Käse duftet nach Gras und gleicht mit seiner Elastizität eher einem jungen Caerphilly. In der Mitte bleibt sein Teig feucht und krümelig, während er zum Rand hin weicher wird. Der Käse zeigt im Nachgeschmack eine schwache fruchtige Note, die an Feijoa (Ananasguave) erinnert.

Im Unterschied zu manchen anderen neuseeländischen Käsesorten, denen zur Verbesserung der Lagerfähigkeit Stabilisatoren zugesetzt sind, läßt man den Whitestone Farmhouse weiterreifen und dabei mehr Charakter entwickeln. Bei den New Zealand Cheese Awards 1995 wurde er zum Best Original New Zealand Cheese (Bester echt neuseeländischer Käse) erklärt.

Das Unternehmen Whitestone Cheeses, das Bob Berry gehört, produziert außerdem Airedale, Mt. Dasher, Monte Cristo und Windsor Blue.

NEW ZEALAND CHEESE AWARDS

Die New Zealand Cheese Awards gibt es seit 1993. Die jährlich stattfindende Preisverleihung soll dazu beitragen, den neuseeländischen Käse im nationalen und internationalen Maßstab zu profilieren und denjenigen Käsesorten, die hohen Qualitätsansprüchen genügen, angemessen zu würdigen. Den Preisrichtern, die jeweils zu zweit arbeiten, werden 15–20 Käsesorten zur Beurteilung vorgelegt. Einer der Juroren ist ein Fachmann aus dem Wirtschaftszweig, der andere ein anerkannter Meister der Kochkunst oder ein Autor, der zum Thema Ernährung schreibt. Beide müssen sich auf ein abschließendes Werturteil einigen, das auf ihrer Einschätzung der Textur, der Geschmacks und der allgemeinen Erscheinung eines Käses beruht.

Anders als bei den meisten Wettbewerben besteht hier keine Garantie für die Vergabe erster, zweiter oder dritter Preise. Nur Käsesorten, die einem hohen Standard bezüglich Qualität und Aroma genügen, werden mit Medaillen gewürdigt. So kann es vorkommen, daß in einer Klasse Gold, Silber oder Bronze mehrfach vergeben wird, während in einer anderen am Ende keiner der Medaillenplätze besetzt ist.

Nach der ersten Wertung nimmt man die Goldmedaillengewinner der zehn Hauptkategorien zusammen, um einen Käse zum besten jeder Kategorie zu küren: Den Best Blue (Bester Blauschimmelkäse), den Best Cheddar usw. Aus diesen wird der Supreme Champion des Jahres ausgewählt – eine Anerkennung, die gewaltigen Zuwachs in puncto Verkaufszahlen und Popularität garantiert.

Die Medaillen werden auf der Verpackung oder dem Etikett des preisgekrönten Käses abgebildet.

OBEN: *Das Gütesiegel der New Zealand Cheese Awards, mit dem die Medaillengewinner die Etiketten und Verpackungen ihrer Käse versehen dürfen*

REZEPTE

Käse ist ein so wunderbarer Bestandteil unserer Ernährung, daß es kaum etwas gibt, das ihn als eigenständige Speise übertrifft. Die meisten Käsesorten verzehrt man ja auch am besten einfach mit Brot oder Obst. Daneben gibt es jedoch manche, die sich ausgezeichnet zum Kochen verwenden lassen. Gerade unter den Frischkäsesorten sind einige, die gekocht besser sind als roh, da ihr Aroma und ihre Textur andere Zutaten erst richtig zur Wirkung kommen lassen. Die nun folgenden Rezepte sind größtenteils einfach und erfordern nicht viel Zeit. Sie werden darunter einige vorzügliche klassische Gerichte finden, die den Prüfungen der Zeit standgehalten haben, und andere, zeitsparende Vorschläge für Speisen, die der heutigen Lebensweise entgegenkommen.

Suppen, pikante Vorspeisen und Snacks

Machen Sie aus Käse und Scheiben von frischem Brot Sandwiches zurecht, krümeln Sie etwas Käse über eine Suppe, füllen Sie in der Schale gebackene Kartoffeln mit Käsewürfeln und Sie werden feststellen, wie schnell und elegant sich dieses wunderbare Produkt verwenden läßt. Die folgenden Rezepte liefern Vorschläge für den Brunch, für das Abendessen oder für einfache, kleine Mahlzeiten und Picknicks sowie für das eine oder andere Essen in geselliger Runde.

SUPPEN, PIKANTE VORSPEISEN UND SNACKS

25 g Butter
1 Zwiebel, zerkleinert
1 Kartoffel, geschält und geschnitten
500 g grünen oder purpurnen Brokkoli, zerkleinert
1 Liter Wasser
100 g Maytag Blue ohne Rinde, gewürfelt
frisch geriebene Muskatnuß
Salz und gemahlener Pfeffer
etwas Walnußöl zum Servieren

FÜR 4 PERSONEN

ABWANDLUNG
Verwenden Sie anstelle des Maytag Blue Stilton oder einen milderen Blauschimmelkäse wie Dolcelatte oder Bleu d'Causses.

50 g Butter
2 Zwiebeln, etwa 250 g, in Scheiben geschnitten
2 TL Weizenmehl
1 Liter Gemüse- oder Geflügelfond
60 ml trockener Weißwein oder 30 ml trockener Sherry
4 Scheiben krustiges Weißbrot
150 g Gruyère oder Emmentaler, gerieben
Salz und gemahlener schwarzer Pfeffer

FÜR 4 PERSONEN

TIPS
Damit die Suppe eine schöne Farbe bekommt, müssen die Zwiebeln leicht angebräunt sein, ehe der Fond zugegossen wird.

Anstelle von Gruyère oder Emmentaler läßt sich auch Cheddar verwenden, doch dann entspricht die Suppe nicht mehr dem Originalrezept.

BROKKOLISUPPE MIT MAYTAG BLUE

Brokkoli ist ein so aromastarkes Gemüse, daß nur wenige Zutaten nötig sind, um eine schmackhafte Suppe zu bereiten. Der cremige Beigeschmack von Blauschimmelkäse macht sie jedoch zu etwas ganz Besonderem.

1 Die Butter in einem großen Topf erhitzen, die Zwiebel und die Kartoffelstückchen unterrühren. Zudecken und 5 Minuten sacht garen lassen, dann den Brokkoli zugeben und weitere 5 Minuten garen. Das Wasser zugießen, zum Kochen bringen, würzen und 15 Minuten lang leise köcheln lassen.

2 Abgießen, die Flüssigkeit aufheben. Das gekochte Gemüse in die Küchenmaschine geben und mit etwas Kochflüssigkeit benetzen. Pürieren, bis die Masse sehr weich und glatt ist. Die Küchenmaschine nicht abschalten, nach und nach die restliche Kochflüssigkeit durch den Einfüllstutzen zugießen.

3 Die Suppe in den sauberen Topf zurückgießen. Nochmals erhitzen, bis sie fast kocht, dann vom Herd nehmen.

4 Den Käse zugeben und rühren, bis er geschmolzen ist. Muskatnuß, Salz und Pfeffer nach Geschmack zugeben. Mit je einem Tropfen Walnußöl in vier angewärmten Schüsseln auftragen.

FRANZÖSISCHE ZWIEBELSUPPE

Suppen mit Brot und Käse sind in vielen Ländern beliebt. Einer der großen Klassiker ist die Suppe, die in Les Halles in Paris berühmt wurde. Sie wird auch heute noch dort verkauft, obwohl der Markt selbst umgezogen ist. Die Suppe wird stets mit einem etwas zähen Überzug aus geschmolzenem Gruyère serviert.

1 Die Butter in einem großen Topf schmelzen. Die Zwiebeln zugeben und etwa 12 Minuten lang braten lassen, so daß sie leicht gebräunt sind. Das Mehl einrühren und das Ganze weiter garen, bis das Mehl sandfarben wird.

2 Den Fond oder Wein oder Sherry zugießen und unter Rühren zum Kochen bringen. Würzen, zudecken und 15 Minuten leise köcheln lassen.

3 Inzwischen den Grill vorheizen. Das Brot leicht rösten. Den Käse auf die Brotscheiben aufteilen. Das Brot in den Grill zurücklegen und heiß werden lassen, bis der Käse blasig ist. In vier angewärmte feuerfeste Schüsseln legen.

4 Die Zwiebeln aus dem Fond nehmen und auf die Schüsseln verteilen. Mit Fond übergießen und sofort auftragen.

SUPPEN, PIKANTE VORSPEISEN UND SNACKS

2 dicke Scheiben Kastenweißbrot
etwas ungesalzene Butter
zum Bestreichen
100 g Cheddar oder ähnlichen
Käse in Scheiben
2 EL pikanten oder milden Senf
oder eine reichliche Prise Paprika
oder Cayennepfeffer
gemahlener schwarzer Pfeffer

FÜR 2 PERSONEN

Cheddar eignet sich vorzüglich zum Schmelzen.

130 g Cheddar oder
ähnlicher Käse, gerieben
2 TL Weizenmehl
2 TL milder Senf
60 ml Bier oder Milch
4 dicke Scheiben Weißbrot
eine reichliche Prise Paprika
oder Cayennepfeffer
frische Basilikumblätter und
Tomatenviertel zum Garnieren

FÜR 4 PERSONEN

ABWANDLUNGEN
Um Buck Rarebit zu bereiten, geben Sie auf das Traditionelle Welsh Rarebit ein pochiertes Ei und eventuell ein oder zwei dünne gegrillte Schinkenscheiben. Ein einfaches Rarebit sieht besonders appetitlich aus, wenn es mit gegrillten Paprikafrüchten oder Eiertomaten oder karamelisierten roten Zwiebeln belegt ist. Tragen Sie das Rarebit mit gemischten Kräutern und grünem Blattsalat auf.

WELSH RAREBIT

Dieser kleine Imbiß, den der Volksmund Welsh Rabbit nennt, ist seit Generationen beliebt und wird auf vielerlei Weise zubereitet. Verwenden Sie dazu einen Käse, der sich gut zum Schmelzen eignet – Cheddar, Lancashire, Monterey Jack, Cheshire oder Caerphilly.

1 Den Grill vorheizen und das Brot auf beiden Seiten leicht rösten. Sparsam mit Butter bestreichen, dann mit Käse belegen, so daß ein schmaler Rand an den Brotkanten bleibt. Unter dem Grill heißwerden lassen, bis der Käse schmilzt und braun zu werden beginnt.

2 Den Käse rasch mit etwas Senf bestreichen oder mit etwas Paprika oder Cayennepfeffer bestreuen. Wenig Pfeffer aus der Mühle darübergeben. Die Brote einmal diagonal durchschneiden und sofort auftragen.

TRADITIONELLES WELSH RAREBIT

Geröstetes Brot kann auch mit einer köstlich gehaltvollen, cremigen Käsesauce überzogen werden, die man entweder mit Bier oder mit Milch zubereitet. Bier verleiht der Sauce einen zarten Hopfengeschmack und ein herrlich ländliches Aroma.

1 Den Käse, das Mehl und den Senf in einem kleinen Topf mischen. Das Bier oder die Milch dazugießen und alles gut umrühren.

2 Langsam erhitzen und rühren, bis die Sauce dick und cremig ist. Nicht kochen lassen. Das Brot unter dem Grill leicht rösten. Den geschmolzenen Käse über das Brot gießen und bis zu den Kanten breitstreichen. Das Brot in den Grill zurücklegen und heiß werden lassen, bis der Käse gebräunt ist.

3 Den gegrillten Käse mit Paprika oder Cayennepfeffer bestreuen, mit Basilikum und Tomatenvierteln garnieren und die Brote sofort auftragen.

CROQUE-MONSIEUR

Ein beliebter französischer Imbiß, dessen Name wörtlich übersetzt soviel wie »Knusper-Herr« bedeutet. Diesen einfachen Snack können auch Kinder zubereiten, besonders wenn das Brot im Sandwichtoaster geröstet wird.

Etwas Butter zum Bestreichen
4 dünne Scheiben Kastenweißbrot
75 g Gruyère oder Cheddar in Scheiben
2 Scheiben magerer Schinken, in Honig gebraten
gemahlener schwarzer Pfeffer
glattblättrige Petersilie zum Garnieren

FÜR 2 PERSONEN

1 Den Sandwichtoaster oder den Grill vorheizen. Das Brot mit wenig Butter bestreichen. Zwei Scheiben davon mit dem Käse und dem Schinken belegen *(links)*. Die beiden anderen Brotscheiben obenauf legen und fest andrücken.

2 Die Brote nach der Anleitung des Herstellers im Toaster oder im Grill rösten, bis sie auf beiden Seiten gebräunt sind. Mit Petersilie garnieren und heiß auftragen.

UNTEN: *Traditionelles Welsh Rarebit (links) und Croque-Monsieur (rechts)*

SUPPEN, PIKANTE VORSPEISEN UND SNACKS

1 EL Olivenöl
250 g Hackfleisch vom Rind oder Truthahn
2 Knoblauchzehen, zerdrückt
1 TL gemahlenen Kreuzkümmel
1–2 TL mildes Chilliepulver
8 küchenfertige Taco-Hüllen
½ kleiner Kopf Eisbergsalat, in Streifen geschnitten
1 kleine Zwiebel, in dünne Scheiben geschnitten
2 Tomaten, in Stücke geschnitten
1 Avocado, halbiert, entkernt und in Scheiben geschnitten
4 EL Sauerrahm
125 g zerbröckelter Queso Blanco oder Anejo oder geriebener Cheddar oder Monterey Jack
Salz und gemahlener schwarzer Pfeffer

FÜR 4 PERSONEN

MEXIKANISCHE TACOS

Die küchenfertigen muschelförmigen Taco-Hüllen sind ideale eßbare »Gefäße« für streifig geschnittenen Salat, Fleischfüllung, geriebenen Käse und Sauerrahm. Für den authentischen Geschmack sorgt mexikanischer Queso Blanco oder Queso Anejo.

1 Das Öl in einer Pfanne erhitzen. Das Fleisch zusammen mit dem Knoblauch und den Gewürzen zugeben und alles bei mäßiger Hitze bräunen lassen. Ständig rühren, damit das Fleisch nicht zusammenbäckt. Würzen, 5 Minuten braten lassen, dann zur Seite stellen und leicht abkühlen lassen.

2 Unterdessen die Taco-Hüllen der Anleitung auf der Verpackung entsprechend erwärmen, aber nicht zu knusprig werden lassen. Salatstreifen, Zwiebel-, Tomaten- und Avocadoscheiben in die Taco-Hüllen legen. Sauerrahm darübergeben und mit Hackfleisch vom Rind oder Truthahn bedecken.

3 Zerbröckelten oder geriebenen Käse über die Tacos streuen und sofort auftragen. Genügend Papierservietten bereitlegen, denn Tacos werden mit den Händen gegessen.

FONTINA PAN BAGNA

Wenn es draußen heiß ist, dann ist ein krustiges Baguette, gefüllt mit saftigen Tomaten, knackigen roten Zwiebeln, grünem Paprika, dünnen Fontinascheiben und Olivenringen ein erfrischender Imbiß.

SUPPEN, PIKANTE VORSPEISEN UND SNACKS

1 kleine rote Zwiebel, in dünne Scheiben geschnitten
1 frisches Baguette
Natives Olivenöl Extra
3 reife Eiertomaten, in dünne Scheiben geschnitten
1 kleine grüne Paprikafrucht, entkernt, halbiert und in dünne Streifen geschnitten
200 g Fontina, in dünne Scheiben geschnitten
etwa 12 entsteinte schwarze Oliven, in Ringe geschnitten
eine Handvoll glattblättrige Petersilie oder Basilikumblätter, Salz und gemahlener schwarzen Pfeffer

FÜR 2–4 PERSONEN

ABWANDLUNGEN
Probieren Sie anstelle von Fontina Havarti oder Taleggio und nehmen Sie Anchovis aus der Dose anstelle von Oliven.

1 Die rote Zwiebel für mindestens eine Stunde in reichlich kaltem Wasser einweichen und danach in einem Durchschlag gut abtropfen lassen, auf Küchenkrepp legen und trockentupfen.

2 Das Baguette längs halbieren und die Schnittflächen gut mit Olivenöl bestreichen. Eine Hälfte mit den Tomatenscheiben belegen und gut würzen.

3 Darauf die Paprikastreifen, danach die Zwiebelringe anordnen, dann den Käse und die Oliven darüberlegen. Mit Petersilie oder Basilikumblättern bestreuen und nochmals würzen.

4 Die Baguettehälften aufeinanderdrücken, dann fest in Frischhaltefolie wickeln. Mindestens eine Stunde kalt stellen. Dann wieder auswickeln und vor dem Servieren diagonal in dicke Scheiben schneiden.

SUPPEN, PIKANTE VORSPEISEN UND SNACKS

MOZZARELLA IN CAROZZA MIT FRISCHER TOMATENSALSA

Der Name dieses köstlichen italienischen Snacks läßt sich mit »Mozzarella in der Kutsche« übersetzen. Das Rezept ähnelt dem für Croque-Monsieur. Hier wird jedoch Mozzarella verwendet, werden die Brote in geschlagenes Ei getaucht und dann wie Armer Ritter ausgebacken.

*200 g Mozzarella,
in dünne Scheiben geschnitten
8 dünne Scheiben Kastenweißbrot
ohne Rinde
etwas getrockneter Oregano
2 EL frisch geriebener
Parmesan
3 Eier, geschlagen
Olivenöl zum Ausbacken
Salz und gemahlener schwarzer
Pfeffer
frische Kräuter zum Garnieren*

*FÜR DIE SALSA
4 reife Eiertomaten, gehäutet,
entkernt und fein zerkleinert
1 EL frische Petersilie
1 TL Balsamessig
1 EL Natives Olivenöl Extra*

FÜR 4 PERSONEN

1 Den Mozzarella auf vier Scheiben Brot anordnen. Mit Salz und Pfeffer würzen und mit etwas getrocknetem Oregano und dem Parmesan bestreuen. Die restlichen Scheiben daraufdecken und fest andrücken.

2 Die geschlagenen Eier in eine große flache Schale geben und mit Salz und Pfeffer würzen. Jeweils zwei Käsesandwiches hineinlegen und wenden, so daß sie vollständig mit geschlagenem Ei überzogen sind. Die restlichen Sandwiches ebenfalls mit Ei überziehen und dann 10 Minuten stehenlassen.

3 Für die Salsa die zerkleinerten Tomaten in eine Schüssel schütten und die Petersilie zugeben. Den Essig und das Olivenöl unterrühren. Gut mit Pfeffer und Salz würzen und beiseite stellen.

4 Soviel Olivenöl in eine große Pfanne gießen, daß es darin 5 mm hoch steht. Erhitzen. Die Sandwiches ggf. in mehreren Schüben vorsichtig in das Öl legen und etwa 2 Minuten auf jeder Seite backen lassen, so daß sie goldbraun und knusprig sind. Herausnehmen und auf Küchenkrepp gut abtropfen lassen. In der Mitte durchschneiden, mit frischen Kräutern garnieren und mit der Salsa auftragen.

SUPPEN, PIKANTE VORSPEISEN
UND SNACKS

KÄSE-AIGRETTES

Diese mit gereiftem Gruyère gewürzten und mit geriebenem Parmesan bestreuten Brandteigstücke sind etwas schwierig zu machen, doch der Teig kann schon im voraus bereitet und dann ausgebacken werden. Die Airgrettes sind ein vorzüglicher Imbiß für eine Party.

100 g kleberstarkes Weizenmehl
½ TL Paprika
½ TL Salz
75 g kalte Butter, in Würfel geschnitten
200 ml Wasser
3 Eier, geschlagen
75 g grob geriebener gereifter Gruyère
Maiskeimöl oder Pflanzenöl zum Ausbacken
50 g Parmesan, fein gerieben
gemahlener schwarzer Pfeffer
einige Stengel glattblättrige Petersilie zum Garnieren

Ergibt 30 Stück

ABWANDLUNG
Machen Sie die Airgrettes etwas größer, schneiden Sie sie auf und höhlen Sie sie aus. Füllen Sie die Airgrettes mit Taramasalata oder zerkrümeltem, mit etwas Fromage Frais vermischtem Roquefort.

1 Das Mehl, den Paprika und das Salz auf einen Bogen fettdichtes Papier sieben. Etwas Pfeffer aus der Mühle (eine reichliche Umdrehung) dazugeben.

2 Die Butter und das Wasser in einen mittelgroßen Topf geben und sacht erhitzen. Sobald die Butter geschmolzen ist und die Flüssigkeit zu kochen beginnt, das gewürzte Mehl auf einmal in die Butter geben und mit einem Holzlöffel kräftig schlagen, bis sich der Teig vom Topfrand löst.

3 Den Topf vom Herd nehmen und den Teig 5 Minuten abkühlen lassen. Dieser Arbeitsschritt ist wichtig, wenn die Airgrettes gut aufgehen sollen. Nach und nach genügend geschlagenes Ei unterrühren, daß der Teig eine steife Konsistenz bekommt und auf dem Löffel noch seine Form hält. Den Gruyère untermischen.

4 Das Öl zum Ausbacken auf 180 °C erhitzen. Mit einem Löffel Brandteig abstechen und mit Hilfe eines zweiten Löffels in das Öl gleiten lassen. Auf die gleiche Weise weitere Airgrettes herstellen. 3–4 Minuten ausbacken lassen, so daß sie zum Schluß goldbraun aussehen. Auf Küchenkrepp abtropfen lassen und warmhalten, während Sie weitere Airgrettes bereiten. Die Airgrettes auf eine angewärmte Servierplatte häufen, mit Parmesan bestreuen und mit Petersilie garnieren.

SUPPEN, PIKANTE VORSPEISEN UND SNACKS

2 rote Zwiebeln, in Scheiben
geschnitten
1 TL Zucker
90 ml Rotweinessig
½ TL Salz
1 reichliche Prise getrockneten Dill
500 g neue Kartoffeln,
abgebürstet,
große Kartoffeln halbiert
250 g Raclettescheiben
Salz und gemahlener schwarzer
Pfeffer
verschiedene Salamis,
Knoblauchwürste oder
Bauernschinken
zum Servieren

FÜR 4 PERSONEN

TIP
Kaufen Sie für dieses Gericht bereits in Scheiben geschnittenen Raclette. Den gibt es in den meisten Supermärkten und in Käsehandlungen.

RACLETTE MIT NEUEN KARTOFFELN

Der in der Schweiz und in Frankreich hergestellte Raclette wird beim Schmelzen samtig-cremig und erhält eine warme goldgelbe Farbe. Für eine schnelle und gute Mahlzeit läßt man ihn auf heißen neuen Kartoffeln schmelzen und serviert dazu kalten Aufschnitt und marinierte rote Zwiebeln.

1 Zuerst die Marinade herstellen. Die Zwiebeln in eine flache Schüssel legen, mit kochendem Wasser übergießen, so daß sie davon bedeckt sind, und weichen lassen, bis sie kalt sind. Inzwischen den Zucker, den Essig, das Salz und den Dill in einen kleinen Topf geben. Sacht erhitzen und umrühren, bis der Zucker aufgelöst ist, dann abkühlen lassen. Die Zwiebeln abgießen, darüber die Essigmischung gießen, zudecken und vorzugsweise über Nacht, mindestens jedoch 1 Stunde stehen lassen.

2 Die Kartoffeln in der Schale kochen, abgießen und auf ein Blech legen. Den Grill vorheizen. Die Kartoffeln würzen und die Raclettescheiben darauflegen. Im Grill lassen, bis der Käse schmilzt. Heiß und zusammen mit kaltem Aufschnitt servieren. Den überschüssigen Essig von den marinierten roten Zwiebeln abgießen und die Zwiebeln zusammen mit den Kartoffeln auftragen.

---

200 g Thunfisch aus der Dose,
abgetropft und zerpflückt
1 Frühlingszwiebel, zerkleinert
1 kleine Selleriestange, zerkleinert
1 EL Gemüsepaprika aus der Dose,
zerkleinert oder
1 mittelgroße Tomate, zerkleinert
2 EL Mayonnaise
1 reichliche Prise getrockneter
Oregano oder Majoran
2 Vollkornmuffins, aufgeschnitten
65 g gereifter Monterey Jack oder
Cheddar, grob gerieben
oder in Scheiben geschnitten
8 Oliven, mit Paprikamark
oder Anchovis
gefüllt und in Ringe geschnitten
Salz und gemahlener schwarzer
Pfeffer

FÜR 2 PERSONEN

ÜBERBACKENE MUFFINS MIT THUNFISCH

Versuchen Sie diesen köstlichen und nahrhaften Imbiß nach amerikanischem Rezept. Er besteht aus Vollkornmuffins, die mit Thunfisch belegt sind, und heißem, blasigem Käse. Wenn Sie möchten, dann verwenden Sie anstelle der Muffins Vollkorntoast.

1 Den Thunfisch mit der zerkleinerten Frühlingszwiebel, mit Sellerie, Paprika oder Tomate, mit Mayonnaise und Oregano oder Majoran mischen. Salz und Pfeffer nach Geschmack zugeben und unterrühren, das Ganze beiseite stellen.

2 Den Grill vorheizen und die Schnittflächen der Muffins goldgelb rösten.

3 Auf jede Muffinhälfte ein Viertel der Thunfischmischung geben, darauf Käse und Olivenringe legen. Grillen, bis der Käse geschmolzen ist und Blasen macht. Der Käse muß nicht braun sein. Noch etwas schwarzen Pfeffer darüberstreuen und heiß auftragen.

Salate und Gemüsegerichte

Käse und Gemüse scheinen sich gegenseitig anzuziehen. Viele Käsesorten schmecken am besten so, wie sie sind und bei Zimmertemperatur. Sie lassen sich daher ideal in Salaten verwenden, wo sie zwischen knackigen grünen Blättern und buntem Gemüse sehr eindrucksvoll aussehen. Käse kann man jedoch auch in warme Hauptgerichte verwandeln, die nichts zu wünschen übriglassen, unter einfache Saucen mischen und als leichten Überzug für gegartes Gemüse verwenden.

CAESAR-SALAT

Dieser Salat ist nicht etwa ein klassisches Gericht aus der Zeit der alten Römer. Er wurde vielmehr in den zwanziger Jahren von einem Restaurateur namens Caesar Cardini kreiert. Wichtige Zutaten dafür sind frischer Parmesan ebenso wie eiskalter Bindesalat oder Kopfsalat.

2 große Knoblauchzehen, halbiert
3 EL Natives Olivenöl Extra
4 Scheiben Vollkornbrot
1 kleiner Kopf Bindesalat oder
2 Köpfe Kopfsalat
50 g Parmesan, gehobelt oder grob gerieben

FÜR DIE SALATSAUCE
1 Ei
2 TL Französischer Senf
1 TL Worcestersauce
2 EL frischen Zitronensaft
2 EL Natives Olivenöl Extra
Salz und gemahlener schwarzer Pfeffer

FÜR 4 PERSONEN

ABWANDLUNGEN

Sie können dem Salat auch Anchovis zugeben. Lassen Sie den Inhalt einer Dose à 50 g abtropfen und schneiden Sie die Anchovis dann in lange dünne Streifen. Tupfen Sie sie mit Küchenkrepp trocken. Nehmen Sie anstelle des halbrohen Eies für die Salatsauce zwei hartgekochte Eier, schälen und vierteln Sie sie und geben Sie die Viertel an den Salat.

1 Den Herd auf 190 °C vorheizen. Eine Salatschüssel mit einer halben Knoblauchzehe ausreiben. Das Öl mit dem restlichen Knoblauch in einen kleinen Topf geben und 5 Minuten lang erhitzen, dann den Knoblauch herausnehmen.

2 Die Rinde vom Brot abschneiden, das Brot in kleine Würfel schneiden. Die Würfel in das Knoblauchöl geben, so daß sie gut davon bedeckt sind. Die Brotwürfel auf ein Backblech legen, 10 Minuten knusprig backen, dann auskühlen lassen.

3 Die Salatblätter waschen, trocknen und in einer flachen Salatschüssel anordnen.

4 Für die Salatsauce das Ei nur 1 Minute lang kochen. In die Schüssel schlagen und mit einem Löffel alles noch anhaftende weiche Eiweiß aus der Schale holen. Mit dem Schneebesen Senf, Worcestersauce, Zitronensaft, Olivenöl, Salz und Pfeffer unterschlagen. Den Parmesan über den Salat streuen und die Salatsauce darüber verteilen. Mit den Brotwürfeln bestreuen. Den Salat in der Schüssel leicht hin- und herschwenken und sofort auftragen.

TRIKOLORE-SALAT

Der Erfolg, den Sie mit diesem beliebten Salat haben werden, hängt von der Qualität der Zutaten ab. Der Mozzarella di bufala ist ein Käse, der am besten ungekocht serviert wird. Der Saft der reifen Eiertomaten vermischt sich mit dem Nativen Olivenöl Extra zu einem köstlichen Naturdressing.

150 g Mozzarella di bufala, in dünne Scheiben geschnitten
4 große Eiertomaten, in Scheiben geschnitten
Meersalz zum Würzen
1 große Avocado
etwa 12 Basilikumblätter oder eine kleine Handvoll Petersilie ohne Stengel
3–4 EL Natives Olivenöl Extra
gemahlener schwarzer Pfeffer

FÜR 2 PERSONEN

1 Die Mozzarella- und die Tomatenscheiben auf zwei Salattellern anordnen. Je eine reichliche Prise Meersalz darüberstreuen, das den Saft aus den Tomaten ziehen soll. An einen kühlen Platz stellen und etwa 30 Minuten lang durchziehen lassen.

2 Kurz vor dem Auftragen die Avocado mit einem scharfen Messer halb durchschneiden, die Hälften leicht gegeneinander drehen und trennen. Den Kern herausheben und die Schale entfernen.

3 Das Fruchtfleisch der Avocado quer in halbmondförmige Scheiben oder in große Stücke schneiden, wenn das für Sie einfacher ist.

4 Die Avocado auf den Salat geben, dann mit Basilikum oder Petersilie bestreuen. Mit dem Olivenöl besprengen, nach Geschmack noch etwas Salz und Pfeffer zugeben. Bei Zimmertemperatur servieren, dazu große Stücke von italienischem Ciabatta reichen.

ABWANDLUNGEN
Einige Spritzer Balsamessig, die vor dem Auftragen zugegeben werden, verleihen dem Salat einen erfrischenden Beigeschmack; einige rote Zwiebelscheiben geben dem Salat zusätzlich Farbe und Aroma.

Salat aus Roquefort und Flageoletbohnen mit Honigdressing

Der pikante und cremige klassische Schafmilch-Roquefort aus dem französischen Zentralmassiv ist ein vorzüglicher Käse für Salate. Er paßt besonders gut zu grünen Flageoletbohnen (einer Bohnensorte aus Frankreich) und einem leichten süßsauren Dressing.

150 g getrocknete Flageoletkerne, über Nacht in Wasser eingeweicht
1 Lorbeerblatt
1 Stengel Thymian
1 kleine Zwiebel, in Scheiben geschnitten
2 EL gehackte frische Petersilie
2 EL gehackte Walnüsse
200 g Roquefort, leicht zerkrümelt
Salz und gemahlener schwarzer Pfeffer
rote und grüne Salatblätter zum Servieren

FÜR 4 PERSONEN

1 Das Einweichwasser von den Bohnen abgießen, die Bohnen in einen Topf geben und mit kaltem Wasser bedecken. Zum Kochen bringen. Auf mittlerer Hitze 10 Minuten lang kochen, dann die Hitze reduzieren. Das Lorbeerblatt, den Thymian und die Zwiebelscheiben zugeben und etwa 20–25 Minuten leise köcheln lassen, bis die Bohnen weich sind.

2 Die Bohnen abgießen, die Kräuter, nicht aber die Zwiebel herausnehmen. Die Bohnen in eine Schüssel schütten, würzen und stehenlassen, bis sie gerade noch warm sind.

3 Die Salatsauce bereiten. Das Öl, den Essig (oder Essig und Wasser), den Senf und den Honig in einer kleinen Schüssel vermischen. Salz nach Geschmack und Pfeffer aus der Mühle (eine reichliche Umdrehung) zugeben. Über die Bohnenkerne gießen. Die Petersilie und die Walnüsse hinzufügen.

4 Den zerkrümelten Roquefort vorsichtig unter den Salat mischen. Den Salat bei Zimmertemperatur zusammen mit roten und grünen Salatblättern servieren.

ABWANDLUNGEN
Anstelle von Roquefort läßt sich jede andere Blauschimmelkäsesorte verwenden.
Der Salat schmeckt auch gut mit gekochten grünen Linsen oder mit Puylinsen anstelle der Bohnen.

Getoastete Crottins mit Salat aus roten Beeten

Crottins verwandeln sich beim Grillen in Minutenschnelle zu köstlichen, nußartig cremigen Leckerbissen, die auf dünn geschnittenem, getoastetem Walnußbrot serviert werden. Ein Salat aus rohen geraspelten roten Beeten ist eine farbenfrohe Ergänzung.

2 rohe rote Beete, etwa 200 g Gesamtgewicht
1 Selleriestange
2 Frühlingszwiebeln
4 EL French Dressing
1 reichliche Prise gemahlener Kreuzkümmel
4 kleine Scheiben Walnußbrot
etwas Butter zum Bestreichen
4 Crottins (kleine Ziegenkäse) je etwa 60 g Salz und gemahlener schwarzer Pfeffer
Rauke- oder Brunnenkresseblätter zum Servieren

FÜR 4 PERSONEN

1 Die roten Beete schälen und grob raspeln. Die roten Beete sollten idealerweise roh serviert werden. Man kann sie, falls gewünscht, jedoch auch 3 Minuten in kochendem Wasser blanchieren, dann abgießen, mit fließendem kaltem Wasser auffüllen und nochmals abgießen. Die roten Beete in eine Schüssel geben.

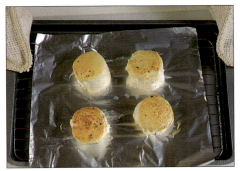

2 Den Sellerie und die Frühlingszwiebeln in dünne Scheiben schneiden und mit den roten Beeten, dem French Dressing und dem Kümmel locker vermischen. Salz und Pfeffer nach Geschmack zugeben. Möglichst etwa eine Stunde zum Marinieren stehenlassen, dann auf vier Salatteller häufen.

3 Den Grill vorheizen. Das Walnußbrot auf beiden Seiten leicht rösten. Warm stellen. Den Grillrost mit Alufolie belegen, die Crottins daraufsetzen und 3–5 Minuten lang grillen, bis ihre Oberseite goldbraun wird und gerade zu schmelzen beginnt.

4 Inzwischen das geröstete Brot mit etwas Butter bestreichen. Auf die Teller legen, dann die Crottins mit einem Palettmesser daraufsetzen und zusammen mit dem Salat aus roten Beeten und Rauke oder Brunnenkresse sofort auftragen.

SALATE UND GEMÜSEGERICHTE

HEISSER HALLOUMI MIT GEBACKENEN PAPRIKAFRÜCHTEN

Der bekannteste Käse aus Zypern ist der salzige, harte Halloumi. Einfach in Scheiben oder Würfel geschnitten, schmeckt er köstlich. Gegrillt oder gebraten bekommt er eine wunderbare Textur. Verschiedenfarbige gebackene Paprikafrüchte sind eine ausgezeichnete Beilage dazu.

6 Paprikafrüchte (rot, grün und gelb)
Olivenöl
2 EL Balsam- oder Rotweinessig
1 kleine Handvoll Rosinen (nach Wunsch)
300 g Halloumi, in dicke Scheiben geschnitten
Salz und gemahlener schwarzer Pfeffer
glattblättrige Petersilie zum Garnieren
Sesambrot zum Servieren (falls gewünscht)

FÜR 4 PERSONEN

TIPS
Damit die Halloumischeiben richtig knusprig werden, wenden Sie sie vor dem Braten in Weizenmehl. Einfacher Halloumi kann auch gegrillt anstatt gebraten werden. Heizen Sie dazu den Grill oder eine Pfanne mit gerillter Bratfläche an, geben Sie die Käsescheiben hinein und lassen Sie sie auf beiden Seiten goldbraun werden. Halloumi läßt sich auch gut auf dem Holzkohlengrill zubereiten.

1 Den Herd auf 220 °C vorheizen. Die Paprikafrüchte vierteln, die Stielansätze und Kerne entfernen, dann mit den Schnittflächen nach unten auf ein Backblech mit Anti-Haftbeschichtung legen. Etwa 15–20 Minuten backen, bis die Haut schwarz zu werden beginnt und Blasen bildet. Aus dem Herd nehmen und mit mehreren Schichten Küchenkrepp bedecken. Für 30 Minuten beiseite stellen, dann die Haut abziehen. Das Fruchtfleisch in Streifen schneiden und in eine Schüssel geben. Den beim Backen abgetropften Saft auffangen und unter die Paprikastreifen mischen.

2 Etwas Olivenöl über den Paprika geben. Den Essig und ggf. die Rosinen hinzufügen und nach Geschmack mit Pfeffer und Salz würzen. Locker vermischen und abkühlen lassen.

3 Die Paprikastreifen vor dem Servieren auf vier Teller verteilen. In eine große Bratpfanne mit schwerem Boden soviel Olivenöl geben, daß es 5 mm hoch steht. Die Halloumischeiben bei mittlerer Hitze darin 2–3 Minuten lang braten. Zwischendurch wenden, damit sie auf beiden Seiten goldbraun werden.

4 Die Halloumi aus der Pfanne nehmen und auf Küchenkrepp sorgfältig abtropfen lassen. Mit dem gebackenen Paprika und mit Petersilie garniert auftragen. Dazu, falls gewünscht, große Stücke Sesambrot anbieten.

LINSEN-TOMATEN-KÄSE-SALAT

Linsen und Käse passen von Natur aus zusammen. Die kleinen blaugrünen Puylinsen aus Frankreich sind ideal für Salate; auch die flachen grünen Linsen oder Massor-dhal-Linsen aus Indien sind gut. Feta- oder Ziegenkäsestücke verleihen dem Salat Farbe und Aromakontrast; Hartkäsewürfel sind ebenso verlockend.

1 Das Einweichwasser von den Linsen abgießen, die Linsen in einen großen Topf schütten. Reichlich kaltes Wasser zugießen und die Zwiebel und das Lorbeerblatt zugeben. Zum Kochen bringen, 10 Minuten stark kochen lassen, dann die Hitze reduzieren und das Ganze 20 Minuten lang oder nach der Anleitung auf der Verpackung leise köcheln lassen.

2 Die Linsen abgießen, das Lorbeerblatt herausnehmen und die Linsen in eine Schüssel schütten. Salz und Pfeffer nach Geschmack zugeben. Locker mit dem Olivenöl vermischen. Zum Abkühlen beiseite stellen, danach mit frischer Petersilie, Oregano oder Majoran und den Kirschtomaten vermischen.

3 Den Käse zugeben. Eine Servierschüssel mit Chicorée- oder Friséesalatblättern auslegen und in die Mitte den Salat häufen. Mit Pinienkernen bestreuen und mit frischen Kräutern garnieren.

200 g Linsen (vorzugsweise Puylinsen), etwa 3 Stunden lang mit kaltem Wasser bedeckt stehenlassen
1 rote Zwiebel, zerkleinert
1 Lorbeerblatt
4 EL Natives Olivenöl Extra
3 EL gehackte frische Petersilie
2 EL gehackten frischen Oregano oder Majoran
250 g Kirschtomaten, halbiert
250 Feta, Ziegenkäse oder Caerphilly, zerkrümelt
Salz und gemahlener schwarzer Pfeffer
Chicorée- oder Friséesalatblätter und frische Kräuter zum Garnieren
2–3 EL leicht geröstete Pinienkerne zum Servieren

FÜR 6 PERSONEN

SALATE UND GEMÜSEGERICHTE

WALDORFSALAT MIT KÄSE

3 Selleriestangen, in dünne Scheiben geschnitten
1 kleine Zwiebel, in dünne Scheiben geschnitten
1 Möhre, grob geraspelt
400 g Weißkohl
1 saurer Apfel
1 TL Kümmelkörner
50 g gehackte Walnüsse
200 g Cheddar oder anderer Hartkäse, in kleine Würfel geschnitten

FÜR DIE SALATSAUCE
3 EL Olivenöl
2 EL Sonnenblumenöl
3 EL Apfelessig oder weißer Weinessig
1 reichliche Prise Zucker
1 reichliche Prise Senfpulver
1 reichliche Prise getrockneter Estragon
Salz und gemahlener schwarzer Pfeffer

FÜR 6 PERSONEN

Ein Salat für viele Zwecke, der als Zwischengericht oder als vegetarisches Hauptgericht serviert werden kann. Bereiten Sie den Salat am besten schon am Abend zuvor zu, so daß er durchziehen und weich werden kann, bevor er aufgetragen wird.

1 Den Sellerie, die Zwiebel und die Möhre in eine Schüssel geben. Den Weißkohl vierteln, den Strunk wegschneiden, dann jedes Kohlviertel in feine Streifen schneiden. Den Kohl zu dem übrigen Gemüse in die Schüssel geben. Den Apfel grob raspeln und zusammen mit dem Kümmel und den Walnüssen dazugeben. Gut vermischen.

2 Die Zutaten für die Salatsauce in einem Krug mit dem Schneebesen verschlagen und gut mit Salz und Pfeffer würzen. Die Sauce unter die Gemüsemischung rühren und das Ganze mindestens eine Stunde, vorzugsweise jedoch über Nacht stehenlassen, damit sich die Aromen gut miteinander mischen können. Die Käsewürfel untermischen, den Salat in eine Schüssel umfüllen und sofort auftragen.

> **ABWANDLUNGEN**
> Nehmen Sie für diesen Salat Rotkohl oder eine Mischung aus Rot- und Weißkohl, um einen farblichen Kontrast zu schaffen.
> Anstelle der Walnüsse lassen sich nach Wunsch auch geröstete Haselnüsse verwenden.

BIRNEN-PARMESAN-SALAT MIT MOHNDRESSING

4 gerade reife Dessertbirnen
50 g Parmesan
Brunnenkresse zum Garnieren
Kräcker oder Roggenbrot zum Servieren (falls gewünscht)

FÜR DIE SALATSAUCE
2 EL Natives Olivenöl Extra
1 EL Sonnenblumenöl
2 EL Apfelessig oder weißer Weinessig
½ TL brauner Zucker
1 reichliche Prise getrockneter Thymian
1 EL Mohnsamen
Salz und gemahlener schwarzer Pfeffer

FÜR 4 PERSONEN

Der Salat ist eine gute Vorspeise, wenn die Birnen genau die richtige Reife haben. Probieren Sie zur Erntezeit einmal die Sorten Packhams oder Doyenné du Comice. Benetzen Sie sie mit Mohndressing und streuen Sie Parmesanflocken darüber.

1 Die Birnen vierteln und die Kerngehäuse entfernen. Jedes Viertel längs halbieren und die Birnenachtel auf kleinen Servetellern anordnen. Die Birnen können nach Wunsch geschält werden, sehen mit Schale jedoch appetitlicher aus.

2 Die Salatsauce herstellen. Dazu die Öle, den Essig, den Zucker und den Thymian mischen und würzen, in einen Krug gießen. Gut mit dem Schneebesen verschlagen, dann die Mohnsamen dazuschütten. Die Salatsauce über die Birnenachtel träufeln. Mit Brunnenkresse garnieren und Parmesan darüberraspeln. Wenn gewünscht, mit Kräckern oder dünnen Roggenbrotscheiben servieren.

> **ABWANDLUNG**
> Auch Blauschimmelkäse und Birnen passen von Natur aus gut zusammen. Stilton, Dolcelatte, Gorgonzola oder Danablu lassen sich ebenfalls gut verwenden. Nehmen Sie ruhig etwa 200 g davon und schneiden Sie den Käse in Ecken oder Würfel.

KARTOFFELGRATIN MIT MUNSTER

500 g Kartoffeln
150 g Munster, entrindet und in Würfel geschnitten
4 EL Double Cream (extrafette Sahne)
150 ml Milch
2 EL frischer Schnittlauch, in Röllchen geschnitten oder gehackte frische Petersilie
frisch geriebene Muskatnuß
Salz und gemahlener schwarzer Pfeffer

FÜR 4 PERSONEN

ABWANDLUNG
Für dieses Gericht läßt sich auch halbfester Käse oder französischer Käse mit gewaschener Rinde verwenden. Mit Reblochon beispielsweise schmeckt der Gratin ausgezeichnet. Wünschen Sie ein besonders kräftiges Aroma, dann nehmen Sie Langes oder Epoisses.

In Sahne geschmolzener Munster gibt einen hervorragenden Überzug für die geschichteten Kartoffelscheiben.

1 Die Kartoffeln schälen und in dünne Scheiben schneiden. In leicht gesalzenem Wasser etwa 10 Minuten kochen, bis sie weich sind. Abgießen und in eine Gratinform schichten. Den Grill vorheizen.

2 Den Käse, die Sahne und die Milch in einem kleinen Topf mischen. Langsam erhitzen, bis der Käse geschmolzen ist. Nicht kochen lassen. Vom Herd nehmen, den Schnittlauch oder die Petersilie unterrühren, Muskatnuß nach Geschmack zufügen und das Ganze leicht würzen. Die Mischung über die Kartoffeln gießen. Grillen, bis die obere Kartoffelschicht goldbraun ist, und auftragen.

FRIKASSEE AUS PASTINAKEN, MÖHREN UND ZIEGENKÄSE

4 Pastinaken
4 Möhren
1 rote Zwiebel, in Scheiben geschnitten
2 EL Pinienkerne oder Mandelblättchen, leicht geröstet
Estragonstengel zum Garnieren

FÜR DIE SAUCE
40 g Butter
40 g Weizenmehl
300 ml Milch
130 g Ziegenkäse
1 EL gehackter frischer oder ½ TL getrockneter Estragon
Salz und gemahlener schwarzer Pfeffer

FÜR 4–6 PERSONEN

Dieses vorzügliche vegetarische Hauptgericht eignet sich auch gut als Beilage zu gebratenem oder gegrilltem Fleisch oder Fisch. Servieren Sie dazu im Ofen gebackene Kartoffeln.

1 Die Pastinaken und Möhren in Stäbchen schneiden. In einen Topf geben und die Zwiebel hinzufügen. Würzen, mit kaltem Wasser bedecken und zum Kochen bringen. Die Hitze reduzieren und das Ganze 10 Minuten lang leise köcheln lassen, bis das Gemüse knapp weich ist. Abgießen, 200 ml Kochflüssigkeit aufheben. Das Gemüse in eine Schüssel schütten und warm halten.

2 Die Sauce bereiten. Dazu in einem sauberen Topf die Butter schmelzen und das Mehl hineinrühren. 1 Minute lang unter Rühren kochen lassen, dann nach und nach mit dem Schneebesen das Gemüsewasser unterrühren, bis die Sauce kocht und dick wird. 2 Minuten lang leise köcheln lassen.

3 Den Topf vom Herd nehmen und Ziegenkäse, Estragon, Salz und Pfeffer unterrühren. Die Sauce über das Gemüse gießen und darüber Pinienkerne oder Mandelblättchen streuen. Mit Estragon garnieren und auftragen.

Probieren Sie auch andere Ziegenkäse wie den Chevrotin oder den Chèvre-Fevrille aus.

SALATE UND GEMÜSEGERICHTE

Gebackenes mediterranes Gemüse mit Pecorino

Gebackene Auberginen, Zucchini, Paprikafrüchte und Tomaten, mit duftendem Olivenöl besprenkelt, ergeben eine herrliche bunte Gemüseplatte, die von darübergestreuten Pecorinoflocken perfekt abgerundet wird.

1 Aubergine, in Scheiben geschnitten
2 Zucchini, in Scheiben geschnitten
2 Paprikafrüchte (rot oder gelb oder von jeder Farbe eine), entkernt und geviertelt
1 große Zwiebel, in dicke Scheiben geschnitten
2 große Möhren, in Stäbchen geschnitten
4 feste Eiertomaten, halbiert
Natives Olivenöl Extra
3 EL gehackte frische Petersilie
3 EL Pinienkerne, leicht geröstet
125 g Pecorino
Salz und gemahlener schwarzer Pfeffer
krustiges Brot zum Servieren (falls gewünscht)

FÜR 4–6 PERSONEN

ABWANDLUNG
Zum Bestreuen kann auch jeder andere Hartkäse aus Schafmilch verwendet werden. Probieren Sie dazu den spanischen Machengo oder den britischen Malvern.

1 Die Auberginenscheiben in einen Durchschlag schichten, jede Schicht mit etwas Salz bestreuen. Ihren Saft über einem Teller etwa 20 Minuten lang ablaufen lassen, dann die Scheiben sorgfältig abspülen und mit Küchenkrepp trockentupfen. Den Herd auf 220 °C vorheizen.

2 Das Gemüse auf ein oder zwei Backblechen mit hohem Rand auslegen. Leicht mit Olivenöl bepinseln und im Herd etwa 20 Minuten oder bis das Gemüse leicht gebräunt ist und die Haut der Paprikafrüchte blasig zu werden beginnt, backen.

3 Das Gemüse auf eine große Servierplatte legen. Falls gewünscht, die Haut von den Paprikafrüchten abziehen. Eventuell vorhandenen Gemüsesaft vom Backblech darüberträufeln, das Ganze salzen und pfeffern. Wenn das Gemüse abkühlt, nochmals mit Öl bestreichen (vorzugsweise mit Nativem Olivenöl Extra). Hat das Gemüse Zimmertemperatur, die Petersilie und die Pinienkerne dazugeben.

4 Den Pecorino mit einem Gemüseschäler zu Flocken zerkleinern, die Flocken über das Gemüse streuen. Mit krustigem Brot als Vorspeise servieren oder als Beilage für ein Buffet oder eine Grillparty reichen.

BLUMENKOHL UND BROKKOLI MIT KÄSESAUCE

Da wir heute den Wert einfacher, unverfälschter Aromen besser schätzen lernen, erfreut sich dieser einstige Favorit wieder zunehmender Beliebtheit. Das Geheimnis einer guten Käsesauce besteht darin, sie nicht zu dick geraten zu lassen und den Käse erst unterzurühren, wenn die Hitze abgeschaltet ist, so daß er langsam schmelzen kann.

1 mittelgroßer Blumenkohl
2 Köpfe Brokkoli
1 Zwiebel, in Scheiben geschnitten
3 hartgekochte Eier, geviertelt
6 Kirschtomaten, halbiert (falls gewünscht)
2–3 EL Semmelbrösel

FÜR DIE SAUCE
40 g Butter
40 g Weizenmehl
600 ml Milch oder eine Mischung aus Milch und Gemüsewasser
150 g geriebenen reifen Cheddar
frisch geriebene Muskatnuß
Salz und gemahlener schwarzer Pfeffer

FÜR 4–6 PERSONEN

ABWANDLUNGEN

Die Sauce kann auch mit Makkaroni serviert werden. Kochen Sie dazu 200 g Makkaroni oder andere Teigwaren nach Vorschrift. Geben Sie, falls gewünscht, an das Kochwasser eine Zwiebel. Gießen Sie die Teigwaren ab und mischen Sie sie mit der Sauce, geviertelten hartgekochten Eiern und Tomatenhälften.

Nehmen Sie für die Sauce auch einmal andere Hartkäsesorten, die sich zum Kochen eignen. Der Red Leicester gibt ihr eine tief goldgelbe Farbe. Wünschen Sie ein stärkeres Aroma, dann probieren Sie es mit Munster.

Um eine schnelle Käsesauce zu bereiten, schmelzen Sie 250 g geriebenen reifen Cheddar in 475 ml erwärmter Kaffeesahne. Würzen Sie die Sauce und schmecken Sie sie mit frisch geriebener Muskatnuß ab.

1 Den Blumenkohl und den Brokkoli putzen und in gleich große Röschen schneiden, die dünneren Teile der Stiele in Scheiben schneiden, wenn gewünscht. Leicht gesalzenes Wasser in einem großen Topf zum Kochen bringen und den Blumenkohl, den Brokkoli und die Zwiebel darin 5–7 Minuten kochen lassen, bis sie knapp weich sind. Nicht zu weich werden lassen.

2 Das Gemüse abgießen, etwas Gemüsewasser aufheben, falls es für die Sauce verwendet werden soll. Das Gemüse in eine flache feuerfeste Schüssel legen und die geviertelten Eier dazugeben.

3 Für die Sauce die Butter in einem Topf schmelzen und das Mehl unterrühren. 1 Minute lang kochen lassen.

4 Nach und nach die Milch (oder Milch und Gemüsewasser) zugeben, die Mischung dabei ständig mit dem Schneebesen schlagen, bis sie zu einer glatten Sauce eindickt. Die Hitze reduzieren und die Sauce 2 Minuten köcheln lassen, bis sie geschmeidig ist und glänzt. Drei Viertel des Käses unterschlagen, die Sauce mit Muskatnuß, Salz und Pfeffer würzen.

5 Den Grill vorheizen. Die Sauce über das Gemüse gießen und obenauf Tomatenhälften setzen (wenn gewünscht). Den restlichen Käse mit den Semmelbröseln vermischen und über das Gemüse streuen. Das Ganze grillen, bis die Oberfläche blasig und goldbraun ist. Sofort servieren.

HAUPTGERICHTE MIT KÄSE

Es gibt Gerichte, in denen Käse als verbessernde Zutat für Fleisch oder Fisch dient. Im allgemeinen ist man gut beraten, einen Käse zu wählen, der die übrigen Zutaten nicht dominiert; doch mitunter wirkt ein kräftiger Käse zu einem Gericht sehr gut: Ein pikanter Blauschimmelkäse beispielsweise schmeckt köstlich zu Kalbfleisch; vollaromatischer griechischer Käse macht eine Moussaka aus Auberginen und einer Fleischsauce unvergeßlich.

Kalbsschnitzel mit Käsesauce

Aus Schafkäse, der mit Sahne geschmolzen wird, entsteht eine einfache und luxuriöse Sauce, mit der man in der Pfanne gebratene Kalbsschnitzel serviert. Die Schnitzel werden so zubereitet, wie sie vom Fleischer kommen, also nicht dünngeklopft, wie bei Schweineschnitzel üblich.

25 g Butter
1 EL Natives Olivenöl Extra
8 kleine Kalbsschnitzel
2 Knoblauchzehen, zerdrückt
250 g junge Champignons mit noch geschlossenen Hüten, in Scheiben geschnitten
125 g tiefgefrorene Erbsen, aufgetaut
60 ml Weinbrand
250 ml Schlagsahne
150 g Idiazabal (geräucherter Schafkäse), in Würfel geschnitten
Salz und gemahlener schwarzer Pfeffer
einige Stengel glattblättrige Petersilie zum Garnieren

FÜR 4 PERSONEN

ABWANDLUNG
Dieses Gericht läßt sich auch sehr gut mit mageren Schweinesteaks zubereiten.
Da das Schweinefleisch jedoch durchgebraten sein muß, braucht es eine längere Garzeit.

1 Die Hälfte der Butter mit dem Öl in einer Pfanne mit schwerem Boden schmelzen. Die Schnitzel mit reichlich Pfeffer würzen und bei starker Hitze in der Pfanne auf beiden Seiten bräunen. Die Hitze reduzieren und das Fleisch etwa 5 Minuten auf jeder Seite garen lassen, bis es knapp durchgebraten ist. Die Kalbsschnitzel müssen sich fest und leicht elastisch anfühlen.

2 Die Schnitzel aus der Pfanne auf eine Platte legen und warm halten. Die restliche Butter in die Pfanne geben. Wenn sie schmilzt, den Knoblauch und die Pilze dazugeben und unter Rühren etwa 3 Minuten braten lassen.

3 Die Erbsen dazugeben, den Weinbrand darübergießen und das Ganze kochen lassen, bis alle Bratflüssigkeit absorbiert ist. Leicht würzen.

4 Die Pilze und die Erbsen mit einem Schaumlöffel aus der Pfanne nehmen und über die Kalbsschnitzel geben. Die Sahne in den Topf gießen und die Käsewürfel darunterrühren. Langsam erhitzen, bis der Käse geschmolzen ist. Nur mit Pfeffer würzen und über das Fleisch und das Gemüse gießen. Mit glattblättriger Petersilie garnieren und sofort servieren.

POLPETTINI MIT FONTINA

Hackfleischbällchen lassen sich einfach mit kleinen Stücken von cremigem Käse füllen, die dann beim Garen schmelzen. Bei diesem italienischen Gericht werden die Fleischklößchen mit Fontinawürfeln gefüllt, in Semmelbröseln gewälzt und gebraten.

500 g mageres Hackfleisch vom Rind
500 g mageres Hackfleisch vom Schwein
3 Knoblauchzehen, zerdrückt
abgeriebene Schale und Saft einer Zitrone
2 Scheiben Brot vom Vortag, zerbröselt
40 g frisch geriebener Parmesan
½ TL gemahlener Zimt
1 TL getrockneter Oregano
2 Eier, geschlagen
1 TL Salz
150 g Fontina, in 16 Würfel geschnitten
115–150 g Semmelbrösel
Olivenöl zum Braten
gemahlener schwarzer Pfeffer
frische Kräuter und frisch geriebener Parmesan zum Garnieren
gegarte Pasta, ein gemischter Blattsalat und Tomatensauce zum Servieren

FÜR 6–8 PERSONEN

ABWANDLUNG
Anstelle von Fontina können Sie auch in Würfel geschnittenen Raclette, Gouda oder Monterey Jack verwenden.

1 Den Herd auf 180 °C vorheizen. Das Hackfleisch mit dem Knoblauch, der Schale und dem Saft der Zitrone, mit Brotkrumen, Parmesan, Zimt und Oregano in eine Schüssel geben. Die Eier unterrühren und alles gut verschlagen. Salz und Pfeffer aus der Mühle (reichlich eine Umdrehung) hinzugeben.

2 Die Mischung mit sauberen Händen verkneten, so daß alle Zutaten gut verteilt sind. Aus dem Fleischteig 16 Klöße formen. Jeweils ein Klößchen in die Hand nehmen und mit der anderen ein Stück Fontina in die Mitte hineindrücken. Die Fleischbällchen wieder schön rund formen und darauf achten, daß der Käse rundum mit Fleischteig bedeckt ist.

3 Die Fleischbällchen in Semmelbröseln wälzen. In einer großen Bratpfanne das Olivenöl erhitzen. Die Bällchen darin schubweise von allen Seiten schnell anbraten, bis sie leicht gebräunt sind und kein Fleischsaft mehr austreten kann. Auf ein Backblech mit hohem Rand legen und 20 Minuten oder bis sie durch sind, garen lassen. Mit frischen Kräutern und Parmesan garnieren und zusammen mit Pasta, Salat und Tomatensauce auftragen.

MOUSSAKA

Obwohl der Feta wahrscheinlich am bekanntesten ist, verfügen die Griechen über eine ganze Reihe anderer Käse, die sich zum Kochen eignen. Kefalotiri, ein Hartkäse aus Schaf- oder Ziegenmilch, eignet sich perfekt als Überzug für eine klassische Moussaka.

2 große Auberginen, in dünne Scheiben geschnitten
3 EL Olivenöl
675 g mageres Hackfleisch vom Rind
1 Zwiebel, zerkleinert
2 Knoblauchzehen, zerdrückt
2 große frische Tomaten, in Stücke geschnitten oder
200 g Dosentomaten, in Stücke geschnitten
120 ml trockener Weißwein
3 EL gehackte frische Petersilie
3 EL Semmelbrösel
2 Eiweiß
Salz und gemahlener schwarzer Pfeffer

FÜR DEN ÜBERZUG
40 g Butter
40 g Weizenmehl
400 ml Milch
$\frac{1}{2}$ TL frisch geriebene Muskatnuß
150 g geriebener Kefalotiri
2 Eigelb und 1 ganzes Ei

FÜR 6 PERSONEN

1 Die Auberginen in einen Durchschlag schichten und dabei jede Schicht mit Salz bestreuen. Über der Spüle 20 Minuten ablaufen lassen, dann abspülen und mit Küchenkrepp trockentupfen.

2 Den Herd auf 190 °C vorheizen. Die Auberginen in einer tiefen Bratform verteilen, mit Olivenöl bestreichen und anschließend 10 Minuten backen, bis sie fast weich sind. Aus dem Herd nehmen und abkühlen lassen. Den Herd nicht abschalten.

3 Für die Fleischsauce das Olivenöl in einem großen Topf erhitzen, darin das Hackfleisch unter ständigem Rühren bräunen. Wenn das Fleisch nicht mehr rosa ist und krümelig aussieht, Zwiebel und Knoblauch zugeben und 5 Minuten garen lassen.

4 Die zerkleinerten Tomaten zugeben und den Wein unterrühren. Mit reichlich Salz und Pfeffer abschmecken.

5 Das Ganze aufkochen lassen, die Hitze reduzieren, den Topf zudecken und alles 15 Minuten leise köcheln lassen. Topf vom Herd nehmen, ca. 10 Minuten abkühlen lassen, dann gehackte Petersilie, Semmelbrösel und Eiweiß unterrühren.

ABWANDLUNG
Anstatt der Auberginen vorgekochte Kartoffeln verwenden und den Kefalotiri durch geriebenen reifen Cheddar oder Gruyère ersetzen.

6 Ein großes Backblech leicht einfetten und darauf die Hälfte der geschnittenen Auberginen in einer gleichmäßigen Schicht verteilen. Die Fleischsauce löffelweise darübergeben und gleichmäßig verteilen. Dann mit den restlichen Auberginen bedecken.

7 Für den Überzug Butter, Mehl und Milch in einen Topf geben. Bei geringer Hitze und unter ständigem Rühren zum Kochen bringen, bis die Masse eindickt und eine glatte, sahnige Sauce ergibt. Hitze reduzieren und 2 Minuten leise köcheln lassen. Topf vom Herd nehmen, die Sauce würzen, dann die Muskatnuß und die Hälfte des Käses unterrühren.

8 Die Sauce 5 Minuten abkühlen lassen, dann die Eigelb und das ganze Ei unterschlagen. Die Sauce über den Auberginenbelag gießen und den restlichen Käse darüberstreuen. 30–40 Minuten goldbraun backen. Die Moussaka vor dem Servieren 10 Minuten lang durchziehen lassen.

HAUPTGERICHTE MIT KÄSE

KALBSSCALLOPPINE MIT ANCHOVIS UND MOZZARELLA

Scallopine sind dünne Kalbsschnitzel, die aus dem oberen Rumpf quer zur Faser geschnitten werden, damit sie bei der Zubereitung ihre Form behalten. Für dieses italienische Gericht werden sie um eine Füllung aus Anchovis, Tomaten und Mozzarella gewickelt, gebraten und mit einer gehaltvollen Marsala-Sauce serviert.

50 g ungesalzene Butter
50 g Anchovis
4 frische Tomaten, geschält und geschnitten
2 EL gehackte frische glattblättrige Petersilie
6 Kalbsschnitzel, jedes ca. 100 g
200 g Mozzarella, in dünne Scheiben geschnitten
2 EL Olivenöl
175 ml Marsala oder Medium Dry Sherry
2–3 EL Schlagsahne
Salz und gemahlener schwarzer Pfeffer
frische Kräuter zum Garnieren
gekochte Teigwaren als Beilage

FÜR 6 PERSONEN

ABWANDLUNGEN
Probieren Sie anstatt des normalen einmal geräucherten Mozzarella, Provolone oder Bel Paese. Sollten Sie Kalbfleisch nicht mögen, können Sie auch dünn geschnittene Schweineschnitzel oder Putensteaks nehmen.

1 Die Hälfte der Butter in einem kleinen Topf schmelzen. Die Anchovis ablaufen lassen und in den Topf geben. Vorsichtig kochen lassen und dabei mit einem Holzlöffel rühren, bis sie zu einem Brei zerfallen. Die Tomaten unterrühren und ca. 5 Minuten kochen lassen, bis sie weich und eingekocht sind. In eine Schüssel gießen, abkühlen lassen, dann die Petersilie unterrühren.

2 Jedes Kalbsschnitzel zwischen zwei Lagen Backpapier legen und mit einem Fleischklopfer oder Nudelholz dünnklopfen. Die Schnitzel auf einem Brett auslegen und mit gemahlenem schwarzen Pfeffer bestreuen. Die Anchovis-Tomaten-Mischung darüber verteilen, ohne dabei die Ränder zu bedecken.

3 Mit den Käsescheiben abdecken. Die langen Ränder jedes Schnitzels zur Mitte umlegen, dann die Seiten darüberlegen, damit sich ein kompaktes Paket ergibt. Mit Küchenzwirn oder Cocktailspießen befestigen.

4 Die restliche Butter mit dem Öl in einer Bratpfanne erhitzen. Die gerollten Schnitzel ggf. in Schüben bräunen, dann den Marsala oder Sherry zugeben. 5 Minuten offen garen lassen, bis sich der Marsala oder Sherry reduziert haben und eingedickt sind. Die Rouladen auf eine Servierplatte geben, den Saft in der Pfanne umrühren, damit der Bratensatz nicht verlorengeht, dann die Sahne zugießen. Erhitzen, jedoch nicht kochen, und durch ein Sieb über die Rouladen geben. Mit frischen Kräutern garnieren und mit Pasta servieren.

Cordon Bleu aus Hähnchenfleisch

Dieses Gericht ist ein beliebter Klassiker. Es besteht aus mit geräuchertem Schinken und Gruyère gefüllter Hühnerbrust, die in Ei und Semmelbrösel paniert und goldgelb gebraten wird.

4 Hähnchenbrüste ohne Haut und Knochen, jede ca. 130 g
4 sehr dünne Scheiben geräucherter Schinken, halbiert und ohne Rand
ca. 90 g Gruyère, in dünne Scheiben geschnitten
Weizenmehl zum Panieren
2 Eier, geschlagen
75 g Semmelbrösel
1 TL getrockneter Thymian
40 g Butter
2 EL Olivenöl
Salz und gemahlener schwarzer Pfeffer
gemischter Blattsalat zum Servieren

FÜR 4 PERSONEN

1 Die Hähnchenbrüste ca. dreiviertel tief aufschneiden, aufklappen und flach hinlegen. Eine Scheibe Schinken auf jede Schnittfläche legen, ggf. passend zuschneiden, damit der Schinken nicht über den Rand ragt.

4 Butter und Öl zum Braten in einer Pfanne erhitzen. Wenn das Fett nicht mehr schäumt, zwei der panierten Hähnchenbrüste gleichzeitig langsam hineingleiten lassen. Jede Seite ca. 5 Minuten bei mittlerer Hitze braten lassen, dazwischen vorsichtig wenden. Auf Küchenkrepp abtropfen lassen und warm halten, während die anderen Hähnchenbrüste gebraten werden. Mit einem Salat servieren.

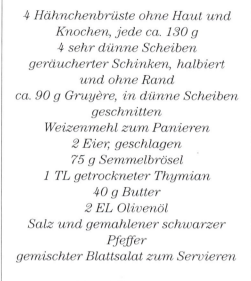

ABWANDLUNG
Probieren Sie anstelle des Gruyère einen Hartkäse mit Kräutergeschmack, z. B. Double Gloucester mit Schnittlauch.

2 Mit Gruyèrescheiben belegen und darauf achten, daß der Käse nicht über den Schinkenrand ragt. Das Hähnchenfleisch darüberlegen, zurechtrücken und gut andrücken, damit es rundum geschlossen ist und kein Käse zu sehen ist.

3 Das Mehl zum Panieren in eine flache Schale, die geschlagenen Eier in eine andere Schale geben, die Semmelbrösel mit dem Thymian und den übrigen Gewürzen vermengen und in eine dritte Schale geben. Die gefüllten Hähnchenbrüste in Mehl wälzen, dann in Ei und Semmelbröseln panieren. Überschüssiges Mehl und nicht haftende Brösel abschütteln. Das panierte Fleisch flach auf einen Teller legen, abdecken und mindestens 1 Stunde in den Kühlschrank stellen, damit die Panade durchzieht.

HAUPTGERICHTE MIT KÄSE

Französisches Brathähnchen mit Comté

Comté eignet sich ausgezeichnet zum Kochen, da er zu einer sahnigen und glänzenden Masse mit einem gutem Aroma schmilzt. Für dieses französische Gericht benötigen Sie eine große feuerfeste Kasserolle sowie eine hitzebeständige Servierplatte.

*75 g Butter
2 EL Sonnenblumenöl
1,75 kg Brathähnchen
3 Möhren, in Scheiben geschnitten
2 Stangen Lauch, in Scheiben geschnitten
2 Stangen Sellerie, in Scheiben geschnitten
1 Liter Geflügelfond oder Wasser
300 ml trockener Weißwein
4 Stengel Thymian
250 g junge Champignons, halbiert
2 EL Weizenmehl
150 ml Crème Fraîche oder Double Cream (extrafette Sahne)
1 Eigelb
2 EL frischer Zitronensaft
frisch geriebene Muskatnuß
125 g geriebener Comté
Salz und gemahlener schwarzer Pfeffer*

Für 6 Personen

1 Ein Drittel der Butter zusammen mit dem Öl in einer großen feuerfesten Kasserolle erhitzen. Das Hähnchen in dem Fett braten und zwischendurch wenden, bis es goldbraun ist. Herausnehmen und beiseite stellen.

2 Das Gemüse in die Kasserolle geben. 5 Minuten vorsichtig sautieren, dann das Hähnchen darüberlegen. Den Fond bzw. das Wasser und den Wein sowie 1 Stengel Thymian zugeben. Gut würzen, zum Kochen bringen, dann die Hitze verringern und die Kasserolle abdecken. 1 Stunde lang leise köcheln lassen, bis das Hähnchen durch ist.

3 In der Zwischenzeit die Hälfte der restlichen Butter in einer kleinen Pfanne schmelzen und die Champignons 2–3 Minuten lang anbraten. Nicht weich werden lassen, da sie dann ihre Flüssigkeit verlieren. Mit einem Schaumlöffel herausheben und beiseite stellen. Die restliche Butter mit dem Mehl zu einem Teig vermengen. Ebenfalls zur Seite stellen.

4 Den Herd auf 220 °C vorheizen. Die Sahne in ein Gefäß geben, Eigelb und Zitronensaft unterrühren und mit Muskatnuß abschmecken.

5 Das gegarte Hähnchen in eine flache hitzebeständige Schale legen und mit zu einem Zelt gefalteter Alufolie abdecken. Den Thymian aus der Kasserolle nehmen und wegwerfen.

6 Die Kasserolle wieder auf den Herd setzen und ihren Inhalt schnell kochen lassen, bis sich die Flüssigkeit um die Hälfte reduziert hat. Dann das Gemüse mit dem Fond im Mixer oder in der Küchenmaschine pürieren. Das Püree wieder in die Kasserolle geben, leise köcheln lassen und kleine Stückchen von dem Butter-Mehlteig unterrühren, bis sich die Sauce verdickt hat und glatt ist. Wieder vom Herd nehmen und die Sahnemischung langsam unterschlagen.

7 Das Hähnchen mit den Champignons umgeben. Die Hälfte des Käses auf die Hähnchenbrust drücken, die Sauce darübertropfen und dann den restlichen Käse darüberstreuen. 15 Minuten backen, bis der Käse goldbraun ist. Mit dem restlichen Thymian garnieren und auftragen.

KEDGEREE MIT LACHS NACH FRANZ. ART

Dieses Gericht ist ideal, wenn Sie Gäste bewirten wollen, da es vorab zubereitet und dann eine halbe Stunde vor dem Servieren wieder aufgewärmt werden kann. Es wird mit einem gemischten Salat gereicht.

675 g frisches Lachsfilet, gehäutet
1 Lorbeerblatt
einige Stengel Petersilie
1 Liter Wasser
400 g Basmati-Reis
2–3 EL gehackte frische Petersilie
175 g geriebener Cheddar
3 hartgekochte Eier, zerkleinert
Salz und gemahlener schwarzer Pfeffer

FÜR DIE SAUCE
1 Liter Milch
40 g Weizenmehl
40 g Butter
1 TL milde Currypaste oder französischer Senf

FÜR 6 PERSONEN

1 Den Lachs in einen großen, flachen Topf geben. Lorbeer, Petersilienstengel, Salz und Pfeffer hinzufügen. Wasser zugießen und den Fisch ca. 12 Minuten garen, bis er fast weich ist. Den Fisch herausnehmen, die Kräuter wegwerfen und die Flüssigkeit in einen Topf gießen. Den Fisch abkühlen lassen, entgräten und zerpflücken.

2 Reis in den Topf mit dem Fischkochwasser geben. Zum Kochen bringen, die Hitze verringern und den Reis 10 Minuten lang zugedeckt köcheln lassen, ohne den Deckel zu öffnen. Pfanne vom Herd nehmen und den Reis 5 Minuten stehenlassen, ohne zu rühren o. ä.

3 In der Zwischenzeit die Sauce bereiten. Milch, Mehl und Butter in einem Topf vermengen. Bei geringer Hitze zum Kochen bringen, dabei ständig rühren, bis die Sauce glatt und dick ist. Currypaste oder Senf unterrühren, mit Salz und Pfeffer abschmecken und 2 Minuten köcheln lassen.

4 Den Grill vorwärmen. Die Sauce vom Herd nehmen, die gehackte Petersilie mit dem Reis und der Hälfte des Käses unterrühren. Mit einem großen Metallöffel den zerpflückten Fisch und die Eier unterheben. Löffelweise in eine flache Gratinschale geben und mit dem restlichen Käse bestreuen. Unter dem Grill erhitzen, bis der Belag goldbraun ist und Bläschen bildet.

ABWANDLUNGEN
Der Lachs läßt sich durch Krabben ersetzen, und anstelle von Cheddar kann Lancashire oder Mahon verwendet werden.
Dieses Gericht schmeckt auch gut mit Pasta anstelle von Reis.

HAUPTGERICHTE MIT KÄSE

RUMPSTEAK MIT ROQUEFORT-WALNUSS-BUTTER

Bereiten Sie eine Rolle herzhafter Blauschimmelkäsebutter und bewahren Sie sie im Kühlschrank auf. Die Rolle wird in Scheiben geschnitten, die man auf Rumpsteaks oder auch auf Schweinesteaks legt.

2 Schalotten, zerkleinert
75 g Butter, etwas weich gemacht
150 g Roquefort
2 EL fein gehackte Walnüsse
1 EL fein gehackter frischer Schnittlauch
1 EL Olivenöl oder Sonnenblumenöl
4 magere Rumpsteaks, jedes ca. 125 g
120 ml trockener Weißwein
2 EL Crème Fraîche oder Double Cream (extrafette Sahne)
Salz und gemahlener schwarzer Pfeffer
frischer Schnittlauch zum Garnieren
grüne Bohnen als Beilage

FÜR 4 PERSONEN

1 Die Schalotten in einem Drittel der Butter sautieren. In eine Schüssel geben, die Hälfte der restlichen Butter, den Käse, die Walnüsse und den Schnittlauch hinzufügen und mit Pfeffer abschmecken. Leicht kühlen, in Aluminiumfolie zu einer Rolle formen und wieder kühlen, bis die Butter fest ist.

2 Die restliche Butter mit dem Öl in einer schweren Bratpfanne erhitzen und die Steaks auf jeder Seite ca. 3 Minuten oder nach Wunsch länger braten. Steaks würzen und aus der Pfanne nehmen.

3 Den Wein in die Pfanne gießen und umrühren, damit der Bratensatz eingebunden wird. Ein bis zwei Minuten sprudelnd kochen, dann Crème Fraîche oder Double Cream einrühren. Würzen und über die Steaks gießen. Von der Rolle aus Roquefortbutter Scheiben abschneiden und je eine auf jedes Steak legen. Mit Schnittlauch garnieren. Leicht gekochte grüne Bohnen sind eine ideale Beilage.

In der Pfanne gebratener Kabeljau mit Wermut-Chèvre-Sauce

Servieren Sie weißen Kabeljau mit einer schnellen, leichten und sahnigen Chèvre-Sauce, die mit Wermut verfeinert ist. Gegrillte, mit Kräutern bestreute Tomaten geben dem Ganzen Farbe.

4 Stück Kabeljaufilet, jedes ca. 150 g, gehäutet
2 EL Olivenöl
4 Frühlingszwiebeln, zerkleinert
150 ml trockener Wermut, vorzugsweise Noilly Prat
300 ml Fischfond
3 EL Crème Fraîche oder Double Cream (extrafette Sahne)
65 g Chèvre (Ziegenkäse), ohne Rinde, zerkleinert
2 EL frische gehackte Petersilie
1 EL frischer gehackter Kerbel
Salz und gemahlener schwarzer Pfeffer
gegrillte Eiertomaten als Beilage
glattblättrige Petersilie zum Garnieren

Für 4 Personen

ABWANDLUNG
Anstelle von Kabeljau können Sie Lachs, Schellfisch oder Scholle verwenden.
Die Garzeit ändert sich je nach Dicke der Fischfilets.

1 Eventuell noch vorhandene Gräten aus den Kabeljaufilets entfernen. Fisch unter fließendem kaltem Wasser abspülen und mit Küchenkrepp trockentupfen. Die Stücke auf einen Teller legen und großzügig mit Salz und Pfeffer würzen.

2 Eine beschichtete Bratpfanne erhitzen, 1 EL Öl hineingeben und die Pfanne dabei schwenken, damit sich das Öl am Boden verteilt. Die Kabeljaustücke hineinlegen und ohne zu wenden bzw. zu bewegen 4 Minuten schön knusprig braten. Die Stücke wenden und von der anderen Seite weitere 3 Minuten knapp weich braten. Auf einen Servierteller geben und warmhalten.

3 Das restliche Öl erhitzen und die Frühlingszwiebeln 1 Minute anbraten. Den Wermut hinzufügen und auf die Hälfte einkochen lassen. Den Fond hinzufügen und wieder auf die Hälfte einkochen lassen. Den Rahm und den Chèvre einrühren und 3 Minuten köcheln lassen. Salz und Pfeffer hinzugeben, die Kräuter unterrühren und löffelweise über den Fisch geben. Mit Petersilie garnieren und mit gegrillten Tomaten servieren.

Vegetarische Gerichte

Da Käse ein Lebensmittel ist, das recht viele Proteine enthält, sind viele klassische Käsegerichte auch für Vegetarier geeignet. Einige der besten stammen aus Italien: Auberginen mit Parmesan, mit Parmesan gewürzter Risotto, knusprige Risotto-Beignets gefüllt mit Mozzarellastücken und mit Gorgonzola gekochte Polenta. Außerdem gibt es hier klassische Rezepte für Käsesoufflés, für ein Omelett und ein fabelhaftes Fondue sowie doppelt gebackene Spinat-Käse-Rouladen, die ein ausgezeichnetes Gericht für eine Dinnerparty sind.

VEGETARISCHE GERICHTE

Auberginen mit Parmesan

Ein klassisches italienisches Gericht aus Schichten von wunderbar zarten Auberginenscheiben, cremig geschmolzenem Mozzarella, frischem Parmesan und einer guten selbstgemachten Tomatensauce.

*3 mittelgroße Auberginen, in dünne Scheiben geschnitten
Olivenöl zum Bestreichen
300 g Mozzarella, in Scheiben geschnitten
125 g frisch geriebener Parmesan
2–3 EL Semmelbrösel
Basilikumstengel zum Garnieren
Salz und gemahlener schwarzer Pfeffer*

*FÜR DIE SAUCE
2 EL Olivenöl
1 Zwiebel, fein zerkleinert
2 Knoblauchzehen, zerdrückt
400 g zerkleinerte Tomaten aus der Dose
1 TL Zucker
ca. 6 Basilikumblättchen*

FÜR 4–6 PERSONEN

1 Die Auberginen in einen Durchschlag schichten und dabei jede Schicht mit Salz bestreuen. Über der Spüle 20 Minuten ablaufen lassen, dann unter kaltem Wasser abspülen und mit Küchenkrepp trockentupfen.

2 Den Herd auf 200 °C vorheizen. Die Auberginenscheiben auf beschichteten Backblechen verteilen, die Oberseite mit Olivenöl bestreichen und 10–15 Minuten backen, bis sie weich sind.

3 Für die Sauce das Öl in einem Topf erhitzen, Zwiebel und Knoblauch 5 Minuten darin sautieren. Die Dosentomaten und den Zucker hinzufügen, mit Salz und Pfeffer abschmecken. Zum Kochen bringen, dann die Hitze reduzieren und die Sauce ca. 10 Minuten köcheln lassen, bis sie eingekocht und dick ist. Kleine Stücke von Basilikumblättchen zur Sauce geben.

4 Die Auberginen mit dem Mozzarella, der Tomatensauce und dem geriebenen Parmesan in eine gefettete, hitzebeständige Form schichten und mit einer Schicht aus mit Parmesan vermengten Semmelbröseln bedecken. 20–30 Minuten backen, bis das Gericht goldbraun ist und Bläschen bildet. Vor dem Schneiden 5 Minuten durchziehen lassen. Mit Basilikum garnieren und auftragen.

Malfatti mit Sauce aus gebratenen Paprikafrüchten

Die Italiener lieben ihren gehaltvollen und dennoch leichten Ricotta sowohl in süßen als auch in herzhaften Gerichten. In diesem Rezept wird er in köstlich leichte Spinatknödel, Malfatti genannt, geschlagen und mit einer Sauce aus gebratenen Paprikafrüchten und Tomaten serviert.

500 g junger Blattspinat
1 Zwiebel, fein zerkleinert
1 Knoblauchzehe, zerdrückt
1 EL Natives Olivenöl Extra
350 g Ricotta
3 Eier, geschlagen
50 g Semmelbrösel
50 g Weizenmehl
50 g frisch geriebener Parmesan
frisch geriebene Muskatnuß
25 g Butter, geschmolzen
Salz und gemahlener schwarzer Pfeffer

Für die Sauce
2 rote Paprikafrüchte, geviertelt und entkernt
2 EL Natives Olivenöl Extra
1 Zwiebel, zerkleinert
400 g zerkleinerte Tomaten aus der Dose
150 ml Wasser

Für 4 Personen

1 Für die Sauce den Grill vorheizen und die Paprikaviertel mit der Haut nach oben so lange backen, bis sich Bläschen bilden und die Haut schwarz wird. Leicht abkühlen lassen, dann häuten und zerkleinern. Das Öl in einem Topf erhitzen, die Zwiebel und die Paprikafrüchte 5 Minuten leicht anbraten. Tomaten und Wasser hinzufügen, mit Salz und Pfeffer abschmecken. Das Ganze zum Kochen bringen, die Hitze verringern und alles 15 Minuten leicht köcheln lassen. In einer Küchenmaschine oder im Mixer pürieren, in den sauberen Topf schütten und beiseite stellen.

2 Den Spinat von den dicken Stielen befreien, gut waschen, dann ca. 1 Minute in einem Topf mit kochendem Wasser blanchieren. Abtropfen lassen, unter kaltem Wasser abschrecken und nochmals abtropfen lassen. Den Spinat trocknen und dann fein hacken.

3 Fein zerkleinerte Zwiebel, Knoblauch, Olivenöl, Ricotta, Eier und Semmelbrösel in eine Schüssel geben. Spinat hinzufügen und alles gut vermengen. Das Mehl, 1 TL Salz und die Hälfte des Parmesan unterrühren, dann mit Pfeffer und Muskat abschmecken.

4 Die Masse zu 16 kleinen Laiben formen und leicht kühlen.

5 Einen großen Topf mit Wasser zum Kochen bringen. Die Malfatti schubweise hineingeben und 5 Minuten garen lassen. Aus dem Topf herausheben und in geschmolzener Butter wenden. Die Sauce zum Servieren erwärmen, auf vier Teller verteilen. Auf jeden Teller vier Malfatti geben und mit dem restlichen Parmesan bestreuen. Sofort auftragen.

Paprika mit Reis-Feta-Pinienkern-Füllung

Ein beliebtes Mittagsgericht für die ganze Familie, das im voraus zubereitet und aufgewärmt werden kann. Servieren Sie es zur Abwechslung mit einer Käsesauce.

4 große rote, grüne oder gelbe oder gemischtfarbige Paprikafrüchte
475 ml Gemüsefond
200 g Langkornreis (kein Schnellkochreis oder vorgekochter Reis)
2 EL Olivenöl
1 Zwiebel, zerkleinert
2 Knoblauchzehen, zerdrückt
125 g junge Champignons, zerkleinert
1 Möhre, gerieben
4 Tomaten, zerkleinert
1 EL gehackter frischer Dill
90 g Feta, zerkrümelt
75 g Pinienkerne, leicht geröstet
2 EL Korinten
25 g frisch geriebener Parmesan
Salz und gemahlener schwarzer Pfeffer
gemischter Blattsalat zum Servieren

FÜR 4 PERSONEN

1 Den Herd auf 190 °C vorheizen. Die Paprikafrüchte längs halbieren, Stielansätze und Kerne entfernen. Einen großen Topf Wasser zum Kochen bringen, die Paprikafrüchte hineingeben und 5 Minuten blanchieren. Mit einem Schaumlöffel aus dem Topf heben. Mit der Schnittseite nach unten abtropfen lassen, dann mit der Schnittseite nach oben auf ein leicht gefettetes Backblech legen.

Anstelle von Feta kann stark würziger Cheddar (rechts) oder frischer Chèvre verwendet werden.

2 Den Fond in einen anderen Topf geben. Den Reis hineinschütten und zum Kochen bringen, dann die Hitze verringern. Topf abdecken und den Reis 15 Minuten köcheln lassen. Den Topf vom Herd nehmen, ohne dabei den Deckel anzuheben, und 5 Minuten an einem warmen Ort stehenlassen.

3 In der Zwischenzeit das Olivenöl erhitzen, Zwiebel und Knoblauch 5 Minuten darin sautieren. Champignons, Möhre und Tomaten unterrühren, mit Salz und Pfeffer abschmecken. Abdecken, 5 Minuten weichkochen, dann Reis, Dill, Feta, Pinienkerne und Korinten untermischen.

4 Die Masse auf die Paprikahälften verteilen, mit Parmesan bestreuen und 20 Minuten backen, bis die Oberfläche braun ist. Mit einem gemischten Salat servieren.

GRIESS-PESTO-GNOCCHI

Bei diesen Gnocchi handelt es sich um gekochte Scheiben aus Grießteig, die mit geschmolzener Butter bestrichen, mit Käse bestreut und dann gebacken werden. Gekochte Gnocchi schmecken mit einer selbstgemachten Tomatensauce ganz fabelhaft.

750 ml Milch
200 g Grieß
3 EL Pesto-Sauce
4 EL fein zerkleinerte sonnengetrocknete Tomaten, (trockentupfen, falls sie ölig sind)
50 g Butter
75 g frisch geriebener Pecorino
2 Eier, geschlagen
frisch geriebene Muskatnuß
Salz und gemahlener schwarzer Pfeffer
Tomatensauce als Beilage
Basilikum zum Garnieren

FÜR 4–6 PERSONEN

1 Milch in einem großen beschichteten Topf erhitzen. Wenn sie kocht, den Grieß einstreuen und ständig rühren, bis die Masse glatt und ganz dick ist. Die Hitze reduzieren und den Grieß 2 Minuten köcheln lassen.

3 Den Herd auf 190 °C vorwärmen. Eine flache Backform leicht fetten. Mit einer runden Ausstechform (4 cm) möglichst viele Kreise aus dem Grießteig ausstechen.

4 Den restlichen Grießteig auf den Boden der gefetteten Form legen und darauf die Scheiben in einander überlappenden Kreisen anordnen. Die restliche Butter schmelzen und über die Gnocchi streichen. Den restlichen Pecorino darüberstreuen. 30–40 Minuten goldgelb backen. Mit Basilikum garnieren und mit Tomatensauce servieren.

2 Den Topf vom Herd nehmen, die Pesto-Sauce, die sonnengetrockneten Tomaten mit der Hälfte der Butter und des Pecorino unterrühren. Die Eier hinzufügen und mit Muskat, Salz und Pfeffer abschmecken. Löffelweise auf ein sauberes flaches Backblech oder eine Backform von 1 cm Tiefe geben und die Oberfläche glattstreichen. Abkühlen lassen, dann kaltstellen.

ABWANDLUNGEN
Der Pecorino läßt sich durch anderen gereiften, harten Reibekäse wie Manchego oder Mahon ersetzen. Anstelle von Pesto können Sie ein kleines Paket zerkleinerten Feinfrostspinat verwenden. Tauen Sie ihn auf und drücken Sie das überschüssige Wasser aus. Auch gemischte zerkleinerte Kräuter (6 EL) sind geeignet.

VEGETARISCHE GERICHTE

PORCINI-PARMESAN-RISOTTO

10 g getrocknete Porcini-Pilze
300 ml warmes Wasser
1,2 Liter Gemüsefond
1 großzügige Prise Safranfäden
2 EL Olivenöl
1 Zwiebel, fein zerkleinert
1 Knoblauchzehe, zerdrückt
250 g Arborio- oder Carnaroli-Reis
150 ml trockner Weißwein
oder 45 ml trockener Wermut
25 g Butter
50 g frisch geriebener Parmesan
Salz und gemahlener schwarzer Pfeffer

FÜR 4 PERSONEN

Der Erfolg eines guten Risotto hängt von der Qualität des verwendeten Reises und der Zubereitungsart ab. Für diese Variante des klassischen Risotto alla milanese werden Safran, Porcini-Pilze und Parmesan in den cremig gekochten Reis gerührt.

ABWANDLUNGEN
Von diesem köstlichen Gericht gibt es zahllose Varianten. Das Verhältnis von Fond zu Reis, Zwiebeln, Knoblauch und Butter darf nicht verändert werden, aber Sie können die Gewürze und die Pilzart variieren. Probieren Sie Pecorino mit ganz jungem, leicht blanchiertem Gemüse in einem Risotto Primavera. Gehackter Schinken und Erbsen ergeben das berühmte risi e bisi.

1 Die getrockneten Pilze 20 Minuten in warmem Wasser einweichen. Mit einem Schaumlöffel herausnehmen. Das Einweichwasser durch ein Sieb mit einer Lage Küchenkrepp gießen und mit dem Fond in einen Topf geben. Die Flüssigkeit leicht köcheln lassen.

2 Ca. 3 EL des heißen Fonds in eine Tasse geben und die Safranfäden einrühren. Beiseite stellen.

3 Die Pilze fein hacken. Das Öl in einem separaten Topf erhitzen, Zwiebel, Knoblauch und Pilze 5 Minuten leicht sautieren. Nach und nach den Reis einrühren. 2 Minuten unter ständigem Rühren garen lassen. Mit Salz und Pfeffer abschmecken.

4 Den Wein oder Wermut zugießen. Kochen lassen und rühren, bis die Flüssigkeit absorbiert ist. Dann ein Viertel des Fonds zugeben und unter Rühren zum Kochen bringen. So lange kochen lassen, bis fast die gesamte Flüssigkeit aufgesogen wurde.

5 Kontinuierlich immer eine Kelle Fond zugeben und anschließend rühren. Das Geheimnis eines guten Risotto besteht darin, daß der Fond allmählich zugegeben und dabei ständig gerührt wird, damit die Stärkekörnchen in eine cremige Struktur übergehen.

6 Nach ca. 20 Minuten, wenn der gesamte Fond aufgesogen und der Reis gar ist, aber noch etwas Biß hat, Butter, Safranwasser und -fäden sowie die Hälfte des Parmesan unterrühren. Zum Servieren mit dem restlichen Parmesan bestreuen.

Pecorino ist bei diesem Risotto eine gute Alternative zum Parmesan.

Suppli al Telefono

Suppli al Telefono sind mit Mozzarella gefüllte Risotto-Beignets. Beim Hineinbeißen wird der Käse in dünnen Fäden – wie Telefondrähte – herausgezogen. Daher stammt auch der Name des Gerichts.

3 EL fein gehackte frische Petersilie
1 Portion Porcini-Parmesan-Risotto (siehe Seite 202), ohne Safran
200 g Mozzarella, in 20 Würfel geschnitten
2 Eier, geschlagen
150 g Semmelbrösel
Mais- oder Pflanzenöl zum Ausbacken
frische Kräuter zum Garnieren

Ergibt 20 Stück

ABWANDLUNG
Verwenden Sie anstelle des Mozzarella für die Füllung Emmentaler, Provolone oder auch Monterey Jack.

1 Petersilie unter den Risotto rühren, abkühlen lassen, dann bis zum Festwerden kaltstellen. Den Risotto in 20 Portionen aufteilen und jede zu einer Kugel formen. In jede Reiskugel einen Käsewürfel drücken und gut verschließen. Die Reiskugeln mit geschlagenem Ei und Semmelbröseln panieren, zum Durchziehen der Panade wieder 30 Minuten kaltstellen.

2 Zum Ausbacken das Öl auf 180 °C erhitzen. Jeweils etwa 5 Beignets 3–5 Minuten goldbraun und knusprig backen. Die Beignets auf Küchenkrepp abtropfen lassen und auf einem Teller im Ofen unabgedeckt warmhalten, damit die Panade knusprig bleibt. Mit frischen Kräutern garnieren und sofort auftragen.

Chillie-Käse-Tortilla mit frischer Tomatensalsa

Dieses Gericht schmeckt warm oder kalt. Es ähnelt einer Quiche ohne Teigboden. Käse und Chillie sind hier mehr als eine perfekte Kombination.

3 EL Sonnenblumen- oder Olivenöl
1 kleine Zwiebel, in dünne Scheiben geschnitten
2–3 frische grüne Jalapeño-Chillies, in dünne Scheiben geschnitten
200 g kalte gekochte Kartoffeln, in dünne Scheiben geschnitten
120 g geriebenen Manchego, mexikanischen Queso Blanco oder Monterey Jack
6 Eier, geschlagen
Salz und gemahlener schwarzer Pfeffer
frische Kräuter zum Garnieren

Für die Salsa
500 g frische aromatische Tomaten, geschält, entkernt und fein zerkleinert
1 frische milde grüne Chilliefrucht, entkernt und fein zerkleinert
2 Knoblauchzehen, zerdrückt
3 EL gehackter frischer Koriander
Saft 1 Limone
½ TL Salz

Für 4 Personen

TIP
Wenn Sie möchten, können Sie die Oberseite der Tortilla in einer Pfanne mit hitzebeständigem Griff unter dem vorgeheizten Grill bräunen.

1 Für die Salsa die Tomaten in eine Schüssel geben, die zerkleinerte Chilliefrucht, Knoblauch, Koriander, Limonensaft, Salz und Pfeffer hinzugeben. Gut vermengen und zur Seite stellen.

2 Die Hälfte des Öls in einer großen Omelett-Pfanne erhitzen, die Zwiebeln und Jalapeños darin 5 Minuten vorsichtig weichbraten. Zwischendurch ein- bis zweimal umrühren. Die Kartoffeln hinzufügen und weitere 5 Minuten garen lassen, bis diese leicht gebräunt sind. Dabei die Scheiben nicht zerstören.

3 Das Gemüse mit einem Schaumlöffel auf einen warmen Teller geben. Die Pfanne mit Küchenkrepp auswischen, dann das restliche Öl hineingeben. Gut erhitzen und die Gemüsemischung wieder in die Pfanne geben. Den Käse darüberstreuen.

4 Die geschlagenen Eier hineingießen und darauf achten, daß sie unter das Gemüse laufen. Die Tortilla bei geringer Hitze garen, bis sie fest ist. In Stücke schneiden und mit einem Klecks Salsa und mit frischen Kräutern servieren.

VEGETARISCHE GERICHTE

POLENTA MIT GORGONZOLA-WALDPILZSAUCE

Wie Grießgnocchi wird auch Polenta aus gemahlenem Getreide – aus Maismehl – hergestellt. Nach dem Kochen und Eindicken wird sahniger Gorgonzola eingerührt. Dann läßt man die Masse fest werden, ehe sie in Stücke geschnitten und gegrillt wird.

900 ml Milch
900 ml Wasser
1 TL Salz
300 g Polenta
50 g Butter
125 g Gorgonzola
Thymianstengel zum Garnieren

FÜR DIE SAUCE
40 g getrocknete Porcini-Pilze, 15 Minuten eingeweicht in 150 ml heißem Wasser
25 g Butter
125 g junge Champignons, zerkleinert
4 EL trockner Weißwein
großzügige Prise getrockneter Thymian
4 EL Mascarpone
Salz und gemahlener schwarzer Pfeffer

FÜR 4–6 PERSONEN

1 Milch und Wasser in einen großen Topf mit schwerem Boden geben. Salz zugeben und zum Kochen bringen. Mit einem langstieligen Löffel mit einer Hand kräftig rühren, während man mit der anderen die Polenta einstreut. Wenn die Masse dick und cremig ist, die Hitze verringern und die Masse unter gelegentlichem Rühren 20 Minuten leise köcheln lassen.

2 Den Topf vom Herd nehmen, Butter und Gorgonzola in die Polentamasse einrühren. Polenta in eine flache Schale geben, Oberfläche glattstreichen und abkühlen lassen. Die Polenta fest werden lassen und in Stücke schneiden.

3 In der Zwischenzeit die Sauce zubereiten. Die Porcini-Pilze abtropfen lassen, die Einweichflüssigkeit aufheben. Die Porcini fein hacken und die Flüssigkeit durch ein mit Küchenkrepp ausgelegtes Sieb gießen.

4 Die Hälfte der Butter in einem kleinen Topf schmelzen. Die zerkleinerten frischen Pilze ca. 5 Minuten sautieren. Wein, Porcini und durchgeseihte Einweichflüssigkeit zusammen mit dem getrockneten Thymian hinzufügen. Nach Geschmack würzen. Nochmals 2 Minuten kochen. Mascarpone einrühren und einige Minuten köcheln lassen, damit sich die Sauce um ein Drittel reduziert. Die Sauce zum Abkühlen zur Seite stellen.

5 Eine Pfanne mit gerilltem Boden oder einen Grill vorheizen und die Polentastückchen darin knusprig grillen. Die restliche Butter schmelzen und über die Polenta streichen. Mit Thymian garnieren und heiß mit der gekühlten Sauce servieren.

Doppelt gebackene Roulade aus Spinat und Ziegenkäse

Diese Roulade ist eigentlich eine Biskuitrolle. Da innen Luft eingeschlossen ist, geht sie bei nochmaligem Erwärmen wieder auf und wird außen recht knusprig. Dieses Gericht wird bei einer Dinnerparty Aufsehen erregen.

300 ml Milch
50 g Weizenmehl
150 g Butter
100 g Chèvre (Ziegenkäse), zerkleinert
40 g frisch geriebener Parmesan und eine kleine Menge zum Bestäuben
4 Eier, getrennt
250 g frische Shiitake-Pilze, in Streifen geschnitten
275 g junge Spinatblätter, gewaschen
3 EL Crème Fraîche oder Frischkäse
Salz und gemahlener schwarzer Pfeffer

FÜR 4 PERSONEN

1 Den Herd auf 190 °C vorwärmen. Eine 30 cm × 20 cm große Biskuitrollenform mit Backpapier auslegen und dabei genügend Papier über die Seiten der Form hinausragen lassen. Leicht fetten.

2 Milch, Mehl und 50 g Butter in einem Topf vermengen. Bei geringer Hitze zum Kochen bringen, dick und cremig rühren. Hitze verringern und 2 Minuten köcheln lassen. Dann den Chèvre und die Hälfte des Parmesan unterrühren. 5 Minuten abkühlen lassen, dann Eigelb und reichlich Salz und Pfeffer unterschlagen.

3 Eiweiß in einer fettfreien Schüssel schlagen, bis sich weiche Spitzen bilden. Das Eiweiß mit einem großen Metalllöffel vorsichtig unter die Chèvremasse heben. Die Masse löffelweise in die vorbereitete Form geben, vorsichtig und gleichmäßig verteilen und 15–17 Minuten backen, bis sich die Außenseite knapp fest anfühlt.

4 Die Rolle einige Minuten abkühlen lassen, wenden und auf eine mit Parmesan bestäubte Lage Backpapier legen. Das von der Biskuitform anhaftende Papier sorgfältig streifenweise abziehen. Die Rolle im Backpapier aufrollen und vollständig abkühlen lassen.

5 Für die Füllung die restliche Butter schmelzen und 2 EL davon abnehmen. Die Pilze in die Pfanne geben und 3 Minuten braten. Den Spinat untermischen und gut abtropfen lassen. Dann die Crème Fraîche oder den Frischkäse hinzugeben. Abschmecken und abkühlen lassen.

6 Den Herd wieder auf o. g. Temperatur heizen. Rolle auseinanderrollen und die Füllung darauf verteilen. Wieder zusammenrollen und mit der Kante nach unten in eine Backform setzen. Mit der abgenommenen geschmolzenen Butter bestreichen und dem restlichen Parmesan bestreuen. 15 Minuten backen, bis die Rolle aufgegangen und goldgelb ist. Sofort servieren.

VEGETARISCHE GERICHTE

50 g Butter
2–3 EL Semmelbrösel
200 ml Milch
30 g Weizenmehl
Prise Cayennepfeffer
½ TL Currypaste oder Senf oder frisch geriebene Muskatnuß
50 g geriebener reifer Cheddar
25 g frisch geriebener Parmesan
4 Eier, getrennt und
1 Eiweiß extra
Salz und gemahlener schwarzer Pfeffer

FÜR 2–3 PERSONEN

KLASSISCHES KÄSESOUFFLÉ

Ganz vereinfacht beschrieben, handelt es sich bei einem Soufflé um eine dicke Sauce, unter die geschlagenes Eiweiß gezogen wird. Das ist vor allem dann überhaupt nicht schwierig, wenn die Basis im voraus zubereitet und das Eiweiß erst kurz vor dem Backen zugegeben wird. Nur die Wahl des Zeitpunktes ist tückisch, denn ein Soufflé muß ganz frisch serviert werden.

3 Die Sauce ein bis zwei Minuten köcheln lassen, den Herd abschalten, den gesamten Cheddar und die Hälfte des Parmesans unterrühren. Etwas abkühlen lassen, dann die Eigelb unterschlagen und kosten. Die Masse muß gut gewürzt sein.

5 Etwas geschlagenes Eiweiß mit einem Löffel in die Sauce geben, um diese aufzulockern. Gut schlagen, dann das restliche Eiweiß in den Topf geben und mit einem großen Metalllöffel in einer achtförmigen Bewegung vorsichtig unterziehen.

1 Den Herd auf 190 °C vorheizen. 1 EL Butter schmelzen und eine 1,2 Liter fassende Souffléform fetten. Die Innenseite der Form gleichmäßig mit Semmelbröseln bestreuen.

4 Alle Eiweiß in einer großen fettfreien Schüssel schlagen, bis sie weiche, glänzende Spitzen bilden. Nicht zu lange schlagen, da das Eiweiß ansonsten körnig wird und sich schwer unterziehen läßt.

6 Die Masse in die vorbereitete Form füllen, die Oberfläche glattstreichen und die Form auf ein Backblech stellen. Den restlichen Parmesan darüberstreuen. 20–25 Minuten backen, bis das Soufflé goldgelb und aufgegangen ist. Sofort servieren.

2 Die Milch in einen großen Topf geben. Die restliche Butter, Mehl, Cayennepfeffer, Currypaste, Senf oder Muskatnuß hinzugeben. Bei niedriger Hitze zum Kochen bringen, dabei gleichmäßig rühren, bis die Mischung zu einer glatten Sauce eindickt.

ABWANDLUNGEN
Zerkrümelter Blauschimmelkäse wie Stilton doer Shropshire Blue oder Fourme d'Ambert ergeben ein köstliches Aroma.
Für ein gehaltvolleres Soufflé geben Sie eine zerkleinerte Gemüsemischung, z. B. Ratatouille oder sautierte Pilze, auf den Boden der Form, ehe Sie die Käsemischung einfüllen und wie oben beschrieben backen.

Stilton entwickelt in einem Soufflé ein köstliches Aroma.

VEGETARISCHE GERICHTE

*2 große Eier
1 EL zerkleinerte frische Kräuter,
z. B. Schnittlauch, Petersilie
oder Dill
etwas ungesalzene Butter
50 g geriebener aromatischer Käse,
z. B. Gruyère, Gouda oder Cheddar
Salz und gemahlener schwarzer
Pfeffer
Glattblättrige Petersilie zum
Garnieren
geteilte Tomaten zum Servieren*

FÜR 1 PERSON

ABWANDLUNGEN
Außer dem Käse können weitere Zutaten verwendet werden. Knusprige Knoblauch-Croutons oder geschnittene sautierte Pilze eignen sich gut dafür, ebenso zerpflückter gekochter oder geräucherter Schellfisch und zerkleinerte Tomaten. Was den Käse betrifft, so kann man hier gut experimentieren.

KLASSISCHES KÄSEOMELETT

Möglicherweise der ultimative Schnellimbiß – ein paar Eier, aromatischer Käse, etwas Butter sowie eine gute Pfanne, und Sie haben in Minutenschnelle ein vollständiges, sättigendes Mahl. Entscheidend bei Omeletts ist die Zubereitungsart. Die Mitte sollte weich und der Käse gerade geschmolzen und sahnig sein.

1 Eine 20 cm große Omelettpfanne oder eine beschichtete Pfanne erhitzen. Die Eier in eine Schüssel schlagen, Kräuter und Gewürze unterschlagen. Wasser oder Milch sind nicht erforderlich. Sie würden nur das Ei verdünnen.

2 Die Butter in der Pfanne erhitzen. Die geschlagenen Eier hineingießen und Pfanne so schwenken, daß die Masse den Boden bedeckt. Mit einer Gabel oder einem Pfannenwender die garen Stellen des Eies vom Pfannenboden ziehen, damit das noch flüssige Ei auch fest werden kann. Wenn das Ei an den Seiten fest und in der Mitte noch weich ist, den Käse darüber streuen.

3 Die Eimasse ca. 30 Sekunden garen lassen, ohne zu rühren, dann von der Stielseite der Pfanne her das Omelett ein Drittel weit umschlagen. Das Omelett auf einen vorgewärmten Teller rollen. Mit den geteilten Tomaten und einer Garnitur aus glattblättriger Petersilie sofort servieren.

*Etwas Sonnenblumenöl oder
geschmolzene Butter
675 g Kartoffeln, geschält
und in ganz dünne Scheiben
geschnitten
150 g geriebener Hartkäse,
z.B. reifer Cheddar,
Tomme oder Cantal
frisch geriebene Muskatnuß
Salz und gemahlener schwarzer
Pfeffer
gemischte Salatblätter zum
Garnieren*

FÜR 4 – 6 PERSONEN

ABWANDLUNG
In Frankreich verwendet man dazu gewürfelten Schinkenspeck (lardons). Der Käse wird gehackt und nicht gerieben oder in Scheiben geschnitten. Man vermengt die Zutaten und läßt in etwas Schmalz in einer Pfanne auf dem Ofen langsam garen.

KARTOFFEL-KÄSE-KUCHEN

Dieses Gericht gibt es in vielen Versionen, da Käse und Kartoffeln von Natur aus gut zusammenpassen. Wählen Sie dafür einen harten, würzigen Käse; in Frankreich, wo dieses Gericht Truffade heißt, bereitet man es mit einem Tomme oder Cantal zu. In England nimmt man Cheddar; dort heißt das Gericht Pan Haggarty.

1 Den Herd auf 190 C° vorheizen. Den Boden einer flachen Backform oder Bratenform mit dem Öl oder der geschmolzenen Butter leicht fetten.

2 Kartoffeln, Zwiebel und Käse in die Form schichten, mit Öl oder Butter bestreichen und mit Muskat, Salz und Pfeffer würzen. Mit einer Käseschicht abschließen. 45 Minuten goldbraun backen. 5 Minuten durchziehen lassen, dann in Stücke schneiden und mit einer Salatgarnierung servieren.

VEGETARISCHE GERICHTE

PAPRIKA UND ZUCCHINI-FRITTATA

Die Grundlage für diese ausgezeichnete Mahlzeit bilden Eier, Käse und Gemüse. In Stücke geschnitten und kalt serviert, ist sie ein köstliches Gericht für ein Picknick.

*3 EL Olivenöl
1 rote Zwiebel, in dünne Scheiben geschnitten
1 große rote Paprikafrucht, entkernt und dünn geschnitten
1 große gelbe Paprikafrucht, entkernt und dünn geschnitten
2 Knoblauchzehen, zerdrückt
1 mittelgroße Zucchini, in dünne Scheiben geschnitten
6 Eier
150 g italienischer Käse,
z. B. Fontina,
Provolone oder Taleggio, gerieben
Salz und gemahlener schwarzer Pfeffer
gemischte Salatblätter mit Dressing zum Garnieren*

FÜR 4 PERSONEN

1 2 EL Öl in einer großen Bratpfanne mit schwerem Boden erhitzen. Die Zwiebelscheiben und die Paprikastreifen bei geringer Hitze ca. 10 Minuten weichbraten.

2 Das restliche Öl in die Pfanne geben. Wenn das Öl heiß ist, den Knoblauch und die Zucchinischeiben hineinschütten und unter ständigem Rühren 5 Minuten braten.

3 Die Eier mit Salz und Pfeffer in einer Schüssel schlagen. Den Käse untermengen.

4 Die Eier-Käse-Masse über das Gemüse gießen und leicht unterrühren. Der Pfannenboden muß gleichmäßig mit Ei bedeckt sein. Bei geringer Hitze garen, bis die Masse knapp fest ist. Traditionell wird eine Frittata umgekehrt auf einen Teller gegeben und in die Pfanne zurückgelegt, um die Oberseite zu braten. Es ist vielleicht einfacher, die Oberseite ein paar Minuten unter einem Grill leicht zu bräunen (Pfannenstiel schützen, wenn nötig).

5 Die Frittata vor dem Schneiden ca. 5 Minuten in der Pfanne liegenlassen. Warm oder kalt, mit einer Salatgarnierung auftragen.

VEGETARISCHE GERICHTE

FONDUE

Ein Fondue ist nichts anderes als eine Mischung aus mehreren Sorten von geschmolzenem Käse und Wein, der den Käse flüssig hält. Geschmacksneutrale Stärke verhindert, daß der Käse sich entmischt. Knoblauch und Kirschlikör verleihen dem Fondue ein ganz besonderes Aroma.

1 dicke Knoblauchzehe,
halbiert
1 TL Arrowroot- oder
Kartoffelstärke
300 ml trockener Weißwein
3 × 350 g harter, schmelzender Käse
(siehe Abwandlung), dünn
geschnitten oder grob gerieben
3–4 EL Kirschlikör
gemahlener schwarzer Pfeffer
Weißbrotwürfel zum Dippen

FÜR 6 PERSONEN

1 Die Innenseite eines *caquelon* (traditioneller Fonduetopf) oder eines tiefen feuerfesten Topfes mit den Knoblauchhälften ausreiben. Wenn gewünscht, kann der Knoblauch danach fein zerkleinert und in den Topf gegeben werden.

2 Die Arrowroot- oder Kartoffelstärke mit 2 EL Wein in einer kleinen Schüssel verrühren. Zur Seite stellen. Den restlichen Wein in den Topf gießen.

3 Den Wein ganz langsam erhitzen. Etwa ein Drittel des geschnittenen oder geriebenen Käses hinzufügen und die Masse weiter erwärmen. So lange rühren, bis der Käse zu schmelzen beginnt und die Flüssigkeit Blasen bildet.

4 Die Arrowroot- oder Kartoffelstärkemischung langsam hineinrühren, dann den restlichen Käse nach und nach unterrühren. Kirschlikör und Pfeffer zugeben. Das Fondue zum Warmhalten auf ein Stövchen setzen und dazu Brotwürfel zum Dippen reichen.

ABWANDLUNG
In der Schweiz stellt man für ein Fondue eine Käsemischung aus Emmentaler, Gruyère und Appenzeller oder Raclette zusammen, während die Franzosen Comté oder Beaufort vorziehen.

Pasteten, Pizzen und Nudelgerichte

Viele der weltweit beliebten Gerichte, die man an Imbißständen zu kaufen bekommt, basieren auf Käse. Er schmilzt leicht – entweder über direkter Hitze oder im rustikalen Ofen – und ist daher in Scheiben geschnitten für eine Pizza oder in Blätterteig gebacken eine ideale Zutat. Es gibt Dutzende von Nudelgerichten mit Käse, bei denen der Käse unter die heißen Pasta gemengt oder zwischen die Teiglagen einer köstlichen Lasagne geschichtet ist. Diese Gerichte sind ideal, um viele Personen schnell und ohne großen Aufwand zu beköstigen.

PASTETEN, PIZZEN UND
NUDELGERICHTE

BOREK

Varianten dieser knusprigen, mit Käse gefüllten Pasteten bekommt man fast überall im Mittelmeerraum an Imbißständen zu kaufen. Sie lassen sich auch zu Hause einfach zubereiten, erfordern allerdings etwas Zeit und Geduld.

250 g Feta, zerkrümelt
½ TL frisch geriebene Muskatnuß
je 2 EL frische Petersilie, Dill und Minze, zerkleinert
10 Blätterteigplatten, jede ca. 30 × 18 cm
75 g geschmolzene Butter oder 6 EL Olivenöl
gemahlener schwarzer Pfeffer

ERGIBT 10 STÜCK

TIPS
Beim Verarbeiten von Blätterteig ist es wichtig, die Teigplatten vor dem Austrocknen zu schützen. Die Zutatenmengen für den Blätterteig sind in diesem Rezept nur grob angegeben, da die Größe der Teigplatten variiert. Nicht benötigter Teig hält sich, gut eingepackt, ungefähr eine Woche im Kühlschrank.

1 Den Herd auf 190 °C vorheizen. Feta, Muskat und Kräuter in einer Schüssel vermengen. Mit Pfeffer abschmecken und zu einer cremigen Füllung verrühren.

2 Eine Blätterteigplatte leicht mit Öl oder Butter bestreichen, eine weitere Platte darauflegen und ebenfalls bestreichen.

3 Die gebutterten Platten längs halbieren, so daß 10 Streifen zu je 30 cm × 9 cm entstehen. 1 TL der Käsefüllung an den Anfang eines jeden Streifens setzen, die Ecken diagonal darüberfalten und dann die Pastete zu einer Zigarre rollen.

4 Zum Versiegeln das Ende mit etwas Butter oder Öl bestreichen, dann mit der Kante nach unten auf ein beschichtetes Backblech setzen. Den Arbeitsgang mit dem restlichen Teig und der restlichen Füllung wiederholen. Die Borek nochmals mit Butter oder Öl bestreichen und 20 Minuten knusprig und goldgelb backen. Auf einem Kuchengitter abkühlen lassen und zimmerwarm servieren.

RATATOUILLE-FONTINA-STRUDEL

Mixen Sie farbenfrohes Ratatouille-Gemüse mit Würfeln aus sahnigem Fontina oder Bel Paese, wickeln Sie es in Blätterteig und backen Sie es zu einer köstlichen Pastete für eine Sommerparty.

1 kleine Aubergine, gewürfelt
3 EL Natives Olivenöl Extra
1 Zwiebel, in Scheiben geschnitten
2 Knoblauchzehen, zerdrückt
1 rote Paprikafrucht, entkernt und in Streifen geschnitten
1 gelbe Paprikafrucht, entkernt und in Streifen geschnitten
2 Zucchini, in kleine Stücke geschnitten
1 großzügige Prise getrocknete gemischte Kräuter
2 EL Pinienkerne
2 EL Rosinen
8 Blätterteigplatten, jede ca. 30 × 18 cm
50 Butter, geschmolzen
130 g Fontina oder Bel Paese, in kleine Würfel geschnitten
Salz und gemahlener schwarzer Pfeffer
gemischter Salat mit Dressing als Beilage

FÜR 6 PERSONEN

ABWANDLUNG
Anstelle des Fontina oder Bel Paese kann Port Salut, ein weicher französischer Tomme oder ein Caerphilly verwendet werden.

1 Die Auberginen in einen Durchschlag schichten und dabei jede Schicht mit Salz bestreuen. Über der Spüle 20 Minuten ablaufen lassen, dann abspülen und mit Küchenkrepp trockentupfen.

2 Das Öl in einer großen Bratpfanne erhitzen, Zwiebel, Knoblauch, Paprikastreifen und Auberginenscheiben ca. 10 Minuten vorsichtig braten.

3 Zucchinistücke, Kräuter, Salz und Pfeffer hinzugeben. 5 Minuten weichkochen lassen. Auf Zimmertemperatur abkühlen, dann Pinienkerne und Rosinen unterrühren.

4 Den Herd auf 180 °C vorheizen. Für den Strudel zwei Platten aus Blätterteig mit etwas geschmolzener Butter bestreichen. Die Platten so nebeneinander legen, daß sie sich ca. 5 cm überlappen und ein großes Rechteck bilden. Den restlichen Teig darüberlegen und jede Schicht mit etwas geschmolzener Butter bestreichen. Etwas Butter für die Oberseite aufheben. Die Gemüsemasse entlang einer langen Teigseite verteilen.

5 Käse darüberstreuen, dann zu einer langen Wurst rollen. Die Rolle auf ein beschichtetes Backblech setzen und zu einem Kranz formen. Mit der restlichen geschmolzenen Butter bestreichen und 30 Minuten goldgelb backen. Vor dem Schneiden 10 Minuten abkühlen lassen. Mit einem gemischten Salat servieren.

PASTETEN, PIZZEN UND
NUDELGERICHTE

KÄSE-ZWIEBEL-KUCHEN

Diese Quiche eignet sich ausgezeichnet für Picknicks, Parties oder Familienmahlzeiten. Sie würdigt eine zeitlose Kombination: Käse und Zwiebeln. Der Schinken kann je nach Wunsch auch weggelassen werden.

200 g Weizenmehl
½ TL Salz
90 g Butter oder Sonnenblumenmargarine

FÜR DIE FÜLLUNG
25 g Butter
1 große Zwiebel, in dünne Scheiben geschnitten
4 Scheiben Schinkenspeck ohne Rand, zerkleinert (falls gewünscht)
3 Eier
300 ml Crème Fraîche, Sahne oder Milch
¼ TL frisch geriebene Muskatnuß
90 g Hartkäse, z. B. reifer Cheddar, Gruyère oder Manchego, gerieben
Salz und gemahlener schwarzer Pfeffer

FÜR 6–8 PERSONEN

1 Den Teig zubereiten. Dazu Mehl und Salz in eine Schüssel sieben. Das Fett untermengen, bis die Mischung kleine Krümel bildet. Genug Wasser, ca. 4 EL, dazugeben, damit ein fester Teig entsteht. Den Teig leicht glattkneten, in Klarsichtfolie wickeln und 20 Minuten kaltstellen.

2 Den Teig auf einer leicht bemehlten Fläche ausrollen und in eine Springform (23 cm) legen. Den Teig an den Seiten gut andrücken und ca. 1 cm über den Rand der Form hinausragen lassen, damit er sich beim Backen zusammenziehen kann. Den Teig einige Male einstechen.

3 Den Teig mit Alufolie und Bohnen bedecken und nochmals 15 Minuten kaltstellen. Den Herd auf 200 °C vorheizen. Ein Backblech in den Ofen schieben. Die Springform auf das Blech stellen und den Teig 15 Minuten »blindbacken«. Bohnen und Folie entfernen und den Teig nochmals 5 Minuten backen. Die Temperatur auf 180 °C reduzieren.

4 Für die Füllung die Butter in einem Topf schmelzen, darin die Zwiebeln und ggf. den Schinken 10 Minuten sautieren. Die Eier und Crème Fraîche bzw. Sahne oder Milch schlagen. Muskat und Gewürze hinzugeben.

5 Die Zwiebelmasse auf den gebackenen Teig geben, Käse darüberstreuen. Die Ei-Sahne-Flüssigkeit langsam darübergießen. Sie darf nicht auf den Teigrand tropfen. Die Quiche in den Herd stellen und 35–40 Minuten backen, bis die Füllung gerade fest ist. Aus dem Ofen nehmen, abkühlen lassen, die Quiche vorsichtig aus der Form heben und auf eine Servierplatte setzen.

CALZONE

Eine Calzone ähnelt einer zusammengeklappten Pizza. Sie besteht aus Brotteig, der um eine Füllung aus Käse und Gemüse gewickelt ist. Traditionell werden Tomaten und Knoblauch verwendet, die mit zart schmelzenden Käsestückchen, Oliven, gegrillten Schinkenwürfeln, Pepperoni- oder Chorizostreifen oder Anchovisfilets auch raffinierter gestaltet werden können.

2 EL Natives Olivenöl Extra
1 kleine rote Zwiebel, in dünne Scheiben geschnitten
2 Knoblauchzehen, zerdrückt
400 g gehackte Dosentomaten
50 g Chorizo-Wurst in Scheiben
50 g entsteinte schwarze Oliven
500 g Brotteigmischung
200 g Mozzarella oder anderer halbfester Käse, gewürfelt
1 TL getrockneter Oregano
Salz und gemahlener schwarzer Pfeffer
Oreganostengel zum Garnieren

ERGIBT 4 STÜCK

> **ABWANDLUNG**
> Mozzarella ist der klassische Pizzakäse; Sie können jedoch auch mit anderen halbfesten und schmelzenden Käsesorten wie Fontina oder Provolone experimentieren.

1 Das Öl in einer Bratpfanne erhitzen, Zwiebeln und Knoblauch darin 5 Minuten sautieren. Die Tomaten hinzufügen und weitere 5 Minuten leicht einkochen lassen. Chorizo und Oliven hinzufügen. Gut würzen.

2 Den Teig nach der Anleitung auf der Verpackung zubereiten. Die Schüssel abdecken und den Teig gehen lassen, bis er sein Volumen verdoppelt hat.

3 Den Teig nochmals kneten und in vier Portionen teilen. Jede Teigportion zu einem Kreis von ca. 20 cm Durchmesser ausrollen. Den Herd auf 200 °C vorheizen. Zwei Backbleche leicht fetten.

4 Die Teigkreise zur Hälfte mit der Füllung belegen. Dabei an der Kante einen Rand lassen. Den Käse darüberstreuen.

5 Die Füllung mit getrocknetem Oregano bestreuen. Die Teigränder mit kaltem Wasser befeuchten. Den Teig zur Hälfte darüberschlagen und fest andrücken.

6 Je zwei Calzones auf ein Backblech legen. 12–15 Minuten backen, bis sie aufgegangen und goldgelb sind. Zwei Minuten abkühlen lassen, dann mit einem Palettmesser lösen, mit Oregano garnieren und sofort servieren.

PASTETEN, PIZZEN UND NUDELGERICHTE

HÄHNCHEN-KÄSE-LAUCH-JALOUSIE

Eine Jalousie ist eine Gitterrolle aus Teig mit einer milden, cremigen Füllung. Sie reicht für die ganze Familie. Fertiger Blätterteig und gegartes Hähnchenfleisch erleichtern die Zubereitung und sparen Zeit. Das Gericht eignet sich daher ausgezeichnet für einen gemütlichen Abend mit Gästen.

1,5 kg gebratenes Hähnchen
2 große Stangen Lauch, in dünne Scheiben geschnitten
2 Knoblauchzehen, zerdrückt
40 g Butter
125 g junge Pilze, geschnitten
200 g fettarmer Frischkäse
abgeriebene Schale 1 kleinen Zitrone
3 EL frische gehackte Petersilie
2 × 250 g Blätterteig im Block, aufgetaut, falls gefrostet
1 Ei, geschlagen
Salz und gemahlener schwarzer Pfeffer
frische Kräuter zum Garnieren

FÜR 6 PERSONEN

3 Die Teigblöcke übereinanderlegen und auf leicht bemehlter Arbeitsfläche zu einem großen Rechteck von ca. 35 × 25 cm ausrollen. Den Teig über ein Nudelholz ziehen und auf ein beschichtetes Backblech heben.

5 Die Teigränder mit dem geschlagenen Ei bestreichen. Die Teigstreifen abwechselnd kreuzweise übereinanderlegen, so daß ein Zopfmuster entsteht. Den oberen und unteren Rand zusammendrücken.

1 Das Fleisch vom Hähnchen abnehmen. Die Haut und die Knochen wegwerfen. Das Fleisch zerkleinern oder durchdrehen und zur Seite stellen.

4 Die Füllung löffelweise auf den Teig geben, dabei oben und unten einen großzügigen Rand lassen. An jeder Seite 10 cm frei lassen. Die Teigseiten diagonal bis hin zur Füllung in Abständen von 2 cm einschneiden.

Probieren Sie diese Jalousie mit einem cremigen Blauschimmelkäse wie Dolcelatte Torta.

6 Die Jalousie mit dem geschlagenen Ei bestreichen. Durchziehen lassen, während der Herd auf 200 °C vorgeheizt wird. 15 Minuten backen, dann die Temperatur auf 190 °C verringern und weitere 15 Minuten goldgelb und knusprig backen.

7 Die Jalousie 10 Minuten ruhen lassen und dann zum Servieren auf ein Brett oder eine Platte geben. Mit frischen Kräutern garnieren.

2 Lauch und Knoblauch 10 Minuten in der Butter sautieren. Die Pilze zugeben und 5 Minuten garen. Abkühlen lassen, dann Frischkäse, Zitronenschale, Petersilie, Salz und Pfeffer hinzufügen. Wenn die Masse völlig abgekühlt ist, das Fleisch zugeben.

ABWANDLUNG
Anstelle des Hühnerfleisches kann zerkleinerter Schinken verwendet werden.

PASTETEN, PIZZEN UND NUDELGERICHTE

GOUGÈRE

Brandteig läßt sich sehr einfach herstellen. Geben Sie Käsewürfel – beispielsweise vom Gruyère oder Cheddar – dazu und backen Sie ihn für ein schönes Abendessen mit einer Füllung aus leicht gewürztem Schellfisch und Pilzen.

100 g kleberstarkes Weizenmehl
¼ TL Salz
75 g kalte Butter, gewürfelt
200 ml Wasser
3 Eier, geschlagen
150 g Emmentaler, reifer Cheddar oder Gruyère, gerieben

FÜR DIE FÜLLUNG
250 g geräuchertes Schellfischfilet
1 Lorbeerblatt
250 ml Milch
40 g Butter
1 kleine rote Zwiebel, zerkleinert
150 g Pilze, geschnitten
1 TL milde Currypaste (nach Geschmack)
25 g Weizenmehl
1 großzügiger Spritzer Zitronensaft
1 EL frische gehackte Petersilie
Salz und gemahlener schwarzer Pfeffer

FÜR 4 PERSONEN

TIP
Verwenden Sie blaßgelben, auf traditionelle Weise geräucherten Schellfisch anstelle des künstlich gefärbten, leuchtendgelben Filets.

1 Eine flache hitzefeste Schale leicht fetten. Mehl und Salz auf eine Lage Backpapier sieben. Butter und Wasser in einen Topf geben und vorsichtig erwärmen. Sobald die Butter schmilzt, das Wasser zum Kochen bringen. Das gesamte Mehl auf einmal hineingeben.

2 Die Masse gut rühren, bis sie sich vom Topfrand löst. (Sie sieht anfangs furchtbar klumpig aus.) Den Topf vom Feuer nehmen und – wichtig! – 5 Minuten abkühlen lassen.

3 Die geschlagenen Eier langsam unter den Teig rühren, bis die Masse eine gute tropfende Konsistenz hat und ihre Form behält. Eventuell brauchen Sie nicht das gesamte Ei. Zwei Drittel des geriebenen Käses unterrühren.

4 Den Brandteig löffelweise entlang des Randes in die vorbereitete Form einfüllen. Er muß an den Seiten ausreichend hoch sein. Zur Seite stellen. Der Brandteig kann im voraus zubereitet und 24 Stunden gekühlt aufbewahrt werden.

ABWANDLUNG
Eine Alternative zu dieser Füllung ist Hühnerfleisch oder Ratatouille. Sowohl der Brandteig als auch die Füllung können mit Blauschimmelkäse verfeinert werden: Verwenden Sie dazu etwas weniger als die im Hauptrezept vorgeschlagene Käsemenge.

5 Den Herd auf 180 °C vorheizen. Für die Füllung den Schellfisch mit dem Lorbeerblatt in eine Backform geben. Die Milch hineingießen, abdecken und den Fisch 15 Minuten knapp gar kochen. Den Fisch herausnehmen. Das Lorbeerblatt wegwerfen, die heiße Milch aber aufheben. Den Schellfisch häuten und zerpflücken.

6 Die Butter in einem Topf schmelzen, Zwiebel und Pilze darin 5 Minuten sautieren. Die Currypaste (falls gewünscht) und dann das Mehl zugeben. Nach und nach die heiße Milch einrühren. Die Soße so lange unter Rühren erwärmen, bis sie glatt ist. 2 Minuten köcheln lassen, dann mit Zitronensaft, Salz und Pfeffer abschmecken.

7 Herdtemperatur auf 200 °C erhöhen. Die Füllung in die Mitte des rohen Teiges geben. Mit dem restlichen Käse bestreuen. 35–40 Minuten backen, bis die Gougère aufgegangen und goldgelb ist. Sofort servieren.

PASTETEN, PIZZEN UND NUDELGERICHTE

VIER-KÄSE-CIABATTA-PIZZA

Nur wenige Gerichte sind so einfach – und sättigend – wie diese Pizza, bei der ein halbes Ciabatta-Brot mit verschiedenen Zutaten belegt wird.

1 Ciabatta-Brot
1 Knoblauchzehe, halbiert
2–3 EL Olivenöl
ca. 6 EL Tomatenmark
1 kleine rote Zwiebel, in dünne Scheiben geschnitten
2 EL gehackte entsteinte Oliven
je etwa 50 g von vier Käsesorten – eine gereifte Sorte (Parmesan oder Cheddar), eine Blauschimmelkäsesorte (Gorgonzola oder Stilton), eine milde Sorte (Fontina oder Emmentaler), ein Ziegenkäse, geschnitten, gerieben oder zerkrümelt
Pinienkerne oder Kreuzkümmel zum Bestreuen
Salz und gemahlener schwarzer Pfeffer
Basilikumstengel zum Garnieren

FÜR 2 PERSONEN

1 Den Herd auf 200 °C vorheizen. Das Ciabatta-Brot halbieren. Die Schnittflächen mit Knoblauch abreiben, dann mit Öl bestreichen. Das Tomatenmark darauf verteilen, dann mit Zwiebelscheiben und Oliven belegen. Würzen.

2 Den Käse auf die Ciabatta-Hälften verteilen und mit Pinienkernen oder Kreuzkümmel bestreuen. 10–12 Minuten goldgelb backen, bis sich Bläschen bilden. Das Brot in Stücke schneiden, mit Basilikum garnieren und sofort servieren.

KALIFORNISCHE ZUCCHINI-CHÈVRE-PIZZA

Die Köche der amerikanischen Westküste sind bei der Zubereitung von Pizza recht experimentierfreudig. In ihren Holzöfen erhalten Teig und Käsebelag ein köstlich rauchiges Aroma. Backen Sie diese Pizza bei hohen Temperaturen, damit das Gemüse leicht geschwärzt wird. Ziegenkäsekrümel geben dem Ganzen einen interessanten Geschmack.

1 großer fertiger knuspriger Pizzaboden von guter Qualität
3 EL abgetropfte sonnengetrocknete Tomaten in Öl
3 EL abgetropfte geröstete Paprikafrüchte in Öl
1 Zucchini, in dünne Scheiben geschnitten
1 rote Zwiebel, in dünne Scheiben geschnitten
250 g junger Chèvre (Ziegenkäse), zerkrümelt
1 EL gehackter frischer Oregano oder Majoran
etwas Natives Olivenöl Extra zum Beträufeln
Salz und gemahlener schwarzer Pfeffer
frische Kräuter zum Garnieren

FÜR 2 PERSONEN

ABWANDLUNGEN
Ein sahniger, krümeliger Blauschimmelkäse wie der Bleu d'Auvergne, ist eine gute Alternative zum Chèvre. Auch ein geräucherter Mozzarella paßt gut.

Wenn Sie ein griechisch angehauchtes Aroma mögen, dann probieren Sie leicht sautierte Auberginenscheiben anstelle der Zucchini und Feta anstelle von Chèvre.

1 Den Herd auf 220 °C vorheizen. Den Pizzaboden auf ein Backblech legen. Die sonnengetrockneten Tomaten und Paprika zerkleinern und auf dem Boden verteilen.

2 Zucchini- und Zwiebelscheiben darauflegen und das Ganze leicht mit zerkrümeltem Chèvre bestreuen. Mit Oregano oder Majoran bestreuen, gut würzen und etwas Olivenöl darüberträufeln.

3 Die Pizza 10–12 Minuten backen, bis der Käse geschmolzen ist und das Gemüse schwarz zu werden beginnt. Mit Kräutern garnieren, in Stücke schneiden und servieren.

Harter Ziegenkäse ist ideal – er wird einfach über die Pizza gerieben.

PASTETEN, PIZZEN UND NUDELGERICHTE

ca. 8–10 Lasagneblätter, grün oder weiß
75 g frisch geriebener Parmesan
Salz und gemahlener schwarzer Pfeffer
glattblättrige Petersilie zum Garnieren

FÜR DIE FLEISCHSAUCE
3 EL Olivenöl
500 g mageres Hackfleisch vom Rind
75 g geräucherter Schinken oder Pancetta, gewürfelt
130 g Geflügelleber, gesäubert und gewürfelt (falls gewünscht)
1 Zwiebel, fein zerkleinert
2 Knoblauchzehen, zerdrückt
150 ml trockener Weißwein (falls gewünscht)
2–3 EL Tomatenpüree
2 × 400 g Tomaten aus der Dose, zerkleinert
3 EL süße Sahne (falls gewünscht)

FÜR DIE WEISSE SAUCE
600 ml Milch
1 Lorbeerblatt
1 kleine Zwiebel, zerkleinert
50 g Butter
40 g Weizenmehl
frisch geriebene Muskatnuß

FÜR 6 PERSONEN

LASAGNE AL FORNO

Die klassische Lasagne wird aus einer guten hausgemachten Fleischsauce (ragù) und einer weißen Sauce (salsa besciamella) und mit Schichten aus frisch geriebenem Parmesankäse zubereitet. Die Saucen dürfen nur dünn aufgetragen werden, und die Lasagne darf nicht zu dick sein – das fertige Gericht muß beim Schneiden seine Form behalten.

2 Für die Fleischsauce das Öl in einer großen Bratpfanne erhitzen und das Hackfleisch bräunen. Den Schinken bzw. Pancetta und die Geflügelleber (falls gewünscht) zugeben und 3–4 Minuten garen. Zwiebel und Knoblauch hinzufügen und weitere 5 Minuten garen. Den Wein zugießen (falls gewünscht) und gut einkochen lassen.

5 Die Butter in einem Topf schmelzen und das Mehl einrühren. 1 Minute unter Rühren kochen lassen, dann die Milch allmählich unterrühren, bis die Masse kocht und sich zu einer glatten Sauce verdickt. Würzen und mit Muskatnuß abschmecken. Die Lasagneblätter abgießen und mit Küchenkrepp trockentupfen.

3 Das Tomatenpüree und die Tomaten unterrühren, mit Salz und Pfeffer abschmecken. Zum Kochen bringen, dann die Hitze verringern und das Ganze 15–20 Minuten köchelnd eindicken lassen. Die Sahne (falls gewünscht) zugeben und die Pfanne zur Seite stellen.

4 Die weiße Sauce zubereiten, während die Fleischsauce köchelt. Dazu die Milch in einen Topf gießen, das Lorbeerblatt und die Zwiebel hineingeben. Vorsichtig erwärmen, bis die Milch fast kocht, dann den Topf vom Herd nehmen und die Sauce 10 Minuten ziehen lassen. Milch in ein Gefäß seihen, Lorbeerblatt und Zwiebel wegwerfen.

6 Etwas Fleischsauce auf den Boden einer rechteckigen Backform verteilen. Mit einer Lage Lasagneblätter bedecken. Etwas weiße Sauce darüberträufeln und mit Parmesan bestreuen. Die Schichten wiederholen, bis die Zutaten aufgebraucht sind und alles mit einer Schicht aus den beiden leicht vermengten Saucen abschließen. Großzügig mit Parmesan bestreuen.

7 Den Herd auf 190 °C vorheizen und die Lasagne ca. 30 Minuten backen, bis sie goldgelb ist und Bläschen bildet. Vor dem Anschneiden 10 Minuten durchziehen lassen. Mit glattblättriger Petersilie garnieren und auftragen.

1 In einem großen Topf Wasser zum Kochen bringen und die Lasagneblätter blanchieren. Dazu unter Rühren jeweils nur eine geringe Anzahl mindestens 2 Minuten garen. Die Blätter dürfen nicht zusammenkleben. Die blanchierten Lasagneblätter abtropfen lassen und in einer Schüssel mit kaltem Wasser zur Seite stellen.

PASTETEN, PIZZEN UND NUDELGERICHTE

LASAGNE NACH NEW YORKER ART

Für diese verfeinerte Lasagne wird aus Schichten von Nudelteig, Fleischsauce, Ricotta, Spinat und Pepperoni- oder Chorizo-Wurstscheiben hergestellt. Die Mischung aus Rinder- und Schweinehackfleisch gibt einen guten Geschmack.

ca. 8–10 Lasagneblätter, grün oder weiß
400 g frischer Spinat
500 g Ricotta
125 g Pepperoni-, Chorizo- oder Kabanos-Wurst, in dünne Scheiben geschnitten
50 g frisch geriebener Parmesan
frische Kräuter zum Garnieren

FÜR DIE FLEISCHSAUCE
2 EL Olivenöl
250 g mageres Hackfleisch vom Rind
250 g mageres Hackfleisch vom Schwein
1 Zwiebel, zerkleinert
2 Knoblauchzehen, zerdrückt
150 ml trockener Weißwein oder
4 EL trockener Wermut
400 g zerkleinerte Dosentomaten
3 EL Tomatenpüree
150 ml Rinderbrühe oder Wasser
½ TL getrockneter Oregano
Salz und gemahlener schwarzer Pfeffer

FÜR 6 PERSONEN

1 In einem großen Topf Wasser zum Kochen bringen und die Lasagneblätter blanchieren. Dazu unter Rühren mindestens 2 Minuten lang immer nur einige Blätter garen, damit sie nicht zusammenkleben. Die blanchierten Lasagneblätter abtropfen lassen und in einer Schüssel mit kaltem Wasser zur Seite stellen.

2 Vom Spinat die dicken Stengel entfernen, dann die Blätter in einem Topf mit etwas kochendem Wasser 2 Minuten blanchieren, bis sie fast weich sind. Spinat abtropfen lassen und unter kaltem Wasser abschrecken. Nochmals abtropfen lassen, dann trockendrücken und die Blätter zerkleinern.

3 Den Ricotta auf einen Teller geben und mit einer Gabel zerkleinern.

4 Für die Fleischsauce Öl in einer großen Bratpfanne erhitzen und beide Sorten Hackfleisch bei starker Hitze 5 Minuten gut bräunen, dabei unter Rühren alle Klümpchen zerteilen. Zwiebel und Knoblauch zugeben und weitere 5 Minuten garen.

> **TIP**
> Ricotta ist vor allem außerhalb großer Städte mitunter schwer zu bekommen. Er läßt sich jedoch gut einfrieren, so daß Sie sich damit ausreichend bevorraten können, wenn Sie eine Bezugsquelle gefunden haben.

5 Den Wein oder Wermut in die Bratpfanne gießen und bei starker Hitze gut einkochen lassen. Die zerkleinerten Tomaten, Tomatenpüree, Rinderbrühe bzw. Wasser und getrockneten Oregano hineinrühren. Dann mit Salz und Pfeffer abschmecken. Zum Kochen bringen, dann die Hitze verringern und die Flüssigkeit ohne Deckel in ca. 15 Minuten eindicken lassen.

6 Den Herd auf 190 °C vorheizen. In einer großen Backform die Fleischsauce mit den Lasagneblättern, dem gehackten Spinat und der geschnittenen Wurst abwechselnd schichten. Jede Spinat- und Wurstschicht mit Ricottastückchen belegen und mit Parmesan bestreuen. Das ganze mit einer großzügigen Schicht Parmesan abschließen.

7 Die Lasagne 35–40 Minuten backen, bis sie goldgelb ist und Bläschen bildet. Vor dem Anschneiden und Servieren 10 Minuten an einem warmen Ort stehen lassen. Mit frischen Kräutern garnieren.

PASTETEN, PIZZEN UND NUDELGERICHTE

SPANAKOPITTA

Diese beliebte Blätterteigpastete mit Spinat stammt aus Griechenland. Sie läßt sich verschieden zubereiten; Feta oder Kefalotiri gehören jedoch immer dazu. Da der Käse salzig ist, muß die Pastete mit Vorsicht gewürzt werden.

1 kg frischer Spinat
4 Frühlingszwiebeln, zerkleinert
300 g Feta oder Kefalotiri, zerkrümelt oder grob gerieben
2 große Eier, geschlagen
2 EL frische gehackte Petersilie
1 EL frischer gehackter Dill
3 EL Korinten (falls gewünscht)
ca. 8 Scheiben Blätterteig, jede ca. 30 cm × 18 cm
150 ml Olivenöl
gemahlener schwarzer Pfeffer

FÜR 6 PERSONEN

ABWANDLUNG
Anstelle von Feta oder Kefalotiri können Graviera oder Kasseri verwendet werden. Ein krümeliger englischer Käse wie der Lancashire paßt ebenfalls gut, obwohl das Gericht dann nicht mehr dem Originalrezept entspricht.

1 Den Herd auf 190 °C vorheizen. Dicke Stengel vom Spinat entfernen, dann die Blätter in einem Topf mit etwas kochendem Wasser 2 Minuten blanchieren, bis sie fast weich sind. Abtropfen lassen und unter kaltem Wasser abschrecken. Nochmals abtropfen lassen, dann trockendrücken und die Blätter zerkleinern.

2 Den Spinat mit Frühlingszwiebeln und Käse in eine Schüssel geben, dann die Eier dazugießen. Die Kräuter und Korinten (falls gewünscht) untermengen. Mit Pfeffer abschmecken.

3 Eine Blätterteigscheibe mit Öl bestreichen und in eine Backform von 23 cm Durchmesser legen. Die Ränder überhängen lassen. 3–4 weitere Scheiben, jede in einem anderen Winkel, darüberlegen, mit Öl bestreichen. Auf diese Weise entsteht eine Art Pastetenboden.

4 Die Füllung mit einem Löffel hineingeben und die restlichen Teigplatten, bis auf eine, darüberlegen. Jede Platte mit Öl bestreichen. Den überhängenden Blätterteig darüberschlagen, damit die Füllung eingewickelt ist. Die zurückbehaltene Platte mit Öl bestreichen und dekorativ zerknittert auf die Pastete legen.

5 Die Pastete mit Öl bestreichen. Mit etwas Wasser beträufeln, damit sich die Blätterteigkanten nicht aufrollen, dann auf ein Backblech stellen. Ca. 40 Minuten goldgelb und knusprig backen. Die Pastete vor dem Servieren 15 Minuten abkühlen lassen.

PASTETEN, PIZZEN UND
NUDELGERICHTE

KÜRBIS-PARMESAN-NUDELN

Das süße Kürbisaroma wird durch das reife Aroma des Parmesan ausgeglichen. Der geriebene Käse wird hier nicht über die Auflaufform gestreut, sondern kommt in die Sauce. Semmelmehl mit Knoblauch machen das Ganze knackig.

1 Einen großen Topf mit Wasser zum Kochen bringen. Die Kürbiswürfel hineingeben. Ca. 10 Minuten knapp weich kochen, abgießen und zur Seite stellen.

2 Zwei Drittel der Butter mit dem Öl in einer Bratpfanne schmelzen. Knoblauch und Semmelmehl hineingeben. Vorsichtig goldgelb und knusprig braten. Auf Küchenkrepp abtropfen lassen und warmhalten.

3 Tagliatelle nach der Anweisung auf der Verpackung kochen. Abgießen und zur Seite stellen. Die restliche Butter in einem sauberen Topf erhitzen und Schinken und Zwiebel darin 5 Minuten braten. Die Sahne einrühren und fast zum Kochen bringen. Nudeln hineingeben und wieder erhitzen. Kürbis, Parmesan, Muskatnuß, Petersilie, Schnittlauch und Gewürze hinzufügen. Mit Knoblauchsemmelmehl bestreuen und mit Petersilie garnieren. Servieren.

800 g frisches Kürbisfleisch, in kleine Würfel geschnitten
65 g Butter
1 EL Olivenöl
2 Knoblauchzehen, zerdrückt
75 g Semmelbrösel
300 g Tagliatelle
125 g geräucherter Hinterschinken, ohne Rand, gewürfelt
1 Zwiebel, in Scheiben geschnitten
150 ml süße Sahne
50 g frisch geriebener Parmesan
frisch geriebene Muskatnuß
2 EL frische gehackte Petersilie
1 EL frischer gehackter Schnittlauch
Salz und gemahlener schwarzer Pfeffer
Glattblättrige Petersilie zum Garnieren

FÜR 4 PERSONEN

KÄSESAUCEN FÜR PASTA

Hier folgen drei schnelle und einfache Käsesaucen, in denen die gekochten Nudeln geschwenkt werden. Jede Sauce reicht für etwa 250 g Pasta.

GORGONZOLA-PILZ-SAUCE

Der Gorgonzola schmilzt mit der Sahne leicht zu einer köstlichen, schnellen Sauce.

2 EL Olivenöl
250 g Pilze, geschnitten
1 Knoblauchzehe, zerdrückt
300 ml süße Sahne
175 g Gorgonzola ohne Rinde, zerkrümelt
Salz und gemahlener schwarzer Pfeffer
1 EL frische gehackte Petersilie und 50 g gehackte Walnüsse zum Servieren

1 Das Öl in der Pfanne erhitzen und die Pilze darin 5 Minuten sautieren. Knoblauch zugeben und weitere 1–2 Minuten garen.

2 Die Sahne einrühren, zum Kochen bringen und 1 Minute kochen lassen. Gorgonzola einrühren. Vorsichtig wiedererwärmen, um den Käse zu schmelzen, aber nicht kochen. Abschmecken und mit den gekochten Nudeln vermengen. Sofort mit Petersilie und Walnüssen garnieren und servieren.

HAUSGEMACHTE PESTO-SAUCE

Die ideale Pastasauce, die nicht gekocht werden muß. Die Zutaten werden am besten im Mörser zerkleinert und vermischt. Wenn es schnell gehen soll, kann sie auch in der Küchenmaschine hergestellt werden. Nehmen Sie eine Mischung aus Parmesan und Pecorino. Neuerdings gibt man der Sauce auch Pinienkerne zu. Die Butter macht das Ganze schön glatt.

75 g frische Basilikumblättchen
25 g Pinienkerne
2–3 Knoblauchzehen, grob gehackt
125 g gemischter frischer Parmesan und Pecorino
120 ml Olivenöl
25 g Butter, weich
Salz

1 Basilikum, Pinienkerne und Knoblauch in den Mörser geben. ½ TL Salz hinzugeben und mit dem Stößel so lange mahlen, bis eine körnige Paste entsteht.

2 Den Käse unterarbeiten, bis die Masse glatt ist. Die Paste mit einem Holzlöffel rühren und, wie beim Zubereiten von Mayonnaise, langsam Olivenöl hineinträufeln. Zum Schluß die Butter unterrühren.

3 Die Pesto-Sauce in einem Schraubglas im Kühlschrank aufbewahren. Falls gewünscht, können Sie sie beim Anrichten mit etwas Nudelkochwasser verdünnen.

FONDUTA-SAUCE

Diese italienische Antwort auf das Fondue wird auch als Sauce zu Nudeln, Reis und Polenta verwendet. Wenn Sie keinen Fontina bekommen, kann auch Gruyère verwendet werden.

400 g Fontina, in kleine Würfel geschnitten
250 ml sahnige Milch
50 g Butter, in Stückchen geschnitten
4 Eigelb
gemahlener weißer Pfeffer

1 Käse und Milch in einem Topf mit schwerem Boden oder im Wasserbadtopf vermengen. Sehr vorsichtig auf der Kochmulde oder über köchelndem Wasser unter ständigem Rühren erhitzen, bis der Käse ganz geschmolzen ist. Die Butter einrühren. Der Käse bildet dünne Fäden.

2 Die Eigelb in einer großen Schüssel mit Pfeffer verschlagen. Die Käsemilch darübergießen und dabei schlagen. Die Masse in einen sauberen Topf geben und ganz vorsichtig erwärmen. Die Masse nicht kochen lassen, sonst gerinnt sie. Über Pasta, gekochten Reis oder gegrillte Polenta gießen und schnell essen. Die Sauce läßt sich auch gut allein mit etwas Brot servieren.

GEGENÜBER (VON LINKS): Fonduta-Sauce, hausgemachte Pesto-Sauce und Gorgonzola-Pilz-Sauce

DESSERTS UND GEBÄCK

Zum Kochen oder zum Kombinieren mit anderen Zutaten wurden eine ganze Reihe ungereifter Frischkäse entwickelt. Sie haben einen milden Geschmack und werden wegen ihrer leicht adstringierenden Wirkung mit Zucker oder Honig gesüßt und als klassische Desserts wie Cœur à la Crème und Tiramisù, leckere Käsekuchen und Karottenkuchen mit Frischkäseglasur serviert. Vollmundige Hartkäse lassen sich zu köstlichem Käse-Zucchini-Brot und zu Kuchenbrötchen verarbeiten.

DESSERTS UND GEBÄCK

KÄSEKUCHEN AUS DEM KÜHLSCHRANK

Ein einfaches Dessert, das jeder zubereiten kann. Servieren Sie den Käsekuchen mit Früchten der Saison. Im Spätsommer sind gekochte Pflaumen oder Aprikosen mit gewürztem Sirup besonders gut. Auch weiche rote Beerenfrüchte sind ausgezeichnet dafür geeignet. Achten Sie darauf, daß der Käse bei der Verarbeitung zimmerwarm ist.

200 g Roggenkekse
90 g Butter
1 EL Zuckersirup
Früchte der Saison und
Himbercoulis zum Servieren
Erdbeerblätter zum Servieren

FÜR DIE FÜLLUNG
abgeriebene Schale und Saft
1 Zitrone bzw. 2 Limonen
1 Päckchen Gelatinepulver
200 g fettarmer Rahmkäse,
zimmerwarm
200 g Quark oder Frischkäse
150 g Naturjoghurt
50 g Streuzucker
1 TL reine Vanilleessenz

FÜR 4–6 PERSONEN

TIP
Gelatine läßt sich in einer geeigneten Schüssel in der Mikrowelle auflösen. Beachten Sie die Anleitung auf der Packung.

1 Die Kekse in feine Krümel brechen. Dazu die Kekse entweder in eine Lebensmitteltüte aus Polyethylen geben und mit dem Nudelholz zerdrücken oder in einer Küchenmaschine mit Metallmesser zerkleinern. Die Butter und den Sirup in einem Topf schmelzen und die Kekskrümel dazugeben.

2 Die gebutterten Krümel auf den Boden und an die Seiten einer Springform (20 cm Durchmesser) drücken. 1 Stunde kühlen.

3 Für die Füllung den Zitronen- oder Limonensaft in eine kleine hitzebeständige Schüssel geben und die Gelatine darüberstreuen. Die Mischung stehenlassen, bis die Gelatine die Flüssigkeit aufgesogen hat und wie ein Schwamm aussieht. Die Schüssel in einen Topf mit leise köchelndem Wasser geben und gelegentlich rühren, bis sich die Gelatine auflöst.

4 Den Käse mit dem Quark bzw. Frischkäse vermengen. Joghurt, Zitrusschale, Zucker und Vanille hinzugeben. Das Ganze glattrühren, dann etwas von der Masse unter die aufgelöste Gelatine rühren. Die Gelatine zur Käsekuchenfüllung geben und gut unterrühren. Auf den Keksboden geben und zum Festwerden 3 Stunden kühlen. Den Käsekuchen aus der Form nehmen. Mit Früchten und Himbeercoulis servieren. Mit Erdbeerblättern garnieren.

Samtiger Käsekuchen

Das Geheimnis eines perfekt gebackenen Käsekuchens besteht darin, den Kuchen mit der gleichen Sorgfalt zu kühlen wie Sie ihn backen. Wenn Sie den Kuchen nicht zu lange im Herd lassen, dann bleibt er wunderbar feucht und wird beim Abkühlen fest.

Biskuitboden von 25 cm Durchmesser
500 g Rahmkäse, weich
600 ml Sauerrahm
200 g Streuzucker
3 Eier, geschlagen
2 TL reine Vanilleessenz
3–4 EL zerdrückte Roggenkekskrümel
Puderzucker zum Bestäuben
frische Früchte zum Servieren

Für 6–8 Personen

1 Den Herd auf 160 °C vorheizen. Eine Springform (23 cm Durchmesser) leicht fetten. Einen Kreis von 23 cm Durchmesser aus dem Biskuit ausschneiden und in die Form legen. Der Kreis muß passen.

4 Die Kekskrümel gleichmäßig über den Kuchen streuen und mit etwas gesiebtem Puderzucker bestäuben. Mit frischen Früchten servieren.

ABWANDLUNGEN
Falls gewünscht, können Sie den Kuchen auch ohne Boden backen. Wenn Sie Sultaninen in Ihrem Kuchen mögen, dann geben Sie eine reichliche Handvoll hinzu.

2 Den Rahmkäse, den Sauerrahm und den Zucker in der Küchenmaschine vermengen. Glatt und cremig rühren, danach Eier, Zitronensaft und Vanilleessenz zugeben. Kurz verrühren.

3 Die Füllung auf den Boden gießen und glattstreichen. 40 Minuten backen, bis die Oberfläche goldgelb ist. Den Herd abschalten und den Kuchen noch 1 Stunde im Ofen stehenlassen. Herausnehmen, bei Zimmertemperatur abkühlen und über Nacht im Kühlschrank festwerden lassen. Mit einem Messer zwischen Kuchen und Springformrand entlangfahren und den Rand entfernen. Den Kuchen mit einem Palettmesser auf eine Platte heben.

DESSERTS UND GEBÄCK

250 g körniger Quark
300 ml Crème Fraîche oder Naturjoghurt
2–3 TL Vanillezucker
Himbeerblätter zum Dekorieren

FÜR DIE HIMBEERSAUCE
250 g frische Himbeeren ohne Stielansatz
Puderzucker zum Süßen

ERGIBT 8 STÜCK

> **TIP**
> Wenn Sie Auflaufformen verwenden, dann geben Sie die Käsemasse vorher in ein mit Musselin ausgelegtes Sieb. Setzen Sie das Sieb auf eine Schüssel und stellen Sie die Masse zum Abtropfen 2 Tage in den Kühlschrank. Drücken Sie die abgetropfte Käsemasse dann in 8 leicht gefettete Auflaufförmchen. Den geformten Käse sofort wieder herausnehmen.

CŒUR À LA CRÈME

Dieses Dessert ist ganz einfach herzustellen. Dazu wird körniger Quark mit Crème Fraîche gemischt und gesüßt. Nach dem Abtropfen füllt man das Dessert in perforierte herzförmige Schüsselchen (daher der Name). Es kann auch in Auflaufformen serviert werden.

1 Den Quark und die Crème Fraîche bzw. den Naturjoghurt in einer Schüssel schlagen. Mit Vanillezucker abschmecken.

3 Das Blech in den Kühlschrank stellen und die Förmchen bis zu 2 Tage abtropfen lassen.

2 Acht traditionelle perforierte Förmchen auf ein Gitterrost über ein Backblech setzen. Die Käsemasse löffelweise in die Förmchen geben. Jede Form bis zum Rand füllen.

4 Für die Sauce die Himbeeren durch ein Sieb passieren und mit Puderzucker süßen. Die Förmchen leeren und die Käseherzen mit Sauce und Himbeerblättern dekoriert auftragen.

---

2 Eier, getrennt plus 2 Eigelb
90 g Streuzucker
1 TL reine Vanilleessenz
500 g Mascarpone
250 ml frisch gebrühter, starker schwarzer Kaffee
4 EL Rum oder Weinbrand
etwa 24 italienische Savoiardi- oder Boudoir-Kekse
3 EL fein geriebene dunkle Schokolade

FÜR 6–8 PERSONEN

> **ABWANDLUNG**
> Wenn gewünscht, dann lassen Sie den Keksboden weg und geben Sie die Tiramisù-Creme über eine Mischung aus frischen Sommerfrüchten.

TIRAMISÙ

Für die Italiener ist dies der ultimative »Muntermacher«, so die Bedeutung des Namens. Für die Tiramisù wird wunderbar weicher Mascarpone verwendet.

1 Eigelb, Zucker und Vanille in einer hitzebeständigen Schüssel schlagen. Über einen Topf mit köchelndem Wasser stellen und so lange schlagen, bis die Masse hellgelb und dick ist und der Schneebesen beim Anheben eine deutliche Spur auf der Oberfläche hinterläßt. Die Schüssel vom Topf nehmen und abkühlen lassen. Dabei gelegentlich rühren, damit sich keine Haut bildet.

2 Ist die Masse kalt, den Mascarpone einrühren. Die Eiweiß in einer großen fettfreien Schüssel schlagen, bis sie weiche Spitzen bilden, dann vorsichtig unter die Masse ziehen.

3 Kaffee und Rum bzw. Weinbrand in einer Schüssel mischen. Die Savoiardi- oder Boudoir-Kekse kurz in die Flüssigkeit tauchen und dann in einer Glasform anordnen. Die Mascarponemasse löffelweise darübergeben, dann mit der geriebenen Schokolade bestreuen. Vor dem Servieren mindestens 1 Stunde kühlen.

> **TIP**
> Wenn Sie kein ungekochtes Eiweiß verwenden möchten, nehmen Sie stattdessen Eiweißpulver.

ZITRONEN-KÄSE-MOUSSE MIT BRANDYSNAP-KÖRBCHEN

Eine köstliche Kombination aus einer leichten, käsekuchenähnlichen Mousse mit Kekskörbchen. Das Dessert ganz zuletzt fertigstellen, damit es knusprig bleibt.

50 g Butter
2 EL Zuckersirup
50 g Zuckerraffinade
abgeriebene Schale und Saft von 2 Zitronen
50 g Weizenmehl
1 Orange zum Formen der Snaps
3 EL Wasser
2 TL Gelatinepulver
250 g Quark
150 ml Naturjoghurt
2 EL klarer Honig (nach Geschmack auch mehr oder weniger)
1 EL geriebener kandierter Ingwer
2 Eiweiß
Minzestengel zum Dekorieren
einige weiche Früchte zum Servieren

ERGIBT 6–8 STÜCK

TIP
Wenn Sie Zeit sparen wollen, verwenden Sie gekaufte Brandysnaps (Gebäckröllchen aus dünnem, mit Ingwer gewürztem Teig) für die Körbchen. Erwärmen Sie die Snaps einfach bei geringer Hitze im Ofen, bis sie weich werden und formen Sie sie dann über einer Orange. Werden die Brandysnaps hart, ehe Sie das Körbchen formen konnten, dann legen Sie sie einfach kurz zurück in den Ofen. Sie werden dann wieder weich.

1 Den Herd auf 190 °C vorheizen. Ein großes Backblech mit Backpapier auslegen. Für die Snaps Butter, Sirup und Zucker in einem Topf schmelzen, vom Herd nehmen, die Hälfte der Zitronenschale und das gesamte Mehl zugeben. Glattrühren.

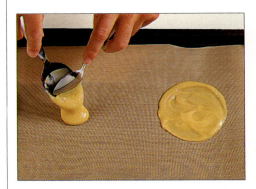

2 Ca. 2 EL der Masse auf das vorbereitete Blech geben. Mit einem kleinen Palettmesser zu einem Kreis von 13 cm Durchmesser breitstreichen. Masse zu einem zweiten Kreis mit etwas Abstand zum ersten breitstreichen. 5–7 Minuten backen, bis die Snaps breitgelaufen und goldgelb sind und wie Spitze aussehen.

3 Die Snaps ca. 1 Minuten abkühlen und leicht fest, aber nicht hart werden lassen. Dann jedes mit einem Palettenmesser vom Blech nehmen. Die Kekse vorsichtig auf die Orange drücken. Die Ränder vorsichtig biegen.

4 Die Körbchen nach dem Formen entfernen und zum Abkühlen auf ein Kuchengitter setzen. Den Back- und Formvorgang wiederholen, bis der gesamte Teig aufgebraucht ist.

5 Für die Mousse das Wasser in eine Schüssel gießen und die Gelatine auf die Oberfläche streuen. So lange stehenlassen, bis sich ein Schwamm bildet, dann über köchelndem Wasser auflösen.

6 Käse, Joghurt, restliche Zitronenschale, Zitronensaft, Honig und Ingwer in einer Küchenmaschine mischen. Gelatine hinzugeben, kurz vermengen und in eine Schüssel gießen. So lange kühlen, bis die Masse festzuwerden beginnt.

7 Eiweiß schlagen, bis es weiche Spitzen bildet und unter die Mousse ziehen. Löffelweise in die Snaps geben, mit Minze dekorieren und zusammen mit Früchten servieren.

SIZILIANISCHE CASSATA

500 g Ricotta
75 g Puderzucker und etwas zum Bestäuben
2 TL reine Vanilleessenz
abgeriebene Schale und Saft von 1 kleinen Orange
50 g dunkle Schokolade, geraspelt
250 g gemischte kandierte Früchte wie Orange, Ananas, Zitrone, Kirschen und Angelikawurzel
250 ml frisch gebrühten starken schwarzen Kaffee
120 ml Rum
24 Savoiardi-Kekse
Pelargonienblätter zum Dekorieren

FÜR 8 PERSONEN

Ist das weltberühmte Käsedessert eine mit Schokolade überzogene Eiscreme oder ein mit Rumsirup getränkter Kuchen? Die Antwort lautet: Diese Cassata kann ebenso wie eine Reihe von Variationen beides sein. Versuchen Sie, dafür echte Savoiardi-Kekse aufzutreiben; sie halten ihre Form besser als Boudoir-Kekse oder einfache Biskuitkekse.

1 Den Boden und die Seiten einer runden Kuchenform (20 cm Durchmesser) mit Klarsichtfolie auslegen. Den Ricotta in eine Schüssel geben. Den Puderzucker darübersieben, dann die Vanilleessenz zusammen mit der Orangenschale und dem Saft zugeben. Zu einer glatten Masse schlagen, dann die Schokolade unterrühren.

2 Die kandierten Früchte in kleine Stücke schneiden und in die Ricottamasse einrühren.

3 In einer Schüssel den Kaffee und den Rum mischen. Den Boden der Kuchenform mit Keksen auslegen, dabei jeden zweiten Keks vorher in die Kaffee-Rum-Mischung tauchen. Die restlichen Kekse halbieren, in die Flüssigkeit tauchen und rund um den Rand in die Kuchenform hineinsetzen.

4 Die Cassata-Mischung mit einem Löffel mitten in die mit Keksen ausgelegte Form geben und glattstreichen. Die Form mit Klarsichtfolie abdecken. Darauf einen Teller legen, der genau in die Form paßt. Den Teller mit einem Beutel getrockneter Bohnen oder mit einer Tüte Zucker beschweren. Über Nacht kühlen, bis die Cassata fest ist.

5 Die Cassata vor dem Servieren aus der Form stürzen. Dabei die Form ggf. kräftig schütteln. Die Klarsichtfolie vorsichtig abziehen. Mit etwas gesiebtem Puderzucker bestreuen, in keilförmige Stücke schneiden, mit Geranienblättern dekorieren und auftragen.

PASCHA

Dieses traditionelle russische Osterdessert wird aus Hüttenkäse gemacht und zusammen mit Scheiben von Kulitsch, einem süßen Hefekuchen, serviert. Die Quarkmischung wird in eine mit Musselin ausgelegte Holzform gepreßt, so daß die Molke abläuft und in der Form eine gehaltvolle und köstlich cremige Mousse zurückbleibt. Wenn Sie keine Paschaform haben, dann benutzen Sie einen Blumentopf.

500 g Hüttenkäse, zimmerwarm
130 g weiche Butter
2 große Eigelb (falls gewünscht)
125 g Streuzucker
75 g kandierte Zitrusschale, gehackt
50 g Rosinen
50 g gehackte blanchierte Mandeln
abgeriebene Schale von 1 Zitrone
1 TL reine Vanilleessenz
abgeschälte Zitronenschale und Pelargonienblätter zum Dekorieren
in Scheiben geschnittener Kulitsch oder Brioche mit Früchten zum Servieren

FÜR 8 PERSONEN

ABWANDLUNG
Anstelle von Hüttenkäse (Cottage Cheese) läßt sich eine Mischung aus Ricotta und Mascarpone verwenden. Die Mandeln können durch gehackte Pistazien ersetzt werden.

1 Den Hüttenkäse, die weiche Butter, die Eigelb und den Zucker in eine Schüssel geben. Mit dem Schneebesen schlagen, bis die Masse glatt ist, dann die kandierten Früchte, Rosinen, Mandeln, die Zitronenschale und die Vanilleessenz untermischen.

2 Einen sauberen ungebrauchten Blumentopf (18 cm Ø) mit einem feuchten Musselintuch auslegen. Die Käsemischung fest in den Topf füllen. Mit einem Teller abdecken, der genau in den oberen Topfrand paßt, und mit Gewichten beschweren.

3 Den Topf auf einen tiefen Teller setzen und zum Ablaufen der Molke über Nacht in einen kühlen Raum oder einen ganzen Tag in den Kühlschrank stellen.

4 Die Molke weggießen, dann den Teller samt Gewichten abnehmen und die Pascha auf einen hübschen Servierteller stürzen. Mit Zitronenschale und Geranienblättern dekorieren. Die Pascha vor dem Auftragen entweder von oben beginnend horizontal in Scheiben oder vertikal in keilförmige Stücke schneiden. Dazu frische Kulitschscheiben oder Brioche mit Früchten auftragen.

MÖHRENKUCHEN MIT RAHMKÄSEÜBERZUG

Dieser saftige Kuchen ist mit der gleichen Käsemasse gefüllt, aus der auch sein köstlich cremiger Überzug besteht. Er wird so mancher Geburtstagstafel zur Zierde gereichen.

90 g Vollkornmehl
150 g Weizenmehl
2 TL Backpulver
1 TL Soda
1 TL gemahlener Zimt
½ TL gemahlener Piment
250 g brauner Zucker
3 Möhren, grob geraspelt
125 g gehackte Walnüsse
3 große Eier
Saft von 1 Orange
120 ml Sonnenblumenöl
in feine Streifen geschnittene Orangenschale zum Dekorieren

FÜR DEN ÜBERZUG
50 g Butter, weich
200 g Rahmkäse, weich
abgeriebene Schale von 1 Orange
200 g Puderzucker
1 TL reine Vanilleessenz

FÜR 8 PERSONEN

1 Den Herd auf 180 °C vorheizen. Eine runde Kuchenform (23 cm Durchmesser) leicht fetten und den Boden mit Backpapier auslegen. Das Papier fetten.

4 Mit einem Messer den Kuchen vom Rand der Backform lösen, danach den Kuchen aus der Form nehmen und mit der Oberseite nach unten auf ein Kuchengitter setzten und das Backpapier abziehen.

2 Alle trockenen Zutaten außer dem braunen Zucker in eine Schüssel sieben. Grobe Rückstände aus dem Sieb dazugeben. Den Zucker, die Möhren und die Walnüsse zugeben.

3 In einer Schüssel die Eier und den Orangensaft miteinander verschlagen. In die Mischung aus trockenen Zutaten eine Mulde drücken und die Eiermischung sowie das Öl hineingießen. Alles gut vermengen. Die Masse löffelweise in die vorbereitete Form geben und zum Schluß glattstreichen. Etwa 1 Stunde backen.

5 Für den Überzug die Butter, den Rahmkäse und die abgeriebene Orangenschale in einer großen Schüssel schlagen. Den Puderzucker darübersieben, dann nach und nach die Vanilleessenz zugeben, nach jeder Portion alles gut verschlagen, bis die Masse cremig ist.

6 Den Kuchen mit einem großen Sägemesser horizontal mittendurch schneiden. Auf eine Kuchenhälfte etwa die Hälfte der Überzugmasse streichen, die andere Kuchenhälfte daraufsetzen. Den Rest der Überzugmasse auf der Oberseite des Kuchens verteilen und mit dem Palettmesser ein Wirbelmuster bilden. Die Orangenschalenstreifen als Dekoration rund um den Kuchenrand streuen.

ABWANDLUNG
Anstatt mit Streifen aus Orangenschalen kann der Überzug des Kuchens auch mit etwas gemahlenem Zimt oder fein gehackten Walnüssen bestreut werden.

DESSERTS UND GEBÄCK

KÄSE-ZUCCHINI-RUNDBROT

4 Zucchini, grob geraspelt
675 g weißes kleberstarkes Brotmehl
2 Beutel Trockenhefe
50 g frisch geriebener Parmesan
2 EL Olivenöl
Milch zum Bestreichen
Mohnsamen oder Sesam zum Bestreuen
Salz und gemahlener schwarzer Pfeffer

FÜR 8 PERSONEN

Das Backen zu Hause erfreut sich heute wieder zunehmender Beliebtheit. Dieses ungewöhnliche Brot wird durch die geraspelten Zucchini herrlich saftig. Seine Aromafülle verdankt es frisch geriebenem Parmesan.

1 Die geraspelten Zucchini in einen Durchschlag geben und mit Salz bestreuen. Zum Abtropfen des Saftes 20 Minuten in der Spüle stehen lassen, danach sorgfältig waschen. Nochmals ablaufen lassen und dann mit Küchenkrepp trockentupfen.

2 In einer großen Schüssel das Mehl mit Hefe, Parmesan und ½ TL Salz mischen. Pfeffer nach Geschmack zugeben. Das Öl und die Zucchini unterrühren, dann genug handwarmes Wasser zugeben, um einen festen, doch noch weichen Teig herzustellen. Die Wassermenge hängt vom Feuchtigkeitsgehalt der Zucchini ab. Sie brauchen jedoch mindestens 45 ml.

3 Den Teig mit der Hand zusammenraffen und auf eine leicht bemehlte Arbeitsfläche stürzen. Den Teig 5–10 Minuten oder so lange kneten, bis er glatt und elastisch ist. In die Schüssel zurücklegen, mit leicht geölter Klarsichtfolie bedecken und an einem warmen Platz gehen lassen, bis er sein Volumen etwa verdoppelt hat.

4 Den Teig mit den Händen zusammenschlagen und nochmals kneten. In acht Stücke teilen und diese zu glatten Kugeln rollen.

5 Eine runde Kuchenform (23 cm Durchmesser) mit hohem Rand leicht fetten. Eine Teigkugel in die Mitte setzen, die anderen rundherum anordnen.

6 Das mehrteilige Rundbrot mit etwas Milch bestreichen und mit Mohnsamen oder Sesam bestreuen. Die Kuchenform locker mit geölter Klarsichtfolie bedecken und den Teig an einem warmen Platz auf das doppelte Volumen aufgehen lassen.

7 Inzwischen den Herd auf 200 °C vorheizen. Das Rundbrot 35–45 Minuten oder so lange backen, bis es goldbraun ist und hohl klingt, wenn man den Boden beklopft. Auf einem Kuchengitter auskühlen lassen und möglichst bald verzehren.

Anstelle von Parmesan läßt sich für dieses Brot auch Dry Jack (links), gereifter Gouda oder Pecorino verwenden.

KÄSE-SENF-SCONES

Je nach Größe der Scones kann man sie als Unterlage für kleine Appetithäppchen, als Teegebäck oder auch als schnell gemachte Pasteten verwenden.

*250 g Fertigmehl
(mit Backtriebmittel)
1 TL Backpulver
$^{1}/_{2}$ TL Salz
40 g Butter oder
Sonnenblumenmargarine
175 g geriebener reifer Cheddar,
dazu eine kleine Menge zum
Bestreuen
2 TL Senf mit ganzen Senfkörnern
ca. 150 ml Milch, Buttermilch
oder Naturjoghurt
1 Eigelb, mit 15 ml Wasser
geschlagen, zum Bestreichen
(falls gewünscht)
gemahlener schwarzer Pfeffer
Rahmkäse mit Knoblauch
frischer, zu Röllchen zerkleinerter
Schnittlauch
und Radieschenscheiben
(falls gewünscht)*

ERGIBT 12 MITTELGROSSE SCONES

1 Den Herd auf 220 °C vorheizen. Mehl, Backpulver und Salz in eine Schüssel sieben, dann die Butter oder Margarine unterarbeiten, bis die Mischung wie feine Brotkrumen aussieht. Die Zutaten nach Wunsch in der Küchenmaschine vermengen. Mit Pfeffer würzen und den Käse unterrühren.

2 Den Senf mit der Milch, der Buttermilch oder dem Joghurt mischen, zu den trockenen Zutaten geben und schnell untermengen, so daß alles gerade miteinander vermischt ist. Nicht zu sehr vermischen, da die Scones sonst zu hart werden.

3 Den Teig auf einer schwach bemehlten Arbeitsfläche leicht kneten, dann mit den Händen auf 2 cm Höhe klopfen. In Quadrate schneiden oder mit einer runden Ausstechform Kreise ausstechen, den Teig ggf. nochmals ausrollen.

4 Die Quadrate oder Kreise auf ein beschichtetes Backblech legen. Falls gewünscht, mit Ei bestreichen und mit etwas Käse bestreuen.

5 Etwa 10 Minuten oder so lange backen, bis die Scones aufgegangen und goldgelb sind. Die Scones zum Test an den Seiten drücken. Sie müssen elastisch sein. Zum Auskühlen auf ein Kuchengitter setzen. Mit Knoblauchrahmkäse bestreichen und mit Schnittlauchröllchen und Radieschenscheiben belegt (falls gewünscht) servieren.

Ricotta-Marsala-Tarts

Diese süßen, auf der Zunge zergehenden Tarts haben einen Boden aus knusprigem Blätterteig. Die lockere Käsefüllung ist nach italienischer Art mit Marsala gewürzt.

375 g tiefgefrorener Blätterteig im Paket, aufgetaut
250 g Ricotta
1 Ei und 2 Eigelb
45–60 ml Streuzucker
30 ml Marsala
abgeriebene Schale von 1 Zitrone
50 g Sultaninen

Ergibt 12 Stück

ABWANDLUNGEN
Anstelle von Blätterteig läßt sich auch Mürbeteig verwenden, doch es gibt keinen Käse, der eine solche Textur erzeugt wie der Ricotta. Der Marsala kann durch 1 TL Vanilleessenz ersetzt werden.

1 Zwölf Teigkreise von 9 cm Durchmesser ausstechen und damit tiefe Muffinformen auslegen. 20 Minuen ruhen lassen. Den Herd auf 190 °C vorheizen.

2 Den Ricotta in eine Schüssel geben und das Ei, die beiden Eigelb, Zucker, Marsala und die Zitronenschale zugeben. Mit dem Schneebesen schlagen, bis die Masse glatt ist, dann die Sultaninen unterrühren.

3 Die Mischung löffelweise in die mit Teig ausgelegten Muffinformen füllen. 20 Minuten oder so lange backen, bis die Füllung aufgegangen und der Teig goldgelb und knusprig ist.

4 Die Tarts vor dem Herausheben leicht abkühlen. Noch warm servieren.

KÄSE EINKAUFEN

Um einen guten Käse zu finden, müssen wohl die meisten von uns erst einmal eine gute Käsehandlung ausfindig machen. Die folgenden Hinweise sollen Ihnen dabei helfen. Die besten Fachgeschäfte sind diejenigen, die sich noch nicht ausgereifte Käse ans Lager nehmen und sie bei entsprechender Pflege reifen lassen, bis sie ihren Charakter und ihr Aroma mit all seinen Feinheiten voll entwickelt haben. Leider ist es aber so, daß die meisten Läden den Käse einfach bestellen und verkaufen, ohne viel Aufmerksamkeit auf seinen Reifegrad zu verwenden.

Kaufen Sie Käse nicht zu lange vor dem Verzehr, sondern möglichst erst kurz vorher. Wenn Sie eine spezielle Sorte möchten, dann geben Sie rechtzeitig eine Bestellung auf, so daß Ihr Händler auch genügend Zeit hat, den gewünschten Käse einzukaufen und reifen zu lassen. Er wird Sie auch beraten können, wie Sie den Käse am Tag, an dem Sie ihn servieren wollen, am besten behandeln. Einen Käse reifen zu lassen, erfordert viel Zeit und Mühe; das schlägt sich natürlich im Preis nieder.

Suchen Sie sich nach Möglichkeit ein Geschäft aus, in dem man den Käse vor dem Kauf probieren darf, und wo der Verkäufer Ihnen behilflich ist, eine ausgewogene Auswahl milder und kräftiger, harter und weicher Käsesorten aus verschiedenen Milchsorten und mit unterschiedlichen Aromen, Formen und Eigenschaften zusammenzustellen.

Ist Käse in einen Plastiküberzug hineingepreßt, dann schwitzt er und entwickelt bittere Aromastoffe. In einem guten Fachgeschäft wird der Käse sparsam und nur am Anschnitt mit Folie bedeckt, so daß er atmen kann. Hier kennt man auch den Namen des Käses und den Namen des Produzenten, und man weiß vielleicht auch, wie der Käse hergestellt wird.

In den letzten Jahren haben die Kleinhersteller und Einzelhändler zunehmend den Versandhandel genutzt, um einen größeren Kundenkreis zu erreichen. Für den Käufer ist dies eine sehr effektive Methode, selten angebotene Käsesorten zu bekommen. Wenn der Käse gut verpackt und über Nacht verschickt wird, dann nimmt er meistens keinen Schaden.

Manche Unternehmen bieten den Versand im Kühlbehälter an; das erhöht jedoch den Preis.

AUSTRALIEN

Ambrosia
Shop 44
Adelaide Central Market
Adelaide SA 5000

Botega Ritolo
43 The Parade West
Kent Town SA 5067

Diamaru Food Hall
  Delicatessen
211 Latrobe Street
Melbourne VIC 3000

Simon Johnson, Purveyor
  of Quality Foods
181 Harris Street
Pyrmont, Sydney NSW 2009
Tel.: 02/9552 2522
und 12–14 Saint David Street
Fitzroy VIC 3065

David Jones Food Hall
Cnr. Market and Castlereagh
  Streets
Sydney NSW 2000

Myer Food Hall – Perth City
Forest Chase
200 Murray Street
Perth WA 6000

Richmond Hill Cafe and Larder
48–50 Bridge Road
Richmond, Melbourne VIC

BELGIEN

La Baratte
Rue de Tervaete, 55
1040 Etterbeek, Brüssel

DEUTSCHLAND

Allgäuer Molkereiprodukte
Zirbelstraße 51
86154 Augsburg

Alpenhof Käsewerk
Bahnhofplatz 1
88145 Hergatz

Dresdner Molkerei
Gebrüder Pfund GmbH
Bautzner Straße 79
01099 Dresden

Sennereigenossenschaft
Lehern
87659 Hopferau

ENGLAND

Blue Bird
350 Kings Road
Chelsea, London SW3 5UU

Cambridge Cheese Company
4 All Saints Passage
Cambridge
Cambridgeshire CB2 3LS

Fortnum and Mason
181 Picadilly
London W1A 1ER

La Fromagerie (unten)
30 Highbury Park
London N5 2AA

Gastromania
The Market Place
Cirencester
Gloucestershire
GL7 2PE

Harvey Nichols
109 Knightsbridge
London SW1X 7JR

Jeroboams
96 Holland Park Avenue
London W11 3 RB

Neals Yard Dairy
17 Shorts Gardens
London WC2H 9AT

Paxton and Whitfield
93 Jermyn Street
London SW1Y 6JE
und 13 Wood Street
Stratford-upon-Avon
Warwickshire CV37 6JF
und John Street
Bath, Avon, BA1 2JL

Ticklemore Cheese Shop
1 Ticklemore Street
Totnes, Devon TQ9 5EJ

Vivian's
2 Worple Way
Richmond
Surrey TW10 6DF

Wensleydale Creamery
Gayles Lane
Hawes
North Yorkshire DL8 3RN

FRANKREICH
Roland Barthelmy
92 rue Grande
77300 Fontainebleu

Barthelmy
51 rue de Grenelle, Paris

Bon Marche – La Grande
    Epicure de Paris
38 rue Sevres
75006 Paris

M. Daniel Boujon
7 rue Saint-Sebastien
74200 Thonon-les-Bains

Marie Cantin
12 rue du Champ de Mars
75006 Paris

La Ferme Savoyarde
22 rue Meynadier
06400 Cannes

Fromagerie Maréchal
Halle de Lyon
112 cours Lafayette
69300 Lyon

La Fromagerie de Phillipe
    Olivier, Artisan-Affineur et
    Marchand des Fromages

43–45 rue Thiers
62200 Boulogne-sur-Mer

Galleries Lafayette (Lafayette
    Gourmet)
48 boulevard Haussmann
Paris

M. Jaques Ponnelle
12 rue St. Vincent
71100 Chalon/Saône

M. Quatrehomme
Quatrehomme
62 rue Sevres
75006 Paris

IRLAND
Cavistons
59 Glasthule Road
Sandycove, Dun Laoghaire
Co Dublin

KANADA
Denninger's
284 King Street East
Hamilton, Ontario

NEUSEELAND
Kapiti Cheeses
Lindale
Main Road North
Paraparaumu 6450

SCHOTTLAND
I. J. Mellis Cheesemonger
492 Great Western Road
Glasgow G12 8EW
und 30A Victoria Street
Edinburgh EH1 2JW
und 205 Bruntsfield Place
Edinburgh EH10 4DH

Valvona and Crolla
19 Elm Row
Edinburgh EH7 4AA

SCHWEIZ
J. P. und J. A. Dufaux
4 rue Centrale
110 Morges
Kanton Waadt

VEREINIGTE STAATEN VON AMERIKA
Balducci's
424 6th Avenue (9th Street)
New York NY 10011

Campanile
524 South La Brea Avenue
Los Angeles
California CA 90036

Dean and Deluca
560 Braodway (Prince Street)
New York NY 10012

EAT
1064 Madison Avenue
New York NY 10028

Grace's Marketplace
3rd Avenue
und 71st Street
New York NY 10021

Sutton Place Gourmet
6903 Rockledge Drive
Suite 900 Bethesda
Maryland 20817

Wholefoods
4663 Mt Sinai Road
Durham
North Carolina 27706

Zabar's
2245 Broadway (80th Street)
New York NY 10024

Zingerman's Delicatessen
422 Detroit Street
Michigan M1 48104

WALES
Llangloffan Farm Shop
Castle Morris
Haverford West
Pembrokeshire
SA62 5ET

BIBLIOGRAPHIE
—

Androuet, Pierre: *Guide du Fromage.* Aiden Ellis, 1973.

Basan, Ghillie: *Classic Turkish Cookery.* Tauris Parke, 1997.

Bilson, Tony: Cheeses – *The Australian Kitchen. (Buying, Preparing and Cooking).* Barbara Beckett, 1995.

Boxer, Arabella: *Mediterranean Cookbook.* Penguin, 1993.

Burton, David: *The New Zealand Cheese Book – Cooking and Serving Dairy Produce.* Reed Methuen, 1988.

Carr, Sandy: *The Mitchell Beazley Pocket Guide to Cheese. Mitchell Beazley,* 1986.

Cheke, Val: *The Story of Cheese-Making in Britain.* Routledge & Kegan Paul, 1959.

Chenel, Laura und Siegfried, Linda: *American Country Cheese.* Aris, 1989.

Corato, Ricardo di: *Italian Cheeses – A pocket Guide.* Idealibri, 1985.

Del Conte, Anna: *Secrets from an Italian Kitchen.* Corgi, 1993

Halliday, James: *Australian Wine Guide.* Angus and Robertson, 1990.

Hickman, Trevor: *The History of Stilton Cheese* (Alan Sutton, 1995)

Jenkins, Steven: *Cheese Primer.* Workman, 1996.

Jones, Evans: *The Book of Cheese.* Macmillan, 1981.

Lambert, Gilles und Roche, Narcisse: *La Cuisine au Fromage.* Stock, 1971.

Montagné, Prospe: *Larousse Gastronomique.* Crown, 1965.

Nichols, Lourdes: *Mexican Cookery.* Fontana, 1986.

Rance, Patrick (Vorwort): *Cheeses of the World.* Little, Brown, 1993.

Rance, Patrick: *The French Cheese Book.* Macmillan, 1989.

Rance, Patrick: *The Great British Cheese Book.* Macmillan, 1982.

Rewi, Adrienne und Nicholas, Juliet: *Fine Cheese – Gourmet Cheesemaking in New Zealand.* Hazard, 1995.

Robuchon, Joel: *French Cheese.* Dorling Kindersley, 1996.

Scott, R.: *Cheesemaking Practice.* 2. Aufl., Elsevier Applied Science, 1986.

Simon, André: *Cheeses of the World.* Faber and Faber, 1961.

Smith, John: *Cheesemaking in Scotland – A History.* Scottish Dairy Association, 1995.

Stubbs, William: *Guide to the Cheese of France.* Apple Press, 1984.

UNALAT (Hrsg.): *DOC Cheese of Italy – A Great Heritage.* Angeli, Franco, 1992.

United States Department of Agriculture: *Cheeses of the World.* Dover, 1969.

Whittle, Fiona (Hrsg.): *Australian Farmhouse and Speciality Cheese Book.* Publicity, 1992.

STICHWORTVERZEICHNIS

Abbaye de Belloc 17
Abertam 126
Acorn 90
Adelost 119
Afuega'l Pitu 94
Aigrettes, Käse 167
Airedale 151
Aisy Cendré 17
Allgäuer Emmentaler 109
Anthotiro/Anthotyros 122
A. O. C. (Appellation d'Origine Contrôlée) 17
Appenzeller 102
Ardi-Gasna 17
Ardrahan 82
Arômes au Gène de Marc 17
Asadero 141
Asiago 47
Auberginen: Auberginen mit Parmesan 198
  Moussaka 188
Australischer Käse 142–149
Avocados: Trikolore-Salat 173
Awards: British Cheese 81
  New Zealand Cheese 155

Baguette Laonnaise 18
Bakterienkulturen 8–11
Balaton 126
Banon 18
Barry's Bay Cheddar 151
Basilikum: Hausgemachte Pesto-Sauce 232
Basing 59
Bath Cheese 59
Bayrischer Bergkäse 109
Beaufort 18
Beauvoorde 112
Beenleigh Blue 59
Beete: Getoastete Crottins mit Salat aus roten Beeten 175
Beignets: Suppli al Telefono 204
Bel Gioioso Cheeses 131
Bel Paese 47
Belgischer Käse 112–113
Bergère Bleue 131
Bergkäse 111
Berkswell 60
Beyaz Peynir 124
Birnen-Parmesan-Salat mit Mohndressing 178
Bishop Kennedy 86
Bla Castello/Blue Castello 114
Blauschimmelkäse 11
Bleu d'Auvergne 19

Bleu de Haut Jura 19
Bleu de Laqueuille 19
Bleu de Montagne 151
Bleu des Causses 19
Blue Cheshire 60
Blue Rathgore 85
Blue Vinny 60
Blue Wensleydale 60
Boerenkaas 106
Bohnen: Salat aus Roquefort und Flageoletbohnen 174
Bonchester 86
Borek 216
Bosworth 61
Bougon 20
Boulette d'Avesnes 20
Boursault 20
Boursin 20
Bra 47
Brandteig: Gougère 222
  Käse-Aigrettes 167

Brandysnap-Körbchen 240
Bresse Bleu 21
Brick 151
Brie: Brie de Meaux 21
  Brie de Melun 21
  Evansdale Farmhouse 152
  Jindi 144
  Kangaroo Island 144
  King Island Cape Wickham 145
  New Zealand 151
  Somerset 75
  Timboon 148
Brier Run Cheeses 131
Brillat-Savarin 22
Brin 32
Brinza/Burduf Brinza 126

Britischer Käse 58–93
Brocciu/Broccio 22
Brokkoli: Blumenkohl und Brokkoli mit Käsesauce 183
  Brokkolisuppe mit Maytag Blue 160
Brot: Croque-Monsieur 163
  Fontina Pan Bagna 165
  Käse-Zucchini-Mozzarella in Carozza 166
  Rundbrot 246
Bruder Basil 109
Brusselse Kaas/Fromage de Bruxelles 112
Bryndza 126
Buchette d'Anjou 22
Buck Rarebit 162
Buffalo 61
Bulk Farm Cheeses 131
Burgos 94
Butte 22
Butterkäse 110
Button 61
Buxton Blue 61

Cabecou de Rocamadour 22
Caboc 87
Cabrales 95
Caciocavallo 48
Caerphilly 90
Caesar-Salat 172
Cairnsmore 87
Calzone 219
Cambazola 110
Camembert de Normandie 23
Canestrato Pugliese 48
Cantal 23
Caprice des Dieux 23
Capricorn Goat 62
Capriole Banon 132
Carré de l'Est 23
Casciotta di Urbino 48
Cashel Blue 82
Cassata, Sizilianische 242
Castellano 95
Castelmagno 49
Celtic Promise 91
Cerney 62
Chabichou du Poitou 24
Chaource 24
Chaumes 24
Cheddar 62–63
  Barry's Bay 151
  Grafton Village 135
  New Zealand 152
  Orkney Extra Mature 89

Pyengana 147
Seriously Strong 89
Shelburne 138
Tilamook 139
Vermont 139
Cheshire 63
  Blue Cheshire 60
Chèvre de Provence 132
Chèvre Log 24
Chevrotin des Aravis 25
Chillie-Käse-Tortilla mit frischer Tomatensalsa 205
Cîteaux/Abbaye de Cîteaux 25
Coach Farm Cheeses 132
Cœur à la Crème 238
Cœur de Camembert au Calvados 25
Colby 152
Comté/Gruyère de Comté 25
Coolea 83
Cooleeney 83
Coquetdale 64
Cornish Pepper 64
Cornish Yarg 64
Cotherstone 64
Cottage Cheese 132
Cougar Gold 133
Coulommiers 26
Coverdale 65
Cream Cheese 133
Crème Fraîche 26
Crescenza 49
Croghan 83
Croque-Monsieur 163
Crottin de Chavignol 26
Crottins, Getoastete mit Salat aus Roten Beeten 175
Crowdie 87
Crowley 133
Cuajada 95
Curworthy 65
Cwmtawe Pecorino 91
Cypress Grove Chèvre 134

Danablu/Danish blue 114
Danbo 115
Dänischer Käse 114–116
Dauphin 27
Denhay Dorset Drum 65
Derby 65
  Sage Derby 74
Deutscher Käse 109–111
Devon Blue 66
D. O. (Denominación di Origen) 94
D. O. C. (Denominazione di Origine Controllata) 47

STICHWORTVERZEICHNIS 253

Dolcelatte 49
Dolcelatte Torta 50
Doolin 83
Doppelt gebackene Roulade aus Spinat und Ziegenkäse 207
Double Gloucester 66
Double Worcester 66
Dreux à la Feuille 27
Dry Jack 134
Duddleswell 67
Dunlop 87
Dunsyre Blue 87
Durrus 84
Dutch Mimolette/Commissiekaas 107

Edamer 107
Eier: Klassisches Käse-Omelett 210
  Paprika-Zucchini-Frittata 212
Emlett 67
Emmentaler 103
Englischer Käse 58–81
Epoisses de Bourgogne 27
Esrom 115
Etorki 27
Evansdale Farmhouse Brie 152
Exmoor Blue 67
Explorateur 28

Feta 122
Figue 28
Finn 67
Finnischer Käse 118
Fiore Sardo 50
Fium'Orbo 32
Flageoletbohnen: Salat aus Roquefort und Flageoletbohnen mit Honigdressing 174
Fleischklößchen: Polpettini mit Fontina 187
Fleur du Maquis 28
Flower Marie 68
Fnodue 213
Fonduta-Sauce 232
Fontina 50
Fougerus, Le 28
Four Herb Gouda 152
Fourme d'Ambert 29
Frana 51
Französische Zwiebelsuppe 160
Französischer Käse 16–45
Französisches Brathähnchen mit Comté 192
Fresh Jack 135
Fribourgeois 103

Friesekaas 107
Friesla 68
Frinault 29
Frischkäse 8, 12
Fromage à Raclette 103
Fromage Corse 29
Fromage Fort 42
Fromage Frais 29

Gabriel 84
Galloway Goat's Milk Gems 88
Gammelost 117
Gaperon 30
Garroxta 96
Gemüse: Gebackenes mediterranes Gemüse mit Pecorino 182
  Ratatouille-Fontina-Strudel 217
Geräucherter Schellfisch: Gougère 222
Gippsland Blue 143
Gjetost 117
Gloucester, Double 66
  Single 75
Golden Cross 68
Gorgonzola 51
Gospel Green 68
Gouda 107
  Four Herb 152
Gougère 222
Gowrie 88
Grabetto 143
Gräddost 119
Grafton Village Cheddar 135
Grana Padano 51
Grataron d'Areches 30
Gratte-Paille 30
Graviera 122
Grevéost/Grevé 119
Griechischer Käse 121–123
Grieß-Pesto-Gnocchi 201
Gris de Lille 30

Gruyère 104
  Heidi Gruyère 144
Gubbeen 84

Hähnchen: Cordon Bleu aus Hähnchenfleisch 191
  Französisches Brathähnchen mit Comté 192
  Hähnchen-Käse-Lauch-Jalousie 220
Halbfeste Käse 9
Halloumi 125, 127
Harbourne Blue 69
Hartkäsesorten 10
Havarti 115
Heidi Gruyère 144
Helimi 125
Hereford Hop 69
Hermélin 126
Herrgårdsost 120
Herriot Farmhouse 69
Herve 112
Himbeeren: Cœur à la Crème 238
Hipi Iti 153
Holländischer Käse 106–128
Hollow Road Cheeses 135
Hubbardston Blue 135
Hushållsost 120

Idaho Goatster 135
Idiazabal 96
Indischer Käse 129
Irischer Käse 82–85
Isle of Mull 88
Italienischer Käse 46–57

Jarlsberg 117
Jindi Brie 144
Jubilee Blue 153
Juustoleipä 118

Kabeljau: Gebratener Kabeljau mit Wermut-Chèvre-Sauce 195
Kaffee: Sizilianische Cassata 242

  Tiramisù 238
Kalbfleisch: Kalbsschnitzel mit Käsesauce 186
  Kalbsscalloppines mit Anchovis und Mozzarella 190
  Kalbsschnitzel mit Anchovis und Mozzarella 190
Kanadischer Käse 134
Kandierte Früchte: Pascha 243
  Sizilianische Cassata 242
Kangaroo Island Brie 144
Kartoffeln; Chillie-Käse-Tortilla 205
  Kartoffelgratin mit Munster 180
  Kartoffel-Käse-Kuchen 210
  Raclette mit neuen Kartoffeln 168
Käse aus dem Nahen Osten 129
Käse aus den USA 130–140
Käse aus Mittelamerika 140
Käse aus Nordirland 85
Käse aus Osteuropa 126–128
Käse mit gewaschener Rinde 9
Käse mit Naturrinde 9
Käsebrett 13
Käseherstellung 6–11
Käsekuchen aus dem Kühlschrank 236
Käsekuchen: Käsekuchen aus dem Kühlschrank 236
  Samtiger Käsekuchen 237
Kaseri 123
Käseverkostung 11
Käse-Zwiebel-Quiche 218
Kedgeree mit Lachs nach französischer Art 193
Kefalotiri/Kefalotyri 123
Kervella Affine 144
Kervella Chèvre Frais 145
Kikorangi 153
King Island Cape Wickam 145
King River Gold 145
Klassisches Käseomelett 210
Knetkäse 8
Knödel: Malfatti mit Sauce aus gebratenen Paprikafrüchten 199
Kohl: Waldorfsalat mit Käse 178
Koliba 128
Kuchen: Kalifornische Zucchini-Chèvre-Pizza 225
  Möhrenkuchen mit Rahmkäseüberzug 244
Kugelkäse 111
Kuhmilch 6
Kulturen 6–12
Kürbis-Parmesan-Nudeln 231

STICHWORTVERZEICHNIS

La Taupinière 31
La Vache qui Rit 31
Lab 7
Laguiole 31
Lairobell 88
Lajta 127
Lanark Blue 88
Lancashire 69
Langres 31
Laruns 32
Lasagne: Lasagne al Forno 226
    Lasagne nach New Yorker
    Art 228
Lauch: Hähnchen-Käse-Lauch-
    Jalousie 220
Laura Chenel's Chèvre 136
Lavistown 84
Le brin 32
Le Fium'Orbo 32
Le Roulé 32
Leafield 70
Leerdamer 108
Leicester, Red 72
Leydener/Leidsekaas 108
Limburger 110
Lincolnshire Poacher 70
Linsen-Tomaten-Käse-Salat
    177
Liptauer 127
Liptoi 127
Little Rydings 70
Livarot 33
Llanboidy 91
Llangloffan Farmhouse 91
Loch Arthur Farmhouse 89
Loddiswell Avondale 71

Maasdamer 108
Mâconnais 33
Magerkäse 8
Mahoe Aged 153
Mahoe Aged Gouda 153
Mahon 96
Malfatti mit Sauce aus gebrate-
    nen Paprikafrüchten 199
Malvern 71

Mamirolle 33
Manachego 97
Mandjeskaas 112
Manouri 123
Manur/Mandur 127
Maredsous 113
Maribo 116
Maroilles 33
Marsala: Ricotta-Marsala-Tarts
    249
Mascarpone 52
Mato 97
Maytag Blue 136
Menallack Farmhouse 71
Mercer Gouda 153
Meredith Blue 146
Mesost 120
Mexikanische Tacos 164
Mexikanischer Käse 141
Meyer Vintage 154
Meyer Vintage Gouda 154
Mihalic Peynir 125
Milawa Blue 146
Milch 6
Milleens 85
Mimolette Française 34
Mine-Grabhar 85
Möhren: Frikassee aus
    Pastinaken, Möhren und
    Ziegenkäse 180
    Möhrenkuchen mit Rahm-
    käseüberzug 244
Molkenkäse 8
Mondseer 111
Mont d'Or/Vacherin Haut-
    Doubs 34
Montasio 52
Morbier 34
Mossholder cheese 136
Moussaka 188
Mozzarella: Amerikanischer
    137
    Purrumbete 146
Mozzarella di bufala 52

Mozzarella in Carozza mit
    frischer Tomatensalsa 166
Muenster 137
Münster 111
Muffins, Überbackene 168
Munajuusto/Ilves 118
Munster/Munster Géromé 35
Murazzano 53
Murol 35
Mycella 116
Myzithra/Mitzithra 123

Nantais 35
Neufchâtel 35
Neuseeländischer Käse
    150–155
Nökkelost 117
Northumberland 71
Norwegischer Käse 117

Olde York 71
Olivet au Foin 36
Olivet Bleu 36
Olivet Cendré 36
Orange Grove 72
Orkney Extra Mature Cheddar
    89
Orla 85
Oschtjepka 127
Ossau-Iraty-Brebis Pyrénées
    36
Österreichischer Käse 111
Oszczpek 127–128
Oxford Blue 72

Palet de Babligny 36
Paneer 129
Pant ys Gawn 92
Paprikafrüchte: Heißer
    Halloumi mit gebackenen
    Paprikafrüchten 176
    Malfatti mit Sauce aus
    gebratenen Paprikafrüchten
    199
    Paprika mit Reis-Feta-
    Pinienkernfüllung 200
    Paprika-Zucchini-Frittata
    212
Parmigiano-Reggiano 53
Pascha 243
Passendale 113
Pasta: Käsesaucen für Pasta
    232
    Kürbis-Parmesan-Nudeln
    231
    siehe auch Lasagne
Pasteten: Borek 216
    Gougère 222
    Hähnchen-Käse-Lauch-
    Jalousie 220

Ratatouille-Fontina-Strudel
    217
Pasteten: Spanakopitta 230
Pavé d'Affinois 37
Pavé d'Auge 37
Pecorino Romano 54
Pecorino Sardo 54
Pecorino Toscano 54
Peekskill Pyramid 137
Pélardon 37
Penamellera 97
Penbryn 92
Pencarreg 92
Pérail 38
Perroche 72
Petit-Suisse 38
Picodon de l'Ardeche Picodon
    de la Drôme 38
Picos de Europa 97
Pilze: Gorgonzola-Pilz-Sauce
    232
    Kalbsschnitzel mit Käse-
    sauce 186
    Polenta mit Gorgonzola und
    Waldpilzsauce 206
    Porcini-Parmesan-Risotto
    202
Pinienkerne: Hausgemachte
    Pesto-Sauce 232
    Paprika mit Reis-Feta-
    Pinienkernfüllung 200
Pithiviers au Foin 38
Pizzen: Kalifornische Zucchini-
    Chèvre-Pizza 225
    Vier-Käse-Ciabatta-Pizza
    224
Plateau de Herve 113
Plymouth Cheese 137
Podhalanski 128
Poivre d'Ane 39
Polenta mit Gorgonzola-
    Waldpilzsauce 206
Polkolbin 146
Polpettini mit Fontina 187
Pont l'Evêque 39
Porcini-Parmesan-Risotto 202
Port Nicholson 154
Port Salut 24
Portugiesischer Käse 101

STICHWORTVERZEICHNIS 255

Postel 113
Pouligny-Saint-Pierre 39
Prätost 120
Pressato 54
Princ'Jean 113
Provolone 55
Purrumbete Mozzarella 146
Pyengana Cheddar 147

Quark 111
Quartirolo Lombardo 55
Queso Anejo 141
Queso Blanco 141
Queso de Murcia 98
Queso del Montsec 99
Queso del Tietar 99
Queso Fresco 141
Queso Iberico 98
Queso Ibores 98
Queso Majorero 98

Raclette 40, 147
Ragusano 55
Rahmkäseüberzug 244
Rarebit, Welsh 162
Raschera 55
Ratatouille-Fontina-Strudel 217
Rathgore, Blue 85
Reblochon 40
Red Leicester 72
Reis: Kedgeree mit Lachs nach französischer Art 193
　　Paprika mit Reis-Feta-Pinienkernfüllung 200
　　Porcini-Parmesan-Risotto 202
　　Suppli al Telefono 204
Remedou 113
Ribblesdale Goat 72
Ricotta 8, 56
Ridder 117
Rigotte 40
Rinde 6–11
Rindfleisch: Lasagne al Forno 226
　　Lasagne nach New Yorker Art 228
　　Mexikanische Tacos 164
　　Moussaka 188
　　Polpettini mit Fontina 187
　　Rumpsteak mit Roquefort und Walnußbutter 194
Risotto: Porcini-Parmesan-Risotto 202
　　Suppli al Telefono 204
Robiola di Roccaverano 56
Rollot 41
Romadur/Romadurkäse 111
Romney Mature 147

Roncal 99
Roquefort 41
Rosary Plain 72
Roulé 32
Rouy 41
Royalp-Tilsiter 104
Rubens 113
Rumpsteak mit Roquefort und Walnußbutter 194

Saanen 104
Sage Derby 74
Saint-Agur 42
Saint-Albray 43
Sainte-Maure 154
Saint-Marcellin 43
Saint-Maure de Touraine 44
Saint-Nectaire 43
Saint-Paulin 44
Salate: Birnen-Parmesan-Salat mit Mohndressing 178
　　Caesar-Salat 172
　　Getoastete Crottins mit Salat aus roten Beeten 175
　　Linsen-Tomaten-Käse-Salat 177
　　Salat aus Roquefort und Flageoletbohnen mit Honigdressing 174
　　Trikolore-Salat 173
　　Waldorfsalat mit Käse 178
Salers 41
Sally Jackson Cheeses 137
Samso 116
Samtiger Käsekuchen 237
San Simon 99
Sancerre 41
São Jorge/Ilha de São Jorge 101
Sapsago 104
Saratoga 155
Saucen: Fonduta-Sauce 232
　　Gorgonzola-Pilz-Sauce 232
　　für Pasta 232
　　Schnelle Käsesauce 183
Sbrinz 105

Scamorza 56
Schafkäse 6–7
Schinken: Cordon Bleu aus Hähnchenfleisch 191
　　Croque-Monsieur 163
Schottischer Käse 86–89
Schwedischer Käse 119–120
Schweinefleisch: Polpettini mit Fontina 187
Schweizer Käse 102–105
Scones, Käse-Senf- 248
Sea Stars Goat Cheeses 138
Selles-sur-Cher 42
Seriously Strong Cheddar 89
Serra da Estrela 101
Sharpham 74
Shelburne Cheddar 138
Shropshire Blue 74
Sierra de Zuheros 100
Single Glouster 75
Siraz 128
Sirene 128
Sizilianische Cassata 242
Somerset Brie 75
Sonoma Jack 138
Soufflé, Klassisches Käse- 208
Soumaintrain 42
Spanakopitta 230
Spanakopitta 230
　　Doppelt gebackene Roulade aus Spinat und Ziegenkäse 207
Spanischer Käse 94–100
Spenwood 75
Spinat: Lasagne nach New Yorker Art 228
　　Malfatti mit Sauce aus gebratenen Paprikafrüchten 199
St Andrews 89

St Claire 147
St David's 93
St Killian 85
Staffordshire Organic 76
Stilton 76, 80
Stinking Bishop 77
Südafrikanischer Käse 149
Südamerikanischer Käse 140
Suppen: Brokkolisuppe mit Maytag Blue 160
　　Französische Zwiebelsuppe 160
　　Suppli al Telefono 204
Sussex Slipcote 77
Sveciaost 120
Swalwdale 77

Tacos, Mexikanische 164
Tagliatelle: Kürbis-Parmesan-Nudeln 231
Tala 78
Taleggio 57
Tamie 44
Tarts, Ricotta-Marsala- 249
Tasmania Highland Chèvre Log 148
Taupinière 31
Teifi 93
Teleme 139
Tête-de-Moine 105
Tetilla 100
Tilamook Cheddar 139
Tilsiter 111
Timboon Brie 148
Tiramisù 238
Toma 57
Tomaten: Calzone 219
　　Chillie-Käse-Tortilla mit frischer Tomatensalsa 205
　　Lasagne al Forno 226
　　Linsen-Tomaten-Käse-Salat 177
　　Mozzarella in Carozza mit frischer Tomatensalsa 166
　　Trikolore-Salat 173
Tomatensalsa, Frische 205
Tomme d'Abondance 44
Tomme de Chèvre 148
Tomme de Romans 45
Tortilla, Chillie-Käse- 205
Torville 78
Toscana 139
Tourée de l'Aubier 45
Tracchino 57
Tronchon 100
Türkischer Käse 124–125
Tutunmaa 118
Tymsboro 78
Tyn Grug 93
Tyning 78

STICHWORTVERZEICHNIS

Überbackene Muffins mit Thunfisch 168
Ubriaco 57
Ulloa 100
USA, Käse aus den 130–140

Vacherin Mont d'Or 105
Valençay 45
Västerbottenost 120
Vegetarische Gerichte 197–213
Vermont Cheddar 139
Vermont Shepherd cheese 140
Vier-Käse-Ciabatta-Pizza 224

Vignotte/Les Vignottes 45
Vulscombe 79

Waimata Farmhouse Blue 155
Waldorfsalat mit Käse 178
Walisischer Käse 90–93
Wallington 79
Washed Rind 148
Wasserbüffelmilch 6
Waterloo 79
Weichkäse 8
Wein und Käse 13
Wensleydale 80
   Blue Wensleydale 60

White Stilton 80
Whitestone Farmhouse 155
Wieninger's Goat Cheese 140
Wigmore 80
Woodside Cabecou 149
Worcester, Double 66

Xynotyro 123

Yarg, Cornish 64
Yarra Valley Pyramid 149
Yerba Santa Shepherd's Cheese 140
Yorkshire Blue 81

Zamorano 100
Ziegenkäse 6
Zitronen-Käse-Mousse mit Brandysnap-Körbchen 240
Zucchini: Kalifornische Zucchini-Chèvre-Pizza 225
   Käse-Zucchini-Rundbrot 246
   Paprika-Zucchini-Frittata 212
Zwiebeln: Französische Zwiebelsuppe 160
   Käse-Zwiebel-Quiche 218
Zypern 125

DANKSAGUNG UND BILDNACHWEIS

DANKSAGUNG DER AUTORIN

Die Aufgabe, dieses Buch zu schreiben, hätte mich fast von meinem Wunsch abgebracht, anderen meine Freude am Käse durch das geschriebene Wort mitzuteilen. Ohne die Unterstützung der Käsemacher aus aller Welt, ohne ihre ermutigenden Briefe hätte ich diese Arbeit nicht zu Ende geführt. Ich danke auch allen meinen Freunden, die mir Bücher geliehen haben, die aus den entlegensten Winkeln der Erde Käse mitgebracht und zusammen mit mir verkostet haben; Patrick Rance und Pierre Androuet, deren erste Bücher in mir die Freude am Käse geweckt haben; den Eigentümern und den Kunden des Tite Inn in Chadington, deren *joie de vivre* und Enthusiasmus, mehr über Käse erfahren zu wollen, mir nach den Nächten am Computer viel Vergnügen bereitet hat; dem Käse-Team von Tesco, die mir dabei halfen, die verschiedenen Käsesorten aufzuspüren; und meinen Mitarbeitern, die alles ruhig erduldet und auf mich achtgegeben haben.

Die Rezepte, unter denen sich auch viele meiner Lieblingsgerichte befinden, haben mein Interesse am Kochen mit Käse geweckt. Sie wurden von meiner Freundin Roz Denny aufgeschrieben und zeigen unübersehbar ihre Fähigkeiten und ihre Leidenschaft für das Kochen.

DANKSAGUNG DES VERLAGES

Der Verlag dankt Jenni Fleetwood, die den Text mit so viel Sachkenntnis redigiert hat; Carol Tennant für ihre Mühe, für die Aufnahmen all die Käsesorten aufzuspüren; William Lingwood und seiner Assistentin Louise Dare, die all die Käse unermüdlich fotografiert haben; Patricia Michelson von La Fromagerie im Norden Londons für ihre Unterstützung; und den folgenden Unternehmen, die uns für die fotografischen Aufnahmen großzügig mit Käse belieferten:

Cambridge Cheese Company
All Saints Passage
Cambridgeshire CB2 3LS
Tel.: 01223 328 672

La Fromagerie
Highbury Park
London N5 2AA
Tel.: 0171 359 7440

Harvey Nichols
109 Knightsbridge
London SW 1
Tel.: 0171 235 5000

Iain Mellis
Cheesemonger
30A Victoria Street
Edinburgh EH1 2JW
Tel.: 0131 226 6215

Kapiti Cheeses
Lindale
Main Road North
Paraparaumu 6450
Melbourne
Tel.: (04) 297 0450

Jeroboams
96 Holland Park Avenue
London W11 3RB
Tel.: 0171 727 9359

Neal's Yard Dairy
17 Shorts Gardens
Lonson WC2H 9AT
Tel.: 0171 379 7646

Paxton and Whitfield
93 Jermyn Street
London SW1Y 6JE
Tel.: 0171 930 0259

Richmond Hill Cafe and Larder
48–50 Bridge Road
Richmond
Melbourne
Tel.: (03) 9421 2808

BILDNACHWEIS

Die Aufnahmen im Rezeptteil des Buches (mit Ausnahme der Silhouettenbilder) stammen von John Heseltine, die Aufnahmen im Textteil wurden mit Ausnahme der folgenden von William Lingwood gemacht:
S. 6 Sopexa; S. 7 The Italian Trade Centre; S. 9 Sopexa; S. 10 (oben links) Cheeses from Switzerland, (oben rechts) J. P. Quicke, (unten) The Italian Trade Centre; S. 11 (oben links) Cheeses from Switzerland, (oben rechts und unten) Sopexa; S. 12 und 13 Sopexa; S. 130 (unten links), 131, 132, 133, 135, 136, 137, 138 (oben und unten links), 139, 140 und 141 Walt Chrynwski; S. 142 Gabriella Kervella; S. 150 Ross McCullum